本书得到国家社会科学基金重点项目《连片特困地区包容性增长的扶贫开发模式研究》（12ASH004）和西南大学 2015 年度人文社会科学研究重大培育项目《习近平总书记扶贫开发思想与新时期扶贫攻坚战研究》（15XDSKZ001）的共同资助

连片特困地区包容性增长的扶贫开发模式研究

王志章　著

人民出版社

图书在版编目（CIP）数据

连片特困地区包容性增长的扶贫开发模式研究／王志章著. —北京：人民出版社，2016.6
ISBN 978 – 7 – 01 – 016195 – 2

Ⅰ. ①连… Ⅱ. ①王… Ⅲ. ①扶贫模式—研究—中国 Ⅳ. ①F124.7

中国版本图书馆 CIP 数据核字（2016）第 096479 号

连片特困地区包容性增长的扶贫开发模式研究

LIANPIAN TEKUN DIQU BAORONG XING ZENGZHANG DE FUPIN KAIFA MOSHI YANJIU

王志章　著

责任编辑：车金凤
出版发行：人民出版社
地　　址：北京市东城区隆福寺街 99 号
邮　　编：100706
邮购电话：（010）65250042　65258589
印　　刷：环球东方（北京）印务有限公司
经　　销：新华书店
版　　次：2016 年 6 月第 1 版　2016 年 6 月北京第 1 次印刷
开　　本：710 毫米×1000 毫米　1/16
印　　张：20.75
字　　数：320 千字
书　　号：ISBN 978 – 7 – 01 – 016195 – 2
定　　价：58.00 元

目录 CONTENT

✿✿✿✿✿✿ 第一篇 综合篇 ✿✿✿✿✿✿

第一篇

综合篇

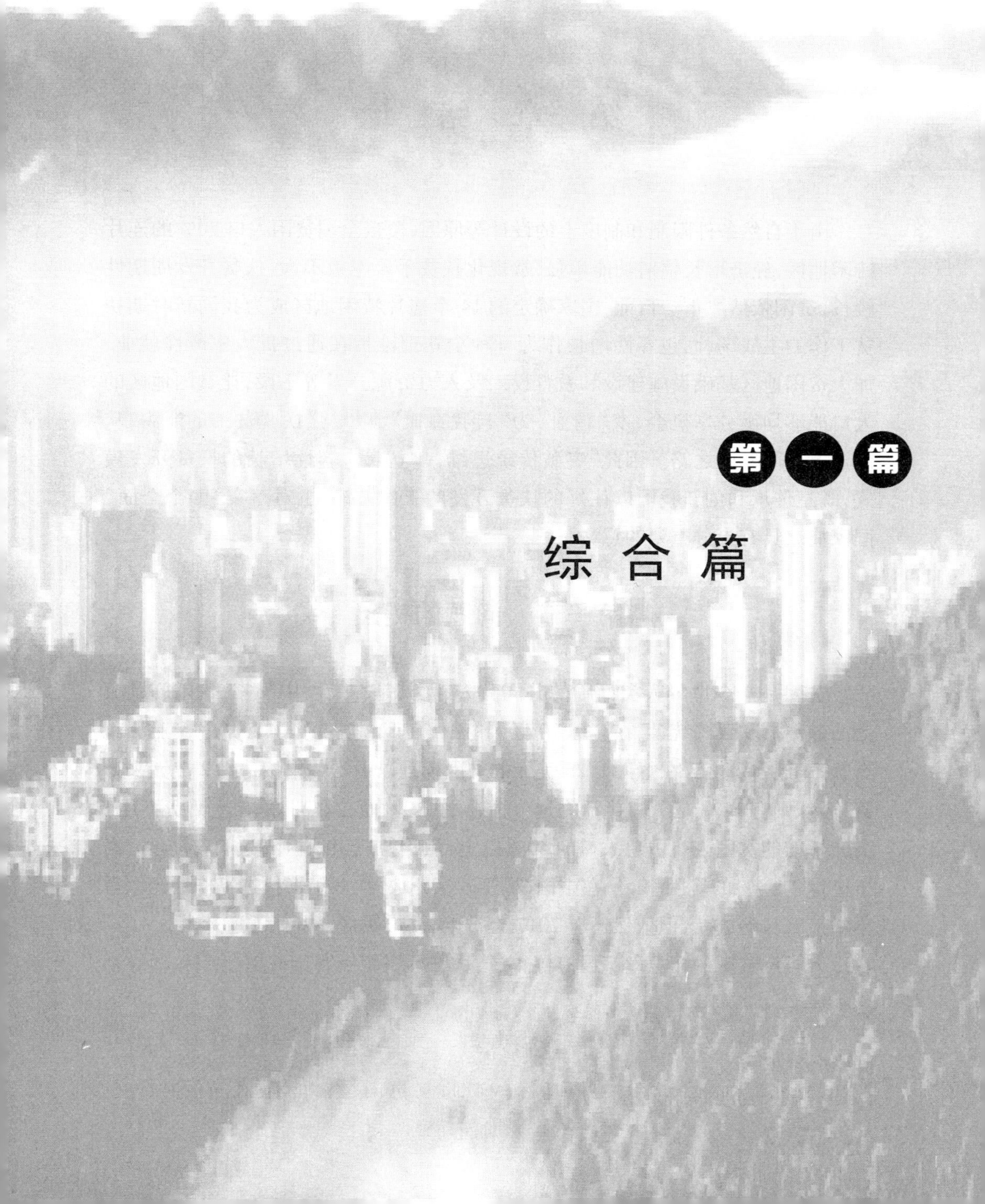

第一章　绪　论

由于自然条件限制和制度上的设计等原因,覆盖全国贫困人口 70% 的连片特困地区,经济增长辐射功能不强,常规化扶贫手段奏效不大,扶贫开发周期性较长,贫困依然严重。目前,国家确定的 14 个连片特困地区成为我国新时期扶贫工作的主战场,而包容性增长作为一种全新理论旨在通过扩大生产性就业、加大贫困地区基础设施建设和教育投入及人力资源开发等手段,让贫困地区的人口能够均衡分享机会,变"输血"为"自我造血",以增强摆脱贫困的能力,从而走上共同发展之路。因此,突破传统思维,建立起包容性增长的扶贫开发模式,既是传承和创新我国以往好的扶贫开发的工作方法,也对落实"四个全面"国家战略具有十分重要的意义。

第一节　问题的提出

贫困是当今世界人类面临的共同敌人,尤其是在发展中国家,贫困问题更为凸显。据联合国统计,在全球 70 亿人口中,有 12 亿贫困人口,其中仅亚洲就有 5.86 亿人口生活在每天 1.25 美元的贫困标准以下。如果按每天 2 美元来计算,全球则有 14.3 亿人口生活在这个标准之下。[①] 而在非洲,每天生活费不足 1 美元标准的贫困人口占总人口的 40% 以上,撒哈拉以南地区高达 50% ,远远高于全球 21.3% 的贫困率。[②] 在中国,尽管改革开放 30 多年来扶贫工作已经取得了举世瞩目的成就,但依然还有 7017 万贫困人口,扶贫开发任重道远。

人类反贫困的斗争丝毫没有停止过,从国际组织到各国政府组织和领导都

---

① 庄巨忠编.亚洲的贫困、收入差距与包容性增长——度量、政策问题与国别研究[M].北京:中国财政经济出版社,2012.

② 安春英.非洲的贫困与反贫困问题研究[M].北京:中国社会科学出版社,2010(序言).

开展了大量的工作。人类进入新千年之时,联合国于 2000 年 9 月在纽约召开首脑峰会,191 个国家的元首和政府首脑与会,会议发表的《千年发展目标》(Millennium Development Goals,MDGs),就消除贫穷、饥饿、疾病、文盲、环境恶化和对妇女的歧视等确定了一整套有时限的目标和指标①,要求国际社会采取统一行动,到 2015 年消灭极端贫穷和饥饿;大力普及小学教育;促进男女平等并赋予妇女权利;降低儿童死亡率;改善产妇保健;与艾滋病、疟疾和其他疾病作斗争;确保环境的可持续能力;全球合作促进发展。②③④ 为实现上述目标,世界各国进行了大量的探索,在实践中总结出一些好的扶贫思路和模式,如非洲实行的"复合型"减贫战略,即政府在制定国家经济社会发展战略时,将减贫内容和目标融入其中;"核心型"减贫战略,即政府出台专门冠以"减贫"字样的国家层面的减贫战略等。⑤ 又如印度实施的包容性旅游扶贫模式,凭借丰富的地方资源,⑥以增强自我造血功能,从而提升地方经济增长速度,最终促使旅游区经济达成平衡增长的状态,实现居民增收、缩小城乡差距和贫富差距这一目标。我国在扶贫的社会实践中,各地进行了大量的探索和创新,总结出许多好的模式,如政府主导型模式、非政府主导型模式、社区主导型模式(CDD)、本地开发型模式、异地安置型模式、劳务输出型模式、救济式扶贫模式、开发式扶贫模式、单项开发与综合性开发模式、直接和间接扶贫模式,还有物质扶贫模式、资金扶贫模式和智力扶贫模式等。⑦

上述战略或模式都是基于不同国情、区情和不同历史背景下的制度设计和扶贫实践的经验总结,固然对反贫困起到了很好的推动和促进作用,但随着经济社会的发展和国际国内情势的变化,在新的历史条件下,有些传统的扶贫模式已经不再适应新的形势要求,必须以创新的思维和前瞻性的思考去探索新的扶贫模式,包容性增长扶贫模式无疑是一种很好的选择。

---

① 吴华.中等收入阶段中国减贫发展战略与政策选择[D].北京:财政部财政科学研究所,2012.

② 宗洁.联合国提高妇女地位的宗旨和机制(上)[J].中国妇运,2011(11):47—49.

③ 宗洁.联合国提高妇女地位的宗旨和机制(下)[J].中国妇运,2011(12):40—41.

④ 谈世中,彭磊.实现千年发展目标需要全球共同努力[J].求是,2005(23):59—61.

⑤ 安春英.非洲的贫困与反贫困问题研究[M].北京:中国社会科学出版社,2010.

⑥ 隆学文,马礼.坝上旅游扶贫效应分析与对策研究——以丰宁县大滩为例[J].首都师范大学学报(自然科学版),2004(01):74—80.

⑦ 帅传敏.中国农村扶贫开发模式与效率研究[M].北京:人民出版社,2010.

第二节　相关核心概念

一、集中连片特困地区

集中连片特困地区是新时期党中央国务院实施的一项重大的扶贫工程,是我国扶贫开发工作的重大战略举措。连片特困地区的提出可以追溯到20世纪80年代初,当时国家就曾经划分出18个片区为贫困地区,但实际的扶贫作用不大,后逐渐被贫困县所替代,少有再提及"片区"这个词。随着"贫困地区连片综合治理"模式的出现,"连片特困地区"作为一个新的扶贫资源分配和扶贫规划的组织方式,出现在大众视野。[①] 2012年6月国家扶贫办根据《中国农村扶贫开发纲要(2011—2020年)》(中发[2011]10号)精神,按照"集中连片、突出重点、全国统筹、区划完整"的原则,在全国范围内共划分出"六盘山区、秦巴山区、武陵山区、乌蒙山区等11个片区,加上已明确实施特殊政策的西藏、四川省藏区、新疆南疆三地州",共14个片区,涉及680个县,作为新时期扶贫攻坚的主战场。[②]

"连片特困地区"作为一个开展扶贫工作的区域划分标准,是区域规划中的一个概念,具有较强的复杂性和抽象性特点,难以涵盖每个区域的独有特性。但从贫困区域所涵盖的基本单位大小来看,可分为广义和狭义两类。狭义的连片特困地区由两个或两个以上的行政村或乡镇构成,而广义的连片特困地区则由两个或两个以上的县市或省构成。从贫困形成的原因来看,连片特困地区是指由于相同或相似的自然、历史、民族、政治、宗教、社会等原因,导致一般经济不能带动、常规扶贫手段难以奏效、扶贫开发周期较长的集中连片贫困地区和特殊困难贫困地区。[③④]

连片特困地区主要有以下三个特点:一是贫困集中连片性。从划分出的

---

① 罗云. 连片特困地区中小城镇知识扶贫模式研究[D]. 重庆:西南大学,2014.

② 张立群. 连片特困地区贫困的类型及对策[J]. 红旗文稿,2012(22):20—22.

③ 罗云. 连片特困地区中小城镇知识扶贫模式研究[D]. 重庆:西南大学,2014.

④ 张持平,肖泽平. 连片特困地区职业教育培训促进新型农民培育的调查与分析——基于1000个样本调查[J]. 中国校外教育,2013(30):129—131.

14 个连片贫困地区(大兴安岭南麓山区、燕山—太行山区、吕梁山区、六盘山区、秦巴山区、武陵山区、乌蒙山区、滇桂黔石漠化区、滇西边境山区、大别山区、罗霄山区及南疆三地州、西藏地区及四川藏区)来看,多是山区、高原区和少数民族区,贫困居民相对集中,贫困因子也相对一致,具有明显的地域贫困性,且多分布在省市交界处,远离各省市发展中心,开发受到限制,具有较强的区域连接抱团的特征。二是地理条件复杂,多是山地高原,地形地貌复杂,交通不便,环境恶劣,自然灾害频频发生,且是多民族聚居、杂居的地区,文化多元性并存,经济基础薄弱,发展落后,社会发展水平参差不齐。三是贫困程度深,扶贫开发难。受历史、地理、资源等众多因素影响,连片特困地区贫困人口多,土地贫瘠,农耕成本大;地处国家重要生态区,自然资源多为国家限制或禁止开发,贫困延续性强,呈现出"上辈穷,下辈也穷"的现象,贫困程度深。

据国家统计局住户调查办公室 2014 年 5 月 5 日发布的信息,在国家新的政策驱动下,2013 年全国 14 个集中连片特困地区农村居民人均纯收入 5583 元,比 2012 年增加 747 元,增长 15.4%,扣除价格因素,实际增长 12.3%,增速比全国农村平均水平高 3 个百分点。① 尽管如此,在国家"大扶贫"政策下,连片特困地区扶贫资金依然短缺,扶贫手段单一,脱贫成本高,扶贫开发工作任重道远。

表1—1　六盘山区等 11 个连片特困地区分县名单

省名	地市名	县　　名
陕西省 (7)	宝鸡市	扶风县、陇县、千阳县、麟游县
	咸阳市	永寿县、长武县、淳化县
甘肃省 (40)	兰州市	永登县、皋兰县、榆中县
	白银市	靖远县、会宁县、景泰县
	天水市	清水县、秦安县、甘谷县、武山县、张家川回族自治县、麦积区
	武威市	古浪县
	平凉市	崆峒区、泾川县、灵台县、庄浪县、静宁县
	庆阳市	庆城县、环县、华池县、合水县、正宁县、宁县、镇原县

---

① 去年贫困地区农民人均纯收入 5519 元,实际增长 13.4%[EB/OL].人民网,http://society.people.com.cn/n/2014/0505/c1008—24976770.html,2014 – 08 – 21.

续表

省名	地市名	县　　名
甘肃省 （40）	定西市	安定区、通渭县、陇西县、渭源县、临洮县、漳县、岷县
	临夏回族 自治州	临夏市、临夏县、康乐县、永靖县、广河县、和政县、东乡族自治县、积石山自治县
青海省 （7）	西宁市	湟中县、湟源县
	海东地区	民和回族土族自治县、乐都县、互助土族自治县、化隆回族自治县、循化撒拉族自治县
宁夏回族自治区 （7）	吴忠市	同心县
	固原市	原州区、西吉县、隆德县、泾源县、彭阳县
	中卫市	海原县
河南省 （10）	洛阳市	嵩县、汝阳县、洛宁县、栾川县
	平顶山市	鲁山县
	三门峡市	卢氏县
	南阳市	南召县、内乡县、镇平县、淅川县
湖北省 （7）	十堰市	郧县、郧西县、竹山县、竹溪县、房县、丹江口市
	襄阳市	保康县
重庆市 （5）	重庆市	城口县、云阳县、奉节县、巫山县、巫溪县
四川省 （15）	绵阳市	北川羌族自治县、平武县
	广元市	元坝区、朝天区、旺苍县、青川县、剑阁县、苍溪县
	南充市	仪陇县
	达州市	宣汉县、万源市
	巴中市	巴州区、通江县、南江县、平昌县
陕西省 （29）	西安市	周至县
	宝鸡市	太白县
	汉中市	南郑县、城固县、洋县、西乡县、勉县、宁强县、略阳县、镇巴县、留坝县、佛坪县
	安康市	汉滨区、汉阴县、石泉县、宁陕县、紫阳县、岚皋县、平利县、镇坪县、旬阳县、白河县
	商洛市	商州区、洛南县、丹凤县、商南县、山阳县、镇安县、柞水县

续表

省名	地市名	县　　名
甘肃省 （9）	陇南市	武都区、成县、文县、宕昌县、康县、西和县、礼县、徽县、两当县
湖北省 （11）	宜昌市	秭归县、长阳土家族自治县、五峰土家族自治县
	恩施土家族 苗族自治州	恩施市、利川市、建始县、巴东县、宣恩县、咸丰县、来凤县、鹤峰县
湖南省 （31）	邵阳市	新邵县、邵阳县、隆回县、洞口县、绥宁县、新宁县、城步苗族自治县、武冈市
	常德市	石门县
	张家界市	慈利县、桑植县
	益阳市	安化县
	怀化市	中方县、沅陵县、辰溪县、溆浦县、会同县、麻阳苗族自治县、新晃侗族自治县、 芷江侗族自治县、靖州苗族侗族自治县、通道侗族自治县
	娄底市	新化县、涟源市
	湘西土家族 苗族自治州	泸溪县、凤凰县、保靖县、古丈县、永顺县、龙山县、花垣县
重庆市 （7）	重庆市	丰都县、石柱土家族自治县、秀山土家族苗族自治县、酉阳土家族苗族自治县、 彭水苗族土家族自治县、黔江区、武隆县
贵州省 （15）	遵义市	正安县、道真仡佬族苗族自治县、务川仡佬族苗族自治县、凤冈县、湄潭县
	铜仁地区	铜仁市、江口县、玉屏侗族自治县、石阡县、思南县、印江土家族苗族自治县、德 江县、沿河土家族自治县、松桃苗族自治县、万山特区
四川省 （13）	泸州市	叙永县、古蔺县
	乐山市	沐川县、马边彝族自治县
	宜宾市	屏山县
	凉山彝族 自治州	普格县、布拖县、金阳县、昭觉县、喜德县、越西县、美姑县、雷波县
贵州省 （10）	遵义市	桐梓县、习水县、赤水市
	毕节地区	毕节市、大方县、黔西县、织金县、纳雍县、威宁彝族回族苗族自治县、赫章县

续表

省名	地市名	县　名
云南省 (15)①	昆明市	禄劝彝族苗族自治县、寻甸回族彝族自治县
	曲靖市	会泽县、宣威市
	昭通市	昭阳区、鲁甸县、巧家县、盐津县、大关县、永善县、绥江县、镇雄县、彝良县、威信县
	楚雄彝族 自治州	武定县
广西 壮族 自治区 (29)	柳州市	融安县、融水苗族自治县、三江侗族自治县
	桂林市	龙胜各族自治县、资源县
	南宁市	隆安县、马山县、上林县
	百色市	田阳县、德保县、靖西县、那坡县、凌云县、乐业县、田林县、西林县、隆林各族自治县
	河池市	凤山县、东兰县、罗城仫佬族自治县、环江毛南族自治县、巴马瑶族自治县、都安瑶族自治县、大化瑶族自治县
	来宾市	忻城县
	崇左市	宁明县、龙州县、大新县、天等县
贵州省 (40)	六盘水市	六枝特区、水城县
	安顺市	西秀区、平坝县、普定县、镇宁布依族苗族自治县、关岭布依族苗族自治县、紫云苗族布依族自治县
	黔西南布 依族苗族 自治州	兴仁县、普安县、晴隆县、贞丰县、望谟县、册亨县、安龙县
	黔东南 苗族侗族 自治州	黄平县、施秉县、三穗县、镇远县、岑巩县、天柱县、锦屏县、剑河县、台江县、黎平县、榕江县、从江县、雷山县、麻江县、丹寨县
	黔南布 依族苗族 自治州	荔波县、贵定县、独山县、平塘县、罗甸县、长顺县、龙里县、惠水县、三都水族自治县、瓮安县

----

① 吕怀玉．边疆民族地区减贫战略研究［D］．云南：云南大学,2013.

续表

省名	地市名	县　名
云南省 （11）	曲靖市	师宗县、罗平县
	红河哈 尼族彝族 自治州	屏边苗族自治县、泸西县
	文山壮族 苗族自治州	砚山县、西畴县、麻栗坡县、马关县、丘北县、广南县、富宁县
云南省 （56）①	保山市	隆阳区、施甸县、龙陵县、昌宁县
	丽江市	玉龙纳西族自治县、永胜县、宁蒗彝族自治县
	普洱市	宁洱哈尼族彝族自治县、墨江哈尼族自治县、景东彝族自治县、景谷傣族彝族自治县、镇沅彝族哈尼族拉祜族自治县、江城哈尼族彝族自治县、孟连傣族拉祜族佤族自治县、澜沧拉祜族自治县、西盟佤族自治县
	临沧市	临翔区、凤庆县、云县、永德县、镇康县、双江拉祜族佤族布朗族傣族自治县、耿马傣族佤族自治县、沧源佤族自治县
	楚雄彝族 自治州	双柏县、牟定县、南华县、姚安县、大姚县、永仁县
	红河 哈尼族彝族 自治州	石屏县、元阳县、红河县、金平苗族瑶族傣族自治县、绿春县
	西双版纳 傣族自治州	勐海县、勐腊县
	大理白族 自治州	漾濞彝族自治县、祥云县、宾川县、弥渡县、南涧彝族自治县、巍山彝族回族自治县、永平县、云龙县、洱源县、剑川县、鹤庆县
	德宏傣族 景颇族 自治州	潞西市、梁河县、盈江县、陇川县
	怒江傈 僳族 自治州	泸水县、福贡县、贡山独龙族怒族自治县、兰坪白族普米族自治县

① 吕怀玉. 边疆民族地区减贫战略研究［D］. 云南：云南大学,2013.

续表

省名	地市名	县　名
内蒙古自治区（5）	兴安盟	阿尔山市、科尔沁右翼前旗、科尔沁右翼中旗、扎赉特旗、突泉县
吉林省（3）	白城市	镇赉县、通榆县、大安市
黑龙江省（11）	齐齐哈尔市	龙江县、泰来县、甘南县、富裕县、林甸县、克东县、拜泉县
	绥化市	明水县、青冈县、望奎县、兰西县
河北省（22）	保定市	涞水县、阜平县、唐县、涞源县、望都县、易县、曲阳县、顺平县
	张家口市	宣化县、张北县、康保县、沽源县、尚义县、蔚县、阳原县、怀安县、万全县
	承德市	承德县、平泉县、隆化县、丰宁满族自治县、围场满族蒙古族自治县
山西省（8）	大同市	阳高县、天镇县、广灵县、灵丘县、浑源县、大同县
	忻州市	五台县、繁峙县
内蒙古自治区（3）	乌兰察布市	化德县、商都县、兴和县
山西省（13）	忻州市	静乐县、神池县、五寨县、岢岚县
	临汾市	吉县、大宁县、隰县、永和县、汾西县
	吕梁市	兴县、临县、石楼县、岚县
陕西省（7）	榆林市	横山县、绥德县、米脂县、佳县、吴堡县、清涧县、子洲县
安徽省（12）	安庆市	潜山县、太湖县、宿松县、望江县、岳西县
	阜阳市	临泉县、阜南县、颍上县
	六安市	寿县、霍邱县、金寨县
	亳州市	利辛县
河南省（16）	信阳市	光山县、新县、固始县、淮滨县、商城县、潢川县
	驻马店市	新蔡县
	开封市	兰考县
	商丘市	民权县、宁陵县、柘城县
	周口市	商水县、沈丘县、郸城县、淮阳县、太康县
湖北省（8）	孝感市	孝昌县、大悟县
	黄冈市	团风县、红安县、罗田县、英山县、蕲春县、麻城市

续表

省名	地市名	县 名
江西省 （17）	萍乡市	莲花县
	赣州市	赣县、上犹县、安远县、宁都县、于都县、兴国县、会昌县、寻乌县、石城县、瑞金市、南康市
	吉安市	遂川县、万安县、永新县、井冈山市
	抚州市	乐安县
湖南省 （6）	株洲市	茶陵县、炎陵县
	郴州市	宜章县、汝城县、桂东县、安仁县

表1—2　已明确实施特殊扶持政策的地州分县名单

分区	省名	地市州名	县 名
西藏区 （74）	西藏 自治区 （74）	拉萨市	城关区、林周县、当雄县、尼木县、曲水县、堆龙德庆县、达孜县、墨竹工卡县
		昌都地区	昌都县、江达县、贡觉县、类乌齐县、丁青县、察雅县、八宿县、左贡县、芒康县、洛隆县、边坝县
		山南地区	乃东县、扎囊县、贡嘎县、桑日县、琼结县、曲松县、措美县、洛扎县、加查县、隆子县、错那县、浪卡子县
		日喀则地区	日喀则市、南木林县、江孜县、定日县、萨迦县、拉孜县、昂仁县、谢通门县、白朗县、仁布县、康马县、定结县、仲巴县、亚东县、吉隆县、聂拉木县、萨嘎县、岗巴县
		那曲地区	那曲县、嘉黎县、比如县、聂荣县、安多县、申扎县、索县、班戈县、巴青县、尼玛县双湖办事处
		阿里地区	普兰县、札达县、噶尔县、日土县、革吉县、改则县、措勤县
		林芝地区	林芝县、工布江达县、米林县、墨脱县、波密县、察隅县、朗县
四省藏区 （77）	云南省 （3）	迪庆藏族自治州	香格里拉县、德钦县、维西傈僳族自治县

续表

分区	省名	地市州名	县 名
四省藏区（77）	四川省（32）	阿坝藏族羌族自治州	汶川县、理县、茂县、松潘县、九寨沟县、金川县、小金县、黑水县、马尔康县、壤塘县、阿坝县、若尔盖县、红原县
		甘孜藏族自治州	康定县、泸定县、丹巴县、九龙县、雅江县、道孚县、炉霍县、甘孜县、新龙县、德格县、白玉县、石渠县、色达县、理塘县、巴塘县、乡城县、稻城县、得荣县
		凉山彝族自治州	木里藏族自治县
	甘肃省（9）	武威市	天祝藏族自治县
		甘南藏族自治州	合作市、临潭县、卓尼县、舟曲县、迭部县、玛曲县、碌曲县、夏河县
	青海省（33）	海北藏族自治州	门源回族自治县、祁连县、海晏县、刚察县
		黄南藏族自治州	同仁县、尖扎县、泽库县、河南蒙古族自治县
		海南藏族自治州	共和县、同德县、贵德县、兴海县、贵南县
		果洛藏族自治州	玛沁县、班玛县、甘德县、达日县、久治县、玛多县
		玉树藏族自治州	玉树县、杂多县、称多县、治多县、囊谦县、曲麻莱县
		海西蒙古族藏族自治州	格尔木市、德令哈市、乌兰县、都兰县、天峻县、冷湖行委、大柴旦行委、茫崖行委
新疆南疆三地州（24）	新疆维吾尔自治区（24）	克孜勒苏柯尔克孜自治州	阿图什市、阿克陶县、阿合奇县、乌恰县
		喀什地区	喀什市、疏附县、疏勒县、英吉沙县、泽普县、莎车县、叶城县、麦盖提县、岳普湖县、伽师县、巴楚县、塔什库尔干塔吉克自治县
		和田地区	和田市、和田县、墨玉县、皮山县、洛浦县、策勒县、于田县、民丰县

资料来源：http://www.gov.cn/gzdt/2012—06/14/content_2161045.html.

二、贫困

贫困是当今世界普遍存在的一种社会现象,并非为某一国、某一地区所特有①;贫困也是一种共通性的生活状况,一种社会问题,或是一种社会病态和发展过程中的非均衡矛盾,涉及经济、社会、文化、环境等诸多领域,是人类面对的一个永恒问题。一直以来,国外学者从不同的学科和侧面有诸多论述。早期对贫困的理解主要是从收入的缺乏来定义,如保罗·萨缪尔森(Paul A. Samuelson,1948)②、西伯姆·朗特里(Seebohm Rowntree,1901)③、奥本海默(Oppenheim,1993)④等从不同的角度对贫困的定义进行了论述,尤以阿玛蒂亚·森在其《作为自由的发展》一书中、世界银行在《1990 年世界发展报告》和《2000—2001 年世界发展报告》中的阐释较为全面,其中一个基本观点认为贫困的真正含义不是收入低下,而是缺少达到最低生活水平的机会和能力,这种机会和能力的不足才是导致贫困的根源。贫困"不仅是低微的收入和人力发展不足,还包括风险和面临风险时的脆弱性⑤,以及不能表达自身需求和缺乏影响力"⑥。

我国学界对贫困与反贫困定义的探索始终没有停止过,他们多源自国际学界对贫困的一般理论诠释,并同时也考虑了中国的基本国情。在这些学者中,汪三贵(1994)的观点最有代表性,他认为"贫困是缺乏生活资料,缺少劳动力再生产的物质条件,或者因收入低而仅能维持相当低的生活水平"⑦。林闽钢(1994)则认为"贫困是经济、社会、文化落后的总称,是由低收入造成的基本物质、基本服务相对缺乏以及缺少发展机会和手段的一种状况"⑧。尚玥佟(2001)指出,贫困是缺乏获得基本生活资料的能力和机会的一种状态。随着社会经济的发展,贫困的内容和标准也是不断变化的。贫困既有绝对贫困,也有

① 韩建民等. 西部农村贫困与反贫困路径选择[M]. 北京:中国农业出版社,2012.
② 保罗·萨缪尔森,威廉·诺德豪斯. 经济学[M]. 北京:北京经济学院出版社,1996.
③ B. S. Rowntree. Poverty:A Study of Town Life[M]. London:Macmillan,1901.
④ C. Oppenheim. Poverty:the Facts[M]. London:Child Poverty Action Group,1993.
⑤ 吴海峰. 新时期怎样做好农村扶贫开发工作[J]. 中国乡村发现,2008(03):109—113.
⑥ 李小云,李周,唐丽霞. 参与式贫困指数的开发与验证[J]. 中国农村经济,2005(05):39—46.
⑦ 章春化,刘新平. 中国贫困与反贫困研究综述[J]. 开发研究,1997(05):51—53.
⑧ 杨颖. 中国农村反贫困研究的新视野——基于文献视角的评述与展望[J]. 开发研究,2010(02):27—32.

相对贫困。绝对贫困是指生存贫困。① 近几年来,孙多勇、李继文(2010)②、姚凤民、肖国良(2012)进一步深化了贫困定义的内涵,认为贫困是指在经济、政治、社会、文化等诸多因素的综合作用下,一个人或家庭由于缺乏手段、机会以及能力而导致收入低下,难以达到最低生活标准的一种生存状态。③

综上,贫困是指由于受到社会、经济、政治等多方面的影响,一部分人因主客观原因无法获得包容性分享社会资源所造成的生活低于国家规定的生活水平,且自身又无能力摆脱这一状况的状态。

三、包容性增长

"包容性增长"首次出现在 2007 年亚洲开发银行(The Asia Development Bank,ADB)的阿里和庄先生的一份研究报告中。④ 他们认为,包容性增长就是要实现"机会平等的增长"。由于机会平等可以通过逐步减少机会不平等来实现,因此,包容性增长也可以意味着"机会不平等减少的增长"。包容性增长是一种机会均等的增长,特别强调发展机会的均等化。⑤ "包容性增长"也常与"广泛基础的增长"(broad-based growth)、"分享式增长"(shared growth)和"扶贫性增长"(pro-poor growth)等几个概念交换使用。⑥

四、扶贫开发模式

关于扶贫模式的定义,通过知网检索,截至 2014 年 7 月,共有 30176 篇有关"扶贫模式"的研究论文,可见定义这一概念有一定的难度。应该说,"扶贫开发模式"是一个综合性的概念,从字面上来理解是指扶贫开发的一系列方式、方法和相关的策略,是一个整体的系统。要想充分地认识这一概念就要先了解"扶贫开发"和"模式"这两个词。

① 尚玥佟. 发展中国家贫困化理论与反贫困战略[D]. 北京:中国社会科学院研究生院,2001.
② 李继文. 湖南省农村扶贫开发问题研究[D]. 北京:国防科学技术大学,2010.
③ 肖国良. 政府主导下的扶贫问题研究——以广东省为例[D]. 广州:广东商学院,2012.
④ Kavita Chavali,Subrat Sahu. Comparative Study of Tourism Websites in India-With Special Reference to South India[R]. Conference on Tourism in India-Challenges Ahead,IIMK,2008:314 − 322.
⑤ Helpdesk Research Report. Literature Review on Inclusive Growth,GSDRC Governance and Social Development Resource Center,23(04)2010:1 − 2.
⑥ 王志章,王晓蒙. 包容性增长的印度模式及其对中国的启示[J]. 城市观察,2011(05):174—187.

"扶贫开发"是指政府或非政府组织根据国家有关政策规定,凭借物资、资金和技能的支持,促进贫困地区通过促进经济社会发展来提高贫困人口生活水平、改变贫困面貌,从而摆脱贫困境地的一项长期性社会实践工作。新中国成立以来,我国长期致力于扶贫工作,但仍以"输血"为主,直至改革开放后,扶贫工作才得到大规模发展,在扶贫的基础上加入"发展"元素,即在"输血"的同时更加注重"造血"功能,在国家提供资金的前提下,提高贫困人口的劳动技能,利用贫困地区的资源,创造和发展生产机会,从根本上解决贫困问题。

"模式"是指一种固定的框架和意识,它是一种认识论上的确定思维方式,是人们在生活实践中对重复出现事件规律性的归纳和总结所形成的经验积累。这是一种参照性的指导方略,对应的是某种具体的社会存在,具有相对规范和可多次重复的特点。从模式的角度研究问题最初多用于发展经济学中,如国家和地区发展模式等。而真正运用于我国的扶贫工作,是基于我国多年扶贫工作的实践基础,以及扶贫开发工作取得的显著成绩。作为国际主要发展援助机构的联合国开发计划署(2000)高度评价中国扶贫成就,认为中国扶贫开发为发展中国家,乃至整个世界提供了一种崭新的模式,[①]这是国际组织第一次明确提出我国扶贫开发模式问题。

表1—3 改革开放30多年来中国扶贫模式分类

分类不同维度	模式类型
基于扶贫资源的投入和管理主体	①政府主导型扶贫(整村推进、异地安置、对口支援、部门定点扶贫);②非政府主导型扶贫;③社区主导型扶贫(CDD)等
基于农户在扶贫开发中所处的区位不同	①本地开发模式;②异地安置模式;③劳务输出模式等
基于扶贫开发手段的不同	①救济式扶贫模式;②开发式扶贫模式等
基于扶贫开发方式综合程度	①单向开发模式;②综合性开发模式等
基于扶贫资源作用对象的不同	①直接扶贫模式;②间接扶贫模式等
基于扶贫主体投入要素类型的不同	①物质扶贫;②资金扶贫;③智力扶贫(教育扶贫;科技扶贫等)

① 曹洪民.中国农村扶贫模式研究的进展与框架[J].西北人口,2002(04):2—6.

续表

分类不同维度	模式类型
基于扶贫领域侧重的不同	①社会服务模式；②产业发展模式；③小额贷款模式；④外资扶贫模式等
基于扶贫实践经验的不同	①领导集团帮扶模式；②智力扶贫阻断贫困延伸模式；③政银企联手融资扶贫模式；④贵州晴隆模式、印江模式、长顺模式、威宁模式等。

资料来源：根据有关资料整理。

　　由此可见，"扶贫开发模式"是指扶贫主体（政府和非政府组织）为帮助贫困人口改善生活水平低下、发展机会缺乏以及发展能力不足的现状所实施的项目及其监管的途径和方法，以帮助他们摆脱贫困境地；[①]或是指扶贫主体（A）利用一定的生产要素和当地资源，通过某些针对性工具作用于扶贫客体（B），促进（B）脱贫致富的方式、方法和路径的总称。[②] 它是在我国扶贫战略主导下，对各种扶贫开发行为以及扶贫开发过程中所有环节的概括，是涉及社会多个领域的一项系统性工程。在我国，各贫困地区的经济社会环境存在着很大的差异，导致贫困的因素也大不相同，扶贫开发模式自然各异。新中国成立以来，我国扶贫开发工作已经摸索总结出诸如救济式扶贫、旅游扶贫、整村推进扶贫、贴息贷款扶贫、生态移民搬迁扶贫、科技扶贫、教育扶贫、产业扶贫等一大批行之有效的开发模式，种类繁多、形式各异，并正在取得成功。

　　上述这些阐释或归纳多停留在经验总结的表层，如何从学理上凝练出"扶贫模式"的科学定义，仍有待进一步探讨。

第三节　研究价值

一、理论价值

　　贫困与反贫困既是一个古老、沉重的话题，也是我国扶贫攻坚战中亟须深化研究的重大理论和现实课题。本书的理论价值在于以社会学、经济学、公共政策等多学科为理论视角，基于宏观与微观、普遍性与特殊性、内在与外在的分

---

① 张金丽. 广西马山县"屯级主导型"扶贫开发模式研究[D]. 湖北：华中农业大学，2007.
② 赵昌文，郭晓鸣. 贫困地区扶贫模式：比较与选择[J]. 中国农村观察，2000(06)：65—71.

析,以及国外的比较借鉴,通过回顾与总结,实践归纳与理论探索等,将国际扶贫研究领域最新理论成果"包容性增长"与"连片特困地区的扶贫开发"进行多层面、多维度的嵌合,解析两者之间的内在联系,构建包容性增长扶贫开发的不同模式,以指导我国连片特困地区科学发展、统筹城乡发展、区域协调发展、生态绿色发展、社会和谐发展,从学理上丰富和完善具有中国特色的扶贫开发理论体系,为世界反贫困贡献"中国智慧"。

二、现实意义

本书以党的十八大、十八届三中全会、四中全会、五中全会和习近平总书记系列重要讲话精神为指导,坚持"以问题为导向",紧扣连片特困地区包容性增长扶贫开发模式构建这一主题,通过理论梳理、现状分析、比较借鉴、实证分析、模式构建、评价体系开发、政策建议等几大板块的系统研究,不断强化使命意识、责任意识,为各级党和政府突破传统思维、坚持统筹发展、创新扶贫模式,打好新时期连片特困地区的扶贫开发攻坚战,顺利完成《中国农村扶贫开发纲要(2011—2020年)》既定目标,全面建成小康社会,实现中华民族伟大复兴的中国梦提供现实理论支撑、决策依据和政策建议。

第四节　研究思路及创新点

一、研究的主要内容

本书分为四大板块,即基础分析框架、比较与借鉴、现状分析与路径构建。基础研究部分包括我国扶贫工作面临的形势与任务分析、包容性增长与连片特困地区扶贫开发研究的文献梳理与理论借鉴。比较与借鉴部分主要通过选择英美、印度、巴西、越南等几个不同类型的国家作为样本,探析印度包容性增长的扶贫开发模式,解析巴西、南非扶贫开发模式,分析英美发达国家在工业化进程中的扶贫开发经验,并从中获取一些经验性的启示。现状分析部分一是通过文献梳理对我国连片特困地区扶贫开发进行经验性测度分析;二是选择滇桂黔片区的六盘水市、武陵山片区相关区、县、乡镇和村为抽样、访谈对象,通过实证研究的方法比较全面地了解连片特困地区扶贫开发的现状,找出存在的问题和原因,为政策构建奠定现实基础。最后一部分则是基于前面的研究基础,设计我国连片特困地区包容性增长扶贫开发模式,构建起包容性增长的扶贫开发测度工具,向国家职能部门和地方政府提出政策建议等。

二、基本思路

本书以党的十八大、十八届三中全会、四中全会、五中全会及习近平系列重要讲话等精神为指导,以连片特困地区扶贫开发为导向,以社会学、区域经济学等多学科为理论视角和多学科的研究方法,以武陵山区、滇桂黔两个有代表性的片区为实证研究对象,基于连片特困地区的普遍性与差异性,通过背景分析、

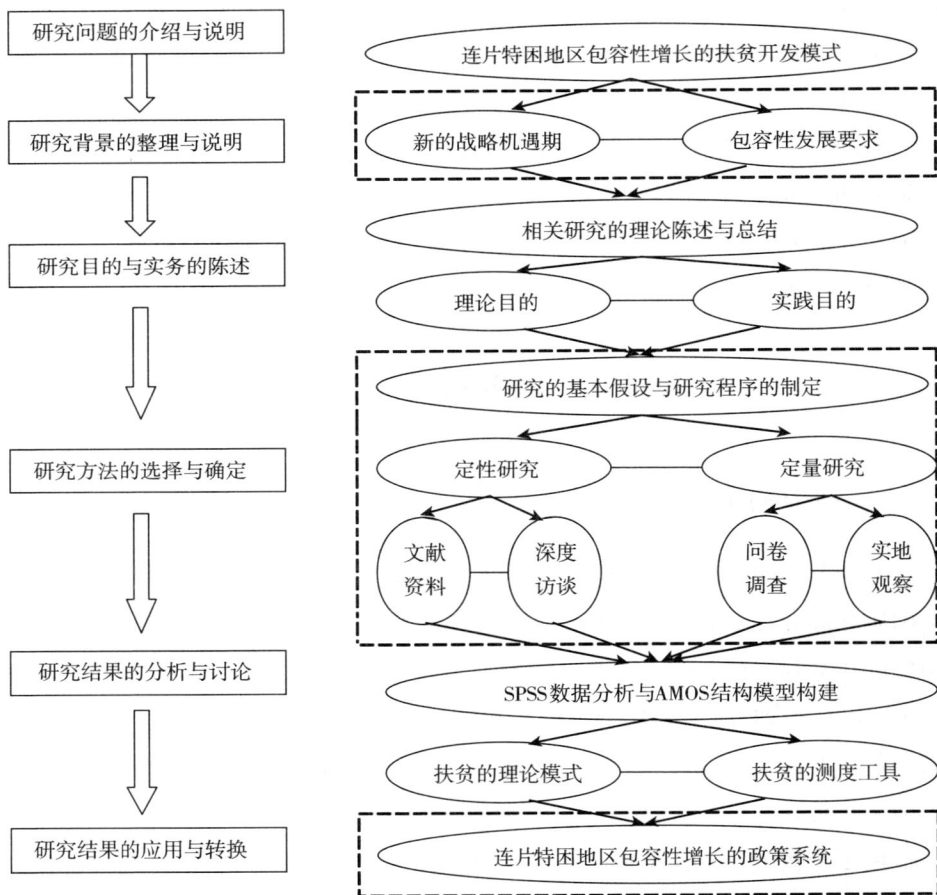

图1—1 研究的技术路线逻辑思路图

问题提出、核心概念界定、理论梳理、比较借鉴、现状剖析、模型设计、政策建议、测度工具开发等,构建起我国连片特困地区包容性增长的扶贫开发模式,为各级党委和政府打好新时期扶贫攻坚战,实现政治稳定、民族团结、边疆巩固、社会和谐、生态安全,全面建成小康社会,实现中华民族伟大复兴的中国梦提供理论支撑、决策依据和政策建议。

三、研究方法

(1)文献研究。通过对国内外有关包容性增长和连片特困地区扶贫开发最新成果的文献梳理,吸取有价值的观点,夯实本书的理论基础。

(2)比较研究。通过解析印度、巴西、南非以及英美先发国家扶贫开发模式,归纳出共性与个性,为探索和创新我国连片特困地区扶贫开发模式提供借鉴。

(3)实证研究。以武陵山、滇桂黔片区的六盘水市为实证研究对象,运用社会调查与网络调查,结合内容分析、历史比较分析、社会网络分析等,将武陵山这一议题置于多层面和多学科考量,获取第一手资料和最新材料,为现状分析、模型开发和政策构建提供依据。

(4)综合研究。通过定性与定量分析,建立量化指标体系和测度工具,用以监督、调整、修正连片特困地区扶贫开发过程中的政策效用价值,提高政策的科学性、针对性和可操作性。

四、重点难点

(1)重点。本书"以问题为导向",以武陵山区、滇桂黔片区为实证研究对象,以社会学、区域经济学、公共政策学等多学科为理论视角,将"包容性增长"理论嵌入到"连片特困地区"的"扶贫开发模式"研究中,旨在突破传统思维,创新扶贫思路,完善政策体系,构建起具有中国特色的扶贫新模式,为打好新时期我国连片特困地区扶贫攻坚战提供理论支撑和实践模型。

(2)难点。连片特困地区涉及区域广、面宽,既有普遍性又有差异性,构建针对性和可操作性强的包容性增长扶贫开发模式以及测度工具是本书的难点。

五、基本观点和创新点

（1）基本观点。①当前我国正处在新的历史时期，解决好连片特困地区的重大现实问题，直接关系到我国政治稳定、统筹城乡发展、区域协调发展、生态绿色发展和社会和谐建设，直接关系到如期全面建成小康社会和中华民族的伟大复兴。因此，没有连片特困地区的经济社会发展和人民的幸福，全面建成小康社会就是不完整的。②在过去几十年的扶贫实践中，我国扶贫工作已经探索出许多模式，多具有属地化的特征，不具备普适性和指导性，亟须思维的突破与模式的创新，以适应共同富裕的新形势发展要求。③贫困的根源很多，既有客观上的原因，也有制度安排上的机会不均等等因素，以包容性增长的全新理论视角，探索建立连片特困地区扶贫开发模式无疑是一种新的尝试和路径选择。

（2）创新点。①本书将"包容性增长"这一全新理论嵌入到我国连片特困地区扶贫开发模式的构建中，具有研究视角的创新性，有利于丰富和发展我国扶贫理论。②基于典型代表性的连片特困地区特点进行包容性增长的扶贫开发模式研究，有利于强化针对性，弥补重理论轻实证、重定性研究轻定量分析的不足，实现研究方法的创新。③国际货币基金组织（IMF）委托 Rahul Anand、Saurabh Mishra 和 Shanaka J. Peiris（2013）等学者开发出的包容性增长的"测量及影响因素"（Inclusive Growth：Measurement and Determinants）[1]多是基于印度等南亚国家的基本情况，在很大程度上与中国的扶贫现实不相适应，用此评价中国包容性扶贫绩效无疑存在一定的缺陷。本书以亚行制定的标准为参照系，在实地调查研究的基础上构建起具有中国特色的评价体系，既是创新的尝试，也是满足现实评价的需要。

---

[1]　Rahul Anand，Saurabh Mishra and Shanaka J. Peiris. Inclusive Growth：Measurement and Determinants，IMF Working Paper，JEL Classification Numbers：F43，D63，O11，O47，2013 International Monetary Fund，p. 5.

第二章　相关理论与文献综述

第一节　相关理论

　　贫困伴随人类社会的发展,是当今世界共同面临的天敌,世界各国人民反贫困的实践一天也没有停止过,并不断创造出最新理论成果。检索世界反贫困的研究成果发现,各种理论、理论流派众多,且多为经济学、社会学的理论构建,如二战后的刘易斯(Arthur Lewis)、纳克斯(Ragmar Narkse)、莱宾斯坦(Harvey Leibenstein)、佩鲁(Francis Perroux)、赫希曼(Albert Hirschman)、罗斯托(Walt Rostow)、舒尔茨(Theodore Schultz)、缪尔达尔(Gunnar Myrdal)、阿马蒂亚·森(Amartya Sen)、基斯·约瑟夫(Keith Joseph)、勒内·勒努瓦(Rene Lenoir)、安东尼·吉登斯(Anthony Giddens)、彼得·汤森(Peter Townsend)等,他们从资本积累与投资的功能、传统农业改造、农业资源转移、人力资本投资、能力剥夺与社会排斥等不同视角,分析了贫困尤其是发展中国家贫困的根源,构建了各自的理论与分析框架,并在实证研究和案例研究中形成了不同的扶贫或是反贫困模式,如以印度为代表的满足基本需求模式、以巴西为代表的发展极模式、以韩国为代表的人力资本投资模式、以中国为代表的政府主导型综合反贫困模式、以孟加拉国为代表的小额贷款扶贫模式和以英国为代表的社会保障模式等。[①]再从类型上划分,贫困理论大致又可以分为两大类,即文化的或行为的理论、结构的或经济的理论。文化的或行为的理论认为,贫困是由穷人的行为、价值观和文化造成的。结构的或经济的理论通常也包含一些行为因素,但认为造成贫

---

　　① 赵曦. 中国西部农村反贫困模式研究[M]. 北京：商务印书馆,2009.

困的主要原因是缺乏人人平等的机会。① 随着经济社会不断发展变化,贫困与反贫困的形势也在发生变化,新的理论不断涌现,如 21 世纪诞生的包容性增长理论就是诸多新理论的代表之一。

一、包容性增长相关理论

"包容性增长"(inclusive growth)是一种新理论,它的提出不是偶然,而是立足于近年来发展观的变革,是对前人发展理论认识的提炼和升华。首先,包容性增长是一种强调社会、经济和环境之间协调可持续性的增长方式,它的产生离不开增长理论的演进和发展,同时也是可持续发展理论的延续和补充;其次,它注重保障弱势群体公平公正地参与社会经济生产、享受社会发展的成果,是社会公平理论的实践体现;最后,包容性增长在我国能够得以提倡和发展,还在于它是与我国科学发展观和社会主义和谐社会理论一脉相承的产物。

国内外学界一致认为,"包容性增长"理念的形成是基于 20 世纪中期以来,人们对增长理论认识的不断深化,是增长理论不断演进和发展的结果。杜志雄、肖卫东、詹琳(2010)认为,增长理论先后经历了"先增长后分配"单纯强调增长→"基础广泛的增长"(世界银行,2001)→"益贫式增长"或有利于穷人的增长(亚洲开发银行,1999)→"包容性增长"(亚洲开发银行,2007)的历史演进过程。②

任何理论的诞生都有其深厚的历史背景。20 世纪中期,受到传统收入贫困理论的影响,人们普遍相信高速的经济增长必然会通过涓滴效应的作用辐射到全社会的各个阶层和部门,带动贫困地区的经济发展,减少社会贫困人口,最终实现长久和快速的经济增长,这就是传统"先增长后分配"的增长模式。然而,事实证明这种单纯强调增长的减贫理念并未取得预期的效果,不仅没能使社会增加的财富"涓滴"流入贫民阶层,反而使贫富差距越来越大,极大地抑制民众消费,扼杀了经济发展的内在动力,加剧了社会矛盾。为此,在总结和吸取经验教训的基础上,世界银行(WB,1990)提出了"广泛基础的增长"理念,该理念强调通过给贫困人口提供就业机会,将贫困人口作为社会生产的参与者吸纳到经

---

① [美]哈瑞尔·罗杰斯著,刘杰译. 美国的贫困与反贫困[M]. 北京:中国社会科学出版社,2012.

② 耿华萍. 以"义务教育均衡化"践行"包容性发展"[J]. 淮阴工学院学报,2012(04):26—32.

济增长的过程中,使其发挥自身能力解决贫困问题。① 然而,其内涵一直没有得到明确清晰的界定。随着增长理论的进一步深入和发展,在90年代后期,为了寻求更优的政策组合,以求更加快速地解除贫困,新的"益贫式增长"理念被提出,逐渐取代了"广泛基础增长"。

"益贫式增长"这一术语最早出现于1997年的英国国际发展白皮书中,并于1999年由亚洲开发银行最先对其进行规范定义。亚行认为,如果增长是吸收劳动,并伴随着有助于降低不平等、为穷人增加收入和创造就业的政策,尤其是,如果增长有助于妇女以及其他传统上被排除在增长及其成果分享之外的群体,则这种增长就是益贫的,即"益贫式增长"。②③④ 该理念提出后很快成为学术界讨论的前沿和热点。相对于"广泛基础的增长"而言,这一概念更加重视经济增长、贫困缓解和不平等三者之间的关系,提倡利益的再分配,要求更多地关注贫困人群,使他们从经济增长中获得较多的好处。进入21世纪,亚洲各国在普遍实现经济快速增长的同时,收入和非收入不平等的状况仍在恶化,出于对经济可持续增长和社会稳定的担忧,2007年,亚洲开发银行在上述"益贫式增长"理念的基础上进一步提出了"包容性增长"概念,至此,"包容性增长"的理论成为当前世行和亚行等致力于国际减贫的国际机构的核心指导思想。

二、可持续发展理论

可持续发展理论的形成经历了一个漫长的过程。随着20世纪工业革命的推进和发展,经济社会的快速增长给人类的生活环境带来了巨大的影响,资源日益枯竭,环境污染严重,环境问题使人们逐渐意识到,经济的过快增长将给人类带来毁灭性的灾难。1968年,来自哈佛等大学和企业界的学者Donella Meadows、Dennis L. Meadows 和 Jorgen Randers 等20人会聚罗马(后被称之为"罗马俱乐部"),探讨什么是全球性问题和如何开展全球性问题研究。1972年,标志性的研究报告《增长的极限》(The Limits to Growth)出炉。该报告预言,由于石

---

① 世界银行. 1990年世界发展报告[R]. 北京:中国财政经济出版社,1990.

② Asian Development Bank. Fighting Poverty in Asia and the Pacific:The Poverty Reduction Strategy of the Asian Development Bank. Manila,Philippines, 1999:6.

③ 蔡荣鑫."益贫式增长":越南的实践与经验[J]. 东南亚纵横,2009(01):10—13.

④ 蔡荣鑫. 从"增长"到"对穷人友善的增长"[J]. 经济学家,2007(06):109—117.

油等自然资源的减少或不可再生,经济增长不可能无限持续下去,世界性灾难即将来临。为此,他们设计了"零增长"的对策性方案,从此,"可持续发展"进入人类视野,同时也带来了一场延续至今的大辩论。

1987年,经过四年的研究和充分论证,世界环境与发展委员会(WECD)在题为《我们共同的未来》(Our Common Future or Brundtland Report)的报告中首次使用了可持续发展概念,并对其进行阐释,认为可持续发展既要满足当代经济社会发展的需要,同时又不能危及未来人类发展对资源的需求。此时的概念仅源于生态学,体现的是一种环境资源的管理战略,随后被加入一些新的内涵,涉及了经济、社会、文化、技术和自然环境的综合的动态的概念,广泛应用于经济学、社会学等领域。① 经济学家爱德华·B.巴比尔(Edivard B. Barbier)在其著作《经济、自然资源:不足和发展》中,把可持续发展定义为"在保持自然资源的质量及其所提供服务的前提下,使经济发展的净利益增加到最大限度"。②③④詹姆斯·斯帕思(James Spath,1989)从技术选择的角度出发扩展了可持续发展定义,认为可持续发展就是转向更清洁、更有效的技术,尽可能接近"零排放"或"密闭式"工艺方法,以此减少能源和其他自然资源的消耗。⑤⑥ 罗伯森(Robinson,1990)认为,可持续发展除了保护自然环境的含义以外,还有社会—政治意义,也就是说可持续发展是生态与社会—政治系统的和谐发展。⑦⑧

可持续发展理论是人类对社会发展过程中出现的问题进行深刻反思后提出的一种全新的发展思路。它包含生态、经济、社会、政治的全面协调统一发展,强调世界是一个整体,每一个国家和地区都享有发展权和机会,但实现经济增长的同时必须兼顾生态环境、经济社会的稳定和谐。从这一点来看,这与包

---

① 王青云. 可持续发展理论发展概述[J]. 黄石高等专科学校学报,2004(04):9—12.

② 尚卫平. 可持续发展的定义及其评价指标体系[J]. 统计研究,1999(S1):177—180.

③ 李龙熙. 对可持续发展理论的诠释与解析[J]. 行政与法(吉林省行政学院学报),2005(01):3—7.

④ 刘卫星. 生态文明建设的伦理解读——基于可持续发展的视角[J]. 贵州师范大学学报(社会科学版),2009(06):27—32.

⑤ 王秀芬. 可持续发展由来与涵义研讨之述评[J]. 内蒙古社会科学(汉文版),2000(04):27—29.

⑥ 曹明宏. 可持续发展背景下的农业补贴问题研究[D]. 湖北:华中农业大学,2001.

⑦ 刘惠. 广东可持续发展与产业结构研究[D]. 广东:暨南大学,2001.

⑧ 陈汉文,池晓勃. 关于环境审计的几个问题探讨[J]. 审计研究资料,1997(02):1—4.

容性增长具有相似之处。正如汝绪华(2011)认为,包容性增长应该是可持续发展理论下的平衡增长,实现包容性增长,根本目的是在全球化背景下让经济发展创造的成果惠及所有国家和地区,惠及广大人民群众,在可持续发展中实现经济社会的和谐发展。① 它们都不仅仅只是强调经济的增长,而是要求在经济发展的同时保证社会的稳定。因此,可持续发展理论可以被视为包容性增长的理论基础,同时包容性增长理论也是可持续发展理论的一个实践延续和补充。

三、社会公平理论

包容性增长概念提出的背景是针对一些亚洲国家在发展过程中出现的社会不公平现象,所倡导的就是要增加经济增长的普惠性和共享性,体现着社会公平的基本要求。因此,包容性增长理论便涉及了社会公平问题,由此引出了另一个理论,即社会公平理论。

社会公平理论基于工资报酬分配的合理性、公平性及其对职工生产积极性的影响,是 1965 年由美国心理学家约翰·斯塔希·亚当斯(John Stacey Adams)提出的一种激励理论。在他看来,公平的报酬是最好的激励,能增加员工的满意度。该观点过多关注结果的公平分配,所以亦被称为"结果公平",因其缺乏客观的衡量标准,个人付出的劳动与获得的报酬不易计量,具有一定的局限性。为了弥补这一不足,1975 年瑟鲍特(Thibaut)和沃尔克(Walker)提出了"程序公平"(procedural justice)观点,开始关注和强调在分配资源时使用的程序、过程的公正性,认为只要人们具有对过程的控制权利,无论结果如何,公平感都会有显著的增加。1986 年,毕斯(Bies)和牟格(Moag)在结果公平和程序公平的基础上,进一步提出"互动公平"理论,认为员工在与上级交往中所感受到公正待遇的程度也直接影响到结果的公平,如果说程序公平在制度上保证了管理人员与员工之间双向沟通的实现,那么互动公平则侧重于这种沟通的恰当方式。②③综上所述,按时间发展顺序来看,国外学者关于社会公平理论的研究先后经历

---

① 汝绪华. 包容性增长:内涵、结构及功能[J]. 学术界,2011(01):15.

② R. J. Bies & J. S. Moag. Interaetional justiee:Communieation eriteria of fairness[J]. InR. J. Lewick, B. H. Sheppard, M. H. BaZerman(eds). Researeh on Negotiation in Organizations. CT:Jal. 1986:43—45,转引自:叶勤. 基于公平理论的员工薪酬满意度研究[D]. 辽宁:大连理工大学,2007:27.

③ 朱莉英. 基于组织公平理论的高校人力资源激励的研究[D]. 湖北:武汉理工大学,2007.

了结果公平、程序公平和互动公平三个阶段,每一个阶段的理论侧重点和研究角度都不同,都存在着一定的先进性和创新性,但同时也存在各自的缺陷。

我国学者俞文钊(1989)①结合中国特殊国情,对社会公平理论的本质、内涵、分类等作了大量本土化的研究。李保润(1996)②,刘武根、童颖华(2008)③,胡芳(2011,2012)等对社会公平经典理论进行了综合梳理,并根据经典作家的社会公平理论提出"转变经济发展方式是解决社会公平的基本前提,还富于民是解决社会公平问题的根本思路"。④⑤ 可见,社会公平理论在当下中国还在进一步深入探索之中。

四、扶贫开发模式理论

如何解决贫困问题是一个世界性难题,各国学者一直密切关注,并从实践和理论两个向度总结出了一系列的扶贫开发模式理论。具有代表性的有:罗森斯坦·罗丹的促进资本形成的大推进扶贫开发模式理论,赫希曼的不平衡增长模式理论,舒尔茨的促进人力资本形成的扶贫开发模式理论,缪尔达尔的综合扶贫开发模式理论,这些理论对解决贫困地区的贫困问题具有重大意义。

1. 大推进理论

"大推进理论"(the Theory of the Big-Push)是由英国著名经济学家罗森斯坦·罗丹(P. N. Rosenstein-rodan)在《东欧和东南欧的工业化的若干问题》(Problems of Industrialization of Eastern and South-Eastern Europe,1943)这篇著作中首次提出的,随后在《关于大推动理论的注释》(Notes on the Theory of the Big-Push,1961)中作了进一步的补充与说明。该理论的提出是基于罗森斯坦·罗丹在对东欧与东南欧考察的基础上,为了推动这些地区的经济增长而提出来的为这些发展中国家工业化起步设计的一种战略,以使其快速实现工业化,最终摆脱贫困。

罗丹认为,在大部分发展中国家和贫困地区均存在着这样一种现实,即需

---

① 俞文钊. 管理心理学(第三版)[M]. 上海:东方出版中心,2002.
② 李保润. 公平理论的新构思[J]. 企业管理,1996(11):41.
③ 刘武根,童颖华. 社会公平问题研究述评[J]. 延边大学学报(社会科学版),2008(06):13—17.
④ 胡芳. 经典作家社会公平理论及其当代启示[J]. 贵州大学学报(社会科学版),2011(06):06—12.
⑤ 胡芳. 经典作家社会公平理论及其当代发展与反思[J]. 理论与改革,2012(09):7—11.

求和供给两个方面对经济发展的制约。一方面,从需求上看,低收入造成购买力不足,国内市场狭小,这样一来小规模的投资便无法为这种更小规模的市场所吸收;另一方面,从供给上看,低收入必然导致低储蓄,这样更加不可能形成工业、企业所需的规模巨大的投资。为了解决这一问题,便提出了大推进理论。顾名思义,"大推进"就是指要全面地、大规模地对国民经济的各个工业部门、产业部门以及基础设施进行投资,在供给、需求、贫困恶性循环的锁链上打开一个缺口,突破狭小市场的束缚,产生良好的外部经济效果,增加社会净产品,促进资本积累与形成,达到经济社会发展的目的。自"大推进理论"面世以来,受到了广大学者的关注,在当时对贫困地区的经济社会发展具有一定的实践指导作用。

但是随着发展中国家工业化进程的推进,理论界对"大推进理论"提出质疑,认为资本的形成和积累是一个漫长的过程,没有哪一个国家和地区从一开始就拥有进行"大推进"的资本基础,在现实社会中也很难找到一个国家是通过全面、大规模投资而实现工业化的先例;[①]并且认为大规模投资中"规模"很难确定,也无法实行量化,在投资的尺度上很难把握。因此,在发展中国家和贫困地区,本身经济发展滞后,资源较为短缺,市场条件不成熟,如果贸然地进行"大推进"战略,往往会事倍功半,甚至产生灾难性后果。如我国历史上的"大跃进"和伊朗历史上的"大推进"的失败,就充分证明了这一点。

2. 不平衡增长扶贫开发模式理论

针对"大推进模式理论"的缺陷及其在实际运用中所面临的一系列难以克服的困难和障碍,美国经济学家阿尔伯特·赫希曼(Albert Otto Hirschman)在1958 年出版的《经济发展战略》(Economic Development Strategy)一书中提出了不平衡增长理论。

他认为,在发展中国家和广大贫困地区,资本是稀缺的资源,根本就不具备进行"大推进"所需的资本条件,若再言进行大量广泛的资本投资,必然会遭遇到资本不足的困境,追求经济均衡增长的目标肯定无法实现。因此,在对经济发展落后的国家和地区的研究基础上,他指出一国经济的增长在各地区和部门之间自始至终都处在不平衡的状态,这就好比一条"不均衡的链条",从某些主

---

① 叶普万. 贫困经济学研究[D]. 陕西:西北大学,2003.

导部门到其他部门,从一个产业到另一个产业,经济发展常常采取"踩跷板"的推进形式,从一种不平衡走向新的不均衡。①② 而经济发展战略不是摆脱而是维持这种不均衡的紧张状态,始终形成一定的比例,保持不平衡,促进"不均衡链条"保持活力。因此,赫尔曼的不平衡增长模式理论在解决贫困问题上主张:采取精心设计的不均衡经济发展战略,突破贫困地区资本稀缺的困境,将资本集中投放于一些创新能力强、有较大发展潜力、利润相对较高的主导部门和优势产业,使其优先发展。待这些部门创造出新的投资机会时,通过地区和部门之间的"联动效应"带动其他部门和产业的发展,从而推动整个国民经济的提升,最终缓解社会的贫困现象。

赫尔曼的不平衡增长模式理论成功地解决了"大推进理论"存在的资本不足的问题,以其独特的、比较合乎实际的理论构想,使发展中国家和贫困地区可以有效地利用有限经济资本资源实现经济的快速增长,对发展中国家的扶贫开发战略产生了重大影响。

3. 人力资本投资理论

人力资本投资理论是 1960 年美国经济学家西奥多·舒尔茨(Theodore Schultz)在经济学发展年会上提出的,在他看来,"经济发展主要取决于人的质量,而不是自然资源的丰溢或资本存量的多寡"③④。他认为,贫穷国家或贫困地区经济之所以落后,其根本原因不在于物质资本的短缺而在于人力资本的匮乏,是劳动力自由流动受阻,缺乏健康、专业知识和技能、教育等高质量人力资本投资的结果。在生产日益现代化的环境下,人力资本支撑着高生产率,唯有将人力资本因素充分地融入经济生产中,在增加物质资本投资的同时,更加注重对人力资本的开发,提高贫困地区人口的知识、技能、素质以及健康水平,保证人力资本的质量,实现物质资本与人力资本的齐头并进,才能促进贫困人口进入劳动力市场,促进就业,增加收入,从而带动贫困地区经济的良性发展,以达到缩小贫富差距、消除贫困的目的。⑤ 人力资本投资理论突破了传统反贫困

---

① 张聚华. 区域经济非均衡状态下的可持续发展研究[D]. 天津:天津大学,2003.
② 苗国庆. 和林格尔反贫困模式探究[D]. 内蒙古:内蒙古农业大学,2006.
③ 西奥多·舒尔茨. 人力资本投资[M]. 北京:商务印书馆,1984.
④ 郭荣星,李实,邢忪强. 中国国有企业改制与职工收入分配——光正公司和创大公司的案例研究[J]. 管理世界,2003(04):103—111.
⑤ 约翰·范·奥夫特瓦尔德著,王永龙译. 芝加哥学派[M]. 北京:中国社会科学出版社,2010.

理论中只关注物质资本轻视人力资本的束缚,开创性地将人力资本纳入反贫困问题研究中,不仅丰富和扩展了反贫困理论的内涵,而且对于世界工业化国家的经济发展,尤其是发展中国家反贫困的实践产生了广泛而深远的影响。① 但是像其他所有的反贫困理论一样,该理论也有着自身的时代局限性,在分析框架中,过于强调劳动者个人主观能力的作用,而忽视了客观存在的社会制度、就业机会、平等权利以及收入分配方式等因素的影响,所以很难解决人力资本高、能力强却无法享受到社会平等的待遇,无法获得参与生产的机会这一类问题,从而无法从根本上解决贫困问题。

4. 缪尔达尔的综合扶贫开发模式理论

著名的瑞典经济学家冈纳·缪尔达尔(Gunnar Myrdal)以亚洲一些国家的贫困为样本,从经济、政治、文化、习俗、地理、民族等层面研究了贫困地区的经济发展问题,认为贫困地区之所以贫困,主要是在社会、经济、政治和制度等因素的作用下,人们权利不平等、对资源的持有不足、发展机会短缺所致。因此他提出通过政府干预,对权力关系、土地关系和教育等方面进行改革,对资源进行强制性再分配,以缩小收入差距,实现贫困地区的脱贫发展的综合性扶贫开发模式理论。② 该理论认为,发展中国家解决贫困问题就必须处理好平等问题,通过一系列综合性改革,平衡民众之间的经济与社会关系。一是进行权力关系的改革。把掌握在地主、实业家、银行家、大商人和代表他们利益的高级官吏手中的权力移交到人民大众手中,实现权力从用于个人和集体发财致富向国家整体发展的转变。二是开展土地改革。这种改革要根据发展中国家的各种条件和社会发展背景因地制宜地进行,其目的是在人和土地之间构建一种关系,使得耕者有机会、有积极性地提升自己的能力;提供并资助农业技术推广,提供化肥、种子、水、机械和其他农业器具,使其为大众服务,而不是导致贫富差距的扩大。③ 三是实施教育改革。提倡以改善教育设施、提高教育援助为前提,以广泛开展多类型的成人教育、优先发展初等教育、发展多元化技术培训和职业培训为主要内容,最终提高劳动者的知识水平和职业技能,增加其参与社会生产的

---

① 罗云. 连片特困地区中小城镇知识扶贫模式研究[D]. 重庆:西南大学,2014.
② 罗云. 连片特困地区中小城镇知识扶贫模式研究[D]. 重庆:西南大学,2014.
③ 叶普万. 贫困经济学研究[D]. 陕西:西北大学,2003:44.

平等机会。① 与此同时,除提倡大规模改革内部制度外,该理论还呼吁发达国家应当给予发展中国家大量的经济、技术上的援助,并通过援助的形式向贫困国家灌输民主与平等观念。但是这种理论把实现反贫困的目标寄托在发达国家上,过于理想化和缺乏现实性。不过,缪尔达尔的综合扶贫开发模式理论放眼于综合多方面的因素,这为研究扶贫开发理论与模式提供了一个全新的视角。

五、中国特色社会主义扶贫理论

中国共产党历来重视反贫困。自新中国成立特别是改革开放以来,我国政府与学界长期致力于贫困地区的扶贫开发工作,为了解决我国的区域贫困问题,开发和探讨出了一系列符合我国具体情况的扶贫模式,在实践中总结凝练出许多扶贫理论模型和范式,丰富和发展了中国特色社会主义理论体系,其最新理论成果主要体现在几代领导人的相关论述之中。

改革开放伊始,邓小平从制度和生产力的角度出发分析了我国的贫困落后问题,认为"贫穷不是社会主义,更不是共产主义"②,我国当前之所以贫困,是因为我国还处在社会主义初级阶段,生产力不发达所致。因此,他提出"我们必须毫不动摇地坚持社会主义,大力发展生产力,逐步消灭贫穷,不断提高人民生活水平"③。在解决我国贫穷落后的问题上,他认为必须坚持改革开放,以经济建设为中心,只有经济发展速度上去了,扶贫目标才能够早日实现。为此,邓小平还设计了一个"先富帮后富,最终实现共同富裕"的扶贫战略,并要求在发展过程中须兼顾好东部沿海地区加快对外开放,优先发展起来,而中西部地区要顾全这个大局④;当东部地区在 20 世纪末达到小康水平时,就要拿出更多力量帮助中西部地区加快发展,东部沿海地区也要服从这个大局。⑤⑥⑦ 总之,邓小平关于扶贫的理论,是针对社会主义初级阶段的基本国情,考虑到我国具体制

① 罗云. 连片特困地区中小城镇知识扶贫模式研究[D]. 重庆:西南大学,2014.
② 邓小平. 建设有中国特色的社会主义(增订本)[M]. 北京:人民出版社,1987:53.
③ 华正学. 邓小平反贫困理论的科学体系探析[J]. 农业经济,2012(01): 20—22.
④ 阿班·毛里提汗. 中国共产党三代领导人的反贫困战略思想[J]. 新疆社会经济,2000(06): 60—65.
⑤ 肖国良. 政府主导下扶贫问题研究——以广东省为例[D]. 广东:广东商学院,2012:14—15.
⑥ 姬沈育. 从结构升级中寻找新的经济增长点[J]. 经济经纬,1999(05):12—14.
⑦ 胡辉. 浅议西部大开发的认识误区[J]. 南方经济,2000(08):75—77.

度与贫困现状而提出的,它强调扶贫的根本出路在于对制度的变革和创新,提倡以发展生产力来促进经济快速增长,最终实现人民生活水平的提高。① 这一理论开辟了我国扶贫研究的新思路。

进入20世纪90年代后,随着改革开放的不断推进与经济社会的发展,我国进入了新的阶段,生产力水平不断提升,物质利益、就业方式和分配方式日趋多样性,人民群众的利益需求也在不断地变化;随着计划经济逐渐解体,市场力量不断壮大,在市场机制的作用下,东部、沿海发达地区和一部分人抢抓机遇,先富起来了。但在绝对贫困率不断降低的同时,市场的作用也加重了相对贫困的程度。② 面对新贫困问题,以江泽民同志为核心的党中央领导集体提出了新的扶贫思想,认为消除贫困既是中国共产党根本宗旨所决定的,也是维护我国社会稳定的重要前提,更是实现我国人民最基本人权的根本保障,只有解决我国贫困问题,才能促进人权事业的发展。江泽民同志的扶贫理论是对邓小平理论的继承与发展,在我国扶贫工作上要求把扶贫开发同缩小地区发展差距、促进地区经济发展结合起来;把扶贫开发同发展小康社会的目标结合起来。③ 实施科教兴国、西部大开发、可持续发展等重大强国战略,进一步深化和发展了我国的扶贫理论。

进入21世纪以来,我国扶贫开发工作取得了新的巨大成就,但在社会转型过程中一些深层次矛盾逐渐显现,贫富差距、城乡差距和地区差距拉大,看病贵、上学难等问题突出。④ 针对这些新问题、新矛盾,十六大以来,以胡锦涛为总书记的党中央提出了构建社会主义和谐社会、实施新农村建设的扶贫理论。强调要坚持"以人为本,树立全面、协调、可持续的发展观,促进经济社会和人的全面发展"⑤,"要坚持开发式扶贫的方针,进一步加大扶贫工作力度,要注重激励

---

① 郑小凤. 西部大开发与邓小平的区域经济发展战略[J]. 当代世界与社会主义,2000(02):82—84.

② 杨雪英. 新中国60年四代党中央领导人的反贫困理论与实践[J]. 淮海工学院学报(社会科学版),2009(07):13—16.

③ 施由明,刘清荣. 从毛泽东到胡锦涛:中国扶贫开发理论的不断深化[J]. 农业考古,2007(06):332—337.

④ 阿班·毛力提汗. 中国共产党反贫困理论与实践[J]. 毛泽东邓小平理论研究,2006(11):19—24.

⑤ 施由明,刘清荣. 从毛泽东到胡锦涛:中国扶贫开发理论的不断深化[J]. 农业考古,2007(06):332—337.

贫困地区广大干部群众发扬自力更生、艰苦奋斗的精神,合理开发利用当地资源,积极培育特色优势产业,着力增强贫困地区自我积累、自我发展能力,走出一条依靠自己力量脱贫致富的路子"①②③④,并在党的十六届五中全会首次提出"建设社会主义新农村"扶贫战略,从统筹城乡经济社会发展、推进现代化农业建设、促进农民增收、加强农村基础设施建设、加快发展农村社会事业、深化农村改革等几个方面提出了 32 条支农、惠农的具体措施。⑤ 对新时期扶贫开发工作提出了"加大对革命老区、民族地区、边疆地区、贫困地区发展的扶持力度"、"提高扶贫开发水平"、"逐步提高扶贫标准"的要求,并确立了到 2020 年我国"绝对贫困现象基本消除"的奋斗目标。⑥ 2011 年 11 月,党中央召开扶贫工作会议,强调扶贫开发是一项长期而重大的任务,是一项崇高而伟大的事业,要求全党全社会深刻认识扶贫开发工作的重要性和紧迫性,增强做好扶贫开发工作的自觉性和坚定性,以更大的决心、更强的力度、更有效的举措,扎扎实实做好扶贫开发各项工作,确保到 2020 年全国实现全面建成小康社会目标。⑦ 中央还颁发了《中国农村扶贫开发纲要(2011—2020 年)》,对新阶段扶贫开发工作作出了全面部署,确定了 14 个连片特困地区为新时期我国扶贫攻坚的主战场。胡锦涛同志的扶贫开发理论,以我国新世纪扶贫工作的实际需要为出发点,深化了我国的扶贫理论体系,为我国的具体扶贫开发工作提出了明确要求,指出了明确的方向。

习近平总书记倍加重视扶贫开发工作。早在福建和浙江两省工作期间,他就明确指出,扶贫要"进一步扩大企业间的合作与交流,这有利于扩大合作,为协作交流注入活力,形成长效机制。要进一步加大社会扶贫的力量,加快贫困

---

① 胡锦涛. 以科学发展观统领经济社会发展全局[N]. 人民日报,2005－02－12(01).

② 陈光. 用胡锦涛同志区域协调发展思想指导中西部地区科学发展[J]. 东岳论丛,2012(01):9—16.

③ 张建中. "凉都"图书馆为扶贫开发服务的思考[J]. 贵图学刊,2009(04):60—62.

④ 以科学发展观统领经济社会发展全局 努力推动现代化建设又快又好地发展[N]. 人民日报,2005－02－12.

⑤ 施由明,刘清荣. 从毛泽东到胡锦涛:中国扶贫开发理论的不断深化[J]. 农业考古,2007(06):332—337.

⑥ 陈光. 用胡锦涛同志区域协调发展思想指导中西部地区科学发展[J]. 东岳论丛,2012(01):9—16.

⑦ 陈光. 用胡锦涛同志区域协调发展思想指导中西部地区科学发展[J]. 东岳论丛,2012(01):9—16.

地区社会事业的发展"①。党的十八大闭幕后不久,习近平总书记即深入到国家级贫困县河北省阜平县调研,看望慰问困难群众,一路上反复指出:"全面建成小康社会,最艰巨最繁重的任务在农村,特别是在贫困地区"②,"没有农村的小康,特别是没有贫困地区的小康,就没有全面建成小康社会"③。他要求各级党委和政府要增强做好扶贫开发工作的责任感和使命感,做到有计划、有资金、有目标、有措施、有检查,大家一起来努力,让乡亲们都能快点脱贫致富奔小康。④2013 年 11 月初,习近平总书记又深入到连片特困地区武陵山片区的湘西自治州专题调研扶贫工作,特别指出,"扶贫要实事求是,因地制宜。要精准扶贫,切忌喊口号,也不要定好高骛远的目标。三件事要做实:一是发展生产要实事求是,二是要有基本公共保障,三是下一代要接受教育。各级党委和政府都要想方设法,把现实问题一件件解决,探索可复制的经验"⑤。他还在多种场合指出:"小康不小康,关键看老乡。""贫困地区发展要靠内生动力","一个地方必须有产业,有劳动力,内外结合才能发展"。⑥ "只要有信心,黄土变成金。贫困地区尽管自然条件差、基础设施落后、发展水平较低,但也有各自的有利条件和优势"⑦。并强调:"对困难群众,我们要格外关注、格外关爱、格外关心,千方百计帮助他们排忧解难,把群众的安危冷暖时刻放在心上,把党和政府的温暖送到千家万户。"⑧"消除贫困、改善民生、实现共同富裕,是社会主义的本质要求。"⑨在 2014 年 5 月 28 日至 29 日召开的第二次中央新疆工作座谈会上,习近平总书记强调,"要加大扶贫资金投入力度,重点向农牧区、边境地区、特困人群

---

① 杜峻晓. 让闽宁对口扶贫协作再上新台阶[EB/OL]. http://www.people.com.cn/GB/shizheng/19/20020805/792472.html.

② 刘明福."中国梦"与"中国风"——学习习近平主席作风建设战略思想[J]. 决策与信息,2013(09):8—19.

③ 习近平到我省阜平看望慰问困难群众时强调:把群众安危冷暖时刻放在心上,把党和政府的温暖送到千家万户[J]. 河北画报,2012(12):2—5.

④ 习近平. 把革命老区困难群众脱贫致富摆在更加突出的位置[J]. 中国老区建设,2013(02):4.

⑤ 习近平:扶贫切忌喊口号[Eb/OL]. http://news.xinhuanet.com/politics/2013—11/03/c_117984312.htm,2014-08-22.

⑥ 邝先元. 扎实推进全国革命老区扶贫攻坚示范区建设——深入学习贯彻习近平总书记关于扶贫开发的重要讲话精神[J]. 老区建设,2014(17):48—50.

⑦ 赵勇. 把扶贫开发作为战略性任务来抓[N]. 人民日报,2013-11-25.

⑧ 习近平到我省阜平看望慰问困难群众时强调:把群众安危冷暖时刻放在心上,把党和政府的温暖送到千家万户[J]. 河北画报,2012(12):2—5.

⑨ 赵勇. 把扶贫开发作为战略性任务来抓[N]. 人民日报,2013-11-25.

倾斜,建立精准扶贫工作机制,扶到点上、扶到根上,扶贫扶到家。对南疆发展,要从国家层面进行顶层设计,实行特殊政策,打破常规,特事特办"①。

综上不难看出,习近平总书记扶贫思想的整体思维、辩证思维、系统思维、创新思维和底线思维,具有深厚的马克思主义理论功底,极大地丰富和发展了马克思主义、毛泽东的扶贫思想,具有丰富的理论内涵和时代特点,是灵活运用唯物辩证法和方法论分析和解决中国具体问题的典范,是理论与实践相结合的智慧结晶,充分体现了他"公平、协调、共享"的思想精髓。

除了上述几代领导人扶贫思想理论外,我国的学者还根据各贫困地区的实际情况,研究总结出一些扶贫模式,形成了理论观点,具有代表性的有以下几个:

(1)"以工代赈"扶贫模式,即是指国家或政府以直接投资的形式对贫困地区基础设施进行建设,而当地农民直接参与工程建设获得劳务报酬,以此来提高其收入,缓解贫困。这种模式在扶贫对象上以村为单位而非是个人,在坚持公平原则的基础上,通过村社组织劳动力参与,从而让大多数贫困人口受益。②

(2)异地开发扶贫模式,即是"针对目前极少数居住在生存条件恶劣、自然资源缺乏地区的特困人口,结合退耕还林还草,实行搬迁的扶贫模式"(《中国农村扶贫开发纲要2001—2010年》)。在该扶贫理论的指导下,我国许多居住在深山老林、库区、地质灾害区,条件恶劣、自然资源枯竭、基础设施薄弱、无法维持基本生活,而常规扶贫又无法见成效的农村居民,在政府的组织之下,得以搬迁至条件更好的地区定居生活,逐渐摆脱了贫困,过上了富裕稳定的生活。

(3)产业化扶贫模式,即以市场经济为导向,以科技创新为支撑,以农产品为原材料,以加工或销售企业为骨干或龙头,形成具有地方特色的支柱产业,并通过拳头产品带动基地建设,通过基地建设联系千家万户,从整体上解决贫困农户的温饱问题。③④ 该扶贫模式提倡以"公司+农户"的形式将贫困地区潜在的优势资源充分利用起来,让贫困人口参与进来,通过自身的努力实现农业增产、农业致富,起到了非常好的效果。

① 习近平. 建立精准扶贫工作机制[Eb/OL]. http://news. youth. cn/gn/201405/t20140529_5284830. htm,2014 - 08 - 22.
② 朱玲,蒋中一. 以工代赈与缓解贫困[M]. 上海:三联出版社. 1994:178.
③ 李正刚. 新时期扶贫工作要做到"8个结合"[J]. 致富之友,2003(01):39.
④ 杨国涛,尚永娟. 中国农村产业化扶贫模式探讨[J]. 乡镇经济,2009(09):48—51.

总之,中国扶贫理论具有典型的社会主义初级阶段的特点,也适应于我国具体国情,并指导扶贫开发工作。但也应该看到,我国的扶贫理论还明显落后于扶贫实践,亟须在广泛研究扶贫开发模式的同时更加注重理论研究,构建科学、完整、系统的扶贫开发的理论体系,用于指导新的实践,并向国际社会贡献"中国智慧"。

第二节　国内外关于扶贫的研究现状

一、有关贫困及其定义、标准的研究

贫穷问题是当今世界最尖锐的社会问题之一,上至联合国《千年发展目标》,下至各国学者,都从社会学、发展经济学、贫困经济学、区域经济学、制度经济学等不同理论的视角进行了比较系统的探索,呈现出一些特点:第一,从宏观和微观两个层面对贫困进行了界定,认为贫困是经济、社会、文化贫困落后现象的总称。Amartya Sen(2007)认为贫困不仅仅是由于低收入造成的,很大程度上是因为缺乏基本能力造成的,由此导致了区域意义上的宏观贫困和微观贫困。第二,Narayan(2000)、Thorbecke(2005)等对贫困产生的根源进行了探析,主要源于:(1)资源匮乏;(2)市场发展不充分;(3)市场机制内在的不足;(4)政治和社会制度的不合理;(5)政策干预不当等。第三,在扶贫方法研究上,学者从工作和福利、滴入式、罗宾汉式、干涉主义、就业、提供职业培训等视角进行了大胆探索,丰富发展了扶贫理论。第四,继2007年亚洲开发银行副行长提出包容性增长的理念后,学者从"广泛基础的增长"、"分享式增长"和"扶贫性增长"等不同概念入手,研究了包容性增长的益贫式特点。Birdsall(2007)指出:"包容性增长是益贫式增长,这种发展有利于发展中国家中大多数人。"Felipe(2007)认为,包容性增长应该实现穷人的充分就业,并使工资增长速度高于资本报酬增长速度,从而缩小贫富差距。Besley、Timothy、Robin Burgess、Berta Esteve Volart(2007)也认为"包容性增长应使低收入群体从经济增长中分享收益,过上有尊严的生活"。除此之外,国外学者IfzalaIi、Hyuhson(2007)从均等性出发,认为包容性增长就是要实现可持续和平等的增长、社会包容、赋权、安全四

个目标。①

表2—1 中国贫困线的确定标准

贫困标准历史分段	主要内涵
生活救济线	在很大程度上仅局限于向老、少、边、穷地区输送物资,通过外部支援和财政补贴扶贫,实施生活救济救助②
启动线	1981年农业部首次划定中国贫困县的第一条收入线,即人均集体分配收入40元、50元为穷县和穷队。这一标准用于1977—1979年三年间。③ 1986年划定国家贫困县的标准是1985年农民年人均纯收入150元以下的县(老革命根据地县和少数民族县则为200元),或者是1984—1986年三年平均人均纯收入低于300元的牧区旗(县)或低于200元的半牧区旗(县)④⑤
攻坚线	1994年,国家制定"八七"扶贫攻坚计划,对国家扶持的贫困县进行了较大的调整。调整的标准是"四进七出",即1992年全县农业人口人均纯收入低于400元的列入国家贫困县,让1992年全县农业人口人均纯收入超过700元的县退出贫困县行列,当时一共确定了592个国家贫困县⑥⑦
世纪线	2001年5月第三次中央扶贫工作会议颁布并实施了《中国农村扶贫开发纲要》,扶贫标准基本延续了"八七"扶贫攻坚阶段的标准,但进行了适当的调整,村级瞄准成为中国新世纪农村扶贫工作的基本出发点,同时在称谓上也有所改变,"国定贫困县"改称为"国家扶贫工作重点县",数量还是592个⑧
统一线	2008年12月27日,国家宣布上调扶贫标准,对2007年人均收入1067元以下的农村人口将实施同样的扶贫政策,扶贫对象共计4320万人,占全部农村人口的4.6%。此次调整被看成是又一次贫困线的调整⑨
扶贫攻坚线	2011年11月29日全国扶贫工作会议召开。本次会议总结了2011年扶贫开发工作的经验,分析当前扶贫形势,并对下一年度扶贫工作作出部署。而关于是否进一步提高扶贫标准,贫困县参选动态调整,审议《中国农村扶贫开发纲要(2011—2020年)》。贫困标准线为人均2300元/年⑩

① 陈光春,甘朝阳,马小龙. 中国对外贸易"包容性增长"探讨[J]. 商业时代,2013(17):63—64.
② 葛深渭. 贫困标准变迁与扶贫政策研究综述:回顾与展望[J]. 中国集体经济,2009(21):84—85.
③ 同上.
④ 同上.
⑤ 王荣党. 村贫困线的测度与优化[J]. 华东经济管理,2006(03):42—47.
⑥ 葛深渭. 贫困标准变迁与扶贫政策研究综述:回顾与展望[J]. 中国集体经济,2009(21):84—85.
⑦ 王荣党. 村贫困线的测度与优化[J]. 华东经济管理,2006(03):42—47.
⑧ 葛深渭. 贫困标准变迁与扶贫政策研究综述:回顾与展望[J]. 中国集体经济,2009(21):84—85.
⑨ 同上.
⑩ 根据《中国农村扶贫开发纲要(2011—2020年)》,http://www.ahnw.gov.cn/2006nwkx/html/201112/%7B7AC785A3 - BD73 - 4003 - 923E - 57CC1DB4D9D3%7D.shtml,2014 - 12 - 11.

Townsend（1979）、世界银行（1980）、Oppenheim（1993 ）以及 Reynocds（1993）主要从"缺乏"的角度界定贫困,他们所关注的是贫困的表象,范围从单纯的物质的"缺乏"到无所不包的社会的、精神的、文化的"缺乏"。[①] EEC（1993）和世界银行（2001）基于"社会排斥"的角度认为,贫困是由于贫困者资源有限,以致他们被排除在所在国可以接受的最低限度的生活方式之外。另一种对贫困的界定,是从能力的角度进行界定的。[②] 世界银行（1990）就将贫困定义为"缺乏达到最低生活水准的能力"。[③] 叶普万（2005）、[④]汪三贵（2007）[⑤]等国内研究贫困的学者基于联合国划定的贫困线标准,结合中国国情研究了贫困线的划定。童星、林闵钢（1994）在《我国农村贫困标准线研究》一文中根据贫困的程度,将贫困分为绝对贫困和相对贫困,并将农户的生活层次划分为贫穷型（绝对贫困）、温饱型（相对贫困）、致富型、小康型和富裕型,使用特困线（活命线）、温饱线（贫穷线）、发展线（脱贫线）代替现行单一的贫困线（脱贫线）。[⑥]王萍萍、方湖柳、李兴平（2006）还就中国贫困线和国际贫困线的标准进行了比较研究。[⑦]

二、对贫困类型的划分

由于制度的安排、空间上的差异和发展水平的高低,贫困的类型多样,这是经济学家研究贫困的重要视角。凯恩斯（keynes）在《就业、利息和货币通论》（The General Theory of Employment, Interest and Money, 1936）中曾提出在资本主义经济快速增长中由于经济危机而出现的"丰裕中贫困"。[⑧] 萨缪尔森（Paul Anthony Samuelson）在《经济学》教科书中也提及"丰裕中贫困",指出各个国家

---

① P. Townsend. Poverty in the kingdom: A Survey of the House and Living Standard[M]. Allen Lane and Penguin Books, 1979.

② EEC. The Institution of An Official Poverty Line and Economics Policy[M]. Welfare State Program Paper Series, 1993.

③ 世界银行. 2000 /2001 年世界发展报告[M]. 北京: 中国财政经济出版社,2001.

④ 叶普万. 贫困经济学研究: 一个文献综述[J]. 世界经济,2005（09）:70—79.

⑤ 汪三贵. 中国新时期农村扶贫与村级贫困瞄准[J]. 管理世界,2007（01）: 56—64.

⑥ 童星,林闵钢. 我国农村贫困标准线研究[J]. 中国社会科学,1994（05）:86—98.

⑦ 王萍萍,方湖柳,李兴平. 中国贫困标准与国际贫困标准的比较[J]. 中国农村经济,2006（12）: 62—68.

⑧ 李纪才. 从凯恩斯理论的贫困解读资本主义的命运作者[J]. 中国党政干部论坛,2009（07）: 54—55.

通常有过三种贫困,即由饥荒和生产能力的不足所导致的老式贫困(ancient poverty);由体制上的原因造成购买力不足所引起的不必要的丰裕中贫困;由 GDP 颇高且分配不恰当、不公平所造成的贫困。[①] 经济学家谭崇台(2002)同时分析了科尔内的《短缺经济学》,指出发展中国家特别是高度集中计划管理的发展中国家的贫困,是一种"稀缺中贫困"的结论,以此与"丰裕中贫困"相对应。[②] 国内也有一些学者对贫困类型进行了富有开拓性的研究,主要有狭义贫困和广义贫困、绝对贫困和相对贫困、长期贫困和短期贫困之分,其代表性成果有康晓光(1995)的制度性贫困、区域性贫困和阶层性贫困三种类型之分;[③] 吴国宝(1996)的资源或条件制约型贫困和能力约束型贫困;[④] 李实(2001)的暂时贫困、长期贫困和自愿贫困三种类型。[⑤] 此外,还有将贫困细化为若干亚贫困类型,如边际土地型贫困和资源结构不合理型贫困。[⑥] 蔡昉(2003)认为,1978 年前,整个中国几乎处于贫困状态,属"整体贫困"。改革开放以来,我国陆续采取了一系列扶贫政策,贫困有了根本性的好转,贫困人口锐减,但"老、少、边、穷"连片地区,受到自然条件和制度安排的影响,贫困状态深沉,"边缘化贫困"严重。20 世纪 90 年代以来,城市地区在改革中出现一些弱势群体,处在竞争的不利地位,且社会救助也被边缘化,从而出现了"第三类贫困",即"冲击型贫困"[⑦]。这种划分揭示了城乡贫困的一些形态。

三、有关贫困原因的分析研究

关于贫困的成因研究,西方的观点很多,如马尔萨斯(Thomas Robert Malthus)的土地报酬递减论、纳科斯(R. Nurkse)的贫困恶性循环理论、纳尔逊(P. R. Nelson)的低收入水平均衡陷阱理论、罗森斯坦·罗丹(Paul Rosenstein - Rodan)的大推进理论、莱本斯坦(Harvey Leibenstein)的临界最小理论、舒尔茨

---

① 叶普万. 贫困经济学研究:一个文献综述[J]. 世界经济,2005(09):74.
② 谭崇台. 论快速增长与"丰裕中贫困"[J]. 经济学动态,2002(11):8—14.
③ 康晓光. 中国贫困与反贫困理论[M]. 南宁:广西人民出版社,1995.
④ 吴国宝. 对中国扶贫战略的简评[J]. 中国农村经济,1996(08):29—33.
⑤ 李实. 九十年代末期中国城市贫困的增加及其原因[EB/OL]. http://bbs. pinggu. org /thread - 19966 - 1 - 1. html,2014 - 08 - 24.
⑥ 叶普万. 贫困经济学研究[D]. 陕西:西北大学,2003.
⑦ 叶普万. 贫困概念及其类型研究述评[J]. 经济学动态,2006(07):67—69.

（T. W. Schultz）的人力资本理论等,都从理论上给予了详细的阐释。进入 21 世纪以来,Narayan(2000)、Thorbecke(2005)等对贫困产生的根源进行了探析,Amartya Sen(2007)则认为"贫困不是单纯由于低收入造成的,很大程度上是因为基本能力缺失造成的",由此导致了区域意义上的宏观贫困和微观贫困。① Sandra K. Danziger(2005)在全面界定现金福利范围的基础上,认为福利、就业和贫困单亲母亲家庭的趋势是指导社会福利改革影响研究的假设,并提供持续的政策和问题研究以解决目前经济危机和恢复中的贫困问题。② 刘志文(2005)认为我国发生贫困的主要原因有:生存空间对贫困的影响、资源禀赋和利用对贫困的影响、素质对贫困的影响、社会公平对贫困的影响、经济全球化对贫困的影响、农业增长对贫困人口的影响。③ 早期的研究文献对经济增长与缓解贫困都持肯定态度,认为经济增长是缓解贫困的决定性因素。近十来年的研究文献表明,经济增长对缓解贫困有积极作用,但仅仅依靠经济增长并不能完全解决收入差距不断扩大和贫困问题,反而有可能带来贫困的进一步增加。④⑤ 童玉芬、王海霞(2006)从地区人口的增长和西部少数民族人口因素、社会公平等几个维度分析了国家扶贫的绩效。她们认为,虽然造成贫困的主要原因是少数民族地区发展滞后,但要摆脱贫穷方面的困难,政府提供的服务和少数民族的人文制约因素也起到了更为显著的作用。⑥ 杨安娜(2009)分析了我国农村贫困村贫困的原因,主要有村级班子战斗力不强、农民素质太低、农业经济结构不合理、生存自然环境恶劣等原因,并从实际出发,提出了相应的对策。⑦ 李志超、李刚(2008)认为,新时期我国农村存在因国家政策、自然环境、疾病、上学等诸多致贫因素,脱贫任务仍十分艰巨。在所有贫困原因中,因灾、因病残、因国家政

---

① Amartya Sen (2008). "Justice"-definition. in Steven N. Durlauf, Lawrence E. Blume. The New Palgrave Dictionary of Economics(8 volume set)(2nd ed.), Basingstoke, Hampshire New York: Palgrave Macmillan, See also: The New Palgrave Dictionary of Economics.

② G. Kaplan , K. Siefert, N. Ranjit, eds. (2005). The Health of Poor Women Under Welfare Reform. American Journal of Public Health 95(07) ,1252 – 1258.

③ 刘志文. 21 世纪扶贫战略新思考[J]. 农业经济问题,2005(08):9—14.

④ 叶普万. 贫困经济学研究:一个文献综述[J]. 世界经济,2005(09):74.

⑤ 刘旗. 武隆县农村地区居民收入研究[D]. 重庆:重庆大学,2007.

⑥ 童玉芬,王海霞. 中国西部少数民族地区人口的贫困原因及其政策启示[J]. 人口与经济,2006(01):7—12.

⑦ 杨安娜. 我国农村贫困村贫困原因及脱贫对策[J]. 企业家天地,2009(07):26—27.

策是形成贫困的主要原因。其中自然灾害和环境恶劣是致贫的最首要原因，其次是因病、残致贫，因上学致贫是新时期下的贫困原因。随着社会主义市场经济的进一步发展，这种贫困原因表现得更为突出。[①] 更多学者如佘远美（2012）、杨旭东（2013）、梁启芳（2013）、申康达（2014）等认为，贫困的原因一是观念的陈旧，二是综合素质差和所处的环境恶劣，三是不公平或非正义、缺乏包容性，四是经济社会发展过程中的新贫困等。他们通过不同案例研究佐证了上述观点。

四、有关扶贫政策变化的研究

扶贫政策的演进是伴随反贫困的实践和出现的新情况而发生的。我国扶贫大致经历了体制改革推动扶贫阶段（1978—1985 年），大规模开发式扶贫阶段（1986—1999 年），扶贫攻坚阶段（1994—2000 年），为达到小康水平创造条件阶段（2001—2010 年），新时期扶贫攻坚战、全面建成小康社会阶段（2011 年至今）五个阶段。为了适应每个阶段的形势和任务，国家相应出台了一系列政策。这些政策的出台也饱含着广大科研工作者的智慧和贡献。郇建立（2003）总结了我国扶贫政策的演变过程：从 1984 年 9 月中共中央、国务院联合印发了《关于帮助贫困地区改变面貌的通知》，到 1986 年 3 月全国人大六届四次会议将"老、少、边、穷"地区迅速摆脱经济和文化落后的状态作为一项重要内容，列入《国民经济和社会发展"七五"计划》，再到 1994 年 3 月国务院制定的《国家八七扶贫攻坚计划》和 2001 年 5 月国务院制定的《中国农村扶贫开发纲要（2001—2010 年）》几个阶段。[②] 曲天军（2002）和郑功成（2002）主张走官民结合的扶贫道路；[③]徐月宾（2007）等认为应在对当前农村主要社会救助政策的减贫效果进行评估的基础上，为下一步农村社会保障制度的构建提出一个政策框架；[④]于远亮（2006）指出我国的扶贫开发政策依然存在许多不足之处，在反贫困的任务仍然艰巨的今天，如何优化扶贫开发政策，尤其是在新的经济形势下，

---

① 李志超，李刚. 新时期农村贫困原因及对策研究[J]. 新学术，2008（02）：195—197.
② 郇建立. 扶贫政策与农村贫困[J]. 北京科技大学学报，2003，19（01）：7—9.
③ 曲天军. 非政府组织对中国扶贫成果的贡献分析及其发展建议[J]. 农业经济问题，2002（09）：27—30.
④ 徐月宾，刘凤芹，张秀兰. 中国农村反贫困政策的反思——从社会救助向社会保护转变[J]. 中国社会科学，2007（03）：40—53.

如何正确定位政府在解决贫困问题中的角色、改进以前的扶贫方式、促进扶贫方式创新,都是我们应该关注和研究的课题。① 向德平(2011)认为,包容性增长理念为我国新阶段扶贫政策的设计和调整提供了价值基础和行动指南,甚至决定着我国新阶段扶贫政策的走向。② 张静(2013)指出我国的贫困人口基本解决了温饱问题,贫困发生率和贫困人口大为降低,我国扶贫政策的演变发展很值得研究。③

五、有关扶贫模式的研究

扶贫模式是反贫困社会实践的产物,也是人类与贫困作斗争的经验总结和理论凝练。Peder Hjorth(2003)对扶贫项目业绩进行评估和回顾性分析后认为,项目成功的原因在于消除贫困的模式,要在全面的、参与式的,建立在知识共享和边干边学的基础上,创建动态的协作环境,建立知识战略的开发和应用,遵循有利的框架,注重多重合作伙伴关系的发展,提高决策的质量,最重要的是在扶贫中将努力学习和创新作为根本出发点。④ 赵昌文、郭晓鸣(2000)将扶贫模式按不同扶贫主体、不同扶贫主体作用于扶贫客体的方式、不同扶贫主体投入的要素、扶贫客体的脱贫地域、扶贫资源分配的对象等进行了分类,认为开发式扶贫是最基本的模式,也是效果最好的。⑤ 曹洪民(2003)指出,自1986年以政府发展援助为主导的大规模开发式扶贫实施以来,虽然取得不少成绩,但也逐步显露出一些问题,特别是政府各项扶贫投资的边际效益表现出了较为明显的下降趋势,除了扶贫战略等方面需要调整以外,扶贫模式本身也亟须改进。⑥ 蔡都阳(2005)鉴于贫困性质产生的变化,认为扶贫开发模式应该由以前的区域瞄准和经济增长为主的开发式扶贫,转变到瞄准个体、以社会保障网络救助边缘化人口为主的保障型扶贫。⑦ 赵曦(2009)研究了中国西部农村反贫困模式,总结

① 于远亮.中国政府扶贫政策的演进和优化[D].南京:南京师范大学,2006.
② 向德平.包容性增长视角下中国扶贫政策的变迁与走向[J].华中师范大学学报(人文社会科学版).2011(04):7—14.
③ 张静.改革开放以来中国扶贫政策发展研究[D].上海:华东政法大学,2013.
④ Peder Hjorth. Knowledge Development and Management for Urban Poverty Alleviation[J]. Habitat International,2003,27(03):381 – 392.
⑤ 赵昌文,郭晓鸣.贫困地区扶贫模式:比较与选择[J].中国农村观察,2000(06):65—71.
⑥ 曹洪民.中国农村开发式扶贫模式研究[D].北京:中国农业大学,2003.
⑦ 蔡都阳.中国农村贫困性质的变化与扶贫战略调整[J].中国农村观察,2005(05):2—9.

了属地化的经验,很有参考价值。[①] 帅传敏(2010)研究了中国农村扶贫开发模式,并对绩效进行了科学评估。[②] 韩建民、韩旭峰、朱院利(2012)将贫困分为资金、妇女地位、城镇等几大板块,通过实证研究归纳出不同的模式和路径。[③]

六、关于连片特困地区扶贫模式选择的研究

我国党和政府以及学者历来关注扶贫开发的理论探索与实践工作,取得了举世瞩目的成就,使"中国扶贫模式成为世界扶贫的样板"(吴忠,2010),形成了"中国特色"。童中贤等《我国连片特困地区增长极培育的战略分析——以武陵山地区为例》指出国家实施连片特困地区区域发展与扶贫攻坚新战略,培育区域增长极无疑具有重要的战略意义。[④] 李云(2012)认为加强贫困地区文化建设,促进贫困地区经济与文化共同繁荣,提升贫困地区群众的能力与素质,已经成为新阶段扶贫开发的核心战略。作为新一轮扶贫攻坚试点的武陵山片区,要从重视物质和资金的投入转向重视对人和文化的影响作用,大力实施文化扶贫,努力推进武陵山片区经济社会的全面发展。[⑤] 萧征龙(2012)指出武陵山特困片区扶贫攻坚试点已经启动,将按新的扶贫标准,强力推动由生存型扶贫转向发展型扶贫。要突破传统的路径依赖,抓好开发性、补偿性、转移性和维权性扶贫;要加快转变农业发展方式,把发展现代农业作为首要任务;以农民为主体,充分调动其参与扶贫开发的积极性、主动性和创造性;以农村为载体,建设社会主义新农村;要发挥政府主导作用,推动经济、社会、文化和生态文明建设方式的转变,为完成脱贫致富任务提供保障。[⑥] 戴楚洲(2011)认为,武陵山经济协作区行政单元要打好"生态旅游牌"、"少数民族牌"和"扶贫开发牌",把武陵山区建设成为中国西南地区新的经济增长极、连片特困地区协作发展创新区、长江流域重要生态安全屏障、少数民族经济社会发展试验区、中西部交汇地

① 赵曦. 中国西部农村反贫困模式研究[M]. 北京:商务印书馆,2009:215—308.
② 帅传敏. 中国农村扶贫开发模式与效率研究[M]. 北京:人民出版社,2010.
③ 韩建民等. 西部农村贫困与反贫困路径选择[M]. 北京:中国农业出版社,2012.
④ 童中贤,曾群华,马骏. 我国连片特困地区增长极培育的战略分析——以武陵山地区为例[J]. 中国软科学,2012(04):85—96.
⑤ 李云. 文化扶贫:武陵山片区扶贫攻坚的战略选择[J]. 民族论坛,2012(11):52—55.
⑥ 萧征龙. 试论新时期武陵山区农村扶贫开发的转型问题[J]. 中共铜仁市委党校学报,2012(03). 16—20.

带经济发展试验区、国际知名生态文化旅游胜地。[①]

综上,归纳起来主要有以下几个特点:一是高度重视新时期我国扶贫开发的顶层设计工作,如国务院召开的全国扶贫工作大会,发布的《中国农村扶贫开发纲要(2011—2020年)》,批准设置的14个国家连片特困地区等,无不饱含着理论工作者的研究成果。二是注重从编制规划、特殊政策支持和协调机制建立等三个方面"缩小范围,加大力度"(汪三贵,2011),加大推进扶贫开发向纵深转移与突破的政策研究。三是对连片特困地区贫困现状的集中性、贫困成因的复杂性、贫困程度的深层性及其表现形态等,进行了深入研究(王超铁,2011),使制定的措施具有较强的针对性。四是注意国外扶贫的理论和实践研究,如刘民权等(2007)研究的《国际扶贫的理论和政策实践》就是这一领域的最好代表。五是对包容性增长理论及其在扶贫中的应用进行了一些探讨,杜志雄、王红茹、俞宪忠、唐钧(2010)、蔡荣鑫(2011)等从不同角度研究了包容性增长的经济、政治、文化、社会、生态等不同内涵,认为增长应该是相互协调的。向德平(2011)指出,"我国的扶贫开发应该走包容性增长之路。包容性增长理念为我国新阶段扶贫政策的设计和调整提供了价值基础和行动指南,甚至决定着我国新阶段扶贫政策的走向。包容性增长要求我国在制定扶贫政策时要注重协调发展、强调权利保障、追求公平正义、重视制度创新"[②]。六是连片特困地区扶贫开发相关研究有了良好起步。张大维(2011)认为"可持续生计理论及其分析框架中的生计资本视角,为清晰呈现连片特困地区的贫困状况、致贫因素和治理策略提供了一个新的思路"。肖云和徐新鹏(2011)强调要"试图建立一个针对贫困对象的动态管理机制,在对其管理上做到有进、有出、有帮扶、有约束,从而最终克服传统扶贫政策的逆向激励效应"[③]。

---

① 戴楚洲.浅谈武陵山区科学发展需要解决的重大问题[J].长江师范学院学报,2011(09):17—22.

② 向德平,高飞.政策执行模式对于扶贫绩效的影响——以1980年代以来中国扶贫模式的变化为例[J].华中师范大学学报(人文社会科学版),2013(06):12—17.

③ 王红兵.我国城乡最低生活保障制度统筹发展研究[D].湖北:华中科技大学,2012.

七、关于包容性增长的研究

1. 关于包容性增长内涵的研究

"包容性增长"首次出现在 2007 年亚洲开发银行的研究报告中。该概念的提出基于这样一种现实,即经济的发展和物质财富的丰富不仅没有减少贫困,相反贫富之间的差距还在扩大,这是由于部门影响(如产出的构成和产出的增长、部门增长率)、公共投资(如健康、教育、住房、农业等)和治理的质量等所致。为此,有不少学者指出,要解决这种经济社会发展中存在的贫困和机会不均等现实问题,必须实行"包容性增长",这种增长并非是通过再分配形式来盘剥富人的财富,或是分配给贫困人口,而是要通过扶贫或是益贫、生产性就业、提升人力资源能力和加强社会保障等途径,让那些贫困人口依靠国家政策的扶持和自身能力的提高,能够均衡分享社会财富,有尊严和体面地生活。这种包容性增长既强调速度,也强调增长模式,两者互为联系。①

包容性增长包含三个主要内涵:第一,强调机会平等增长。包容性增长首先应该是一种倡导机会均等、公平合理的增长②,寻求的是在可持续发展中实现经济社会的协调发展。③ 这种机会平等并不是传统意义上的强制性要求起点平等或是社会大同性质的完全平均分配,这是不现实的,而是强调发展权的平等与公平,让更为广泛的社会成员,特别是弱势群体能够真正公平地拥有发展机会,平等享受经济发展所创造的就业机会与其他发展机会。这样,不仅使弱势群体能以平等的生存发展权益参与到整个经济生活中,而且还使整个社会的劳动关系更为和谐,资源配置更加合理,极大地促进经济增长和现实社会的协调发展。第二,包容性增长还应是共享性的增长,包容性增长是注重帕累托改进之后的共享式增长,强调的是社会各阶层、各地区最大范围地分享经济社会发展的成果,在强势群体获得巨大利益的同时,以政府转移的方式提高其他群体的基本公共产品、社会保障福利等,促进各社会群体相互包容和谐,最终实现社会的合作共赢。第三,包容性增长是要让经济全球化带来的发展成果能够惠及

---

① 王志章,王晓蒙. 包容性增长的印度模式及其对中国的启示[J]. 城市观察,2011(05):174—187.

② 朱相宇,宋希博. 包容性增长:践行科学发展观的新思维[J]. 理论月刊,2013(05):131—135.

③ 李民,张亚勇. 包容性增长理念对科学发展观的丰富和深化[J]. 领导科学,2010(34):11.

世界各国,惠及不同群体,最终实现经济社会协调可持续增长。① 在国际上,包容性增长重视国家之间的合作、互利共赢、协调发展;在国内则要求经济、政治、社会、文化、资源、生态等多种因素共同协调发展,多方位全面地考虑,走可持续道路。②

"包容性增长"常与"广泛基础的增长"、"分享式增长"和"扶贫性增长"等几个概念交换使用。这几个概念的宗旨和途径在很大程度上具有趋同性。第一,为了快速和可持续地减贫,就要求在实施包容性增长时能够让贫困人口从经济增长中受益;第二,包容性增长既需要增长的速度,也需要增长的模式,两者不可分割;第三,包容性增长需要长期的观察,对贫困人口来说,他们需要的是大力发展生产性就业,而不是通过简单的收入再分配来减少贫穷;第四,包容性增长需要集中对资源和制约可持续增长的因素进行综合分析,而不仅仅是集中对贫困人口群体的事前分析;第五,包容性增长是政府制定可持续增长政策最重要的因素。③ 因此,包容性增长强调的不仅仅是经济财富的再分配,而是更加强调生产性就业、社会保障、扶贫方式、资源禀赋和促进公共参与等问题。总之,要实现包容性增长,就必须坚持可持续性和负责任的原则,把追求社会进步和人类福祉视为己任,以治理与善治为根本保证。④

评价包容性增长需要建立一种科学的和可操作性的模型和测度工具。包容性增长评估框架通常要考虑以下因素:第一,背景分析,包括一个国家过去增长和减贫走向、生产力与就业的动力机制、面临的主要机会和挑战、实现经济转型和经济多样化的可能性等。第二,对经济行为者(economic actors)构成的描述,尤其是要关注被排挤在主要经济行为主体之外的群体及其收入水平、收入来源、就业类型以及城乡之间的差异性等因素。第三,市场增长的必要条件是包容性,是确保人口有平等的机会。第四,理清制约包容性增长的主要因

---

① 周建军.从"华盛顿共识"到"包容性增长":理解经济意识形态的新动向[J].马克思主义研究,2012(02):86.

② 向德平.包容性增长视角下中国扶贫政策的变迁与走向[J].华中师范大学学报(人文社会科学版),2011(04):1—8.

③ Elena Ianchovichina and Susanna Lundstrom. What is Inclusive Growth? [J]. http://siteresources.world bank.org/.../What IsInclusive Growth 20081230. February 10,20091–14.

④ 朱春奎,严敏,曲洁.包容性增长的由来与理论要义[J].东岳论丛,2012(03):5—10.

素。① 2011 年 4 月 14 日,"金砖国家"领导人和 1400 多名来自世界各国的学者和企业家汇聚中国海南博鳌,就"包容性发展"问题进行了研讨,将其内涵推向一个新的高度。

2. 关于包容性增长在各国的实践研究②

综上,"包容性增长"理论源于联合国千年峰会。2000 年 9 月,世界 189 个国家的政府首脑汇聚联合国总部出席世界领导人峰会,会后发表的《千年发展目标》把消除农村地区的贫困作为从联合国到各国政府的明确行动目标,计划到 2015 年将世界绝对贫困率减少一半。③ 为实现《千年发展目标》,各国政府相应出台了一系列行动纲领,并开始探索具体办法和措施。2004 年印度大选后,国大党将"包容性增长"写入"第十一个五年计划"。2007 年,亚洲开发银行指导的一个由专业人士组成的小组制定出包容性增长战略,并建议将重心由减贫转向包容性增长。④ 从此,包容性增长作为一种全新的经济政治理论开始进入世界各国经济社会发展的实践中。⑤

在欧洲,欧盟制定了《巧妙、可持续和包容性增长战略》(A Strategy for Smart, Sustainable and Inclusive Growth),计划到 2010 年通过充分就业使贫困人口减少 2000 万。到 2020 年,要确保 20—64 岁的人口中有 75% 能够就业;义务教育辍学率控制在 10% 以下,30—34 岁年龄段中的 40% 拥有大学文凭;贫困人口控制在 2000 万以下。目前,欧盟成员国通过打造"创新联盟"、开展"青年在行动"活动、实施"欧洲数字议程"、构建"资源节约型欧洲"、推行"绿色产业增长政策"、执行"新技能与就业议程"和建立"反贫困欧洲平台"等措施,致力于到 2020 年全面实现巧增长、可持续增长和包容性增长的宏伟目标。⑥⑦

---

① Ifzal and Hyun Hwa Son. Measuring Inclusive Growth[J]. Asian Development Review, Vol. 24, No. 1, 2007:11 – 31.

② 王志章,王晓蒙. 包容性增长:背景、概念与印度经验[J]. 南亚研究,2011(04):105—110.

③ IFAD. Achieving the Millenium Development Goals by Enabling the Rural Poor to Overcome their Poverty [J]. Mar. 22,2002,http://www. ifad. org/gbdocs/gc/26/e/panel. pdf.

④ Stephan Klasen. Measuring and Monitoring Inclusive Growth: Multiple Definitions, Open Questions and Some Constructive Proposals [J]. ADB Sustainable Development Working Paper Series, No. 12, June 2010: 1 – 3.

⑤ 王志章,王晓蒙. 包容性增长:背景、概念与印度经验[J]. 南亚研究,2011(04):105—110.

⑥ EUFACTS. Europe 2010: A European Strategy for Smart, Sustainable and Inclusive Growth[J]. http:// www. eurunion. org/eu/images/stories/eufactsh-eur2020-8-10. pdf, pp. 1 – 2.

⑦ 王志章,王晓蒙. 包容性增长:背景、概念与印度经验[J]. 南亚研究,2011(04):105—110.

在贫困人口最集中的非洲,非洲委员会根据《千年发展目标》确定本地区的竞争力标杆,通过对中小企业融资、非洲创业、获得可持续能源以及基础教育的研究,提出了"包容性增长"路线图[①],内容包括:(1)制定客户服务契约来保证提供更好的服务(加纳);(2)吸收私营部门参与并对其进行监管(科特迪瓦和喀麦隆);(3)建立全国性社会保障机构(南非);(4)通过重组促进更好地融合与服务提供(利比亚);(5)通过改革使非正规部门更易获得津贴(突尼斯);(6)建立独立的监管机构(尼日利亚、塞内加尔和坦桑尼亚);(7)通过技术革新改善行政管理(阿尔及利亚和塞拉利昂)。非洲社会保障体系投资获得的丰厚成果,不仅改善了治理和行政管理环境,提高了社会保障津贴并减少了贫困,而且还提高了生产能力,促进了更具包容性和可持续的扶贫经济增长。[②]

在拉丁美洲的巴西,从 2003 年起,巴西政府通过实施包容性增长的"家庭补助金计划",对有孩子并承诺让他们继续上学的贫困家庭每月发放 35 美元补助,还定期对这些家庭进行健康检查。该计划中 94% 的资金惠及了极贫人口的40%,基尼系数一直在下降,穷人的收入增长一直高于富人收入的增长,巴西的贫困人口大大减少,在 1995—2004 年间,贫困人口已经下降 4.6%。[③]巴西包容性增长取得的成果,主要是政府确保贫困人口更公平地获得教育机会,劳动力市场日益一体化,缴费和非政府转移支付的供款得到加强,家庭补助金成为解决极端贫困的关键程序等。[④]

在亚洲,亚洲开发银行实施了"包容性增长"的扶贫政策,加大了对贫困国家和地区的投入,马来西亚和蒙古在实施包容性增长中用于教育的投资超过GDP 的 6%;尼泊尔、斯里兰卡、印度尼西亚、泰国和印度等国的贫困人口递减迅速。在人口大国印度,2007 年颁布的"第十一个五年计划"明确制定了"包容性增长"战略路线图,力求通过扶贫、生产性就业、提高人力资源能力、加强社会保障以及良好的治理等具体措施,计划将目前 3 亿多绝对贫困人口和每天生活费

① Kate Higgins and Susan Prowse. Institute,Trade,Growth and Poverty:Making Aid for Trade Work for Inclusive Growth and Poverty Reduction[J]. Working Paper 313,Febuary 2010,pp. 6 – 9.
② International Social Security Association. Social Policy Highlight 07[J]. http://www. issa. int/content/download/74961/1400076/file/2—SPH_07. pdf,pp. 1 – 3.
③ Sophie Coughlan,Frabric Lehmann & Jean-Pierre Lehmann. Inclusive Growth:The Road for Global Prosperity and Stability[J]. p. 17.
④ 王志章,王晓蒙. 包容性增长:背景、概念与印度经验[J]. 南亚研究,2011(04):105—110.

不到两美元的贫困人口的比例在五年期间大大降低。① 近几年来,"包容性增长"在印度减贫中已经取得明显效果。②

21世纪之初,中国政府就与联合国建立起旨在"为实现小康社会和千年发展目标的平衡发展"的伙伴关系,以"实现小康社会——和谐、适度繁荣、平等的社会。在这个社会里,社会和经济、环境和人类利益得到平衡,人人都能享受到发展带来的益处"③。经过努力,中国已经取得举世瞩目的成就,按照中国2009年确定的1196元的标准,中国贫困人口仅有3597万。自2009年11月以来,胡锦涛同志先后三次论及"包容性增长",并明确指出:"我们应该坚持发展经济,坚持社会公平正义,坚持以人为本,让经济全球化和经济发展成果惠及所有国家和地区、惠及所有人群。我们应该坚持优先开发人力资源的指导方针,实施有利于充分就业的发展战略,提高全体劳动者素质和能力,加快构建可持续发展的社会保障体系。"④今天,包容性增长正在成为国际复杂形势下各国实现经济社会发展的新命题,也成为我国经济社会发展的路径选择。⑤

八、关于新型扶贫开发模式的研究

长期以来,理论界和实际工作部门在扶贫的实践中探索出一些本土化的扶贫模式,如知识扶贫、教育扶贫、旅游扶贫等。所谓"知识扶贫",石进(2012)认为是指通过加强对贫困人口的基础知识、专业知识的教育,逐步提高贫困人口的生产、生活能力,增强自我"造血"功能以摆脱贫困。⑥ 姚培娟(2012)认为,人们之所以贫困,主要是缺乏足够的教育和掌握自我"造血"的基本技能。⑦ 杨起全(2005)等认为,多年来,科技扶贫为完成"国家八七扶贫攻坚计划"的任务,实现我国现代化第二步战略目标,作出了有目共睹的贡献。科技扶贫被誉为引

---

① Mani Shankar Aiyar and Nupur Tiwari. Inclusive Growth through Inclusive Governance in India's North East[J]. Commonwealth Journal of Local Governance, Issue 2, January 2009, pp. 137 – 139.

② 王志章,王晓蒙. 包容性增长: 背景、概念与印度经验[J]. 南亚研究,2011(04): 105—110.

③ Ministry of Foreign Affairs of the People's Republic of China; United Nations System in China; China's Progress Towards the Millennium Development Goals 2008 Report, pdf. pp. 11, www. un. org. cn/cms/p/resources/30/809/content. html.

④ 陈鹤高,刘东凯,田帆. 胡锦涛:应努力倡导包容性增长[N]. 新华每日电讯,2010 – 11 – 14.

⑤ 王志章,王晓蒙. 包容性增长: 背景、概念与印度经验[J]. 南亚研究,2011(04): 105—107.

⑥ 石进. 国家知识扶贫政策[J]. 农家之友,2012(03): 12—13.

⑦ 姚培娟. 教育贫困与教育扶贫[J]. 山东省农业管理干部学院学报,2012,29(04): 98—105.

导广大贫困农民依靠科技破除迷信、摆脱贫困、走向富裕的一次伟大实践。① 周歆红(2002)指出：旅游扶贫作为开发式扶贫，如果运用得好会发挥很好的效益，但旅游扶贫开发在各个阶段和各个层面上都会受到一定的制约，如资金、物资、人才的短缺等，这样会造成开发难度加大、旅游市场开拓困难、乘数效应降低、旅游收入漏损、环境和社会文化方面负效应等问题。同时他还对"旅游飞地"现象的出现和旅游业同其他产业在资源方面的博弈竞争进行了分析，认为旅游业同其他产业和当地社会协调发展不是一件容易的事。②③ 贾芳(2000)④、游佩媛(2006)⑤、唐建兵(2007)、王铁(2008)等也对"旅游扶贫"的负效应进行了分析，各自阐明了观点。

第三节　扶贫理论学的理性特征和研究评述

人类对贫困问题的关注和研究，体现着对文明进步和社会公平的美好追求，其研究成果是人类在改造自然、寻求自身发展中的智慧结晶。上述理论的提出与发展，是人们在反贫困历史长河中形成的集大成之作，代表着在他们所处时代对贫困、反贫困问题的最新认识和理解，推动着世界反贫困实践的不断进步，也为后续的扶贫理论提供了研究的基础和理论的借鉴。总体来说具有以下几大特征。

一、理论研究对实践具有很强的指导性

理论源于实践并作用于实践。上述理论，无论是包容性增长理论还是扶贫理论，都是在当时环境之下，在贫困和反贫困实践的基础上总结而出的，也因此对反贫困实践具有重要的指导性。从今天看来，上述的每一个理论都在当时的反贫困实践中发挥了重要的指导作用，为世界各国制定反贫困战略、实施扶贫方针指明了前进的目标和方向。

---

① 杨起全,刘冬梅,胡京华等. 新时期科技扶贫的战略选择[J]. 中国科技论坛,2007(05):3—10.
② 周歆红. 关注旅游扶贫的核心问题[J]. 旅游学刊,2002,17(01):17—21.
③ 丁焕峰. 国内旅游扶贫研究述评[J]. 旅游学刊,2004(03):32—36.
④ 贾芳. 对旅游扶贫的再思考[J]. 甘肃社会科学,2000(02):81—82.
⑤ 游佩媛. 旅游扶贫模式研究[D]. 北京:北京第二外国语学院,2006.

包容性增长相关理论指导着世界各国在新时期,面对新的贫困问题,制定一种提倡追求更加平等、公平的可持续性的发展战略,实行一种"包容性"的增长模式,最终实现贫困地区经济社会的发展。在大推进理论和不平衡增长理论的指导下,世界上一些发展中国家和不发达地区分别制定了切实可行的发展战略,取得了局部的反贫困胜利。而在人力资本理论和综合反贫困理论的指导下,人类转化了扶贫视角,从劳动力技能、知识水平、是否拥有平等的发展资源等角度出发,制定了促进知识、科技改革的方针策略,力求改变更深层次的致贫因素来缓解贫困。而我国的特色扶贫理论更是以我国社会主义初级阶段的实际国情为出发点,切切实实地针对我国贫困问题,指导着我国的扶贫开发实践,取得了举世瞩目的反贫困成就。

总而言之,上述的每一个理论都具有实践的指导性,指导着世界反贫困实践从关注基本生存到更加宽泛的物质需求,从制定区域性到全面综合性的发展战略,从只注重经济资本的投资到同时注重人力资本投资方式,为世界人类的反贫困事业作出了不可磨灭的贡献。

二、研究视角比较单一,缺乏整体全面的思考

从研究视角来看,上述理论都是从不同的角度、不同的方面来对贫困和贫困地区发展问题进行分析,视角较为单一。如:大推进理论单一地强调资本的大规模投资,却没有考虑到贫困地区本身资源缺乏,难以实施的问题;不平衡增长理论提倡局部发展,通过"联系效应"带动贫困地区发展,可事实证明在市场的作用下,很难实现这一规划,往往是致使贫困地区越发贫困,拉大贫富差距;而人力资本理论虽然改变了以往单一的从经济资本角度来研究贫困问题,却过于看重劳动力"质"的层面,虽然贫困人口劳动知识技能提高了,但是如果没有政策的保障,也很难享有平等的机会参与发展。

由此可见,这些理论在指导扶贫战略的模式上各有各的可取之处。但是贫困问题是一个涉及多学科、多领域的复杂问题,仅从一两个方面来研究难以达到深层次效果。研究视角相对单一的理论必然会导致只关注某一个或几个方面,而忽视其他方面,甚至会陷入顾此失彼的境地,因此需要从更为全面的研究视角出发,在对贫困问题整体综合性认识的基础上进行深层次挖掘,总结出更为全面整体的理论,才能克服这一问题。

三、注重物质的贫困,鲜有关注精神贫困的研究

随着人类的不断进步和社会的发展,人们对贫困的认识也在逐渐加深,开始意识到贫困往往不只包括物质方面,还应包含更多的内容,如精神贫困。但是由上述各种理论看来,包容性增长理论、大推进理论、人力资本理论、不平衡增长理论、综合扶贫理论等都只是从物质贫困的角度出发,放眼于生产资料、经济、技术、环境等物质因素,关注的也只是人们的物质生活水平的提高。因此,在此基础上所提出的扶贫理论往往只是以提高贫困地区的经济发展,满足贫困人口的物质生活需求为目标。

实际上,这些理论都忽视了一个更为重要的内在贫困层面,即精神文化贫困。精神贫困比物质贫困更可怕,如果不从文化上和精神上开展反贫困行动,即便解决了物质上的贫困,也是暂时的。从长远来说,精神贫困不解决,必然影响反贫困的进程,甚至有的还会重新陷入贫困中。[①] 因此,各大反贫困理论在强调物质贫困的同时,必须充分考虑到精神贫困层面,从以往只关注物质贫困向物质贫困和精神贫困共同关注转变,这样才能从根本上消除贫困。

四、扶贫多以经验总结为主,缺乏理论研究的深度

我国关于贫困与反贫困的研究的起步较晚,且是在贫困问题相对严重、贫困结构相当复杂、整体和局部致贫原因差异较大的情况下开展的,因此理论和经验都十分欠缺。我国关于扶贫的研究,较多的只是对国外理论的引进与介绍,注重实践的探索和开发,大多以某一地区、某一省市为基础实行试点开发,形成了许多行之有效的具体模式。这些模式具有针对性、灵活性的特点,适应于当地的贫困现状,也取得了良好的效果。但是我国的学者却很少将这些具体的经验模式全面综合地组织起来,上升到理论层面,构建成扶贫理论。

总体来说,我国对贫困问题的研究远远落后于扶贫实践,理论研究与实践研究不够紧密,处于不协调的状态,导致许多有效的扶贫经验没有形成理论,只局限于小部分地区,没有辐射到更为广阔的地域,发挥更为广泛的作用。在国内外研究现状方面,也明显存在一些不足。一是普适性的理论研究较多,基于

---

① 朱霞梅. 反贫困理论与实践研究——基于人的发展视角[D],上海:复旦大学,2010.

不同国家和地区扶贫开发的特色理论研究较少;二是应用成果介绍相对较多,成系统的研究较少;三是有关中国扶贫开发模式的经验总结较多,国外扶贫模式研究的较少;四是对包容性增长理论的诠释性成果较多,从学理和实践层面探讨连片特困地区与包容性增长的扶贫开发模式的成果还较少。

　　贫困伴随人类社会的发展,是当今世界共同面临的天敌,世界各国人民反贫困的实践一天也没有停止过,并不断创造出新的理论成果。本章紧扣核心概念,系统梳理了包容性增长理论、可持续发展理论、社会公平理论、扶贫开发模式理论、中国特色社会主义扶贫理论等诞生的背景和主要核心要素,是全书的理论支撑和分析框架。同时,通过系统文献梳理,综述了近几年来国内外有关贫困的定义及标准与贫困的划分、扶贫的模式以及连片特困地区扶贫开发模式、包容性增长扶贫等最新研究成果,概述了主要观点,指出了存在的不足,主要体现在:研究视角比较单一,缺乏整体性、系统性、学理性的思考;注重研究物质贫困,鲜有关注精神贫困;经验总结多,理论研究深度不够,这为本书拓展创新空间带来了新的机遇。

第三章　我国新时期扶贫攻坚战
面临的机遇和挑战

贫困是国际社会所面临的共同挑战。消除贫困,促进发展,实现共同富裕,既是联合国《千年发展目标》的既定方针,也是人类孜孜以求的理想。当前,我国正处在全面深化改革的攻坚期和深水区,扶贫开发已经成为全面建成小康社会攻坚克难的重要任务。扶贫不仅关系到贫困地区人民脱贫致富和区域统筹发展,而且还是促进我国社会和谐稳定和公平正义的重要途径,更是实现中华民族伟大复兴中国梦的紧迫需要。

我国扶贫工作始于新中国诞生之初,经过60多年尤其是改革开放30多年的发展,扶贫开发已经探索出整村推进、雨露计划、产业化、连片开发、移民搬迁、特困地区综合治理等扶贫模式。贫困人口不断减至2013年的8249万人;扶贫方式不断创新,由输血型向造血型转变,从救济型向开发型转变;扶贫主体日益多样化,由政府主导型转变为专项扶贫、行业扶贫和社会扶贫"三位一体"的扶贫格局;贫困人口均衡分享的机会越来越多,收入稳步提高,人均纯收入从2000年的707元增加到2013年的5519元;[1]基础设施大为改善,社会事业不断取得新成就,生态环境恶化趋势得到遏制。

为了顺利实现全体贫困人口的脱贫梦,2011年11月29日,党中央召开了中央扶贫开发工作会,提出将14个集中连片特困地区作为新一轮扶贫攻坚战的主战场,从此拉开了新时期扶贫开发的序幕。2015年11月29日,中共中央、国务院印发了《关于打赢脱贫攻坚战的决定》,要求到2020年确保我国现行标准下农村贫困人口实现脱贫,贫困县全部摘帽,解决区域性整体贫困。客观分

---

[1]　国家统计局住户调查办公室.贫困地区农民增收呈现良好势头[EB/OL].http://www.stats.gov.cn/tjsj/sjjd/201405/t20140505_548582.html,2014-08-05.

析当前扶贫开发的优势、存在的困难、面临的极好机遇和新的挑战,对打好新时期扶贫这场攻坚战、全面建成小康社会具有重要战略意义。

第一节　打好新时期扶贫攻坚战的主要优势

优势是指处于一种有利的形势。我国扶贫工作在中国共产党的正确领导下,经过全国人民的艰苦努力,已经取得了伟大成就,积累了宝贵的经验,夯实了基础,探索出一些差异化、个性化、地方化的扶贫模式,形成政治优势、经济优势、社会优势和文化优势,为打好新时期扶贫攻坚战奠定了很好的基础。

一、党中央高度重视,政策保障有力

中国共产党时刻把人民疾苦放在心上,格外关注、格外关爱、格外关心贫困群众。改革开放以来,国家相继出台了《关于帮助贫困地区尽快改变面貌的通知》《国家八七扶贫攻坚计划》《中国农村扶贫开发纲要(2000—2010 年)》以及《中国农村扶贫开发纲要(2011—2020 年)》①等一系列政策文件,为不同时期实施扶贫开发创造了良好的政策环境。2011 年 11 月,国务院扶贫开发领导小组顺势而为,继全国扶贫工作大会后,率先启动武陵山片区区域发展与扶贫攻坚试点工作,开启了连片特困地区扶贫开发的新航程,全国其他连片特困地区也乘势而上,相继组织编制了《片区区域发展与扶贫攻坚规划》,进一步明确了2020 年以前扶贫的总体要求、片区空间布局、基础设施建设、产业发展、农村基本生产生活条件、就业与农村人力资源开发、社会事业发展与公共服务、生态建设和环境保护等具体目标,并从改革创新、政策支持、组织实施等方面予以保证。

党的十八大以后,以习近平为总书记的党中央倍加重视新时期的扶贫工作,提出了要深入推进新农村建设和扶贫开发,加大对老、少、边、穷地区的扶持力度。在 2012—2014 年间,习近平总书记十多次深入湖南湘西自治州、甘肃定西市等贫困地区开展扶贫调研工作,对扶贫开发工作多次作出了重要指示。②

---

① 范永忠. 中国农村扶贫资金效率研究[D]. 湖南:湖南农业大学,2013.
② 赵勇. 把扶贫开发作为战略性任务来抓——学习贯彻习近平同志关于扶贫开发的重要论述[N]. 人民日报,2013 - 11 - 25.

李克强总理也在国务院常务会议中强调要完善制度,加强管理,筑牢扶贫资金管理使用的"高压线",坚决杜绝违法违规贪污挪用贫困群众"保命钱"的现象发生。党中央国务院的关怀和实施的一系列扶贫方针政策,无疑为打好新时期扶贫攻坚战进一步明确了方向和工作重点,奠定了坚实的思想基础,确立了政策保障,增强了地方政府扶贫攻坚的决心和信心。各片区党委和政府积极响应党中央号召,深入学习落实习近平总书记关于扶贫的重要讲话精神,相继出台了一系列政策措施,形成了从中央到地方党委政府重视扶贫、社会组织机构参与扶贫和企业支持扶贫的良好氛围。

二、资金投入力度加大,社会参与渠道拓宽

扶贫是个系统性工程,涉及基础设施、产业和社会事业等各个方面。连片特困地区底子薄,居民收入水平低,发展不平衡,仅依托自身力量难以摆脱贫困,扶贫工作需要得到国家财政的强力支持,加大投入。目前,国家财政扶贫投入主要包括中央扶贫贴息贷款、中央财政扶贫资金、以工代赈、中央退耕还林还草工程补助以及省级财政扶贫资金等。据统计,截至2010年,在过去的10年里,中央和地方各级政府不断调整财政支出结构,逐步加大对扶贫的财政投入,财政投入从2001年的127.5亿元增加到2010年的349.3亿元,年均增长11.9%,10年累计投入2043.8亿元。[①] 其中,中央财政安排的扶贫资金投入从100.02亿元增加到222.7亿元,年均增长9.3%,10年累计投入1440.4亿元。[②] 仅2010年,扶贫重点县就获得与扶贫有关的资金达606.2亿元,在资金规模和增长速度方面均创历史最高水平,与2002年相比,扶贫资金总额增加了356亿元,年均递增11.7%,其中中央财政扶贫资金增加了84.1亿元,年均递增16.3%;以工代赈资金增加了0.5亿元,年均递增0.2%;发放专项退耕还林还草工程补助增加了29.5亿元,年均递增11%;省级财政安排的扶贫资金增加了15.5亿元,年均递增12.5%。[③] 2011年的中央专项扶贫资金达到270亿元,同比增长21.25%;2012年财政专项扶贫资金再增加20%;2013年,我国的扶贫资

---

① 贺斌. 扶贫标准升一半 贫困人口降七成[N]. 中国财经报,2011 - 11 - 19.
② 秦清芝. 影响农村扶贫工作社会效益模式探究[J]. 东岳论丛,2013(10):121—124.
③ 国家统计局农村社会经济调查司. 中国农村贫困监测报告2010[M]. 北京:中国统计出版社,2011.

金总量更是一举达到 394 亿元;2014 年,中央财政支持力度进一步加大,安排专项扶贫资金 433 亿元,比上年增长 10%。28 个省份省级财政预算安排扶贫资金 265 亿元,比 2013 年增长 227.3%。①

表 3—1　2002—2010 年国家扶贫重点县扶贫投资总额　（单位：亿元）

年份	扶贫资金总额	中央扶贫贴息贷款累计发放额	中央财政扶贫资金	以工代赈	中央专项退耕还林还草工程补助	省级财政安排的扶贫资金	其他
2002	250.2	102.5	35.8	39.9	22.6	9.9	39.5
2005	264.0	58.4	47.9	43.3	44.0	9.6	60.8
2006	279.2	55.6	54.0	38.5	46.1	10.8	73.4
2007	316.8	70.5	60.3	35.4	63.2	14.2	73.1
2008	367.2	84.0	76.5	39.3	51.5	18.9	95.5
2009	456.7	108.7	99.5	39.3	64.2	23.4	121.5
2010	606.2	116.1	119.9	40.4	52.1	25.4	252.2

资料来源:2008—2010 年中央农村贫困监测报告整理而成,国家统计局农村社会经济调查司,中国统计出版社。

在中央财政投入的同时,我国积极拓展融资渠道,广纳公共部门、私人部门、民间团体积极参与扶贫开发工作。公共部门方面,中央国家机关、企事业单位、民主党派及人民团体、各省市区积极开展定点帮扶工作,参与扶贫的范围广,资金投入力度大,产生了广泛的社会效应。例如,各民主党派积极参与贵州毕节试验区扶贫,2007—2011 年五年来共引进 413 个大项目,投入资金 305 亿,建立产业示范基地 32 个,招商引资 450.2 亿,累计捐赠物资 4.7 亿,取得了显著的经济效益和社会效应,创造了推进贫困地区发展的"毕节模式"。又如民建中央实施"思源"的品牌效应不断扩大,2011 年各级民建组织投入扶贫资金 2.86 亿元,捐赠希望小学 84 所,培训教师 2604 人,安置下岗职工和转移农村剩余劳动力 33 万人②。私营部门则充分发挥它们在吸纳劳动力、提供就业机会和资金捐助方面的作用,以增加贫困人口的收入,实现贫困人口的减贫。民间组织通过开

---

①　林晖.2014 年扶贫开发工作综述[EB/OL].http://www.gov.cn/xinwen/2015 - 01/29/content_2811900.htm,2015 - 03 - 15.

②　赵超,崔静,黄小希.各民主党派履职五年成就回眸:和衷共济同心同行[EB/OL].http://www.chinanews.com/gn/2012/11 - 29/4368805.shtml,2014 - 09 - 21.

展"希望工程"、"光彩事业"、"幸福工程"和"春蕾计划"等多种形式的扶贫活动,募集资金,支持贫困地区的扶贫开发工作。

表3—2　　在扶贫开发领域中活动的国内民间组织的比较

组织名称	成立时间	工作内容	筹资方式和资金	管理模式
中国扶贫基金会	1989 年	贫困农户自立工程、乡村教育援建、科技培训、物资及医疗卫生扶贫、小额信贷、母婴平安行动、紧急救援等	国际机构捐助或软贷款资金;政府信贷资金;社会扶贫资金。截至 2009 年共筹措资金和物资 23.9 亿元	系列项目管理制度,矩阵式管理。由国有银行操作;基金会模式①
中华慈善总会	1994 年	微笑列车、慈善雨水积蓄工程、烛光工程等	始创基金采取存本取息的方式,以项目吸引资源;累计筹款物百亿元	制定独立的财务制度,明确社会捐助资产性质,项目管理,基金会模式②
中国光彩事业促进会	1995 年	投资式扶贫活动,通过项目投资带动就业、开发资源、兴办企业、培训人才、发展贸易	企业捐助项目投资办企业;2006 年筹集资金1247.13 亿元,扶贫769.81 万人	项目管理,科学布局,推选重点项目和示范项目③
中国青少年发展基金会	1989 年	希望工程,绿色工程	公募基金会,大客户战略;累计募捐56.7 亿元	理事会治理结构,资金到位,项目成本核算,财务透明④
中国妇女发展基金会⑤⑥	1988 年	大地之爱·母亲水窖,母亲健康快车,中国母亲援助,女性创业培训基金	2008 年支出1.2 亿元	基金会模式⑦

---

① 匡远配. 中国民间组织参与扶贫开发:现状以及发展方向[J]. 贵州社会科学,2010(06):82—88.

② 同上

③ 同上

④ 同上

⑤ 匡远配. 中国民间组织参与扶贫开发:现状以及发展方向[J]. 贵州社会科学,2010(06):82—88.

⑥ 同上

⑦ 同上

续表

组织名称	成立时间	工作内容	筹资方式和资金	管理模式
中国儿童少年基金会	1981 年	春蕾计划,安康计划弱势基金,恒爱行动	春蕾计划募资 8 亿元	基金会模式①
中国扶贫开发协会	1993 年	甘泉工程,温暖工程	兴办经济实体	投资管理②
中国人口基金会	1987 年	幸福工程	幸福工程资金 5.8 亿元	小额贷款,直接到人,滚动运作,劳动脱贫③

资料来源:匡远配.中国民间组织参与扶贫开发:现状以及发展方向[J].贵州社会科学,2010,246(06):83—84.

除了上述扶贫经费来源外,国际援助机构则通过与我国政府部门共同协商,制定符合中国实际需求的扶贫计划和策略,开展包括小额信贷、小型基础设施建设、社区开发、环境保护、技术援助、能力建设和农村综合开发在内的各种不同类型项目的扶贫活动。国家、私人部门、民间团体和国际社会的共同参与,大大拓宽了融资渠道,加速了贫困地区经济社会的发展。

表3—3 在中国开展扶贫活动的国际机构名单

类 别	名 单
国际发展援助机构	联合国开发计划署(UNDP)、粮农组织(FAO)、世界粮食计划署(WFP)、联合国儿童基金会(UNICEF)、联合国工业发展署(UNIDO)、国际劳工组织(ILO)、联合国人口基金会(UNFPA)
国际金融机构	世界银行(WB)、亚洲开发银行(ADB)、国际农发基金(IFAD)
国外政府双边机构	澳大利亚、加拿大、英国、德国、荷兰、芬兰、瑞典和日本
国际非政府机构	福特基金会、世界自然基金会、香港乐施会、德国复兴银行、世界宣明会、英国救助儿童会、国际计划、国际鹤类基金会、美国渐进组织等

资料来源:王国良.中国扶贫政策——趋势与挑战[M].北京:社会科学文献出版社,2005.

---

① 匡远配.中国民间组织参与扶贫开发:现状以及发展方向[J].贵州社会科学,2010(06):82—88.

② 同上

③ 同上

三、实践积累宝贵经验,扶贫模式不断创新

创新是我国扶贫工作取得成功的灵魂。我国扶贫开发工作自新中国成立以来,大致经历了小规模救济式扶贫(1949—1978 年)、体制改革推动扶贫(1978—1985 年)、大规模开发式扶贫(1986—1993 年)、扶贫攻坚(1994—2000年)和综合扶贫(2000 年至今)五个阶段。长期的扶贫实践,创造了许多新模式,为我国新时期的扶贫工作积累了宝贵的经验:一是根据不同历史发展条件和贫困地区的实际状况,制定扶贫新政策,不同片区结合本地不同阶段的实际情况探索属地化的新模式。二是坚持"发展才是硬道理",以发展作为扶贫导向,紧扣一切扶贫的社会活动,旨在解放生产力、发展生产力这个主题,以项目促发展、以产业带扶贫。三是"以问题为导向",聚焦贫困地区的实际情况,积极学习探索实践新理念、新方法,并在总结经验的基础上由国家和地方政府牵头逐步推广普及,避免扶贫走弯路、走偏路,大大降低了社会成本。

回顾 60 多年的扶贫历程,我国在大规模的扶贫社会实践中已形成了整村推进、雨露计划、产业化、连片开发、移民搬迁与特困地区综合治理等六种模式。这六种模式既是独立实践的经验总结,也是配套综合使用凝练的产物。通过不同模式的扶贫,有力推动了各地扶贫开发进程,加快了贫困人口脱贫致富的步伐,为新时期打好扶贫攻坚战积累了宝贵经验。

四、内源式扶贫理念深入人心,产业扶贫模式受到重视

古人有云:"授之以鱼,不如授之以渔。"帮助贫困地区脱贫致富,彻底改变贫困落后的面貌,仅靠"输血"是不够的,更重要的是要因地制宜,开发贫困地区自力更生的能力。习近平总书记在多次开展扶贫调研之后指出,扶贫开发目标能否实现的根本标志,是贫困地区和扶贫对象是否具备了内生发展动力,只有内生动力和"造血"功能不断增强,其发展才具有可持续性。[1] 为此,他提出了内源式扶贫的思想,"贫困地区发展要靠内生动力,如果凭空救济出一个新村,简单改变村容村貌,内在活力不行,劳动力不能回流,没有经济上的持续来源,这个地方下一步发展还是有问题。一个地方必须有产业,有劳动力,内外结合

---

[1] 古韵. 山西式扶贫值得借鉴[N]. 发展导报,2014 – 04 – 25.

才能发展"①②。

经过多年的实践,内源式扶贫开发理念深入人心,各片区纷纷从产业发展和教育培训入手,制定了相关政策,出台了具体措施,例如开办就业培训班,帮助落实种养植项目,因地制宜发展好农村特色产业,深化农特产品深加工,发展高效现代化农业园区,建立水产养殖场等,特色产业发展有效带动了贫困人口的就业和收入的增加。同时,在内源式扶贫理念驱动下,各地还进一步完善了贫困人口可持续的增收机制,帮助他们提高生产经营和生活能力,使更多贫困人口凭借国家政策和个人技能实现了"摘穷帽、换穷貌、改穷业、挪穷窝、拔穷根"的脱贫梦,过上梦寐已求的小康生活。

第二节　我国扶贫开发工作存在的主要问题

经过多年的发展,我国扶贫工作积累了大量宝贵经验,取得了举世瞩目的伟大成就,贫困发生率不断降低,贫困人口逐年减少。但借用国际学术界普遍使用的评价工具,从经济、政治、社会和环境四个维度(表3—4)对扶贫现状进行测度不难看出,③当前我国扶贫工作仍然存在一些困难,面临不少挑战。

表3—4　贫困地区面临的问题分析

维　度	问　题
经济	生产力水平低下
	资金使用效率低
	经济增长效益低
政治	扶贫立法有待加强
	扶贫组织结构有待完善
	扶贫方式有待转变
	扶贫绩效考核模式有待创新

---

① 刘永富. 打赢全面建成小康社会的扶贫攻坚战[N]. 人民日报,2014 – 04 – 09(07).

② 陈永堂. 切实加快贫困地区全面建成小康社会步伐[J]. 理论与当代,2014(03):5—7.

③ Bhekizizwe Ntuthuko Mbuli. Poverty Reduction Strategies in South Africa[D]. University of South Africa,2008.

续　表

维　度	问　题
社会	贫困状况依然严峻
	反贫困难度大
	贫困地区文化教育落后
	女性贫困问题异常突出
环境	贫困地区资源环境破坏严重
	资源约束性贫困现象普遍
	贫困地区基础设施建设滞后

一、经济维度

首先,从劳动对象来看,我国集中连片特困地区大都处于老、少、边、穷地区,自然条件恶劣。例如:位于我国西南的滇桂黔贫困山区以喀斯特地貌为主,地表崎岖,缺少土壤;西北六盘山区地处黄土高原,严重缺水;秦巴山区土地贫瘠,落差大,耕地少,水土流失十分严重;青藏高寒区积温严重不足。[①] 这些地区多以传统农业为主,自然环境的限制无疑严重制约了生产力水平的提升。从生产工具来看,科学技术是第一生产力,先进的生产工具能够有效地减少劳动力,提高生产效率,但由于贫困地区主要分布在我国中西部,以山区为主,交通不便,信息闭塞,"孤岛效应"明显,使用的生产工具仍是传统的畜力和人力,例如锄头、砍刀、耕牛以及人工劳力,农业新技术和机械新设备使用率低,严重影响了生产效率的提高。再从劳动者本身来看,目前我国贫困地区农户多以小学和初中文化为主,分别占32%和42.1%,初中以上文化程度仅占12.1%,[②]教育程度低下导致民众素质不高,缺乏先进的种植技术和养殖方法,经营能力差,许多地方的农业生产停留在"自给自足"的状态。尤其是在快速城镇化的过程中,贫困地区青壮年劳动力流失严重,留守人口多为老弱病残,缺乏基本劳作能力,致使撂荒现象十分普遍。

其次,从资金使用效率来看,我国扶贫要取得成功,不仅需要资金投入总

---

① 陈南岳.我国农村生态贫困研究[J].中国人口资源与环境,2003(04):45—48.
② 国家统计局农村社会经济调查司.中国农村贫困监测报告2010[M].北京:中国统计出版社,2011.

量,更要关注如何提高扶贫资金的使用效率问题。尽管我国投入了大量的扶贫资金,也吸纳了海外扶贫项目资金,但根据学者帅传敏的实证研究发现,国内扶贫资金的使用效率远远低于外资扶贫资金的使用效率,国内扶贫资金在降低贫困发生率、农业增产及农民增收方面均不如外资扶贫资金。[①] 究其原因,主要是扶贫政策宣传引导不到位,地方财政配套资金支持不足,农村扶贫资金挤占挪用严重,项目投向不尽合理,监督管理机制有待健全等。

最后,从经济增长效益上看,扶贫投入边际效益递减主要是基于这样一个现实,我国对贫困地区的各项投入呈逐年递增趋势,虽然贫困人口保持了下降的趋势,但下降率有升有降,极不稳定。根据数据统计,2006—2010 年间我国对贫困地区的资金投入增长率分别为 5.8%、13.5%、15.9%、24.4% 和 32.7%,贫困人口下降率则为 11.4%、24.2%、7.2%、10.2% 和 25.3%,特别是 2008 年,贫困人口下降的速度降至 10% 以下。由此可见,扶贫资金投入对减贫的作用明显减弱,减贫的难度日益加大。

表 3—5   2005—2010 年资金投入与贫困人口比较

年份	资金投入 (亿元)	资金投入 增长率(%)	贫困人口 (万)	贫困人口 下降率(%)
2005	264.0	——	6432	——
2006	279.2	5.8	5698	11.4
2007	316.8	13.5	4320	24.2
2008	367.2	15.9	4007	7.2
2009	456.7	24.4	3597	10.2
2010	606.2	32.7	2688	25.3

资料来源:国家统计局农村社会经济调查司.中国农村贫困检测报告 2010[M].北京:中国统计出版社,2011.

---

① 帅传敏.中国农民扶贫开发模式与效率研究[M].北京:人民出版社,2010.

二、政治维度

首先,扶贫法制建设。扶贫立法有利于推动扶贫工作走上制度化和机制化轨道。我国实行改革开放以来,立法工作硕果累累,中国特色社会主义法律体系基本形成,但在扶贫方面的立法尚处空白,多以政府"意见"、"办法"代之。随着扶贫工作的不断深入,有关扶贫立法的呼声越来越高,《中国农村扶贫开发纲要(2011—2020年)》中也明确规定:加快扶贫立法,使扶贫工作尽快走上法制化轨道。[①] 今天扶贫立法的缺失缺位大大影响到扶贫工作的组织管理,一些地方扶贫工作机制不健全,扶贫资金监控不力,不利于扶贫工作沿着正确方向稳步推进。

其次,扶贫组织构建。我国扶贫工作由政府主导,1986年成立了国务院扶贫开发领导小组,各省、市、自治区到地(市)、县人民政府也成立了扶贫管理机构,形成了扶贫开发分级负责、以省为主的行政领导扶贫工作责任制。在这种组织结构中,多部门的参与易导致部门利益的博弈,引发的矛盾也难以调和,常常出现推诿责任、消极扶贫的情况,直接导致工作相互削弱甚至抵消效果。另外,政府官员的高度流动性也不利于扶贫战略和政策执行的长期性、连续性。

再次,扶贫方式有待转变。扶贫方式直接关系到扶贫的效果。截至2013年,我国贫困人口为8249万人,约占总人口的6%左右,贫困人口"插花式"分布在各乡各村中,呈现出"大分散,小集中"的格局。根据国际经验,在贫困人口比例降至10%时,扶贫方式就必须转向微观层面。[②] 我国正处在这一阶段。而目前我国实施的大面积铺开式、粗放型扶贫方式,不仅难以适应当前扶贫工作专业化与精细化的要求,还会占用国家扶贫资金和扶贫资源,导致扶贫效益不高。因此,扶贫方式亟待转变创新,以不断适应新时期我国扶贫工作的新要求。

最后,扶贫绩效考核模式亟须创新。扶贫开发绩效评价是一个尚处在探索中的问题,目前多从保障机制和实施效果两个维度进行评价,保障机制的评价包括组织构架评价、检测瞄准评估、资金管理评估和扶贫模式评估,效果评价则包括政府目标实施状况评价、贫困人口受益评价和资金绩效评价等。但在现实

---

① 马洪雨. 我国扶贫开发国家立法具体化研究[J]. 甘肃社会科学,2012(04):163—166.
② 陕立勤等. 对我国政府主导型扶贫模式效率的思考[J]. 开发研究,2009(01):152—155.

中,由于扶贫以政府为主导,我国大部分地区的扶贫开发绩效考核执行多以GDP总量、增速为标准。如此一来,一些领导干部认为搞好扶贫只是"潜绩",就是让一些贫困户脱贫也不能在经济发展上增加砝码,也不能让自己升官晋爵。因此,在实际的扶贫开发中,常常说得多干得少,而把大量的精力投放在招商引资、拆迁征地、筑路造城上,以期通过这些"显绩"来增加个人的影响力,从而为自己的升迁搭梯子。这种坐而论道的形式主义,直接影响扶贫开发取得实效。

三、社会维度

首先,贫困形势不容乐观。按照农民年人均纯收入2300元的扶贫标准,到2012年底,我国贫困人口还有近1亿人,目前尚有7017万人。重点县农民人均纯收入不足全国平均水平的六成;农民医疗支出仅为全国农村平均水平的60%,不少农民有病不能及时就医;劳动力文盲、半文盲比例比全国高3.6个百分点。全国还有3917个村不通电,影响近380万人,连片特困地区还有3862万农村居民和601万学校师生没有解决饮水安全问题,全国仍有近10万个行政村不通水泥沥青路。① 另外,由于片区自然环境脆弱,加上不可预测的自然灾害等,一些地区一方面在同贫困作斗争,另一方面返贫现象时而出现,加重了贫困程度,扶贫形势依然严峻,任重道远。

其次,反贫困难度大。2011年中共中央作出了将扶贫工作的重点转移到集中连片特困地区的战略决定,进一步明确了攻坚战的目标。但由于14个集中连片特困地区主要分布在革命老区、少数民族地区、边疆地区,覆盖了全国70%以上的贫困人口,贫困发生率远远高于全国平均水平,生存环境恶劣,生态极度脆弱,基础设施欠账多,公共服务严重滞后,贫困程度深,经济增长带动功能不强,常规扶贫手段奏效缓慢,扶贫开发周期性较长,消除贫困的难度大。

再次,贫困地区文化教育落后。实践证明,教育水平的提高是改善贫困的重要手段。② 然而在广大贫困地区,教育水平普遍低下,以小学和初中文化程度为主,小学文化程度占32%,初中文化程度占42.1%,初中以上文化程度只占12.1%。文化教育的长期落后,严重制约了贫困地区人民的生产生活,直接影

---

① 刘永富. 打赢全面建成小康社会的扶贫攻坚战[N]. 人民日报,2014-04-09(07).
② 杜凤莲,孙婧芳. 贫困影响因素与贫困敏感性的实证分析——基于1991—2009年的面板数据[J]. 经济科学,2011(03):57—67.

响贫困地区的可持续发展能力,并由此引发人民的精神贫困,致使许多贫困人口一是安于现状、不思进取,二是懒散怠惰、好逸恶劳,三是眼睛向上、双手向外的等、靠、要,四是自甘落后、乐于贫穷等。实践也证明,精神贫困已经成为物质贫困的重要根源。[①]

最后,女性贫困问题突出。女性贫困是国际社会十分关注的问题。根据研究,世界贫困人口中三分之二的贫困者为女性(包括女童),[②]在我国,由于性别地位分工存在的差异、重男轻女思想影响所导致受教育的不同、自我"造血"能力有限,女性贫困人口也要占60%。[③] 可见,扶贫开发中,女性贫困者应该尤为引起重视。

表3—6 2010年全国农村男女群体比较

	外出从业比重(%)	务工人均收入(元)	外出从业时间(月)	受教育年限(年)	文盲率(%)	高中以上文化程度率(%)	7—15岁儿童在校率(%)
男性	66.6	1708	—	9.5	1.6	24.7	97.9
女性	33.4	1386	—	9.3	2.5	23.6	98.1
差额	33.2	322	—0.3	0.2	—0.9	1.1	—0.2

资料来源:国家统计局农村社会经济调查司.中国农村贫困检测报告2010[M].北京:中国统计出版社,2011.

四、环境维度

首先,贫困地区资源环境破坏严重。我国贫困地区大多地处中西部偏远山区,水资源、矿产资源和森林资源十分丰富。例如武陵山片区境内有乌江、清江、澧水、沅江和资水等主要河流,水能资源蕴藏量大,矿产资源品种多样,锰、锑、汞、石膏等矿产储量居全国前列,境内森林覆盖率达60.1%,是我国亚热带森林系统核心区、长江流域重要的水源涵养区和生态屏障,生物物种多样,素有"华中动植物基因库"之称。[④] 但由于当地缺乏规划,生产力水平低下,技术落

① 刘进宝.中国欠发达地区贫困现状及扶贫对策分析[J].北京林业大学学报(社会科学版),2009(04):166.

② 王爱军.女性贫困、代际传递与和谐增长[J].财经科学,2009(06):47—54.

③ 韩春.关注贫困女性 破解贫困代际传递陷阱[J].前沿,2011,290(12):13—15.

④ 黄诚,杨振益.武陵山片区法治政府建设的路径分析[J].法制博览,2015(01):69—70.

后,交通不便,资金和人才短缺,许多资源在无序中"小打小闹"地开发,致使环境破坏严重,效率低下。同时,该片区人口文化教育水平普遍落后,人力资源素质低,不仅使生态资源没能很好地转化为扶贫财富,相反一些地方还因环境的破坏而加深了贫困的程度。

其次,资源约束性贫困现象普遍。尽管14个集中连片特困地区资源丰富,但自然资源约束因素多,制约当地经济社会发展。例如:六盘山境内的西海固地区十年九旱,生态环境脆弱,自然灾害频发,平均年降雨量300毫米,蒸发量2000毫米,基本不具备生产条件,被联合国粮食署称之为"最不适宜人类生存的地区之一"。[①] 又如滇桂黔石漠化片区,集老、少、边、穷于一体,尽管煤炭资源丰富,但贫困问题与石漠化问题交织,开发受限,土地生产要素缺乏,是扶贫攻坚中典型的"硬骨头"。[②] 此外,青藏高原、沙漠化区、黄土高原和西南石漠化山区,多受制于自然条件,发展受限,脱贫难度大。

最后,基础设施建设滞后。基础设施是为经济社会生活提供公共服务的物质工程设施,是保证生产生活正常进行的公共服务系统,是社会生存发展的车轮,主要包括道路、水电、通讯、教育、文化和医疗卫生等。改革开放30多年来,尽管国家非常重视贫困地区的基础设施建设,投入了大量资金支持,但由于历史上欠账太多,加上受制于自然条件,连片特困地区基础设施建设仍然滞后,无法满足人们的生产生活需求,道路和饮水问题在一些地方还没有得到完全解决。[③]

第三节 我国连片特困地区扶贫工作面临的机遇

我国扶贫工作已经取得巨大成就,开创了举世闻名的"中国特色扶贫模式",为新时期扶贫工作打下了坚实的基础,提供了宝贵的经验。尤其是我国制定了两个"一百年"宏伟目标,确立了全面建成小康社会、实现中华民族伟大复兴的"中国梦"的美好蓝图,这无疑为打好新时期扶贫攻坚战增添了新的动力,

---

① 何晨阳,许晟. 宁夏西海固:最不适宜人类居住的地区有了新变化[EB/OL]. http://news. xinhuanet. com/2014—05/09/c_1110616990. htm,2014 – 10 – 21.

② 张立群. 连片特困地区贫困的类型及对策[J]. 红旗文稿,2012(22):18—20.

③ 刘永富. 打赢全面建成小康社会的扶贫攻坚战[J]. 农产品加工,2014(05):26—28.

带来了历史性的极好机遇。

一、"顶层设计"目标既定,战略规划操作性增强

扶贫顶层设计是指从中央层面对扶贫工作进行长远的、综合性的、自上而下的整体谋划和战略安排,也是反贫困的路线图。为了打好新时期扶贫开发攻坚战,党中央国务院组织编制了《中国农村扶贫开发纲要(2011—2020 年)》。《纲要》明确了新阶段扶贫工作的对象范围,提出了扶贫开发的总体要求和主要任务。到 2020 年的目标是:稳定实现扶贫对象不愁吃、不愁穿,保障其义务教育、基本医疗和住房;贫困地区农民人均纯收入增长幅度高于全国平均水平,基本公共服务主要领域指标接近全国平均水平,扭转发展差距扩大趋势。①② 并采取具体措施,将扶贫项目的审批权下放到县,确立省市级政府对扶贫资金的监管职责,以增强资金使用的针对性,对扶贫对象建档立卡,扶贫资金直接到村到户。

各省、市、自治区和连片特困地区各级政府也相继制定出符合本地实际情况的战略路线图。如河北省确定了以协同推进专项扶贫、行业扶贫、社会扶贫为总抓手,以燕山—太行山、黑龙江流域和环首都扶贫攻坚示范区为主战场,以改善贫困村基本生产生活条件和增加扶贫对象收入为着力点的路线图,提出了宜农则农、宜牧则牧、宜林则林、宜游则游的具体实施措施。又如滇西边境集中连片特困地区制定了打造我国面向西南开放重要门户、国家重要清洁能源基地、国际知名旅游目的地、优势特色农产品生产加工基地、我国重要的生物多样性宝库和西南生态安全屏障、边境稳定和民族团结模范区、人力资源开发扶贫示范区的战略定位。从中央的顶层设计到地方战略定位和具体措施,使扶贫的目标更加明确,聚焦更加精准,措施更加得力,办法更加多样,把宏大战略部署融入到具体区域、项目之中,有目标,接地气,操作性强,国家扶贫迈向新的高度。

---

① 本刊编辑部. 中共中央政治局召开会议研究农村扶贫开发工作[J]. 党史文苑,2011(10):1.
② 刘永富. 打赢全面建成小康社会的扶贫攻坚战[N]. 人民日报,2014 – 04 – 09.

二、经济持续稳步增长，财力雄厚支撑力增强

长期快速经济增长是战胜贫困最根本和最重要的力量来源,[①]是缓解农村贫困坚实的经济基础,也是贫困人口大幅减少的重要保证。[②] 改革开放30多年来,我国国民经济持续、快速、稳定增长,财力增强,人民生活水平不断提升。尤其是2011年中央召开扶贫工作大会后,从中央到地方大幅增加了扶贫开发投入。2012年,28个省区市财政预算专项扶贫资金平均增幅45%。除常规资金增加外,"十二五"期间中央还安排专项彩票公益金28.25亿元专门用于贫困革命老区有关项目。[③] 仅2013年,中央扶贫资金投入达到406亿元,云南省2013年就累计投入各类扶贫资金1091.49亿元,其中中央和省级财政专项扶贫资金50.24亿元,比上年增长18.9%;信贷扶贫贴息贷款60亿元,增长11.1%;定点挂钩等帮扶资金投入33.4亿元,增长42.9%;协调行业扶贫资金1020亿元;投入资金总量、增量、增幅均创历史新高。[④] 扶贫资金的增加为打好新时期扶贫攻坚战奠定了坚实的经济基础。

三、广大干群积极性高涨，内生活力得到激发

连片特困地区广大干部群众参与扶贫开发的积极性高涨,是贫困地区实现脱贫致富的必要条件。改革开放以来,在中央一系列优惠政策的驱动下,连片特困地区各级党委政府、企事业单位和广大人民群众焕发出极大热情,反贫困的信心倍增,各种扶贫模式创新不断。如秦巴山区的定西在充分认识片区扶贫开发复杂性的基础上,采取了坚持规划先行、坚持差异化扶贫政策、推进片区科技扶贫的试点建设、加大科技支撑特色产业的培育力度、支持科技特派员基层创业行动等一系列措施,激活了各行各业、各个群体参与扶贫的热情。又如

---

① D Chambers,W. Ying,Y. Hong. The Impact of Past Growth on Poverty in Chinese Provinces [J]. Journal of Asian Economics,2008(19):348 – 357.

② 汪三贵. 在发展中战胜贫困——对中国30年大规模减贫经验的总结与评价[J]. 管理世界,2008 (11):85—95.

③ 顾仲阳. 28个省区市财政预算专项扶贫资金平均增幅45% [EB/OL]. http://finance. sina. com. cn/china/20120710/164612527984. shtml,2014 – 09 – 21.

④ 杨之辉. 云南省2013年投入各类扶贫资金1091.49亿元[EB/OL]. http://news. hexun. com/2014 – 04 – 02/163611267. html,2014 – 09 – 22.

2012年知名跨国公司拜耳与国务院扶贫开发小组办公室外资项目管理中心共同合作,捐资500万元,实施了为期三年的"拜耳——农村发展项目",通过解决贫困、卫生保健及农业等社会问题,支持中国西部改善办学条件,改善人畜饮用水,援助医疗卫生和社区发展等,开启了跨国企业参与中国西部扶贫的新模式,深受社会好评,极大地激发出社会组织参与扶贫的积极性。

四、包容性增长新理论催生新模式,国际扶贫经验提供新借鉴

21世纪初召开的联合国千年大会把全球扶贫工作推向了一个新的起点,也为扶贫理论创新提供了新的视角,包容性理论就是创新理论的典型代表。该理论认为,要解决经济社会发展中存在的贫困和机会不均等现实问题,必须通过扶贫或是益贫、生产性就业、提升人力资源能力和加强社会保障等途径,让那些贫穷人口在国家政策的扶持和自身能力的提高中,能够均衡分享社会财富,有尊严和体面地生活。[1]基于包容性增长理论,印度、巴西、南非等新兴工业化国家进行了大量的扶贫实践,积累了宝贵的经验。例如,在教育方面,印度针对残疾儿童,从师资培养、基础设施装配等方面着手开展了包容性教育,旨在提供便捷条件,帮助残疾儿童入学学习基本技能,为他们未来走向社会自食其力作好铺垫。[2] 巴西政府实施了"第一次就业计划",通过部分减免税收或发放补贴等方式,帮助16—24岁之间的低学历青年人实现初次就业,同时还出台政策鼓励企业招聘无工作经验的年轻人。南非则通过整合教育系统资源,创造无障碍的学习环境,加强部门合作、团体支持等,确保所有人都能参与教育过程,以提高个人劳动技能,实现充分就业。[3] 尽管我国基本国情不同,贫困形态各异,但上述国家在实施包容性增长的扶贫开发中一些好的做法无疑值得学习和借鉴。

第四节 我国连片特困地区扶贫开发面临的挑战

尽管我国扶贫开发取得了举世瞩目的伟大成就,政治优势、经济优势、社会

---

① 王志章. 包容性增长:背景、概念与印度经验[J]. 南亚研究,2011(04):105—116.

② Sourav Mukhopadhyay. Inclusive Education for Learners With Disabilities in Botswana Primary Schools[J]. Sage Open,June,2012(06):2.

③ Berenice Daniels. Developing Inclusive Policy and Practice in Diverse Contexts:a South Africa Experience[J]. School Psychology International,2010,31(06):631 –643.

优势凸显,反贫困的实力增强,社会参与的积极性倍增,但也存在一些困难,更面临诸多挑战。客观测度扶贫开发的现状,深刻认识面临的挑战,对打好新时期扶贫攻坚战至关重要。

一、农产品价格下跌出口量下滑,贫困地区农户增收难度加大

随着经济一体化和贸易全球化的发展,我国对外贸易面临越来越严峻的挑战。以农业为例,为了履行加入 WTO 的承诺,我国大幅降低农产品关税,取消农产品贸易壁垒,开放农产品市场。农产品市场的开放带来了明显的震荡效应,如 2013 年,我国农产品进出口额 1866.9 亿美元,同比增长 6.2%。其中,出口 678.3 亿美元,同比增长 7.2%;进口 1188.7 亿美元,同比增长 5.7%;贸易逆差 510.4 亿美元,同比增长 3.7%。① 这种进口多于出口的贸易逆差,大大冲击了国内农产品市场,产生了一些负面影响:一是国内农产品价格持续低迷,农民增收形势严峻,增收难度加大;二是我国农业为小规模经营的弱势产业,竞争力不强,致使农产品出口难,影响农民增收;三是农产品市场开放带来了农产品进口量的增加,造成国内同类农产品"难卖",进一步抑制了农产品价格,直接危及农民收入提高;四是国内农产品"难卖",客观上减少了农民的就业机会,加剧了失业问题。对于贫困地区农户来说,这种影响更加明显。贫困地区农户多以农耕经济为主,主要经济来源为农特产品收入,他们赖以创汇的农产品因受到价格下跌和出口量下滑的影响,导致收入锐减,直接影响贫困人口的生产生活,甚至还加深了一些人的贫困程度。

二、城镇化进程快速推进,贫困人口生活负担加重

城镇化是一把双刃剑。虽然城镇化是经济社会发展和文明的标志,但也会产生一些负面的影响,如空间承载能力加大,环境污染、社会隔离、贫富差距等,严重影响社会的和谐发展。当前我国城镇化已经进入快速发展阶段,到 2015 年,我国城镇化率达到 56.1%,且每年将增长 1 个百分点,中国的城镇化已经成为影响 21 世纪的两件大事之一。城镇化一方面有利于解决农村地区剩余劳动

---

① 农业部国际合作司. 2013 年我国农产品进出口情况［EB/OL］. http://www.gdgrain.com/information/info_view_read.jsf? infoid＝30857,2014－09－22.

力转移,增加就业机会,缓解农村贫困;另一方面,由于今天流动的农民工知识文化水平有限,就业技能缺乏,多集中于劳动密集型产业,工资水平低,根本无法承担高额的城市消费水平,加上现行社会保障制度还不健全,标准存在差异,农民工在放弃原有土地收益的同时无法享受体面的城市生活,要面对住房、养老、医疗和教育等一系列问题,使得转移到城镇的人口生活更加困难,易形成新的贫困群体,尤其是那些无经济收入、无劳动能力、无赡养人的"三无人员",正在成为城市贫困人群的主体。城镇化带来的并非都是美好生活,常规的扶贫开发一路继续,新的贫困人群大量呈现,城乡二元结构尚未打破,城市的二元结构呈现,贫困人口增加,反贫困将是城镇化进程中值得高度关注的现实问题。

三、国家贫困线标准上调,财政支出压力增大

国家贫困线是基于经济社会发展水平和贫困人口的基本生活需要所确定的标准。2011 年,中央扶贫开发工作会将人均纯收入 2300 元(2010 年不变价)作为新的国家扶贫标准,这一标准比 2009 年颁布的 1196 元提高了 92%,高于世界银行 1.25 美元的赤贫线标准。扶贫标准的提高,带来了我国贫困人口规模的扩大,目前我国约有近 1 亿人属于贫困人口,占总人口的近十分之一。贫困人数的增多,再加上返贫人口的持续增加,扶贫任务更加艰巨,需要国家在扶贫上投入更多的财力,2011 年我国扶贫专项资金投入达 270 亿元,2012 年在此基础上再增加 20% 以上。在国家增加扶贫投入的同时,地方政府配套的投入也随之增加,扶贫投入给国家和地方政府带来不小的压力。

四、极端贫困问题突出,扶贫开发难度增加

随着我国经济社会蓬勃发展,扶贫开发稳步推进,在解决贫困人口的基本温饱后,面临的是极端贫困问题,突出表现为:一是地理上分散与集中并存,分散是由于贫困人口的逐年减少,贫困人口在区域上的分布更加分散,既分布在贫困乡镇也分布在非贫困乡镇;除此之外,还有一部分贫困人口相对集中在少数民族地区、革命老区和边境地区,这类地区社会形态特殊,经济基础差,生态环境恶劣,自然灾害频频发生,公共服务滞后,自我发展能力不强。二是经济方面极度贫困,除国家救济外,几乎无任何收入来源。根据世界银行 1.25 美元的

极端贫困线,据统计,尽管我国极端贫困人口从 1981 年的 43% 降至 13% ,①但其发生率依然很高,其中城市极贫发生率为 0.9% ,农村极贫发生率高达 22.3% 。三是极端贫困人口主要为老、弱、病、残、妇,身体状况较差,部分或全部丧失劳动能力,缺乏基本的生存能力。面对庞大的极端贫困人口,国家和地方政府扶贫的成本更高,难度更大。

五、贫富差距拉大,相对贫困问题凸显

当前,我国社会各阶层在财富占有上的差距达到了非常惊人的地步,社会资源和财富迅速流向少数人。依据国际社会公认的方法——基尼系数衡量贫富差距的标准,低于 0.2 表示收入过于公平,会造成社会发展动力不足,而高于社会分配不平均警戒线的 0.4,则将导致社会不安定。改革开放前由于我国整体生产力水平不高,基尼系数为 0.16,到 2007 年已超过警戒线 0.4 达到了 0.48。根据西南财经大学中国家庭金融调查发布的报告称,2010 年基尼系数高达 0.61,2013 年降为 0.473,但仍然大大高于全球 0.44 的平均水平。② 贫富差距的扩大,不仅影响经济增长,导致贫困人口增多,还会影响社会公平正义,危及社会安全稳定。同时,贫富差距过大,也会引发那些收入少和平均收入仅占富人 1/3 的相对贫困人口的增加,造成新的扶贫压力。

扶贫开发是中国特色社会主义建设的重要内容。改革开放 30 多年来,我国扶贫开发事业站到了一个新的历史起点,扶贫开发面临不同于以往的形势和任务,这就需要对扶贫工作本身存在的优势与劣势、外部的机遇和挑战进行客观的分析。只有了解实际问题,才能扫清扶贫开发道路上的一切障碍;只有认清现实状况,才能为新时期的扶贫开发提出具有针对性的对策建议,探索出适合不同片区特质的扶贫开发道路和模式,从学理上丰富和完善具有中国特色的扶贫开发体系,为世界消除贫困贡献"中国智慧"。

---

① 白朝阳. 世界贫困人口"版图":中国占比 30 年下降 30% [EB/OL]. http://news. xinhuanet. com/fortune/2013—05/21/c_124740255. htm,2014 – 09 – 22.

② 西南财经大学中国家庭金融调查与研究中心称中国 2010 年基尼系数 0.61 [EB/OL]. http://www. sciencehuman. com/sciencenews/2012/12/news201212z18. htm,2014 – 12 – 20.

　　要打好新时期的连片特困地区扶贫攻坚战,顺利完成 2020 年全面建成小康社会的历史使命,第一,要做好顶层设计,完善国家扶贫政策和战略体系,为扶贫攻坚战提供制度保障和法律依据。第二,要加大对贫困地区的扶持力度,除政府财政主导外,要动员社会各界力量参与扶贫开发,加大对贫困地区优势产业的开发力度,引导各类企业为贫困地区人口提供充足的包容性就业机会。第三,要建立起以教育为核心的扶贫体系,大力发展农村职业教育、继续教育、技能教育,提升贫困人口文化素质和劳动技能,确保他们公平享有包容性的发展机会,增强贫困地区可持续发展能力。第四,加大对贫困地区的基础设施建设,建立完善的社会保障体系,推进基本公共服务均等化,建立起贫困人口的"安全阀",保障贫困人口的基本权益。第五,要增强贫困人口的自主性和能动性,提升贫困人口自我发展能力,充分发挥他们在扶贫攻坚中的主体作用,激发贫困地区的发展活力,全力打好扶贫攻坚战,为贫困地区脱贫致富、全面建成小康社会、实现中华民族伟大复兴的中国梦夯实社会经济基础。

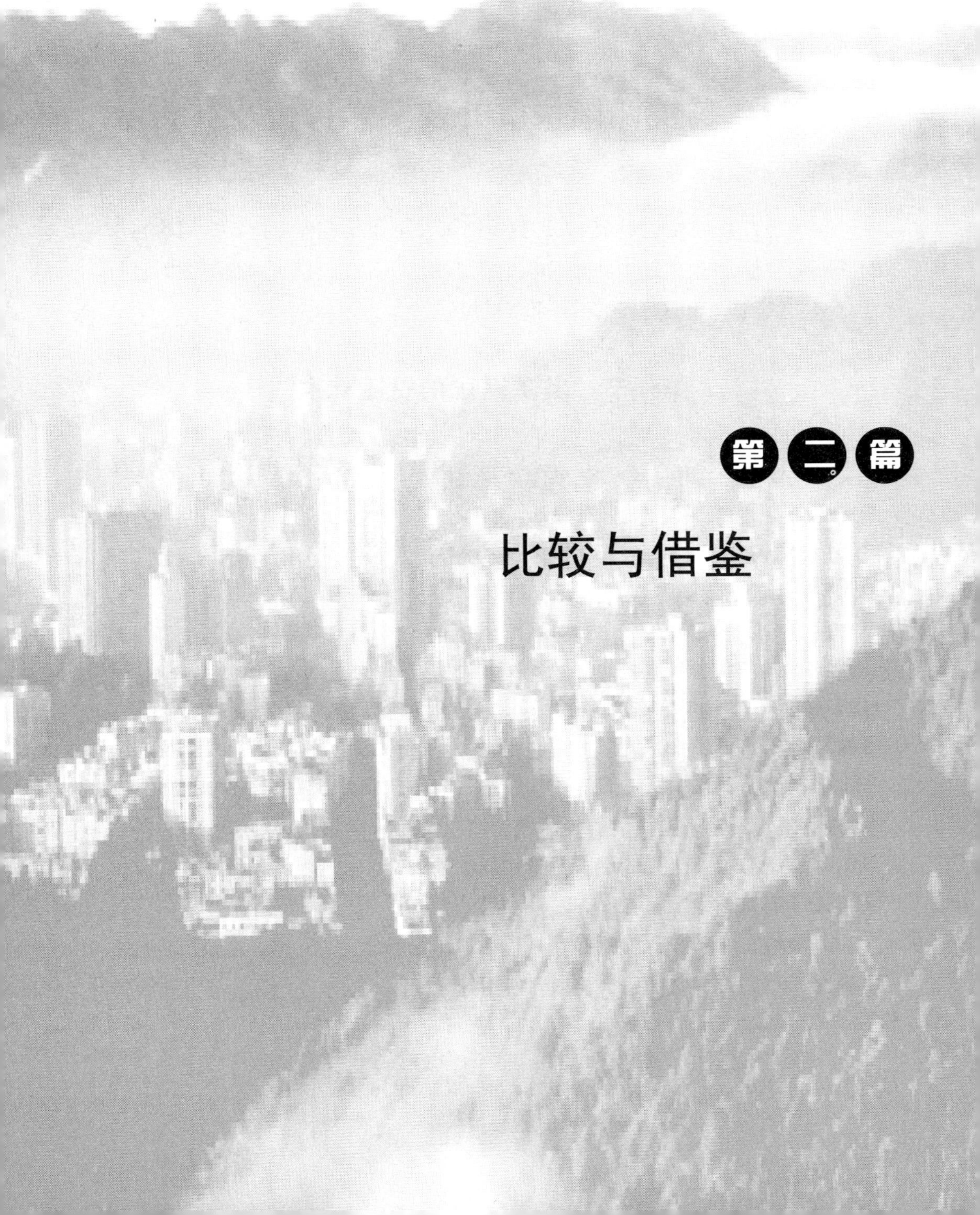

第二篇

比较与借鉴

第四章　英美两国扶贫开发模式探析及其启示

贫困是人类面临的共同敌人。英美两国在工业化进程中把反贫困摆在十分重要的位置,并在实践中从贫困标准划定、反贫困立法、模式构建等方面进行了诸多实践,总结出一些好的做法和经验。

第一节　英美两国的贫困标准

贫困标准是衡量个人、家庭或某一地区贫困与否的界定标志或测定体系。①② 一个国家的贫困标准会随着经济社会发展水平以及人们对生活要求的变化而不断调整,标准的高低是国家制定减贫策略的风向标。

一、英国的贫困标准演变

英国是最早开始制定收入贫困标准的国家。1901 年,英国学者郎特里(B. Seebohm Rowntree)以收入情况来定义英国的贫困。在约克郡,他以 6 口人家庭为例,参照营养专家的见解,得出人体维持正常生理机能所需要的"购物篮子"(包括食品、衣物以及住房三类)的最低货币量,测算出一周至少需要 26 先令,这个标准成为英国最早的贫困线。当时约克郡的贫困发生率为 9.91%。1950 年以前,英国衡量贫困的标准运用的都是"市场菜篮法",考虑最基本的食品、衣物和住房需求。

20 世纪五六十年代,随着英国现代福利制度的建立,"市场菜篮法"不能适应新的变化,取而代之的是目前国际通用的比例收入法。70 年代,英国开始转

---

① 解烜. 贫困度量问题研究[D]. 湖南:湘潭大学,2006.
② 赵永平. 经济增长中的农村贫困问题研究[D]. 甘肃:甘肃农业大学,2006.

向相对贫困,将"家庭收入中位数的 60%"定为贫困线,低于中等收入家庭税后收入 60% 的即为穷人。依据这个标准,1979 年英国有 13.7% 的人口处于贫困线以下,1983 年增加到 15.2%。在随后的几十年中,英国的贫困线都以中等家庭收入为标准,但实际统计都低于其 50%、60% 或 70% 的人口。

二、美国的贫困标准演变

历史资料显示,1959 年美国开始公布官方贫困数据。1963 年,美国确定了以收入水平来划定贫困的标准。1964 年,约翰逊政府宣布"向贫困宣战",当时美国经济顾问委员会(CEA)只简单地将各类家庭年收入低于 3000 美元的都定为贫困家庭,其成员均为贫民;单身户年收入低于 1500 美元者为贫民,这是美国最初的贫困线。1965 年,欧珊斯基将贫困线拓展为基于"经济水平"和"低成本水平"的两条贫困线,综合考虑了农场、家庭规模以及户主年龄三个因素。首先将农业户与非农业户分开统计,然后按照 1 口人、2 口人……7 口人及以上对家庭规模进行分类,最后考虑 1 口人或 2 口人家庭的户主年龄(以 65 岁为界),从而确定可接受的两种最低生活标准——基于"经济水平"的和"低成本水平"的。以普通的四口之家为例,非农场贫困线中经济水平贫困线为 3130 美元/年,低成本贫困线为 4005 美元/年。农场贫困标准按非农场贫困标准的 70%(1969 年调整为 85%)计算,每年价格调整按当时经济食物计划中所列食物价格(1969 年被消费价格指数替换)变动进行调整。1965 至 1979 年期间,家庭中儿童数量(6 个及以上为上限)以及户主性别也被纳入统计标准之中。

1980 年,FIC 再次对贫困统计标准作了修订,一是取消了农业户的贫困线,将非农业户的贫困线作为统一标准;二是把家庭规模从原来最多为 7 口人以上扩大到 9 口人以上,并将 18 岁以下儿童数量由 6 个及以上扩大到 8 个及以上;[①]三是不再区分女户主家庭和其他家庭的贫困线。至此,美国贫困标准得到全面调整,总体上按收入和家庭规模划分贫困。

---

① 沈学民. 富裕中的贫困——美国贫困标准统计指标的剖析[J]. 世界经济,1986(05): 19—24.

第二节　英美两国不同人群、地域贫困表现形态及其根源

一、英国 19 世纪、20 世纪的贫困状况

19 世纪到 20 世纪,英国社会变革经历了"大起"到"大落"再到"大起"三个过程①,贫困问题也伴随着英国社会转型成为重大的社会问题,首次受到学者和政府的关注,其中,工人阶级、老人和未成年人的贫困最为严重。

1. 工人阶级的贫困

19 世纪初期,由于工业革命以及圈地运动的进一步发展,英国社会的失业与贫困问题变得越发严重。据估计,工业革命期间始终有 1/3 的工人家庭处于贫困状态。以农业工人和手工业者为代表,他们在整个世纪都深受其害,其中农业工人处境最糟。此外,纺织工人的境况也十分凄惨。②

然而,并不是所有的转业工人都能顺利就业。他们其中很大一部分都沦落为贫民,有的甚至成为街头乞丐,一些人也不得不进入贫民窟接受院内救济,他们最终不得不失去自由并饱受肉体和精神的双重折磨,被迫改造成为政府认为的"勤民"。这些现象一直持续到 20 世纪中后期才得以缓解。

20 世纪六七十年代,英国福利国家制度建立,住房和税收补贴在一定程度上缓解了工人的生活压力。然而,在这种制度下,低收入者难逃"贫困陷阱"。原因在于,每当他们增加一份收入,其福利待遇就会随之降低,很大一部分收入会因此流失。所以即使是受政府帮助,工人阶级的贫困也依然得不到根本改善,这个群体也就成了英国社会贫困的主流。

2. 未成年人贫困

工业化导致劳动力的短缺,致使大量未成年人为了生计而挤进劳动大军的行列。到 19 世纪,未成年人已经成为很多工业部门特有的劳动力,棉纺织部门大量使用童工,他们是工人家庭维持生计的重要来源。儿童教育、健康、平等等问题普遍被忽视,大部分未成年人都过着极度贫苦的生活。

---

① 作者注释:"大起":19 世纪中期成为"世界工厂",是世界最强的国家;"大落":二战后衰落,丧失霸主地位;"大起":20 世纪 70 年代后逐步发展起来,赶上德国和法国。.

② Asa Briggs. A Social History of England[M]. Penguin Books Press, Limited, 1991. p. 53.

20 世纪中后期,随着绝对贫困的逐渐消失与政府对贫困问题的广泛关注,儿童的贫困问题引起关注,除了物质以外,尤其关注儿童的教育问题。这一时期,研究者发现,在英国,儿童的贫困率远远高于其他类型的贫困。1968 年,大约 12% 的儿童处在贫困线以下,一些适龄儿童无法按时接受教育,或是营养状况不良,无法得到很好的照顾等,其中 65% 的儿童贫困发生在双亲工薪阶层家庭之中,16% 发生在没有工作的双亲家庭中,4% 发生在有工作的单亲家庭中,15% 发生在没有工作的单亲家庭中,到了 20 世纪 90 年代末期,这些数据分别变化为 37%、20%、9%、34%。① 从 70 年代开始,低收入群体的儿童比例有所上升,儿童取代退休老人成为相对贫困率最高的群体,之后一直呈上升趋势。直到 90 年代,贫困率约为 27%,大概 410 万未成年人的家庭处于贫困线以下,16 岁以下的未成年人中有 6.4% 依靠社会救助生活,此时政府社会救济金的一半都花费在了单亲家庭的儿童身上,英国成为发达国家中儿童贫困率最高的国家。

3. 老年人贫困

英国维多利亚时期老年人口已经十分庞大。1861 年,65 岁及以上的人口有 93.2 万人,占了总人口的 4.6%。到了 1891 年,约有 140 万,比例增长到 4.7%,其中 80 万人在 70 岁以上。② 当时节俭的工作族们通常将私人储蓄、互助会或者工会作为尔后养老金的来源,但结果往往是老无所养,被迫接受济贫法的援助。

直到 20 世纪初期,英国每年依然有近 26% 的老人接受政府救济,少数可以靠家庭储蓄生活,一部分依靠亲人,当时院外救济中教会和慈善机构都起到了重大作用,从住房、食物和医疗救助等方面大大降低了寡居老人的死亡率。老人的贫困状况一直持续到 20 世纪中期,且伴随着老年人口的增长不断上升。到 1993 年,英国已有 1600 万老年人,占总人口的 18%;1996 年—1997 年,领取养老金的老年人口中有 22% 的人生活在贫困线以下。当然,此时的老年人实际上已有了政府的老年补贴,相对于维多利亚时期来说大为改善,但是随着贫困线的不断上调,老人的贫困率依然惊人,尤其是寡居的女性,年老时除了政府补

---

① Patrica Morgan. Children, Family And The Failure Of UK Anti-Poverty Policy[J]. Economic Affairs, 2007,27(03):32 – 38.

② B. R. Mitchell. British historical statistics[M]. London:Cambridge University Press,2011. p. 5.

助外,基本没有其他的收入来源。然而,值得指出的是,虽然老人贫困率一直较高,但却是 70 年代以来政府扶贫过程中减贫最为明显的群体。

二、二战后美国的贫困状况

美国对贫困问题的研究要晚于英国几十年。大约在 20 世纪 50 年代,美国才有了官方的贫困统计数据。到了 20 世纪末,有自己房产的贫困家庭达到 40%,贫困家庭有车的为 70%,有两辆以上车的为 27%,贫困家庭有彩色电视机的为 97%。① 自 60 年代以来,美国贫困发生率徘徊在 10%—15.2% 之间,由于贫困标准的上调,人们实际生活质量并不低。然而,即便如此,家庭结构变化以及历史问题造成的儿童贫困、少数民族的贫困以及部分区域的贫困依然触目惊心。

1. 单亲女性户主家庭儿童的贫困

美国儿童贫困和老人贫困问题最为严峻,两类加起来几乎要占美国贫困人口的一半,其中儿童贫困率更高,这些贫困儿童主要来自于单亲女性户主家庭和少数民族家庭。20 世纪六七十年代,美国社会家庭结构发生了重大改变,社会离婚率和未婚生育率快速上升。1959—2001 年 18 岁以下青少年贫困数据徘徊在 6000 万—8000 万之间,其中贫困儿童一直在 2000 万左右波动,占总数的 1/3。值得注意的是,单亲妈妈家庭数量一直呈上升趋势,到 2000 年几乎达到 2000 万;而在 1965—1990 年期间,18 岁以下的贫困儿童数量与单亲妈妈家庭数量几乎一致,其中贫困单亲妈妈家庭占总家庭一半以上,这说明至少有一半以上的贫困儿童源于单亲妈妈家庭。不幸的是,1959—2001 年间,单亲妈妈家庭在不断上升,由 1959 年的 574.1 万增长到 1975 年的 1062.2 万,几乎翻了一番,贫困率也由 24.1% 增长到了 51.4%,于 1978 年达到 58.5%,成为历史最高值。之后,未成年人贫困率持续 30 多年都在 50% 以上,单亲妈妈家庭数量也快速攀升。由此可知,美国儿童的贫困并非短暂的,而是持续性的贫困。

2. 少数民族的贫困

美国是一个多种族的国家,少数民族主要由黑人、亚裔和说西班牙语的拉丁裔组成。种族歧视引发的少数民族贫困对他们的生活造成巨大影响。在就

---

① 甫玉龙,刘杰. 美国贫困问题研究专家哈瑞尔·罗杰斯访谈录[J]. 世界历史,2010(03):141.

业方面,少数民族多从事白人不愿意从事的工作,失业的白人也比黑人更容易找到工作;在教育方面,少数民族受教育的程度很低,往往连高中都难以毕业;在社会福利方面,黑人和拉美裔分别有 38% 和 24% 没有医疗保险,而白人只有 14%。① 据统计,1959 年至 2003 年,少数民族的贫困率一直高于总体贫困率,而白人贫困率一直在下降。1980 年以前,黑人的贫困率几乎是总贫困率的 3 倍左右,1959 年黑人的贫困率高达 55.1%,白人仅为 18.1%,低于全国贫困率 22.4%。② 1980 年以来,受政府政策的影响,黑人福利方面有了改观,贫困率有所下降,下降幅度大于拉美裔和亚裔民族,但其绝对数还是很高。其间,几乎 1/4 的拉丁美洲裔美国人(占美国总人口的 12.5%,2000)生活在贫困线以下,其贫困率由 1975 年的 26.9% 上升到 1993 年的 30.3%,是全国贫困率的 2 倍(15.1%)。③ 相比前两个少数民族,亚裔是美国少数民族贫困率较低的人群,这是因为亚裔人群更加注重教育,勤劳的本性也使得他们更容易找到工作。然而,1990 至 2000 年的十年间,亚裔人群的贫困人口至少有一半的人没有公共福利。例如 1999 年,在亚裔人群生活在贫困线以下的 17.6% 人口中就有 10.4% 无力享受公共福利。另外,亚裔的住房也很拥挤,常常是一大家人挤在一间屋里,杂居现象十分普遍。

3. 南部贫困

美国南部的贫困是美国历史遗留的问题。独立战争后,美国的北部最先解放,工业发展快速,于 19 世纪 50 年代最先完成工业化;而当时黑奴主要集中在南部,多靠在种植园打工谋生,直到内战结束,资产阶级掌权,南部开始重建,此时的经济已远远落后于全国平均水平。1969—2001 年,美国南部的贫困人口在 1000 万以上,占总贫困人口的 40% 左右,远远高于其他三个地区。从贫困率来看,南部地区的贫困率在 1959—1999 年间也是最高的,一直在 13% 以上,最高达到 17.9%,高于全国平均水平,而其他三个区域均在全国平均水平以下,换句话说,美国南部地区的贫困拉高了全国贫困率。在整个南部地区,最贫困的是

---

① Norman L. Rosenberg, Emily S. Rosenberg. In Our Times America Since Word II[M]. New Jersey: Pearson, 2002, p. 55.

② http://www.census.gov/hhes/www/poverty/data/historical/people.html table2、table24, 2014 - 08 - 31.

③ 同上.

阿巴拉契亚地带、历史上的黑人区和三角地带以及里奥格兰德河谷,南部沿海地带要比内陆略好。以阿巴拉契亚地区为例,1960 年,该地区人均收入仅为 1400 美元;生活在贫困线以下的家庭高达 30.7%,全国为 22.2%;失业率为 7.1%,是全国失业率的 1.4 倍;1950—1970 年间,由贫困引起的外迁人口达 320 万人。①"在佐治亚州、亚拉巴马州、密西西比州的农场中,工人及其他低收入家庭看起来似乎生活在 17 世纪。"②可见贫困之状况。

三、英美两国贫困的主要根源

英美两国贫困深深根植于资本主义制度之中,迅猛发展的工业化是导致英美发达国家贫困化的主要根源。客观上讲,工业化直接促成了英美资本主义制度的确立,加速了财富的原始积累,生产的无限扩张和资本家谋取利润最大化使工人阶级成为最直接的受害者,社会贫富差距加大。在利益的驱动下,19 世纪的英国和二战后的美国工人劳动条件和生活条件极度艰苦,他们多处在相对贫困或是绝对贫困的境地。进入 20 世纪,英美两国通过福利制度改革缓解这一矛盾,并取得一定成效,然而,随着世界经济发展放缓和经济的衰退,"福利病"逐渐凸现,贫困现象也开始回升。

究其原因,工业化导致的贫困问题实质上是资本主义制度设计所致,主要表现在经济和文化两个方面。一是资本主义追求经济利润最大化,致使社会两极分化日益加剧,创造剩余价值的劳动者在资本主义追逐经济利益最大化的背景下,难有机会和制度保障来获得应该享有的财富,仅靠自身很难摆脱贫困。尽管英美推行的福利资本主义起到缓解贫困的作用,但其弊端在一定程度上加剧了社会失业,福利陷阱带给劳动者不是持续的体面生活,相反新的贫困随之而来。可以说,劳动者的贫穷既是工业化的产物,也是工业化催生的社会经济制度的产物。二是受自由放任的资本主义社会文化价值影响,英美两国崇尚自由竞争、适者生存、优胜劣汰,低能力、低技能、少机会的穷人易遭遇社会排斥,失去平等机会。在两国利益集团和统治者看来,人的贫困源于他们本身的懒惰和对社会救济的依赖,并不值得同情和帮助,社会救济只会助长穷人的懒惰思

---

① Phillip J. Obermiller, William W. Philliber. Appalachia in an International Context: Cross-national Comparisons of Developing Regions[M]. New York: Greenwood Press, 1994, p. 4.

② 甫玉龙,刘杰. 美国贫困问题研究专家哈瑞尔·罗杰斯访谈录[J]. 世界历史,2010(03):141.

想。1800年以来,英国的《旧济贫法》和《新济贫法》都反映出对穷人的排斥,《新济贫法》更是对穷人具有残酷的惩罚性。即使出于道义的考虑,社会上出现了一些自发性慈善行为,两国政府也对贫民实施了部分救济,但这些都带有严重的施舍性质,而接受救济的贫民反而会遭到社会更多的仇视和鄙夷,致使更多的贫困者隐蔽于社会之中。受历史和民族文化的影响,美国社会对穷人的排斥比英国更为严重,主要表现为对穷人普遍的漠视和种族歧视。多种族的美国,随着越来越多外来移民的迁入,本土白人对其他有色人种的排斥愈加明显,其中对黑人的歧视最为严重,这也是美国南部地区贫困的主要原因之一。少数民族机会的缺失和其他不平等待遇是导致二战后美国贫困人群不断增多的重要因素。社会文化所致的社会排斥使得英美两国穷人举步维艰,缺少帮助的他们只能持续贫困下去。

第三节　英美相同的扶贫开发模式分析

美国作为世界上最发达的国家,英国作为第一个建立福利制度的老牌发达国家,两国在政治和道义的驱动下各自开展了一系列扶贫和反贫困运动,并创造出许多相似的模式,如两国都从20世纪之交主要采取的"输血式"扶贫发展到二战后的"造血式"扶贫,以逐步减轻下层阶级的贫困压力。在对贫困人口采取"输血式"的扶贫中,两国主要依靠的是社会福利制度、社会保险和社会救济;而"造血"主要依靠的是市场,即通过培训提高那些因缺乏劳动技能而致贫的人群,帮助他们有能力在企业或政府部门获取工作岗位,从而摆脱贫困。另外,两国在对贫困的代际传递方面有着相似的认识,在扶贫过程中特别关注贫困儿童的教育与公平。

一、福利补偿式扶贫模式

福利补偿是英美两国扶贫的通用模式,其宗旨在于通过建立覆盖贫困人口的社会福利制度来减少社会贫困。众所周知,英美两国都建有自由主义的社会保障体制,其主要的目标之一是在广覆盖的原则下特别关注弱势社会阶层,如儿童、寡妇、伤残者、失业者以及老人等救助对象。

1. 英国的福利制度发展与贫困覆盖

19 世纪中后期到 20 世纪初期，英国依然是以 1834 年颁布的《新济贫法》为扶贫主要依据，以院内救济为主要方式，院内执行严格的人群划分，所以家庭成员都被拆分，每人每天只能领取最基本的少量食物。新法对贫困者的帮助带有残酷的惩罚性。这一时期的扶贫主要是食物供给，覆盖人口局限于院内。

到了 1905 年，自由党执政，开始建设以社会保险为支撑的社会保障制度，并于 1908 年和 1911 年分别颁布了《养老金法》（同年颁布了《儿童法》和《国民保险法》）。随着社会保险制度的进一步发展，1918 年又出台了《产妇与儿童福利法》，为 30 年代制定颁布有关寡妇和孤儿法奠定了基础。但直到 40 年代《贝弗里奇报告》发表之前，英国扶贫为选择性福利模式，政府主要关注的是失业者、老人、寡妇、儿童和残疾人，给予实物和货币救济。

1942 年，随着《贝弗里奇报告》的发布，英国逐步建立起普享型社会福利模式，到了 1948 年，"从摇篮到坟墓"的社会福利制度体系不断健全。经过历届政府的修改和完善，到 21 世纪初，英国福利制度涵盖国民保险、国民保健、个人社会福利、住房和教育五方面，[1]以国民保险、国民保健为主导。国民保险主要由多种津贴和补助构成，覆盖母婴、儿童、寡妇、患病者与伤残者、失业者、退休者、死亡者以及有特殊困难者等群体，几乎囊括了英国的全部贫困人口，通过福利补偿，他们都能维持基本物质生活。而国民保健则保证了贫困人口的免费医疗。

2. 美国的福利制度发展和贫困的全覆盖

美国社会福利制度的发展与英国有很大的不同，它是历届政府为了实现政治诉求而"不情愿地"逐步建立起来的，所以在贫困覆盖方面美国更具针对性。

20 世纪 30 年代大萧条之前，美国没有全民统一的社会福利制度，主要由各地方政府自行规定。经济危机之后，美国福利制度迅速发展。1935 年颁布的《社会保险法》作为最基本的法律，涉及养老保险和失业保险，标志着美国现代社会保障制度的建立，贫困人口救助的责任也由以地方政府与慈善组织为主，转向联邦政府统一组织实施。二战后，美国经济持续繁荣，"另一个美国"也逐渐为人所知，肯尼迪政府开始对社会贫困问题给予高度重视，社会福利制度也

---

① 成卓. 中国农村贫困人口发展问题研究[D]. 四川：西南财经大学,2009.

经历了第二次改革：一是通过降低养老金领取资格扩大了原有社会保障人群，提高了社会保障津贴等；二是新添加了社会保障项目，如设立了专门针对儿童的社会保障项目，并将其发展为家庭援助；三是建立起了延续至今的食品券项目。肯尼迪政府未完成的福利计划在约翰逊时期得到持续关注，并建立起全方位的福利制度，无论是帮扶人群的扩大，如老人、儿童、妇女、失业者、残疾人，还是专门扶贫机构的建立，或是对立法和市场机制的完善，这些举措都试图使整个社会都能享受到经济发展的成果。然而，随着欧洲福利病的缺陷在美国出现，后来的里根政府、克林顿政府以及布什政府都开始对福利进行了大规模改革，削减福利财政开支，鼓励和促进广大民众持续性就业，而不再仅仅依靠联邦救助。到 20 世纪末，美国的福利主要包括社会安全法案中的联邦社会保险、失业补助金、公共援助金和孕妇与儿童福利以及社会其他的保险（工作保险、年老退休保险、医疗保险、残疾保险、遗族保险）、补助（生活补助、医疗补助）和救济（失业救济、公共救济）。由此可以看出，美国福利针对的都是无力获取生活来源的弱势特困人口，保障其基本生活，对一般困难人口多采取鼓励并帮助持续就业的方式。

二、合作开发式扶贫模式

政府与 NGO（Non - Governmental Organizations）的合作在英美两国扶贫中具有重要的地位和作用。19 世纪以来，两国更加认识到"政府失灵"和"市场失灵"时 NGO 在社会救援方面具有举足轻重的作用，双方的合作都朝着更加紧密、更加规范的方向发展。到 20 世纪末，NGO 在两国已经发展到相当的规模。

1. 英国政府与 NGO 的合作扶贫

在英国，NGO 通常被称为慈善组织。早在 17 世纪初期，英国就颁布了《慈善法》和《济贫法》，民间慈善组织承担了绝大部分社会救济的责任，一直到 19 世纪末，慈善组织和教会在救济贫民方面发挥重要作用，占院外救济的 50% 以上。20 世纪 30 年代经济大萧条使英国 NGO 的发展陷入低谷，那些依靠政府资助和民间募捐的慈善机构失去大部分资金来源，各种类型的机构纷纷倒闭，后来在"政府干预"论的影响下，慈善机构的发展空间更少，公共服务几乎被政府垄断。

20 世纪 70 年代，英国的"福利病"愈发严重，这成为 NGO 发展的转折点。

1978 年沃芬顿提出 NGO 在提供公共服务方面比政府更有效,第三部门管理理论在英国兴起。次年,撒切尔上台,对社会保障制度进行私有化改革,将部分由政府负责的公共事务如公共救济,委托给 NGO 负责,提高了社会公共服务效率。1997 年布莱尔政府执政,在"第三条道路"的指导下,NGO 受到高度重视,次年中央与地方政府分别与全英慈善机构签订了《政府与志愿及社区组织合作框架协议》(COMPACT),第一次系统地明确了双方合作事宜,并建立了完备的行政支持体系和独立于政府之外的监督体系,在社会救济方面由政府提供资金;NGO 接受政府援助,并以更专业的管理在公共救济中充当策划和执行的角色,例如购买、分配救助物资,照料被救人员以及实施心理安慰等。总之,政府与 NGO 各司其职,以协定互相约束,达到高效扶贫的目的。

2. 美国政府与 NGO 的合作扶贫

美国政府在对待贫困人口的社会保障方面并非大包大揽,政府与 NGO 双方是亲密的伙伴和赞助者。早在 19 世纪后半叶,在美国很多城市的公共事业方面,政府与 NGO 就有紧密的合作。由于在社会服务领域 NGO 更能大范围地接触贫困人口,易于沟通,并了解其需求,实施救济灵活有效,政府通常将社会公益事务委托给 NGO 去办。例如,1850 年纽约市政府资助乞丐和囚犯救援组织的经费从原来的 1 万美元,迅速增至 300 万美元,占市政府扶贫开支的比重从 2% 升至 57%。[①] 如此大的资助项目就是由政府委托 NGO 组织完成的。同时,政府对 NGO 也有大的投资,其中,针对医疗机构和私立社会服务机构的投资对减轻穷人治病和获取服务(如咨询)的负担,起到很大作用。1901 年一项调查发现,"除了四个西部州和两个属地外,几乎所有州的州政府或县政府或镇政府都对私立慈善事业有某种形式的援助"[②]。

直到 20 世纪罗斯福新政以前,美国在贫困救济方面都是以地方政府与NGO(主要是慈善机构)合作为主,后者占主导地位。受自由主义思潮影响,联邦政府对授权 NGO 的扶贫项目并不干预,即使在 20 世纪 30 年代的经济大萧条期间也是如此。罗斯福新政是政府干预社会各方面工作的开端,同时也是贫困救济由 NGO 占主力转向政府占主导的开始,但这并不意味着 NGO 在反贫困中

---

① 王绍光. 多元与统一——第三部门国际比较研究[M]. 转引自续亚萍. 美国非政府组织反贫困研究[D]. 河北:河北大学,2009.

② 同上.

力量的削弱和消亡。相反,二战以后,随着美国社会经济的进一步发展,NGO 发展迅速,并在美国建立起的福利制度方面发挥了重要作用。

60 年代以来,随着约翰逊政府"向贫困宣战",美国历史上影响范围最广、最为全面和系统的反贫困政策诞生。其间,在政府的支持下,NGO 在城市贫困社区发展中负责贫困人口的教育、培训以及咨询等服务。直到 21 世纪初,政府在反贫困和福利等公共问题上充当决策者、资金供给和指导者的角色,而 NGO 则负责资金的项目分配和具体用途,包括贫困项目的策划和实施,以及实物和资金的落实等。在突发的自然灾害面前,NGO 比政府更为迅速地投入到救援之中,第一时间筹集物品,由组织中的大批志愿者送达,并对灾民进行紧急救助和照顾,大大减轻政府工作量。另外,在贫困人口的福利方面,联邦政府允许各州与 NGO 签订契约,委托实施福利项目。1996 年通过的《福利改革法》还允许宗教、慈善组织通过与政府订立契约的方式提供就业服务,提倡福利的市场化和私营化,双方优势互补,资源共享,从而进一步提升公共管理的质量和效率。

三、区域推动式扶贫模式

英美两国特别重视对贫困区域的扶贫,他们通过制定政策、发展经济,促进社会进步,消除绝对贫困,减少相对贫困。

1. 英国特定区域开发扶贫

由于受到自然条件、产业发展、政策支撑等条件的影响,在工业化进程中总会有一些特定区域落后于先发地区,衍生出庞大的贫困人口群体。19 世纪中期,英国开始出现地域发展不平衡的状况。随着新型行业的繁荣昌盛,尤其是电力工业的兴起和产业的转移,英国一些老工业地区快速衰落,造成大批工人失业。同时,老工业区过度聚集,资源消耗快,造成环境严重污染,城市变得颓势,贫困蔓延;另外,一些边缘地区受地理位置和环境的影响,发展滞后。进入 20 世纪后,地域发展不平衡现象愈发严重,贫困人群增加,英国政府开始关注贫困区域的发展,相继出台一系列的开发政策。

英国一直把失业率作为确定扶贫区域的重要衡量要素,每到政策出台之前,政府优先考虑的是失业率较高地区的人口迁移问题。如 1928 年英国成立的"工业迁移委员会",鼓励失业者转移到发达地区。30 年代,政府划定 4 个高失业率地区,并于 1934 年颁布了《特区法案》,拨出专款,在四个区域大力发展商业,以税收和租金优惠等方式吸引本地和外地的商家入驻,从而带动失业人口就业。40年代,受二战的影响,大批受难者涌入城市,城市住房和环境问题严峻,针对这种现实,政府出资改造了一大批贫民窟,在城市外围大规模建造公共住房,继续实施30年代失业人口转移政策,大大改善了城市的住房和环境。70年代,政府通过实施《工业法案》(1975),加强与企业合作,补贴贫困地区的中小企业。1979年实施了"选择性区域援助",继续关注高失业率地区。到了80年代,政府特别支持贫困地区发展第三产业,将大批失业者安置到服务业领域。工党执政期间,还实施了"邻里复兴国家计划",有力促进了30个地区就业率的提高,缓解了贫困。

除了关注高失业率地区外,60年代末英国也开始关注内城的贫困问题,实施了以社区为主的区域扶贫计划,如1969年由地方主导的"社区发展项目",通过实物、货币补贴和雇佣等方式帮助弱势群体。又如20世纪末出现了以教育和卫生为主导的"教育行动区"和"卫生行动区"政策,对缓解城市贫困人口起到了很好的作用。

2. 美国特定区域开发扶贫

美国联邦政府实施区域开发始于20世纪30年代经济危机之后,扶贫开发区域主要集中在南部,旨在解决发展的不平衡问题。在罗斯福新政期间,美国政府出台了第一个地区援助政策,即1933年针对田纳西河流域的开发问题,国会通过《麻梭浅滩与田纳西河流域开发法》,批准成立了"田纳西河流域管理委员会",负责田纳西河流域和密西西比河中下游的整体规划、开发,发挥河流在土地灌溉、工业和居民生活方面的综合作用,促进了工农业的发展,扩大了就业,改善了居民生活质量。二战期间,美国联邦政府拨款350亿美元用于南部地区的开发,扶持了一大批军工企业,带动了大量人员的就业,增加了广大贫困人群的收入。肯尼迪执政期间,针对贫困地区经济发展和失业问题,联邦政府出台了《地区再开发法》,但实施并不理想,直到约翰逊执政期间,"向贫困宣战"才变为现实。

约翰逊执政期间的1965年先后出台了两部针对南部贫困地区的《公共工程和经济开发法》和《阿巴拉契亚区域开发法》。《公共工程和经济开发法》主要针对南部落后地区的农业危机和产业结构老化,采取扶持"经济增长中心"的开发策略;①政府还拨出 30 亿美元的专款用于改善阿巴拉契亚贫困区域的交通和工业状况。该区域由 13 个州组成,二战后急速衰落,人均收入和就业问题十分突出,其中交通问题严重阻碍区域发展,丰富的矿产资源难以转化为生产力。联邦政府出台的《阿巴拉契亚区域开发法》,着力解决了交通问题,建成了区域的公路运输网,打通了与外界的联系通道,极大拉动了区域经济发展,创造了就业机会,在很大程度上减少了贫困,到了七八十年代,居民收入已经赶上全国平均水平,甩掉了贫困的帽子。

20 世纪末,里根政府于 1993 年又颁布了《联邦受援区和受援社区法案》,启动了美国历史上最大规模的、覆盖农村和城市 500 多个地区的社区扶贫计划。次年 12 月,联邦政府住房和城市发展署分别批准 6 个城市受援地区和 65 个城市受援社区,农业部批准 3 个农村受援地区和 30 个农村受援社区。② 联邦政府拨出大量资金用于改善城市居住环境,刺激农业发展,开发农村资源,加强对贫民的就业培训和技能教育等,提高他们的就业能力,以使其获得可持续发展。③

四、脱贫能力提升模式

提升个人能力是帮助贫困人群摆脱贫困的重要手段。在工业化过渡期间,英美两国政府在贫困人群能力提升方面,一是特别关注贫困家庭孩子的教育,通过实施教育提升青少年未来脱贫的能力,以阻止贫困的代际传递;二是加强对劳动者的技能培训,鼓励社会机构通过举办各类培训帮助失业者就业;三是鼓励所有贫困家庭积累资产,节约开支,增强抗风险的能力。

1. 英美两国的教育扶贫

英美两国十分重视涉及儿童照顾、健康和教育的立法。早在 1870 年,英国就颁布了《初等教育法》,强制规定 5—13 岁的儿童入学,后经 1880 和 1918 年两次修订,于 1944 年规定义务教育年限为 5—15 岁儿童,1972 年延长至 16 岁。

---

① 黄贤全. 美国政府对南部落后地区的扶植与开发[J]. 世界历史,2001(05):11.

② 王俊文. 国外反贫困经验对我国反贫困的当代启示——以西方发达国家美国为例[J]. 社会科学家,2008(03):104.

③ 国务院研究室"区域发展问题"赴美考察团. 区域发展问题赴美考察报告[J]. 经济研究参考,1997(36):19—25.

到了 20 世纪 90 年代,布莱尔政府对初等教育和高等教育进行了全面改革,特别在教育贫困的区域设立了 66 个"教育行动区",加大了对一批英格兰最贫困的城乡地区学校的投入,改善办学条件,使贫困家庭的孩子能够顺利完成学业。

美国 19 世纪 70 年代开始兴办幼儿园,大力推广普及学前教育。二战时期,美国专门颁布了《朗哈姆法案》和《国防教育法》,对教育兴邦给予了足够的重视。约翰逊政府还将推广 3—5 岁的学前教育纳入"伟大计划"中,并在 1965 年颁布《初等和中等教育法》,同时还实施了联邦教育援助计划,免除一些贫困家庭的儿童学前教育费用。在农村地区,美国把培养职业人才放在突出位置,各州政府也加强了对农村职业教育的投入,以增强农村地区学生的动手能力,提高农村贫困人群就业率。在此基础上,美国联邦政府还针对黑人教育落后的现实出台新政,取消了黑人和白人分校的种族歧视政策,使那些黑人贫困家庭能充分享受公平的教育,提高就业的技能。

2. 英美两国的就业扶贫

保证充分就业是减少贫困的重要手段。英美两国高度重视扩大就业的扶贫政策,一是通过就业培训让无业者和失业者获取新的工作机会;二是通过创造更多的工作岗位接纳结构性失业者;三是致力于促进妇女和残疾人就业,延长老人就业。概括起来就是适龄就业人群能够就业,失业者能再次就业,弱势群体能平等就业,退休人群能延长就业。

英国主要综合三种方式促进贫困人口就业:一是制定颁布专门的就业培训法案。如 1948 年颁布的《就业与职业培训法》和 1964 年出台的《产业培训法》,要求专门部门及时发布就业信息,并负责组织岗前职业培训、就业跟踪观察,成立专门监管机构以及专门的监督服务机构;又如 1944 年颁布的《残疾人就业法案》、1995 年《慢性病和残疾人法案》以及 1995 年的《反残疾人歧视法案》,专门就特殊贫困人群的就业作出了明确规定。二是成立就业培训指导机构及协会,负责援助贫困人群。如 1973 年设立的人力服务委员会,下设就业服务处和培训服务处,专门针对就业人群提供就业信息,培训职业技能,后被 1988 年成立的培训与企业委员会取代;又如 1996 年成立的就业援助协会则是影响最广的非官方就业服务组织。三是工党新执政后制定了专门就业计划,明确:(1)将职业培训纳入青少年初等和中等教育,在全国范围内实施职业资格证书制度,提高就业能力;(2)针对贫困人口持续就业,政府与具备工作能力的贫困劳动者签订契约,按照条件领取奖金并对违规者实施惩罚,以促进持续灵活就业,激发贫困者就业潜力,实现扩大就业目标。

美国自罗斯福新政伊始就制定了一系列促进就业的政策,如"以工代赈"由政府兴建系列大规模工程扩大就业;二战后专门针对退伍军人出台《退伍军人就业法》;60年代肯尼迪政府针对反复出现的高失业率问题,颁布《人力开发训练法》,增加贫困人口失业津贴和失业保险,提高劳动者最低工资;约翰逊政府颁布的《经济机会法》和《职业教育法》,为贫困者提供更好的教育、培训和工作机会,《民权法案》则规定就业不得歧视弱势群体和黑人族群;尼克松政府签署《就业和人力培训结合法》;卡特政府实施"收入和工作保障计划"并颁布《扩大工作培训和公共服务就业计划》;但里根总统缩减财政,减少了穷人的就业机会和福利项目。20世纪90年代克林顿政府实施了更为积极的就业政策,改革了失业保险,使得贫困人口可以及时分享就业信息,政府也尽力为穷人创造工作机会,促进贫困人口的可持续就业,以摆脱贫困。

3. 英美两国的资产扶贫

以资产为基础的扶贫策略兴起于20世纪90年代,主要适用于相对贫困的国家。蒂莫西·M. 马奥尼认为,资产包括5类:金融资产、人力资本、自然资源、实物资产和社会关系,加强资产的扶贫可以帮助贫困人群积极应对风险。

资产扶贫强调长期资产累积,关注个人、家庭和社区的发展。美国于1998年通过了《联邦独立资产法》,明确了资产的社会政策和法律地位,鼓励和推动建立个人账户,对老年退休账户的投资也在逐年增长。英国于21世纪初为新生儿童建立了专门账户,实施儿童信托基金,另外在住房保障方面实施了"住房股权计划"。尽管如此,英美两国的资产扶贫都还处在起步阶段。

实际上,英美两国实施资产扶贫的初衷是为了减少长期贫困问题,初涉领域包括金融资产和实物资产。鉴于穷人很难获益,后来又增加了开发利用农村贫困人口赖以生存的人力资本和自然资源,以帮助他们通过受教育提高劳动技能,依靠自身能力脱贫;留住土地资源让贫困人口有基本的生活保障。英美两国实施的资产扶贫策略引来不少争议,很多学者认为,真正的穷人实际上没有资金建立自己的账户,受益的多是中产阶级。尽管如此,资产扶贫仍被英美两国认为是最具潜力的扶贫政策。

第四节　英美两国扶贫模式的主要经验与启示

新中国成立尤其是改革开放30多年来,中国的扶贫开发事业取得了举世瞩目的成就。2011年颁布实施的《中国农村扶贫开发纲要(2011—2020年)》,标志着我国扶贫开发已经从以解决温饱为主要任务的阶段转入巩固温饱成果、加快脱贫致富、改善生态环境、提高发展能力、缩小发展差距的新阶段。[①]　如何打好新时期扶贫攻坚战,英美两国在工业化和社会转型过程中实施的扶贫模式无疑有许多可借鉴的经验。

一、建立完善的社会救助保障制度

目前,中国绝对贫困的比例依然很高,要消除绝对贫困,建立广覆盖的社会救济制度是重要手段。中国的社会保障以社会救助为基础,社会保险为主体。然而社会救助的基础作用目前在扶贫开发过程中发挥有限,实物和救助金覆盖人群存在许多盲点死角,不少地方还缺乏包容性的机会,甚至滋生腐败。这就需要加大资金投入,从五个方面建立健全覆盖整个贫困人群的最低生活保障体系。(1)让贫困人群充分享有公平救助的机会。一是扩大农村"五保户"和"贫困户"救济范围,并将没有收入来源和失去劳动能力的人群全部纳入覆盖范围。二是做好城市无经济来源贫困户的救济,逐步提高他们的最低生活标准。(2)建立城乡扶贫准入机制,让真正的贫困家庭公平获得政府救助,严禁非贫困家庭"搭便车"。(3)实行差异化的救助金额标准。无论是农村还是城市,都应该以实际情况为基础发放救助金,在家庭收入低于最低生活标准的前提下重点考虑家庭成员的医疗开支和未成年人教育费用。(4)设立监督机构,确保扶贫资金真正发挥作用。(5)提高收容所的服务质量,让流浪汉、乞讨者等被边缘化的人群有"家"可归。

另外,深化社会保险制度改革,建立起以保障温饱水平为目标的社会保险体系。目前中国五大社会保险中农村人口参险率不高,社会保险还不能改善城

---

① 10年从贫困村到"一等村",转引自李友华. 中国扶贫开发事业发展路径与对策选择[EB/OL]. http://www.scfpym.gov.cn/show.aspx? id=19909,2014-02-10.

乡赤贫人口的生活状况。如对于城市农民工、农村留守儿童和老人的社会保障严重缺位。尽管健全完善的中国社会保障制度要以西方"福利病"为戒,但弱势群体不应该成为牺牲品。

二、加强政府与 NGO 的合作

中国的扶贫长期由政府主导,大包大揽,社会参与扶贫的作用没能很好地发挥。因此,除了政府主导扶贫外,应该向英美国家学习,加强与 NGO 的合作,鼓励和支持更多的 NGO 参与扶贫。从政府的层面上,一是加快 NGO 的法制建设,为参与扶贫提供法律支撑,确保它们的合法权益。二是政府要将一部分扶贫事项授权非政府组织或基金会等组织,政府筹划项目,提供资金,检查评估验收,NGO 负责组织实施。三是明确政府与 NGO 在扶贫中各自的权利和义务,责权分明,互相约束,协同推进,帮助解决 NGO 在发展中的实际困难。四是设立 NGO 的监督与评估机构,为政府选择扶贫合作伙伴提供参考。

从 NGO 自身层面上,一是应主动承担更多的社会责任,积极参与扶贫。二是与政府建立良好合作关系,切实履行扶贫义务,做好项目建议、资金筹募、组织实施和信息反馈工作。三是加强与其他社会组织的广泛联系与合作,整合资源,形成合力,逐个项目组织推进,打造扶贫典范,发挥辐射带动作用。

三、多层次全面开发贫困区域

英美两国多层次、多维度的贫困区域开发政策对发展经济、拓展就业渠道、增加贫困人群的收入、改善其生活质量起到了很好的作用。在打好新时期连片特困地区扶贫攻坚战中,英美实施的这一战略很有启示作用。首先,政府在选择扶贫区域时不仅要着眼于经济发展,更要注重对未来发展潜力的评估,重点考虑地区的空间特征。在确定的区域开发中,要兼顾毗邻片区的发展,尤其是要着力建设一批有产业特色、有竞争优势和辐射力强的中小城镇,同时还要完善贫困人群劳动技能提升机制,通过技能培训增强自我造血能力。其次,要有明确的区域发展目标和具体的区域扶贫计划。政府制定目标要从实际出发,抓住主要矛盾,重点突破,不能"一把抓";要更加关注贫困区域的真正需求,着力把区域内的优势资源转化为可持续发展的产业,增加生产性就业的机会,通过就业摆脱贫困。再次,要建立健全区域扶贫法规,始终将扶贫置于法律法规的保障和管控之中,不能因人废事。最后,要建立权威有效的监督机制。扶贫开发是一项庞大的系统工程,每一阶段的计划、项目实施涉及人力、物力、财力和众多部门,相互之间要有约束机制、监督工具。我国扶贫开发工作远比英美所处情况复杂,仅建立中央监督体系是远远不够的。因此,要从全局出发,建立起由中央、地方和扶贫区域相关部门组成的监督系统,还要充分发挥社会监督的作用,以保证扶贫项目、资金等按规划落地,缩短扶贫周期,提高扶贫质量,尽快发挥扶贫带动作用。

四、加强脱贫能力建设

英美两国把教育扶贫、提升自我脱贫能力放在十分突出的位置,并采取了诸多行之有效的措施。现实证明,我国连片特困地区和贫困人群之所以贫困,教育落后和贫困人群的劳动技能差是重要原因。为此,一是要加大对连片特困地区学前教育的投资力度,除政府投资外,要鼓励有实力、热爱学前教育的社会力量依法依规兴办学前教育机构,将贫困地区的学前教育纳入义务教育;要通过提高幼教教师工资和福利吸引外地教师任教,鼓励志愿者到贫困地区支教,通过带薪培训提高当地幼儿教师质量,确保教学水平稳步提高,为贫困地区的孩子进入义务教育阶段学习奠定良好基础。二是在政府办好中等职业技术学校的同时,连片特困地区要吸引更多社会资本创办职业技术学校,并与大型厂矿企业、大型服务机构实行无缝对接,实现求学、就业一条龙服务。三是充分发挥民间老艺人的作用,建立牢固的师徒关系,鼓励更多贫困地区的青年人学习民间传统艺术,使他们有能力、有水平、有技能将本地民间艺术资源产业化、规模化、商品化,使之成为"流动的文化"。四是鉴于贫困地区早年辍学的人较多,文化水平低,中等职业技术学校、职教中心应该加强对这批人的免费培训,帮助其提高劳动技能。同时还要加强外出务工返乡创业人员的技能培训,帮助他们提档升级、提升品位,发挥更好的带领作用。

有了技术,还必须充分保证有生产性就业的机会。英美两国把提高贫困者就业能力、扩大就业渠道作为反贫困的重要举措。为了促进失业致贫的劳动者持续就业,贫困地区一是要增设地方综合性就业服务机构,提供包括就业信息发布、就业培训等"一条龙服务"。二是政府要与贫困劳动者订立契约,对缺少工作技能的劳动者进行免费培训,在他们上岗后以奖金的形式对勤奋工作者给予补助,而对于那些培训后不愿或不努力工作的人予以惩罚,要求其赔偿培训费用。三是着重抓好针对农村妇女、残疾人以及低文化青年开设的特殊培训项目,在帮助他们满足就业要求的同时辅以心理疏导,帮助他们树立就业的信心。

贫困是一种普遍的社会现象,解决不好,势必会影响社会稳定和谐。英美等西方国家在工业化进程或是后工业化时期,没有停止与贫困作斗争,他们从加强立法着手,在实践中摸索并建立了一些好的模式,取得了较好的扶贫效果,为人类共同战胜贫困积累了好的经验。中国是世界最大的发展中国家,在中国共产党的领导下,我国与贫困进行了艰苦卓绝的斗争,取得了举世瞩目的成就。但也应该看到,中国还有近亿贫困人口,扶贫攻坚战任重道远。贫困地区基础设施建设滞后,资源整合不力;反贫困法律建设有待加强,制度监管措施缺位现象普遍;项目管理落后,资源浪费严重,包容性扶贫效益效率不高;工业化、城镇化后人口外流导致一些农村地区的贫困加重,城市也出现诸多新的贫困群体等。这些问题都需要引起高度重视。因此,充分借鉴英美两国在反贫困中的一些成功经验,并将其中国化,无疑对我国打好新时期的扶贫攻坚战具有重要的现实意义。

第五章 印度包容性增长的扶贫 开发实践及其启示

贫困问题是全球普遍关注和亟待解决的问题。随着经济全球化的推进,全球贫困问题逐渐成为影响和抑制世界经济稳步发展的重要因素。2000 年联合国首脑峰会一致通过的《千年发展目标》要求各国政府务必将消除农村地区贫困作为重点工作开展,并在 2015 年将全球贫困水平降低一半(以 1990 年的水平为标准)。① 由此可见,减少贫困、根除贫困不单是国际组织长期关注的重点,也是各国政府致力解决的首要问题。

为了适应新世纪扶贫模式的新变化,2007 年亚洲开发银行提出了"包容性增长"(inclusive growth)的理念。该理念在基于现实的基础上指出,经济增长对减少贫困是必需的,但并非充分的。过去片面地追求经济增长,忽视了对社会领域的投资,不仅没有减少贫困,相反还导致贫富差距拉大,社会矛盾尖锐。② 为解决贫困和机会不均等的现实问题,各国政府应实施"包容性增长"战略,以实现机会均等,促进经济社会协调、持续、共享发展。印度政府为减少贫穷、消除贫困,实现联合国的千年发展目标,在第十一个五年计划中大力实施"包容性增长"扶贫战略,并在实践中取得了显著成效。

---

① Panel Paper for the Twenty-Fifth Anniversary Session of IFAD's Governing Council,2003. Achieving the Millennium Development Goals by Enabling the Rural Poor to Overcome their Poverty. [J]. 22 Mar.

② Stephan Klasen(2010). Measuring and Monitoring Inclusive Growth: Multiple Definitions,Open Questions and Some Constructive Proposals[J]. Sustainable Development Working Papers,Asian Development Bank, June.

第一节 印度经济社会发展与贫困现状

一、印度经济社会发展的基本情况

印度位于南亚次大陆,毗邻巴基斯坦、中国、尼泊尔、不丹、缅甸和孟加拉国,国土面积约 298 万平方公里,位列世界第七;人口 12.95 亿,仅次于中国,位列世界第二。在过去的 60 年里,印度经济在历经 GDP 年增速 3.5% 左右的第一阶段(1947—1967 年)和 20 世纪 80 年代初期改革(GDP 年增长为 5.6%)的第二阶段之后[①],由于产业结构单一,经济增速徘徊不前,贫富差距越来越严重。到了 20 世纪 90 年代初期,印度当局在反思经济社会发展缓慢的基础上实行了大胆的改革,从此拉开了经济快速发展的序幕,到 20 世纪最后的 5 年里,印度经济年增长率飙升到 8.5%。进入 21 世纪后,经济持续增长,在 2006—2007 财政年度,GDP 经济增长率高达 9.4%。[②] 尽管 2008 年的国际金融危机对全球经济造成重创,但印度经济仍保持 6.7% 的增长率,2009—2010 年度迅速回升至7.9%,2010—2011 年度达到 8.5%。[③] 印度经济增速逐年攀升,成为仅次于中国增长最快的经济体。

经济增速大大提高了整体综合实力。目前印度的国民生产总值已突破 2 万亿美元,人均 GDP 超过 1530 美元,在世界各国中列 133 位[④]。尽管与世界其他国家的国民生产总值如美国 14.2 万亿美元、中国 9.0 万亿美元、日本 4.8 万亿美元、德国 4.6 万亿美元、法国 3.9 万亿美元、英国 3 万亿美元还有很大差距,但在短短的几十年里,印度经济突飞猛进并活跃在世界舞台,其综合实力不容小觑。

二、印度贫困现状

经过 20 年的调整和改革,尽管印度经济增长迅速,但印度的减贫、扶贫工

---

① 王志章,王晓蒙. 包容性增长:背景概念与印度经验[J]. 南亚研究,2011(04): 110—111.

② www. ibef. org/download/Prospects_131107, pdf, pp. 25 – 26,2014 – 09 – 16.

③ Government of India Ministry of Finance. Economic Survey 2005 – 2006[J]. New Delhi,2006.

④ Interlink Insurance & Reinsurance Brokers PVT. LTD. A Bird's Eye View of Indian Economy 2011. www. interlinkre. com/A% 20Birds% 20Eye% 20Veiw% 20 – pdf,pp. 4 – 5.

作仍任重而道远。尤其体现在印度的贫困人口基数大,失业人口多,基础教育落后,地区之间、邦与邦之间贫富差距悬殊,民族宗教摩擦不断,医疗保障水平亟须提高。

1. 民族宗教冲突不断,失业问题仍然严重

作为印度教教义的一部分,种姓制度被保存下来,加之长期的灌输,使之持久地存在于人们的思想当中。尤其是在农村地区和经济落后、信息闭塞的地区,现代化的文明思想进不来,破旧封闭,思想落后,宗教色彩浓厚,古老的村社内部结构长期存在,导致种姓制度、等级意识根深蒂固,宗教纠纷、民族冲突愈演愈烈。长期的贫困得不到有效改善,部分少数民族和宗教信徒将其归咎于大民族、大宗教,怀恨在心,常常通过发起宗教冲突和暴力流血事件等手段以求改变现状,释放不满。① 这种非法暴力手段导致少数民族的贫困与民族宗教冲突相纠缠,形成恶性循环,加重了印度的贫困问题。

失业和贫困是印度经济难以治愈的顽症。历届印度当局都将解决失业和消灭贫困作为政府工作的重要目标,但却难见起色。据统计,印度全国有900多个失业登记所,印度政府按照登记所的统计信息,每月公布全国登记失业人数。2011 年印度人口普查数据显示,15—59 岁年龄层的平均失业率为 14.5%。其中,15—24 岁年龄层的失业率为 20%,25—29 岁年龄层的失业率为 12%,30—34 岁年龄层的失业率为 6%,五分之一的年轻人没有工作。失业率最高的是两个被边缘化的团体,一是达利人(处于印度种姓制度的最底层),其 15—59 岁年龄层的平均失业率为 18%;二是原住民(多为部落居民),其 15—59 岁年龄层的平均失业率为 19% 以上。② 居高不下的失业率制约了印度经济的高速发展。

2. 贫富差距悬殊,贫困人口大量存在

印度贫富“数字鸿沟”较深。截至 2010 年,印度的百万富翁总数增加到12.67 万人,而生活在贫困线以下的人群不断增多,从 2009 年的 28% 增加到

---

① Ashutosh Varshney(2010) Ethnic Conflict and Civil Society:India and Beyond[J]. World Politics, pp. 362 –398.

② http://www. labour – daily. cn/ldb/node41/node2151/20140705/n37897/n37911/u1ai196179. html, 2014 –09 –12.

37%,在印度约 12 亿人口中,约有 4.4 亿人生活在赤贫线以下。[①] 牛津大学最新出炉的"国际多维贫穷指数"显示,印度八个邦的贫困人口比撒哈拉以南非洲最穷的 26 个国家的穷人还多。[②] 印度穷人使用的基础设施既匮乏又简陋,1.2 亿个家庭、共计 7 亿人没有公共或私人厕所。[③] 另据印度 NSSO 调查数据显示,2012 年农村地区最穷阶层的人均月开支仅有 521 卢比,最富阶层的人均月开支 4481 卢比;在城市地区最穷阶层的人均月开支为 700 卢比,最富阶层的人均月开支为 10282 卢比。印度贫富差距悬殊,在 2000—2012 年间,农村地区最富的 5% 的人口的开支和消费增加了 60% 以上,而最穷的 5% 的人口的开支和消费只增加了 30%。在城市地区,最富的人口消费增加了 63%,最穷的人口消费增长了 33%。城市人口中的 50% 每人每月食品支出不到 1000 卢比,而最富阶层的人均每月食品支出为 2859 卢比。[④] 地区、城乡差别的扩大化,社会分层的严重化,在一定程度上阻碍了印度经济的协调包容发展。

3. 基础教育落后,文盲率居高不下

印度的高等教育世界闻名,然而基础教育比较落后。据统计,在印度 2 亿多的适龄儿童中,约有 400 多万来自农村和城市贫民窟的儿童未接受基础教育,还有相当多的农民家庭子女由于无法支付庞大的教育支出而辍学。尽管印度的文盲率由 2001 年的 35% 下降到 2011 的 26%,文盲人口数量从 3 亿下降到 2.7 亿,但农村的文盲率依然很高,尤其是农村的女性,目前女性文盲占女性人口的 34%,其中拉贾斯坦邦男女识字率差异最大,男性足足比女性高出 31.8%。[⑤] 基础教育落后、人力资本匮乏等因素不但加深了印度的贫困问题,也制约着印度反贫困的推进。

4. 社会保障不健全,医疗问题突出

印度社会保障制度方面存在的问题常常为印度学者所诟病。目前印度的几大社会保障项目只覆盖了占全国劳动力 7% 的有组织部门的就业人员,而收入低、工作不稳定、无常规收入、频繁失业、流动性强、文化水平低的临时工和自

---

① http://intl.ce.cn/specials/zxgjzh/201007/19/t20100719_21629907.shtml,2014-09-12.

② Jagdish Bhagwati,2009. Growth,Poverty and Reforms[J]. Economic and Political Weekly,March 10.

③ 王军. 贫与富——访问印度感悟[J]. 经济研究参考,2005(36):12—21.

④ http://www.indiacn.com/news/shehui/17153.html,2014-09-12.

⑤ http://www.censusindia.gov.in/2011-prov-results/data_files/india/Final% 20PPT% 202011_chapter 6.pdf.

雇就业者没有被社会保障制度覆盖,然而这部分就业者占印度全部就业的65.57%。[①] 印度的社会福利存在明显的二元特征。一方面,国家公务员分文不缴却能享受到丰厚的养老金保障;另一方面,政府对老年穷人社会援助计划的资金却捉襟见肘。在印度劳动者中,仅有不足11%(3400万)的人参与正规的养老金计划,享受老年收入保障,而90%的老年人未参与任何养老保险。[②] 医疗卫生健康问题一直困扰着印度政府。据统计,印度25%的人口营养不良,五岁以下的印度儿童43%体重不足,55%的女性患有贫血症,90%的怀孕妇女营养不良,儿童死亡率居高不下。[③④] 印度私营医疗机构和私人诊所占据医疗市场的主要位置,公立医疗机构少,医疗保险覆盖率低,仅能覆盖10%的人口。[⑤] 另外,印度的医疗、护理人员和医疗设备严重不足,每千人医生数、护士数、助产士数、床位数都处在较低水平,甚至低于低收入国家的平均水平。[⑥] 公立医疗机构也存在很多问题,医药欠缺,抗生素种类少,医疗设施落后,病房狭小且数量少,医护人员渎职误诊现象层出不穷,医患关系紧张。

面对日益凸显的贫富差距问题,印度政府自20世纪90年代尤其是进入新世纪以来实施了一系列的改革,其中最为重要的是采取了包容性增长的扶贫开发措施,并正在取得进步。

第二节　印度实施包容性增长扶贫的主要路径

如前所述,在印度经济起飞的同时依然存在着大量的贫困人口,经济的繁荣发展并没有惠及所有人口,反而加深了两极分化,拉大了城乡差距,社会矛盾突出,贫困人口攀升。为了改变这种发展的不平衡,印度政府在"十一五"计划(2007—2012年)中提出包容性增长的扶贫开发理念,旨在通过经济社会的协

---

① Planning Commission. Eleventh Five Year Plan(2007 – 2012).

② Nandita Markandan. A Consolidated Model of Pensions for Indian. http://www. ccsindia. org/ RP01 – 14. Html,2014 – 09 – 10.

③ V. K. Paul,H. S. Sachdev,D. Mavalankar,eds. (2011). Reproductive Health and Child Health and Nutrition in India:Meeting the Challenges. http://wenku. baidu. com/view/f5c676547cd184254a35352e. html,2015 – 03 – 10.

④ 王军. 贫与富——访问印度感悟[J]. 经济研究参考,2005(36):2—21.

⑤ 胡苏云,滕文. 印度医疗制度及其对中国的启示[J]. 社会科学,2007(11):83—85.

⑥ India,Raising the Sights:Better Health Systems for India's Poor[J]. the World Bank Report,Nov. 3, 2001.

调持续发展改善民生,缩小差距,增加弱势群体的收入水平,使其共享发展成果,实现人的全面发展和社会的包容性进步。

一、建立健全制度体系,制定扶贫行动纲领

由于受到收入贫困理论以及"涓滴假说"(the trickledown hypothesis)的影响,人们认为经济增长的收益会自动地扩散到社会各阶层和部门,贫困人口会随着经济增长而自然减少。因此,早期的扶贫减贫追求的是经济的快速增长。但事实上不少国家在经济增长的同时,贫困问题却在加重,[1]印度的发展即是如此,造成这种现象的原因有社会分配不合理、公共投资缺失、治理质量不高等。

鉴于此,印度政府一是从战略高度上重视扶贫减贫工作,不断加大中央政府对扶贫减贫工作的支持力度,从第五个五年计划起,连续多年制定一系列反贫困和社会发展的计划和目标,增加扶贫预算开支比例,仅食品补贴的预算开支比例就从1990—1991年度的2.3%激增到1997—1998年度的3.2%,在乡村就业计划和社会福利上亦是投入大量资金。二是充分认识到经济增长并不是减少贫困的唯一路径,在制定实施的"十一五"规划中,明确提出走包容性增长道路,将其作为减贫扶贫工作的基本思想,倡导经济改革和社会发展成果惠及所有地区和阶层,在经济、社会、生态的可持续发展中实现多位一体的协调发展。三是结合印度扶贫减贫的具体实践,以包容性增长和共享式发展为原则,制定减贫扶贫的行动纲领路线(见图5—1),构架起"包容性增长"的三大支柱。[2]

印度政府认为,"包容性增长"并不是依靠再次分配的手段来解决贫困问题,而是要创造机会并保证社会所有阶层能公平分享机会,并通过"对穷人友善的增长",加大对贫困地区基础设施建设投入,积极发展具有地方特色的属地经济,扩大就业渠道,改善贫困人口的福利状况,增强他们的自我造血能力,让更多经济发展的成果惠及普通百姓,以实现经济社会的共享式发展和人的全面发展。

① 向德平.包容性增长视角下中国扶贫政策的变迁与走向[J].华中师范大学学报(人文社会科学版),2011(04):1—8.

② Ifzal Ali. Inequality and the Imperative for Inclusive Growth in Asia, November 2007, www. adbi. org/conf/2426. inequality. imperative. growth. asia/pdf, p. 9.

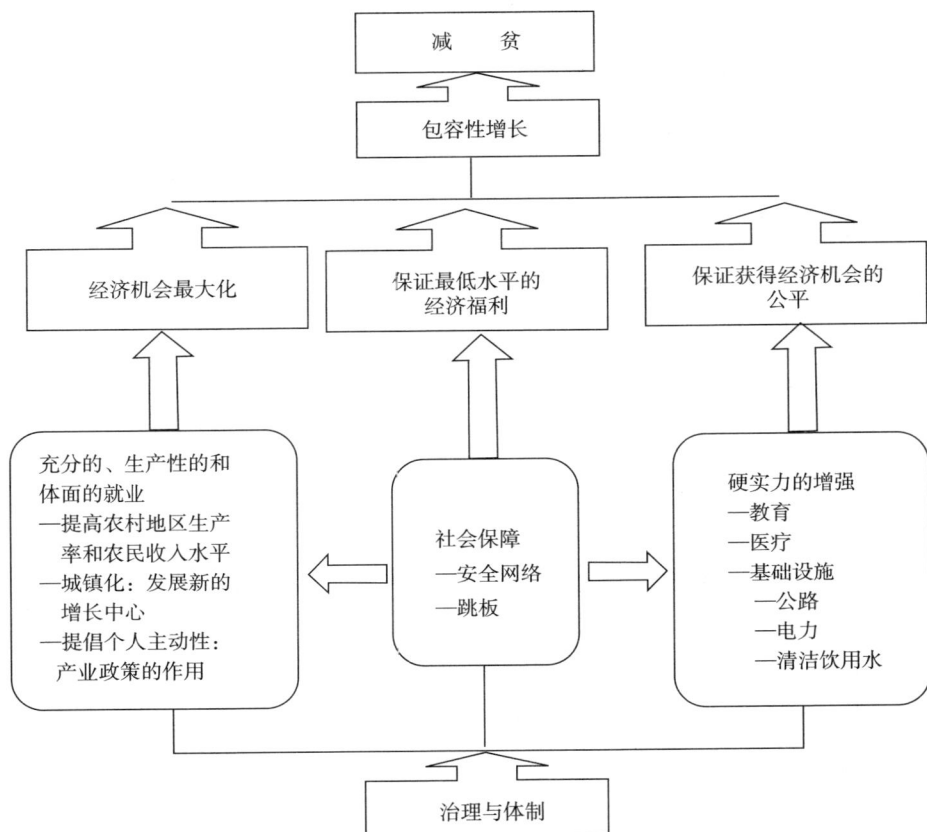

图5—1　包容性增长的三大支柱

二、加快经济结构转型,增加生产性就业机会

毋庸置疑,发展中国家整体贫困在很大程度上源于农村贫困和城市大量的贫民窟,而农村贫困和城市贫民窟问题的出现又来源于大量的失业和半失业人口,印度也不例外。如前所述,2011年印度15至59岁年龄层的平均失业率为14.5%,也就是说在印度约12亿人口中就有1.74亿失业者。失业问题直接制约印度经济社会的协调、可持续发展。为此,印度政府主要采取了以下措施:

首先,加快经济结构转型,促进经济包容性增长,创造更多就业机会,千方百计满足就业需求。印度是一个农业大国,在1970—1971年间,农业约占国内生产总值的44%,在经济转型的政策驱动下,印度农业占国内生产总值的比重

不断下降,而其他产业,特别是服务业,对国内生产总值的贡献持续增加。1990—1991年间和2010—2011年间(以2004—2005年价格为基准)农业分别下降了31.4%和13.9%;[①]而服务业在GDP中的比重增加到53.1%,对GDP增长率的贡献达到63.85%,服务业的发展提供了大量的就业岗位,解决了大量劳动力的就业问题。其次,大力实施农村人力资源开发和农村青年专项技能培训计划,提升贫困人口自我造血能力,[②]帮助农村青年自谋职业或自主创业,实现收入来源的多样性。第三,大力发展技术领先的小产业、乡村工业,形成小产业集群效应。[③] 在制定的五年计划中,印度政府都会列出专项资金资助发展小型企业。印度还先后成立数百个农村小产业中心,帮助农民创办小型企业,拓宽贫困地区农民生产性就业渠道。第四,大力开发农村传统工业,推进农业产业化经营,帮助农村贫困人口实现自我就业。[④] 对于自谋职业者和从事农村传统工业的农民,政府不仅提供资金支持,而且还给予就业津贴。尤其是针对贫困落后地区,政府通过农业技能的培训,着力推进农业产业化经营,进行农产品深加工,延长农业生产链,提升农产品附加值,增加农民收入。

三、建立健全社会保障制度,保证社会最低福利标准

贫困是长期困扰印度政府的问题,发展的不均衡问题直接制约印度经济的快速、可持续发展。为了迅速改变这种现状,印度政府不断完善健全包容性的社会保障制度,确保每个国民能够分享最基本的社会福利:一是实施国家基础教育支持工程和职业教育计划。[⑤] 针对贫困家庭的儿童,政府实施营养工程——午餐计划,鼓励贫困家庭的儿童入学,提高入学率和到校率,减少基础教

---

① Quick Estimates of National Income. Consumption Expenditure, Saving and Capital Formation 2010 − 1, Central Statistics Office(CSO), Ministry of Statistics and Program me Implementation, Govt. of India, New Delhi.

② K. Deininger, S. Jin et al, 2009. Land Reforms, Poverty Reduction, and Economic Growth: Evidence from India[J]. Journal of Development Studies vol. 45, No. 4:496 − 521.

③ Shiladitya Chatterjee, 2005. Poverty Reduction Strategies-Lessons from the Asian and Pacific Region on Inclusive Development[J]. Asian Development Review 22(01):12 − 44. Manila: ADB.

④ K. V. Ramaswamy, 2009. Capacity Intensity, Productivity and returns to Scale in Modern Smallindustries [J]. Indian Economic Review, Vol. 28 No. 2, pp. 157 − 173.

⑤ Emanuele Baldacci, Maria Teresa Guin-Siu and Luis R. De Mello 2003. More on the Effectiveness of Public Spending on Health Care and Education: A Covariance Structure Model[J]. Journal of International Development, 15:709 − 725.

育阶段的辍学率,同时改善1—5年级小学生的营养状况。在职业教育方面,印度政府于1998年实施由中央资助的中等教育职业化计划,对6800所学校实施了大规模的基础设施建设;1993年,启动由中央资助的中低水平准职业教育计划,为九、十年级学生提供培训,使他们掌握简单的、适应市场需求的技术。此外,还开设远程学习课程,加强全国扫盲活动,深入实施继续教育计划等,以提高印度贫困人口自我发展的技能。二是重视基础设施建设,完善医疗卫生体系。① 在基础设施建设方面,强化贫困地区与外界的联系,逐步实现村村通路、户户通电,改善贫困地区基础设施条件。在医疗卫生方面,由政府财政预算拨款,中央政府和各级政府按照不同比例支付,逐渐将医疗卫生保健网全面覆盖到农村地区;建立起保健站、初级保健中心和社区保健中心三级医疗保健网,无偿为村民提供医疗服务,改善农村落后贫困地区医疗卫生条件。三是推行全国防护型社会保障计划,实施全国社会援助方案。该计划由国家老年退休金计划、

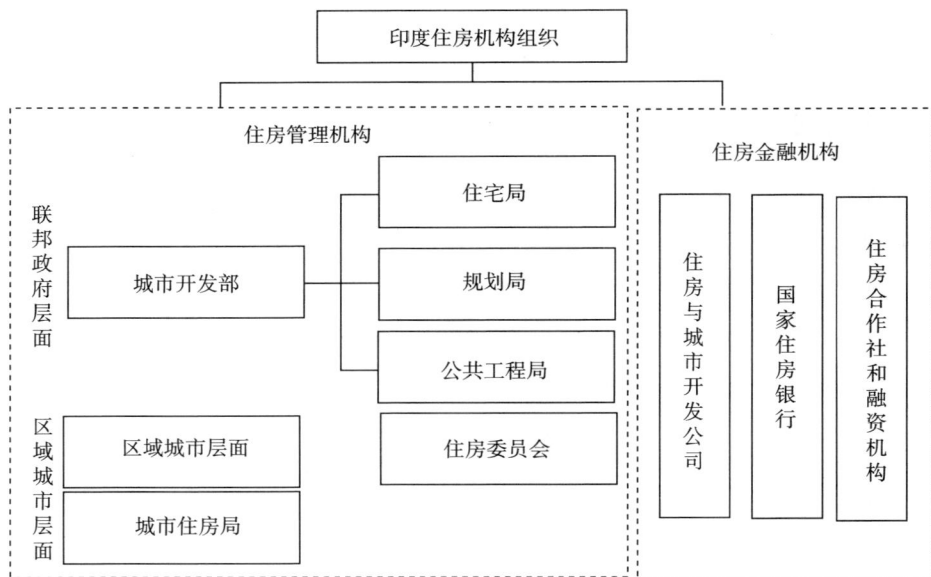

图 5—2　印度住房机构组织图

---

① R. Burgess, N. Stern, 1991. Social Security in Developing Countries: What, Why, Who and How？ [J]. In Social Security in Developing Countries, Ahmad E, Drèze J, Hills J, Sen A K (eds.). Clarend on Press, Oxford.

全国家庭福利计划和国家产妇津贴计划组成,[1]几乎涵盖各个人群,使每个人都能分享社会安全网带来的好处。四是建立住房机构,改善居住环境,[2]实施旨在消除无家可居现象、改善居住条件的国家住房政策。住房机构由住房管理和住房金融机构组成(见图5—2),分别负责住房相关基础设施建设、管理以及为住房建设提供投资。同时强化市政基础设施建设,如清洁的用水、通畅的道路、明亮的路灯、给排水系统和公共厕所等,不断改善居住环境。

四、提高政府治理质量,确保公平分享机会

良好的政府治理取决于政府的治理水平。印度政府认为"包容性增长"的内涵丰富,涉及范围广,为了实现真正意义上的"包容性增长",就应该强化治理质量,实现"包容性治理"(见表5—1)。[3] 近年来,印度政府在提高包容性治理质量,实现社会公平上主要采取如下措施:(1)保持服务业的高速增长,提供更多的工作岗位;(2)倡导民主、法治,逐步根除种姓制度的荼毒,保持政局稳定,使经济社会稳定发展;(3)加大对农村贫困地区的基础设施建设和农业基础设施建设,改善农村地区生活质量和农业生产条件;(4)增加社会保障支出,健全医疗体系,构建社会安全网络;(5)倡导和鼓励社会的监督,杜绝政府腐败行为;(6)加强对特殊群体的保障支出,使他们均等地享受经济发展成果。[4] 同时,印度政府不断深化与银行金融机构的合作,建立起伊斯兰银行、印度储备银行、印度农业和农村开发银行、地区农村银行、农村合作银行(即信贷合作社)和土地开发银行等,依托金融机构,实施多项包容性的金融措施,创新信贷机构发放农村贷款的办法,制定粮食作物"作物保险"和"自然灾害法",[5]为贫困地区农业

---

① S. M. Dev,1996. Social Security for Indian Workers:Performance and Issues[J]. Indian Journal of Labour Economics 39,(04): 883 – 914.

② R. Radhakrishna,K. H. Rao and K. Subbarao,2004. Reducing Vulnerability and Enhancing Opportunity Towards a More Effective Use of India's Safety Net Programs[J]. Draft Report,South Asia Human Development,World Bank.

③ Daniel Kaufmann,Aart Kraay and Massimo Mastruzzi,2008. Governance Matters VII:Aggregate and Individual Governance Indicators 1996– 2007[J]. Policy Research Working Paper,No. 4654. Washington D. C. :World Bank.

④ World Bank,2006. India Inclusive Growth and Service delivery:Building on India's Success[J]. Development Policy Review,May 29.

⑤ 段小丽,王玉春. 印度农村金融体系的发展及借鉴西部金融[J]. 2010(04):48—49.

经济发展提供金融支持,推动印度经济的"包容性增长"。

表5—1　治理质量的组成指标

指　标	指标解释
话语权与问责	一个国家的公民能够参与并选择他们的政府,言论自由,结社自由、媒体自由
政治稳定与杜绝暴力	政府因为违宪被动摇或推翻,包括政治动机的暴力和恐怖主义
政府效率	优质的公共服务,公民的素质,独立的政治立场,政策制定执行的质量,政府信誉
监管质量	制定和实施完善的政策法规的能力,服务并促进私营部门发展的能力
法治	恪守社会的规则
防治腐败	私人获得公权力行使,包括轻微和严重的腐败行为,以及"捕获"由精英和私人谋取的暴利

第三节　印度包容性增长扶贫对中国的启示

尽管中印两国在经济发展模式、人力资本等方面存在较多差异,但毫无疑问,印度包容性增长的扶贫开发模式,在减少贫困、解决贫困上的创新和突破为发展中国家走出贫困提供了经验,也对促进中国社会包容性、平稳性、可持续性发展,实现经济发展成果共享,促进社会和谐,具有较强的启示和借鉴价值。

一、重视农村基础设施建设,转变农业经济发展方式

根据印度经验,要解决贫困问题,实现包容性增长的扶贫开发,重点是要扶持贫困落后地区,尤其是贫困地区的基础设施建设,为那些弱势群体和地区发展创造条件,提供机会。因此,首先,在国家层面必须优化基础设施的顶层设计,增加对贫困地区基础设施的财政投入,合理利用贫困地区资源禀赋,因地制宜发展特色农业、特色旅游业、特色养殖业,促进效益农业、规模农业的发展,转变经营方式,为贫困人口提供充分就业的机会。其次,夯实农村交通、能源等基础设施,连接乡村道路与重要农产品市场,畅通销售渠道,实现农村地区资源的转移和劳动力的合理流动,扩大增收渠道。第三,扩大信息网络的覆盖面。信息的不对称和阻塞是造成贫困的主要因素之一,为此印度政府充分利用信息技术的优势投入大量财力在贫困地区实施了信息网络工程,为增强贫困地区与外

界联系、发挥属地资源优势、提高贫困人口技能、让更多人走出偏远山区寻找就业机会创造了很好的条件,脱贫效果明显。尽管我国政府在农村地区实施了"村村通"等一系列信息建设,但贫困地区信息的死角盲点还很多,妨碍与外界的联系,亟须解决。第四,高度重视贫困地区农田水利等基础设施建设。水利是农业的命脉。鉴于我国贫困地区田块分割严重和农田水利基础设施长期失修等现实,国家应该列出专款,加大修复贫困地区的农田水利基础设施的力度,为贫困人口发展特色种养殖业,确保基本收入提供保障。第五,提高贫困地区资源利用率。根据自愿的原则,鼓励和支持贫困地区和农户发展规模化效益种养殖业,走集约化规模化道路,促进传统农业向现代农业转变,增加贫困人口的收入来源。要正确处理好城镇化和农业发展的关系。统筹城乡发展,避免农耕地的大肆占用而造成的农民返贫赤贫,保留农民的基本收入来源,促进贫困地区可持续发展。

二、建构社会安全网络,促进包容性持续发展

印度社会保障制度存在明显的二元特征和覆盖面严重不足的问题,邦际之间、城乡之间、部门之间和职业之间的社保差异明显,这不利于包容性增长的扶贫开发。[①] 因此,我国只有实行全覆盖、多层次的社会保障制度,建构社会安全网络,让全体社会成员都能受益,才能真正发挥社会保障制度在社会发展中的作用,实现经济社会的包容性、持续性发展。一要确保城乡一体化的社会保障制度落到实处,扩大贫困扶持范围,向城镇低收入者和农村特殊群体倾斜,让更多的贫困人口受益,实现贫困人口的全覆盖。二要加大对农村地区基本社会服务的投资,尤其要加大对贫困地区教育的投入力度;教育先强师,要对贫困地区师资队伍采取种种形式的培训,不断提高教师整体素质,同时采取多种措施尽可能引进优秀师资力量,鼓励东部沿海发达地区优秀师资到连片特困地区扶贫支教,加速改善教师工作环境,提升贫困地区教师的工资补贴标准,稳定教师队伍;改善教育基础设施,减免贫困地区高中阶段教育的学费,使广大贫困地区的孩子能够均等地接受教育,学以致用,为贫困地区脱贫奠定人才基础。三要建

---

① 秦永红,张伟. 印度社会保障制度改革及其对我国的启示[J]. 南亚研究季刊,2011(02):48—55.

立和完善农村医疗卫生保障制度,向特殊贫困群体提供医疗援助,建立贫困地区农村农民就医社会安全网,避免出现"因病致贫"现象;加大西部贫困地区医疗卫生设施的投资力度,着力改善乡镇卫生院和村级卫生室的医疗条件,投资配置必备医疗设备,提供专项经费定期举办医务人员专业技术培训,切实提高医务人员的医疗水平,满足贫困人群就近就医需要。四要加强反贫困的立法,加强贫困地区的地方立法,夯实贫困人口的生存权和发展权。五要正确处理好生态保护与发展之间的关系,有效利用资源,发展生态绿色产业,走可持续的扶贫发展之路,实现反贫困与社会公共福利的和谐统一。

三、深化合作服务意识,提升政府治理质量

印度是多党制的国家,也是世界上政党最多的国家之一。这种多党制致使印度分立集团众多、社会结构复杂,在实施包容性增长的扶贫开发过程中,政府治理力量分散,难以形成合力,执行决策迟缓,影响扶贫效率。这从反面充分说明加强治理能力建设,整合资源,提高政府治理质量对贫困地区实现包容性增长的扶贫开发尤为重要。一是充分发挥各级党组织在反贫困中的战斗堡垒作用,凝聚力量,形成共识,集中力量打好不同区域的扶贫攻坚战;政府在制定反贫困的政策中要充分发挥"智库""智囊团"的作用,强化政策的公开性、透明性和针对性,注重公众的参与性和实施的可操作性。同时,对于不同的区域、民族、群体要注重政策的灵活性和倾斜性。二是要深化政府各部门的合作服务意识。减贫扶贫实现经济社会的包容性增长,涉及面宽、范围广,不仅仅是扶贫主管部门的事情,还需要各政府机构的通力合作,在合作协调中,既要分工明确,又要强调配合,还要有效保障监督,举主导之力实现各个目标,确保2020年按时完成扶贫攻坚战的总任务。三是对扶贫资金的使用要有所侧重,注重效率与公平。扶贫资金不仅要考虑连片特困地区、国家重点扶持贫困县等区域性贫困地区,还要充分考虑非贫困县贫困群体的实际情况,要提高瞄准对象的精确性,减少瞄准偏差,妥善使用扶贫资金,避免扶贫资源的浪费,提高扶贫效率。四是制定可行的包容性增长扶贫开发模式评价体系,加强监测和评估。构建评价体系既要充分借鉴亚行已经开发出的评价指标,又要基于我国不同连片特困地区的现实情况,以便客观公正掌握真实情况,评估扶贫效果,调整扶贫政策,实行反贫困政策的动态化跟踪。要扩大监督的范围,不能仅局限于自我监督,要让

媒体、社会、贫困群体也加入到监督的圈子中,倾听他们的声音,从而确保减贫扶贫工作的有效开展和扶贫政策的科学决策,提高政策实施的效果。

四、提高贫困人口基本技能,改善贫困地区生存环境

印度政府在实施包容性增长的扶贫开发中十分重视贫困群体的生产性就业,但要保障就业,就必须重视人力资源的开发,帮助贫困人口提高劳动技能,拓宽就业渠道,印度在人力资源开发方面取得的经验值得学习借鉴。实践证明,我国连片特困地区贫困的根源之一在于贫困人群素质低下与劳动技能缺乏。一是中央和各地方政府要分层次加大对贫困地区人力资源开发的投入,尤其是要高度重视贫困地区的职业技术教育,通过增强贫困人口的自我发展能力和就业能力,阻断贫困的代际传递;建立起学校与就业企业的协调机制,确保上学者均可充分就业,以提高贫困人口子女学习的积极性。二是通过科技下乡、科技专员驻村驻户、兴办农业技术孵化器、发展农业专业合作社、农特产品股份公司等形式定期向贫困地区农民提供农业种养殖新知识,更新传统品种,培育种养殖大户,培养"永久牌"的贫困地区科技带头人,增强实用技术的辐射力和推广力。同时,要帮助贫困地区季节打工的农民提高劳务转移技能和择业技能,实现农民生计的多样化和收入来源的多样化。三是选择临近中小城镇、小集镇,具有一定资源优势和交通条件好的地区进行整体规划,对生存条件恶劣、生态敏感脆弱的贫困地区的人口实行整体性搬迁安置。通过挖掘传统民间艺术开发旅游产品,发展农家乐等休闲业等,提供摆脱贫困的选择空间,帮助搬迁农民实现充分的再就业。四是通过发展地方农特产品深加工、打造边境边贸专业市场、开发旅游资源等,依托产业规模经营和技术升级,结合具体市场需求等情况,形成一镇一主导产业的格局,延伸产业链条,用产业化带动贫困地区中小城镇发展,提升吸纳剩余劳动力的能力,拉动就业,帮助贫困人口实现再就业,摆脱贫困。

五、构建参与式反贫困体系,建立社会扶贫大格局

印度在实施包容性增长的扶贫开发过程中除政府主导外,也重视非政府组织和私人机构的参与,但由于存在监管缺位、资金短缺等种种问题,非政府组织目前发挥的作用有限,贫困人口的参与意识较为淡漠,公众对贫困地区滞后的

基础设施和贫民区蔓延的现状熟视无睹,直接影响印度包容性增长的扶贫开发的绩效。印度的事实说明,实施包容性增长的扶贫开发治理要求政府、非政府组织、私人组织和公民个人都要发挥各自作用,构建参与式反贫困体系,形成社会扶贫大格局。一要建立政府主导、政策支撑的反贫困政策机制、投入机制、社会参与机制、激励机制、考评机制等,动员全社会共同参与反贫困社会实践活动,着重培养贫困地区、贫困人口的自我发展能力,从单纯依靠"输血"转变为自我"造血",从根本上解决贫困问题。二要积极吸纳包括联合国、国际红十字会、慈善机构、光彩事业、民营企业、社会团体等在内的国际国内组织,通过提供反贫困援助和低息贷款、产业扶贫、知识扶贫、企业扶贫等形式,支持扶贫开发活动,提升贫困地区经济社会发展能力。三要培养贫困人口自我发展能力。要强化主体意识,积极引导受援者成为反贫困的主体,建言献策,积极参与,主动落实国家反贫困的政策,同时也要监督政府的反贫困工作,提高反贫困工作的科学性和效率,不断加快贫困地区减贫进程,真正从包容性扶贫开发中受益,共享改革和经济发展成果。

貧困是世界各国共同面临的现实问题。中印两国同属文明古国和新型工业化国家,有着相同或相似的历史文化,在扶贫的道路上担负着经济社会发展的共同使命,拥有共同的梦想。本章总结梳理了印度包容性增长扶贫开发的一些做法和经验、教训,并从中获得一些启示。尽管中印两国国情不同,但在反贫困的斗争中有值得相互学习和借鉴的地方,除构建符合本国国情的扶贫政策外,都需要实施包容性增长的扶贫政策。

包容性增长作为一种扶贫开发的全新理论,在促进经济社会包容性、可持续和平衡的发展中对两国具有同样重要的意义。两国只有在实施包容性增长的扶贫开发模式中相互学习,相互借鉴,这一理论的内涵才能真正得以发展、丰富、完善和成熟,其理论才能指导发展中国家的扶贫开发,不断创新扶贫开发模式,最终为人类的反贫困事业作出更大贡献。

第六章　巴西反贫困的经验及其对中国的启示

位于南美洲东南部的巴西,人口2.028亿,国土面积851.49万平方公里,仅次于俄罗斯、加拿大、中国和美国,位列世界第五。[①] 二战结束后,巴西历届政府通过推行"进口替代战略""高增长战略"和"综合平衡战略""零饥饿""家庭补助金""无贫困计划"等一系列政策措施,巴西摆脱绝对贫困人口2200万,已由一个传统的农业国转变成为一个现代新兴工业化国家和世界上发展最快的国家之一,农产品出口量稳居世界第四。如今的巴西,经济实力居拉美首位,2013年的GDP为48379.50亿雷亚尔(22403.10亿美元),同比实际增长2.3%,人均GDP为11144美元,国内生产总值增长率为2.3%。[②] 尤其是巴西科学技术的发展值得称道,自20世纪70年代以来,巴西政府确定重点支持航空制造业发展,经过几十年的迅猛发展,形成了实力较强的航空制造业,目前巴西航空工业公司已成为世界第三大商用飞机制造商,飞机制造业在世界上占有十分重要的地位。然而作为发展中国家的巴西,社会发展却远远跟不上经济发展的步伐,区域差异明显,贫困问题相当严重。本章通过对近十年来的文献梳理,不难看出,尽管巴西经济发展趋于稳定,但仍然是拉丁美洲贫富差距最大的国家。

我国与巴西同属发展中的新兴工业化国家,在诸多方面有着相似之处,如区域发展不协调、收入差距大、都处在经济与社会转型时期等。总结借鉴巴西扶贫开发实践经验,并进行比较分析,对我国打好新时期扶贫攻坚战具有重要的启示作用。

---

① 外交部网站,2016年1月。
② 环球网.2013年巴西GDP增长2.3[EB/OL].http://china.huanqiu.com/News/mofcom/2014－02/4866266.html,2014－02－28.

第一节 巴西贫困的现状和基本特征

一、巴西贫困的现状

对贫困测量方法的研究,基本思路为绝对贫困和相对贫困,又称绝对剥夺和相对剥夺。测量绝对贫困一般是通过划定一条贫困线来区分贫穷和非贫穷(富裕),贫困线以下为贫穷人口,贫困线以上为非贫穷人口。[①] 1976,年国际经济合作与发展组织(OECD)确定的国际贫困标准把一个国家或地区中等收入或社会中位收入的50%作为这个国家或地区的贫困线的测定方法。此外,国际上一般以基尼系数(GINI Coefficient)定量测定社会居民收入分配的差异程度,能客观反映贫富差距,主要影响因素包括经济发展水平、社会文化传统、政治经济制度等,其值在0—1之间。按照联合国标准,0.4为社会收入分配不均的警戒线,基尼系数越大表明收入分配越不平均,贫富差距越大,容易引发社会动荡。[②]

采用国际贫困标准法和基尼系数对1995—2012年巴西贫困与收入不均情况进行测度(如表6—1)可以看出,截至2012年,巴西绝对贫困人口占总人口的5.9%,相比1995年的29.22%下降至23.32%,基尼系数也由1995年的0.6下降到2012年的0.53,[③]说明在历届政府的努力下巴西的贫困状况有了改善,人均收入水平有所提高,但相对贫困人口规模变化不大,社会整体收入分配不公现象突出,贫富两极分化严重,贫困情况依旧严峻,反贫困工作任重而道远。

---

① Shlomo Yitzhaki . Do We Need A Separate Poverty Measurement? [J]. European Journal of Political Economy, Vol. 18(2002) 61 – 85.

② 王俊文. 国外反贫困经验对我国当代反贫困的若干启示——以发展中国家巴西为例[J]. 农业考古,2009(03):209—213.

③ 孙晗霖. 巴西反贫困的实践及其经验借鉴[J]. 知识经济,2013(18):99.

表6—1　巴西贫困与收入分配现状

年份	绝对贫困	相对贫困	基尼系数
1995	29.22	26.46	0.60
1996	29.16	26.94	0.60
1997	29.36	26.91	0.60
1998	28.44	26.46	0.60
1999	28.09	26.14	0.59
2000	26.58	26.17	0.59
2001	25.07	26.20	0.59
2002	23.20	25.80	0.59
2003	23.55	25.73	0.58
2004	20.22	26.70	0.57
2005	17.07	24.88	0.57
2006	14.00	25.45	0.56
2007	12.47	25.26	0.55
2008	9.37		0.54
2009	9.47		0.54
2010	8.38		0.53
2011	7.29		0.53
2012	5.90		0.53

数据来源：OECD Economic Surveys：Brazil 2013，IPEA.

二、巴西贫困的基本特征

巴西是一个过度城市化(Over-urbanization)的国家,截至2008年,城市化率高达86%,位居世界第22位,拉美地区第5位。根据巴西国家地理统计局的预测,到2050年,巴西城市化率将达到93.6%。巴西在城市加速发展的同时,贫困问题也日趋尖锐,[1]并表现出一些典型特征。

1. 贫困规模大,贫穷程度深

贫困规模和贫穷程度直接反映一个国家的贫困现实。据巴西官方统计数据显示,1969年巴西人均GNP为347美元,比拉美17个发展中国家人均GNP

---

① 周志伟.巴西城市化问题及城市治理[J].中国金融,2010(04):39—40.

平均值低 198 美元。极端贫困人群占总人口的 14%。20 世纪 70 年代,巴西甚至呈现出经济与贫困同步增长态势。虽然从 80 年代开始,政府加大了反贫困力度,但贫困问题仍未得到明显改善。据联合国拉丁美洲经济联合会统计,1990 年巴西的贫困人口约占总人口的 1/2,其中 73% 为农村贫困人口。按照巴西官方标准,2001 至 2005 年贫困人口约 6000 万,其中绝对贫困人口超过 2000 万[①]。

由图 6—1 可知,从 1995 年到 2012 年,绝对贫困人口比例从 29.2% 下降到 5.9%,这表明,整体而言,巴西国民的人均收入有所提高;但从相对贫困比例数据来看,1995 年为 26.46%,缓慢下降到 2012 年的 25.26%,降幅过小,相对贫困人口规模变化不大,巴西的贫困情况依旧严峻;从基尼系数来看,从 0.60 下降到 0.53 并有保持稳定的趋势,巴西在收入分配差异上面临着巨大的挑战。

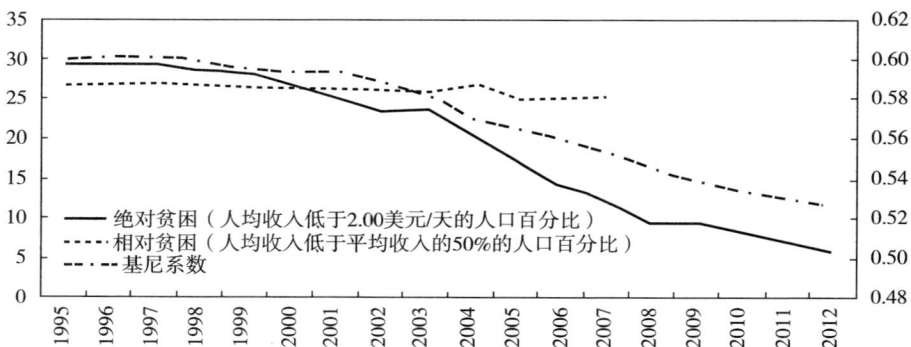

图 6—1　巴西贫困率

资料来源:OECD Economic Surveys:Brazil 2013,IPEA.

以上数据说明,在近半个世纪的时间里,虽然巴西的经济发展有着巨大的进步,国民生产总值也在不断提高,但巴西的贫困状况并未得到有效的改善,贫困人口数量大,贫穷现象依旧严峻。

2. 区域贫困严重,贫民窟有增无减

由于区位、自然条件所限,加上国家在制度上的一些安排,区域发展不平衡,致使巴西的贫困问题十分突出。其中巴西东北部的 9 个州是南美最大的贫

---

① 黄东花,王俊文. 国外反贫困经验对我国当代反贫困的若干启示——以发展中国家巴西为例 [J]. 2008(06):270—273.

困地区,人均收入不及全国平均水平的 1/2,仅为东南沿海发达地区的 1/3,1990 年贫困家庭占全国家庭总数的 74%,其中以农业为主的皮奥伊州是巴西最贫穷的地区,其贫困人口高达 90%。[1] 城市贫困人口主要居住在临时搭建的简陋住房的集中地,即习惯称为"法维拉"(faveal)的贫民窟。根据巴西国家地理统计局的规定,有 50 户以上的人家居住地,棚屋搭建无序,非法占用闲置土地,缺乏卫生等服务设施的生活区,即是贫民窟。据 2000 年的人口普查,巴西有贫民窟 3905 个,比 1991 年增加 717 个。贫民窟已遍及巴西所有的大城市,现在已发展到中等城市。[2] 相当一部分贫困家庭无法享受住房、基础设施、公共设施、卫生、教育、文化、体育和交通服务等,生活条件保障乏力。许多贫困家庭在接受教育、享受医疗等方面有着巨大的困难。[3] 根据联合国人居署的数据显示,到 2005 年,巴西 38.5% 的城市家庭生活得不到保障,目前这个数字没有发生根本改变,相反还有上升趋势。[4]

3. 失业率居高不下,社会保障缺位

失业和社会保障缺位是导致贫困的重要根源。随着巴西经济社会的发展,城市化的进程不断加快,城市人口从 1950 年占全国人口的 36% 上升到 1993 年的 78.2%。技术和知识缺乏致使大批失地农民进城后难以在工业部门谋到一席之地,城市也无法提供充足的就业机会,致使失业现象普遍存在。1994 年巴西失业人口为 990 万,占全国经济自立人口的 14.3%。近些年巴西失业率有所下降,据 2013 年巴西国家地理与统计局发布的信息,2005 至 2006 年,巴西年平均失业率相对稳定,分别为 9.86% 和 10%。2007 至 2013 年,年平均失业率依次为 9.34%、7.91%、8.03%、6.74%、5.98%、5.5%、5.65%。失业率虽然相比以往有下降的趋势,但依旧不容乐观,且劳动工人缺乏劳动保障。截至 2008 年,巴西近一半的劳动工人(约 4500 万人)仍不能均衡享受失业保险、工伤保险、家庭津贴、病假、孕假、退休养老金等基本社会福利,缺乏包容性的制度保障

---

① 王俊文. 国外反贫困经验对我国当代反贫困的若干启示——以发展中国家巴西为例[J]. 农业考古,2009(03):210.

② 韩俊. 巴西城市化过程中的贫民窟问题[N]. 中国社会报,2005 - 09 - 22.

③ Szwarcwald Célia Landmann, Andrade Carla Louren? o Tavares de, Bastos Francisco Inácio. Income Inequality, Residential Poverty Clustering and Infant Mortality: A Study in Rio de Janeiro, Brazil. [J]. Social Science & Medicine,2002,5512.

④ 韩俊,崔传义,赵阳. 巴西城市化过程中贫民窟问题的启示[J]. 中国改革,2006(06):68—69.

机制。① 大量的失业人群不仅增加了城市管理的负担,也造成了社会严重的不稳定,贫民窟人满为患,治安状况不佳,毒品交易普遍,犯罪率节节攀升,严重危害居民生活、城市形象和国家安全。如今贫困问题已成为制约巴西经济社会可持续发展最主要的瓶颈。

第二节 巴西贫困的原因

贫困是一种包括社会、经济、文化、政治和心理等方面的复杂现象。同其他发展中国家一样,巴西贫困的原因十分复杂。美国发展经济学家罗格纳·纳克斯认为,发展中国家普遍存在的一个特征是"贫困的恶性循环"。② 造成巴西贫困的因素包括社会因素、经济发展战略因素以及其他复杂因素。

一、土地占有严重不平等,大量无地农民盲目涌向城市

二战后没有进行过彻底土地改革的巴西,绝大部分土地控制在少数地主手中,1996 年巴西土地基尼系数为 0.856,约 89% 的土地所有者仅占有 20% 的土地(巴西国家地理和统计局 1996 年农业普查数据);最近一轮农业普查(2006年)显示,土地分配集中化程度加重,土地基尼系数为 0.872,农村地区大型商业农场占用近 3/4 的耕地。大型农业企业、大片土地所有的农业经营、农工一体化联合企业、大地主的租佃经营等形式,极大挤压了小农户农场经营。这种极不公平的土地所有制使得处境艰难的无地农民只好向城市迁移。③④ 虽然无地农民向城市的单向流动一定程度上推动了巴西城市化进程和工业发展,但人口的快速增长远远超过了城市的承载能力,城市基础设施、教育医疗、就业机会等极不适应大量人口的聚集,致使涌入城市的无地农民成为贫困群体。数据显示,现在的巴西农村仍有 1000 多万无地农民⑤,这是农村一些人口致贫的主要原因。

---

① 韩俊,崔传义,赵阳. 巴西城市化过程中贫民窟问题的启示[J]. 中国改革,2006(06):68—69.
② 尚玥佟. 巴西贫困与反贫困政策研究[J]. 拉丁美洲研究,2001(03):47—51.
③ 孙晗霖. 巴西反贫困的实践及其经验借鉴[J]. 知识经济,2013,(18):98.
④ 韩俊,崔传义,赵阳. 巴西城市的前车之鉴[J]. 协商论坛,2006(01):51—52.
⑤ 韩俊,崔传义,赵阳. 巴西城市化过程中贫民窟问题及对我国的启示[J]., 中国发展观察,2005(06):4—6.

二、生产性就业机会严重短缺，非正规部门就业人口占比大

生产性就业是破解贫困的重要手段，而均衡分享就业机会是减少贫穷的必要条件。伴随着后城市化时代的来临和产业结构的调整，巴西把产业重点转向资本、技术密集型行业，致使就业机会大量减少。1960—1970年的十年间巴西城市新增就业劳动力中仅有1/3被制造业和建筑业吸收，余下的2/3中一半进入服务行业。此后经济增长速度放慢，服装、制鞋等传统产业又在国际上失去竞争力，难以拓展就业，劳动力大量进入第三产业中的传统服务业和非正规部门。这些非正规部门通常是一些从事家庭服务、人数在5人以下的微型企业和个体经营者，就业者都没有签订劳动合同，没有社会保障，得不到法律保护，[①]工资也只有正规部门就业者的一半，多数属于低收入群体。[②] 1985—1997年非正规就业增加了97%，正规就业仅增加6%。非正规部门就业已经占总就业人员的近50%。[③] 城市公开失业率由1990年的4.5%上升到近年的17%。失业、就业不足、就业无法律保障等导致了城市贫困人口的长期存在，[④]而且城市贫困群体还在逐年增加，至2011年，巴西还有2450万赤贫人口。[⑤]

三、城市基础设施缺乏整体规划，社区建设未考量低收入群体要求[⑥]

巴西政府起初对突如其来涌入城市的农村人口带来的压力估计不够，在城市基础设施规划方面也很少考虑这个因素。例如巴西政府最早对贫民窟持单一的取缔态度，城市规划根本也不考虑贫民聚集区的现实问题。[⑦] 另外，城市的过度发展也是造成贫民的重要原因之一。巴西的城市化速度远远高于发达国

① 韩俊，崔传义，赵阳. 巴西城市化过程中贫民窟问题及对我国的启示[N]. 中国经济时报，2005－06－27.
② 同上.
③ 张桂梅，李中东. 拉美失地农民问题对我国的启示[J]. 中国国土资源经济，2007(08)：31—33，47—48.
④ 吕银春：巴西的非正规经济与就业[J]. 拉丁美洲研究，2001(05)：40—41.
⑤ 刘彤. 巴西2011年至2013年初绝对贫困人数减少2200万[EB/OL]. http://www.chinanews.com/gj/2013/02—20/4581545.shtml，2014—10—01.
⑥ 苏振兴主编. 拉美国家现代化进程研究[M]. 北京：社会科学文献出版社，2006：525.
⑦ 联合国人居署编著，于静、斯淙曜、程鸿译. 贫民窟的挑战：全球人类居住报告2003[M]. 北京：中国建筑工业出版社，2006.

家,城市化率1950年为38.6%,2006年达到81%。在工业化过程中,农村人口快速向城市转移,其中包括大量贫困人口,城市无法提供足够的就业机会,导致失业问题严重、贫困人口增加。在贫民窟人群中,有80%的人的收入远远低于国家最低工资标准,他们无法获得建房用地和住房保障,回到农村又无土地,因而只能靠非法强占城市空地,乱搭乱建以安其身,如此贫民窟的房地产商及非法交易的黑市也随之产生,社会排斥等问题大量出现。①

四、国家公共政策欠完善,均衡享受公平教育有限

在城市化进程中,巴西按各地工资标准核定税收并由税收成果反馈各地的税收政策,导致贫困地区越穷,发达地区越富,进一步拉大了各区域的贫富差距。尽管巴西的社会贫富差距在过去12年里持续缩小,基尼系数也由2001年的0.5957减至2012年的0.5190,②但就贫富区域分开计算,贫困地区的基尼系数要远远高于巴西的平均水平。巴西过度城市化导致城市人口超过经济发展的承载能力。美国用了将近100年的时间使城市人口的比重从30%提高到70%,巴西仅用了40年就达到同等程度。③ 这说明,巴西的城市化进程与经济发展水平之间存在脱节现象。这种超前过速的发展必将造成城市化进程中的虚假繁荣,从而导致巴西城市发展的不协调,并产生诸多经济社会问题。

此外,巴西国民教育水平地域差异大,农村远比城市低,文盲率比城市要高出3倍。经济落后的东北部和北部地区,如皮奥伊州的农村,文盲率高达33%,大部分人无法也无力接受教育。④ 由于缺乏基本的技能,也就没有再就业能力,一旦失去手中的工作,就等于失去就业机会。不仅如此,巴西十分重视投资中高等教育,常常忽视初等教育,尤其是轻视中等职业技术教育和师范教育,致使低收入阶层子女很难享受公平的教育。无基本技能,摆脱贫困很难实现。

---

① Paul Collins, Pan Suk Kim. Fighting Poverty And Protecting The Urban Environment : The Refuse Collectors of Rio De Janeiro, Brazil [M]. Public Admin. Dev. ,2012:324 – 325.

② 王帆来. 巴西社会贫富差距连续12年缩小[EB/OL]. http://roll. sohu. com/20120308/n337063593. shtml,2014 – 10 –01.

③ 王琛. 巴西如何消减城市化弊端[J]. 学习时报,2013(02).

④ 高艳贺,黄志成. 巴西教育平等透视[J]. 外国教育研究,2007(08):54 – 57.

第三节　巴西政府反贫困的举措

面对严峻的贫困局面,巴西政府意识到了反贫困的紧迫性。自 2003 年卢拉总统执政后,在一定程度上淡化了意识形态,注意平衡政党关系,执政党的社会基础向好。尤其是在具体操作上,政府更加重视兼顾发展、稳定和社会公正的经济政策,改革了财税和社会福利等多项政策,投入加大,就业机会增加,贫困大为改善。进入第二任期后,卢拉进一步巩固了执政联盟,积极推动政治改革,加大反腐力度,实施了"经济加速增长计划",使巴西经济社会发展迅速。2011 年罗塞芙接任卢拉当选总统后,延续上届政府的内外政策,经济社会平稳发展。在过去的十几年里,巴西政府通过一系列重要举措,在与贫困进行斗争中不断取得进展。据联合国(U. N.)对巴西实施的扶贫项目"家庭津贴计划"十年来的数据统计,巴西人口中每天靠 1 美元维持生计的人数由 2000 年的 6.3% 降到 2009 年的约 3%。[①]

一、实施"有条件经济转移(CCT)"反贫困政策

1995 年,巴西总统卡多佐实施了"有条件经济转移(CCT)"反贫困政策,旨在通过收入激励,确保弱势群体获得必要的教育和健康服务,[②]即通过"以金钱换行动",订立"社会契约",政府放弃传统的食品补贴等形式,转而直接向家庭发放现金,但前提条件是受益家庭必须送适龄子女入学,定期到诊所体检,或者改善子女的饮食结构等。[③] 中心就是鼓励针对贫困人群增加人力资本投资,利用资金转移支付的方式帮助贫困人群提高摆脱贫困的劳动技能。[④] 随后,巴西政府制定了涉及医疗、教育、就业等多项民生领域的系列政策。同样,这些利用资金的转移支付手段帮助贫困人群实现短期内减少贫困目的的政策,可以防止

---

① 刘少宇. 巴西:家庭津贴十周年,扶贫成效显著[EB/OL]. http://www. forbeschina. com/review/201311/0029245. shtml,2014 - 10 - 01.

② 朱玲. 全球社会保障改革潮流概览[J]. 读书,2010(06):3—7.

③ 郭存海. 巴西和墨西哥的"有条件现金转移"计划评析[J]. 拉丁美洲研究,2010(04):37—42,80.

④ Anthony Hall. From Fome Zero to Bolsa Familia: Social Policies and Poverty Alleviation under Lula [J]. Journal of Latin American Studies, Vol. 38, Part4, Nov. 2006, Cambridge University Press.

贫困的代际传递,阻隔贫困的蔓延。

卢拉政府执政后,实施了"零饥饿"计划,继续执行"有条件现金转移"计划。① 2003 年 10 月推行的"家庭救助计划"对该政策作了补充,每月为最贫困家庭提供 24 美元的政府补贴,满足贫困人群的卫生医疗需求,这项政策在提升儿童入学率、增强社会包容性、减少贫困和民族隔阂等方面发挥了重要作用。② 世界银行和美洲开发银行评估表明,CCT 计划在减少贫困和社会不公,提高儿童入学率,改善儿童营养结构,以及降低母婴死亡率等方面效果显著。③ 虽然 CCT 计划获得巨大成功,但也存在一些不足。首先,覆盖面有限,尚显不足,使许多应该享受政策的人遗漏,包容性不够。其次,由于受益家庭选自于有学龄儿童的贫困家庭,从而排斥了没有孩子的贫困家庭,机会无法均等。尽管 CCT 计划大大提高了入学率,但受制于师资、办学条件等因素,这种提升事实上在不同教育层次有着截然不同的差别,也影响教育质量。

二、推广"发展极战略"的反贫困战略模型④

20 世纪 60 年代以来,巴西政府实施的"发展极"反贫困战略,源自于"不平衡增长—发展极"理论。所谓"极"就是指一个经济空间,包含一个能在此空间或地理区域内发生影响的原动力单位的群体。这一战略的核心内容是通过大规模的在贫困地区的物质资本投资,以形成新的发展极或增长点,通过发展极或增长点的极化和扩散效应,从而带动周边不发达地区的经济发展,并以经济增长方式促进不发达地区的贫困人口自上而下地包容性分享经济增长带来的成果,以缓解区域性的贫困状况。⑤⑥

为此,巴西政府在反贫困中主要实施了以下具体措施:一是成立专门开发机构指导开发,构建起自上而下的国家干预体系。这个干预体系主要由内政部

---

① 杜悦. 巴西治理贫民窟的基本做法[J]. 拉丁美洲研究,2008(01):59—62.

② Guy Burton. An End to Poverty in Brazil? An Assessment of the Lula and Rousseff Government's Poverty Reduction and Elimination Strategies[J]. Journal of Policy Practice,2013:123.

③ 郭存海. 巴西和墨西哥的"有条件现金转移"计划评析[J]. 拉丁美洲研究,2010,(04):37—42,80.

④ 赵曦. 发展战略理论与世界反贫困战略的实践[J]. 未来与发展,1994(04):6—11.

⑤ Dos Santos Oliveira Simone Helena, Alves Monteiro Man'a Adelane eds. Strategies to Combat Poverty and Their Interface with Health Promotion. [J]. Revista Latino-Americana de Enfermagem,2007(15).

⑥ 尚玥佟. 巴西贫困与反贫困政策研究[J]. 拉丁美洲研究,2001(03):47—51.

（政府主管的区域开发机构）、4 个跨州的地区开发管理局（东北部、中西部、北部和南部）、经济特区管理局和专项开发工程处及开发公司组成。① 二是着力规划好贫困地区，组织实施后发地区移民工程，把工业布局与人口、农业发展有机结合起来。1960 年巴西政府实施迁都计划，同时在多区域设立移民点，组织东南移民迁入定居；1970 年巴西政府出台的《全国一体化规划》，为工业西进、北上提供了所需劳动力和农产品资源，推进亚马逊地区经济开发，改善人口和农业布局。同时，大力开发国土资源，强化农业基地建设，扩大具有国际竞争力的农业生产部门。同时巴西政府还制定区域性综合开发计划，如中西部开发计划，旨在通过治理该地区公路，发展食品加工业，加强基础设施建设等促进区域开发。② 三是大力推动"增长极"建设。加大投资力度，出台特殊优惠政策：（1）通过财政刺激办法筹集开发资金，引导私人资金向落后地区和农业部门投资；（2）通过预算拨款保证区域开发所需资金，确保开发计划顺利实施；（3）实行农业品最低价格保护政策，鼓励农业发展，特别是保护新开发地区生产者利益。1967 年巴西政府首先选择远离海岸线一千多公里的亚马逊首府马斯作为"增长极"，给予重点投资，并制定特殊优惠政策。③ 在贸易政策方面，大力发展区域内消费商品，尤其是加工产品和农牧业所需物资，减免进出口关税。在财政政策方面，规定自由贸易区投资企业均能得到"亚马逊开发私人投资基金"赞助，对于国内企业实行免缴利润税、工业产品税、商品流转税，免缴工业生产所需进口机器设备、零配件和材料税。1974 年巴西政府又在亚马逊地区相继建立17 个规模不等的"发展极"，初步形成带动整个区域经济开发的"发展极"网络，并取得明显成效。④ 四是积极利用外资，加速"增长极"开发步伐。为了弥补开发资金的不足，巴西政府还开辟了自由贸易区，并向投资者提供各种便利条件，包括基础设施建设、减免土地使用周期和费用、参股新建企业等，重点发展电子等技术密集型产业。同时把提高不发达地区劳动者素质摆在重要位置。为了加快不发达地区的开发，巴西政府还融资 7 亿美元成立了东北部教育基金，帮

① 明拥军. 新疆贫困地区反贫困研究［D］. 新疆：新疆农业大学,2006.
② 明拥军. 新疆贫困地区反贫困研究［D］. 新疆：新疆农业大学,2006.
③ 魏后凯,邹晓霞. 中国的贫困问题与国家反贫困政策（上）［N］. 中国经济时报,2007－05－31.
④ 明拥军. 新疆贫困地区反贫困研究［D］. 新疆：新疆农业大学,2006.

助培养师资,免费发放教科书。① 1996 年又启动"远距离教学计划",通过电视卫星向偏远地区播放教学节目,大大减少了欠发达地区的文盲率。②③④

三、大力实施土地改革政策

巴西贫困人口中多因无地致贫。为了缓解过快发展的城市化,巴西政府颁布了《土地法》,该法规定"政府有权依照法律条款通过公正赔偿征收农村地产",对荒芜土地进行征收,并将征收的土地有偿分配给无地和少地的农民。⑤⑥为此,1999 年,巴西政府增设了土地发展部。2003 年,贫民出身的卢拉上台后启动了"全国土地改革计划"⑦,政府向 6 万户农民提供土地,并给予技术支持和贷款帮助。为了真正让耕者有其田,巴西政府一是没收了一些大农场主的荒芜的 24 万公顷土地,把它们分配给了没有土地的农民;二是在公布的 2004 至 2007 年 4 年发展计划中,把加快农村土地改革列为反贫困、缩小贫富差距、提高农民生活标准、促进社会稳定作为重要举措。这些政策大大促进了农村大片土地连片规模开发经营,规模报酬递增效应倍增,但由于土地问题复杂,实施中的问题依然很多,直到今天,有数十家农民社团还在为拥有土地而斗争。

土地革命大大促进了农业的发展,短短几十年,巴西由一个粮食进口大国一跃成为世界上最重要的农业出口大国和世界大粮仓之一,有实力参与与美国、加拿大、澳大利亚、阿根廷与法国五大粮食出口国的竞争。2012 年巴西农产品出口额达到 958 亿美元,比 2011 年增长 1% ,创历史新高;进口农产品 164 亿美元,同比下降 6. 2% 。农产品对外贸易顺差 794 亿美元。⑧ 粮食出口的增加,极大地提升了农民的收入水平,减贫的速度加快。⑨

---

① 周宝砚,杨宁. 试论巴西开发落后地区的政府干预举措[J]. 北方经济,2007(13):41—43.

② 魏后凯,邹晓霞. 中国的贫困问题与国家反贫困政策(下)[N]. 中国经济时报. 2007 - 06 - 01.

③ 明拥军. 新疆贫困地区反贫困研究[D]. 新疆:新疆农业大学,2006.

④ 谢健儿,孙素华,肖元真. 世界各国加快落后地区开发的战略与对策[J]. 北方经济,2000(11):41—44.

⑤ 周志伟. 巴西城市化问题及城市治理[J]. 中国金融,2010(04):39—40.

⑥ 钱文荣. 不同城市化形态下的农地保护实践与启示[J]. 世界农业,2003(10):11—13.

⑦ 王梅,周顺波. 国际比较:农民成为市民的制度安排[J]. 开放导报,2012(01):29—32.

⑧ http://finance. sina. com. cn/money/future/20130111/102914259443. shtml,2014 - 9 - 23.

⑨ 刘彤. 巴西去年农产品出口总额创纪录[EB/OL]. http://finance. people. com. cn/GB/70846/16847968. html,2014 - 11 - 12.

四、执行"零饥饿"消除贫困计划

"零饥饿"扶贫计划始于卢拉总统执政的 2004 年至 2010 年间（如表 6—2 所示）。其主要内容包括保证贫困人口的饮食权，确保他们收入增加、接受基础教育和改善卫生条件。[①] 2011 年，巴西新任总统罗塞夫在里约热内卢宣布新的"消除贫困计划"，表示要在其 4 年任期内使 1650 万巴西人摆脱绝对贫困状态。该计划是对卢拉政府时期消除贫困计划的继承与完善，旨在保证粮食安全、寻求社会公平和抵抗饥饿，集中力量让处于绝对贫困的人口脱贫，并使他们能掌握保证经济收入的"一技之长"，以确保和巩固已获得改善的生活状况。

该计划规定，国家财政每年将拨出 200 亿雷亚尔（约合 126 亿美元）预算，用以实施三项核心扶贫任务：一是收入的再分配。注重对农村贫困家庭的扶助，如提供必要的资金和技术援助，扩大市场，提高就业者最低工资，帮助他们发展农业生产、改善城市贫民的就业状况和生活环境，从而缩小贫富差距，促进社会和谐。二是提供应有的公共服务设施，即修建电力、排水、学校等设施，保障贫困家庭的日常生活需求，改善居住环境，普及科学文化，加大教育投资力度，排除火灾等安全隐患，维护社会治安，从而增强社会凝聚力和稳定性。三是基本生产技能培训。推广职业教育，注重生产技能培训，促进贫困人口就业是该计划最大特点之一。在 2004 年启动"全国高等教育评估体系"和"全民大学计划"后的 2006 年，国家又设立了"基础教育持续与发展、职业教育增值基金"和"联邦技术教育网络扩展计划"。通过推广普及职业技术教育，巴西城市失业问题有所缓解。2008 年，巴西政府新推出了"帮助青年就业计划"。该计划主要由巴西政府向各个州、市提供一定的财政援助，鼓励其为当地 18—29 岁低学历、贫困青年提供职业培训，以满足用人单位的需要。同时，巴西政府还规定，各个州、市至少应为 30% 接受此类培训的青年解决就业问题。此外，各级政府劳动局均设有专门的公共就业协会，充分利用网络、媒体等手段，建立人才库，随时跟踪劳动力市场的供求情况，为供求双方建立畅通的联系渠道。[②][③]

① 于茜西. 巴西卢拉政府的反贫困政策研究[J]. 北京：对外经贸大学，2011：5—6.
② 王琛. 如何消减城市化弊端[J]. 决策探索（下半月），2014（01）：77—78.
③ 王海林. 巴西职业教育培训助力体面就业[N]. 人民日报，2013 – 06 – 06.

表6—2　巴西"零饥饿"计划主要政策措施

结构政策	专项政策	地方政策
创造就业和收入	发放贫困家庭食物卡	大城市地区
普及社会保障	粮食应急供应	"大众餐厅"建设
激励家庭农业生产	粮食安全储备	建立食物银行
土地改革	实施食品安全和质量保证计划	食物供应设施现代化建设
半干旱地区社会发展	扩大"工人食物计划"	食物零售/超市网络建设
奖学金和最低收入计划	保障妇女和儿童营养	中小城市地区
基本卫生保健	扩大"学校午餐计划"	建立食物银行
		食物零售网络建设
		刺激地方农产品消费
		激励城市地区农业的发展
		农村地区:
		家庭农业支持
		农业地方市场和设施建设
		农户技术援助
		扩大农村信贷
		基础设施建设
		鼓励生产—自我消费

资料来源：根据有关资料整理.

五、稳步发展家庭农业

20世纪90年代中期,巴西开始实施旨在保障农户生产利益的"加强家庭农业国家计划",并相继出台了包括信贷补助、生产技术援助等在内的相关政策措施。继实施"零饥饿"计划后,巴西政府采取措施加大对家庭农业的支持。

第一,改变粮食收购方式。2003年联邦政府实施了直接针对家庭农场的"粮食收购计划",通过国家粮食供应公司以市场价格直接向家庭农场收购粮食[1],所购粮食主要用于减贫。该计划还规定,学校必须分配30%的食物支出预算直接从家庭农场采购食物。2003—2008年,联邦政府共支出10亿美元,收购粮食近200万吨。2008年收购了近12万农户的产品发放给1680万贫困人

---

① 袁竹. 完善中国特色社会主义收入分配机制研究[D]. 吉林：东北师范大学,2013.

口。2009 年粮食收购计划的预算近 3 亿美元。粮食收购计划促进了家庭农场生产,自实施以来,农户耕种面积有所扩大,农产品多样化、生产和劳动力投入以及农户对质量控制的重视程度等方面都有提高。

第二,避免价格风险。2006 年实施"价格保证计划":一是确保农户在摊还信贷期间或面临破产的情况下其产品有一个保证价格(一般是该地区生产成本的平均值),目的是减少负债农户的风险,促进农户增产和收入增加。二是提供补贴。如果产品的市场价格下跌,跌幅超过保证价格的 10% 时,农户将获得补贴。[①]

第三,强化农场保险。2004 年实施的由政府提供担保,帮助农户从商业银行获得经营资金贷款的"农场保险计划",即当因灾害(干旱、洪涝、冰雹、风毁、病虫害或瘟疫)导致农场总收入减少超过 30% 时,政府将承担还贷责任,到 2007 年,该计划覆盖了 20 种农产品,参加农户 60 多万户。在保障家庭农场收益的措施方面,从 2003 年开始实施针对半干旱地区非灌溉的粮棉等作物的"收益保证计划";2004 年开始实施由政府提供保费补助以激励农户购买商业保险和商业保险进入农村市场的"农村保险保费补助"计划;2006 年保费补贴范围扩大到所有农业作物、牲畜、水产养殖和林木;2008 年建立了旨在支持保险公司或再保险公司应对巨灾风险,以推动气候多变地区农业保险供给的"巨灾保障基金"。

第四,增加农业信贷。巴西农业信贷由国家"农村信贷系统"管理。"农村信贷系统"的资金来源有两种:一种是强制性地规定所有银行吸收的活期存款的 25% 以零利息存在中央银行,或是作为农业信贷发放,但利息必须低于市场利息;另一种来源是农村合作银行存款、国家开发银行和州一级财政资金。[②]"农村信贷系统"信贷资金以优惠利息发放支持农业,帮助贫困群体提高了自我脱贫的能力。

六、联合重拳治理"贫民窟"

巴西过度城市化和农民土地政策的失误导致了贫民窟的迅速蔓延。自 20

---

① 袁竹. 完善中国特色社会主义收入分配机制研究[D]. 吉林:东北师范大学,2013.
② 同上.

世纪以来,围绕贫民窟展开的各项整治提升工程已经成为巴西各级政府反贫困中的首要任务,实施了一系列具体措施。

首先,通过统一安置贫困人群和让非法占地合法化,解决贫民窟土地产权和使用权问题。1994 年,里约热内卢市政府实施了"城市非法居住区整治项目"(Illegal Settlement Municipal Regularisation Programme)计划,在法律层面赋予贫民窟居民以小块土地产权。在该项目实施初期,就有 2.3 万户小土地得到了合法产权证。

其次,升级改造贫民窟,改善其居住条件,把贫民窟建设成具有必要基础和生活设施的社区。1989 年—1992 年,圣保罗市政府实施了首个针对贫民窟大规模治理的"贫民居住区城市更新计划"(Favela Upgrading City Programme)。该计划通过改善贫民窟居民的居住条件,建设给排水、垃圾回收和处理系统等,把贫民窟改造成拥有城市基本基础设施和生活设施的城市社区。在不到两年的时间里,该项计划帮助了大约 41000 个家庭,总投入达到 5 千万美元。①② 目前,在里约热内卢和圣保罗贫民窟,几乎所有的贫民窟人群可以用上自来水,污水处理也有了明显的改观。③

2007 年,巴西政府借举办国际重大体育赛事世界杯和奥运会的契机,启动了旨在改善和加强基础设施的"加速增长计划"(PAC)。罗塞夫总统于 2012 年 8 月公布了一批公路铁路和其他交通设施的计划,计划吸引 665 亿美元私人资本,将大部分投资用于大型基础设施建设,小部分用于新建公路,以及改造国道干线和建设国道复线。这些重大项目竣工后,巴西当前十分紧张的交通状况得到大大缓解,降低了巴西产品的运输成本,提高了国际竞争力。④ 该计划还突破性地调整了之前将基础设施视为战略领域,只允许国营企业负责施工与经营的法律条款,允许私人部门参与交通基础设施建设并且可以从国家开发银行获得低息贷款,扭转了资金来源有限、基础设施长期得不到改善的现状。

---

① Mariana Fix,Pedro Arantes,Giselle Tanaka. Urban Slum Reports:The Case of Sao Paulo[M]. 2003.

② 杜悦. 巴西治理贫民窟的基本做法[J]. 拉丁美洲研究,2008(01):59—62.

③ Rute Imanishi Rodrigues,Setsu Kanto,Slum Upgrading in Brazil during the1990s. An Evaluation Using Census[J]. Presented at the World Bank Fourth Urban Research Symposium,Washington D. C. May 14th,2007.

④ 王琛. 巴西如何消减城市化弊端[N]. 学习时报,2013 - 12 - 02.

此外,强化妇女在社区治理中的价值和作用。① 巴西政府认为,妇女作为一个弱势群体,在贫民窟治理上有着不可替代的作用。巴西政府敏锐地察觉到了妇女在减少贫困和贫民窟治理中的这一独特作用,并积极加以扶持和引导,如巴西利亚政府在撒玛姆比亚(Samambaia)区贫民窟的再安置项目中就明确规定,被安置的家庭必须同意以家庭中的妻子作为户主,而不是丈夫,这正是为了防止土地被男人出售,以确保摆脱贫困后可持续发展的生机。②③

第四节　巴西反贫困实践对我国扶贫开发的几点启示

经过长期不懈的努力,巴西历届政府实施的反贫困战略获得了较好的效果,探索出一些经验,也存在一些教训,无论是经验还是教训,无疑都可以带给我们一些启示。

一、切实转变发展观念,保障经济建设与社会发展同步

观念决定成败,经济社会同步发展可以确保社会和谐。中国是一个发展中国家,由于自然条件的差异性和历史的原因,中西部与东部沿海发达地区的发展存在巨大差异,因此,首先,在选择扶贫开发战略、制定相关政策和措施时,应该基于本地、本片区的实际情况,在充分吸纳国外反贫困成败经验教训的基础上,因地制宜地走具有中国特色的包容性反贫困之路。其次,新型城镇化强调集约、高效、低碳、绿色和可持续,是经济新常态背景下促进我国经济快速增长、优化经济结构、转变增长方式、提高人民生活水平的基本途径,也是解决我国"三农"问题和突破"胡焕庸线"④的根本出路。当前处在快速发展的重要时期的城镇化不仅为重大的经济社会结构转型,实现农村人口转化为城市人口提供了路径,也给扶贫开发、促进区域协调可持续发展带来了历史性的机会。但必须认识到,城镇化是一个城市功能不断发展完善的过程,也是一个长期的历史

---

① 　Ferreira Vanessa Alves,Magalh？es Rosana. Obesity and poverty：the apparent paradox. A study among women from the Rocinha slum,Rio de Janeiro,Brazil［J］. Cadernos de Saude Publica,2006：216.

② 　UN－HABITAT. United Nations Human Settlements Programme：2005 Annual Report,2006.

③ 　杜悦. 巴西治理贫民窟的基本做法［J］. 拉丁美洲研究,2008(01)：59—62.

④ 　李培林. 新型城镇化与突破"胡焕庸线"［N］. 人民日报,2015－01－08.

过程,不能盲目跟风,急于求成。① 巴西过度城市化带来的贫困问题值得我国在推进城镇化的过程中警惕,任何狂热的城镇化不仅不能缓解区域贫困、农村贫困,相反会衍生新的城市贫困。只有保持经济建设与社会发展同步,城镇化才能成为帮助贫困地区摆脱贫困的"引擎"。

二、建立包容性反贫困机制,保护弱势人群合法权益

建立政府主导反贫困机制,保护农村流动人口的合法权益,给予其平等的城市居民待遇是保障农村人口生活、为城市发展提供新鲜血液的有效政策。农村劳动力向城市的流动是伴随经济发展的规律性现象,是与一个国家的工业化、城市化过程密不可分的。巴西自 20 世纪 60 年代开始,由于各种原因致使农村失去土地资料的大量农民纷纷涌入城市,使城市人口急剧增长②,但由于人口的增加超过了城市的承载力,加之其产业政策的缺位,城市就业岗位不足,大量流入人口享受不到经济发展的成果,在教育、医疗卫生、社会保险等许多方面也不到应有的保障。不稳定的生活、不被认可的地位、不公正的待遇,使流入的农村人口成为城市的"边缘人",他们居无定所,只能在城市边上乱搭乱建,贫民窟连片形成,既造成了社会的不稳定,也撕裂了国民感情。③

巴西反贫困的经验说明,城市化并非能自动解决农民生存和发展问题,若没有就业机会和完善的社会保障,进城农民只能是从农村的贫困变为城市的贫困,很难发生本质的改变。中国有着世界上数量最庞大的农村转移城市人口,农村劳动力向城市的流动是一个长期的过程,在规避农村人口进入城市导致的各种短期效应的同时,一是要充分认识到他们在制造、建筑、服务业等初级劳动领域对城市发展的巨大贡献,有序放开户籍,让劳动力合理流动,发挥人力资源重新配置效应,保持比较优势,填补初级岗位空白。二是各级政府部门应为农村人口创造宽松的政策环境,为他们提供必要的技术培训和更多生产性就业机会,从而形成城市对农村发展的带动机制。三是在发展高新技术产业的同时,应在"经济新常态"背景下充分利用国内外两个市场,重视传统工业的转型升

---

① 魏力.对我国当前加快推进城镇化的几点思考[J].生产力研究,2010(12):102—103.
② 蔡昉,都阳.经济转型过程中的劳动力流动——长期性、效应和政策[J].学术研究,2004(06):16—22.
③ 陈锋正.中国、巴西:城市反贫困的比较及其启示[J].经济与管理,2009(06):37—41.

级,承接东部沿海发达地区产业转移,支持发展新型农业经营主体,大力发展劳动密集产业,兼顾多种服务业,开辟绿色融资渠道,鼓励绿色中小企业发展,充分发挥其在解决农村劳动力就业中的作用。四是要加大对贫困人口的投入力度,健全完善覆盖面更广的社会保障体系和福利制度,构建弱势群体的"安全网",真正让农民工能够走进来、留下来,为城市所包容和接纳,找到归属感,成为名副其实的"城里人"。

三、保障城乡人口"双向"流动,促进城镇化健康发展

失去农村土地在城市难以谋到就业岗位是巴西贫困问题的主要"症结"。无数事实证明,土地是我国农民最基本的生活保障,是外出务工农民维持生计的最后一道防线。为此,首先,在农民到城镇落户未取得稳定的就业、收入保障以前,确保"三权"不得动摇,不得以任何形式盘剥农民尤其是贫困地区农民的利益。其次,政府应通过联合科研机构为家庭农场提供农业技术咨询援助,鼓励各单位机构以市场价格直接向家庭农场收购粮食,对产品市场下跌或由于不可逆转因素造成的亏损进行全额补贴、保险理赔,通过以政府担保形式帮助农户从商业银行获得经营资金的贷款等方式,推动家庭农场发展,引导城乡人口双向流动,降低城市人口压力,增加农村人力资本流入,减贫致富,确保城乡协调互助,城镇化健康可持续发展。

四、集约属地资源培育"发展极",推动欠发达区域经济发展

巴西"发展极"战略是建立在不平衡增长理论基础上的反贫困战略,对于巴西缩小贫富差距、促进贫困地区经济增长发挥了关键作用。我国地域辽阔,城乡差距明显,在推动落后地区发展时应坚持区域发展不平衡原则,整合政府部门、高校企业,联合勘察综合规划,根据当地经济状况和未来规划,坚持市场导向,以经济效益为中心,以产业集聚为依托,利用生态、旅游、文化等特色资源,统筹布局贫困地区的经济,制定一系列优惠政策和鼓励措施,打造贫困地区新的"发展极"或增长点,通过极化和扩散效应,带动周边不发达地区的经济发展,形成一种利益共同体的经营机制,把贫困地区产业的产前、产中、产后各环节结

成统一的产业链条①,以此方式促进欠发达地区的贫困人口自上而下地分享经济增长的成果,以改变区域性的贫困状况,走上共同发展、共同富裕之路。

五、优化公共基础设施,培育农民工城市归属感

调整城市发展思路,在城镇规划、住房建设、公共服务、社区管理等方面更加关注低收入群众和进城务工的普通农民工。对于长期拖家带口居住在城市的低收入群体,政府应该对他们的居住问题作制度上的安排,防止贫困人口集中形成贫民窟及众多社会问题的发生。这就需要加强城镇规划、住房建设和公共服务,在社区管理上切实保障城镇低收入群众和进城就业的普通农民工的需求。② 各级城市政府应该尽速落实中央有关进城务工人员的落户政策,细化标准,推出新举措,让他们真正享受到与城市居民一样的公共服务和劳动社会保险,成为城市的建设者和主人。对于他们的子女教育问题、高考问题,也要实行包容性的政策,在保证他们平等享受教育权利的同时,教育主管部门需要着眼于提升教学质量和受教育程度,通过与高等院校、大型企业协同合作,发放教育补贴、助学金、奖学金、助学贷款等,选拔优秀贫困学生免试入学、免费培训、优先就业,鼓励低收入群体下一代提高受教育程度,切实增进和巩固人力资本,防止贫困延续。还要营造良好的社会大环境,创造条件让一部分外来人口公平地融入城市,通过就业摆脱贫困。

贫困作为人类发展的天敌,是造成国际冲突、贫富差距和社会动乱的根源,直接威胁世界各国的平等、稳定和可持续发展。尽管我国扶贫事业在各个阶段政策的驱动下取得了伟大成就,贫困地区人口大幅减少,收入水平稳步提高,贫困地区基础设施明显改善,社会事业不断进步,最低生活保障制度全面建立,农村居民生存和温饱问题得到解决③,但由于我国仍处于社会主义初级阶段,经济

---

① 邱岚岚,刘尔思. 云南省产业扶贫资金运行模式及风险防范研究[J]. 中国商界(下半月),2010(04):98—99.
② 陈锋正. 中国、巴西:城市反贫困的比较及其启示[J]. 经济与管理,2009(06):39—40
③ 饶华敏. 乌蒙山集中连片少数民族困难地区贫困的脆弱性探讨[J]. 经济研究导刊,2012(18):132—133.

社会发展总体水平不高,区域发展不平衡问题突出,制约贫困地区发展的深层次矛盾依然存在,扶贫对象规模大,相对贫困问题凸显,返贫现象时有发生,扶贫开发任务仍十分艰巨。① 对此,《中国农村扶贫开发纲要(2011—2020 年)》明确指出,"要坚持开发式扶贫方针,实行扶贫开发与农村最低生活保障制度有效衔接。把扶贫开发作为脱贫致富的主要途径,鼓励和帮助有劳动能力的扶贫对象通过自身努力摆脱贫困;把社会保障作为解决温饱问题的基本手段,逐步完善社会保障体系"。② 我国与巴西同属发展中的新兴工业化国家,在诸多方面有着相似之处,如区域发展不协调,收入差距大,都处在经济与社会转型时期等。面对严峻的贫困局面,在过去的十几年里,巴西政府通过一系列创造性的重要举措,在与贫困进行斗争中取得卓越成效。本章通过对巴西反贫困的实践与经验的比较研究,旨在为我国政府制定反贫困政策提供借鉴参考,进一步探索出具有中国特色的扶贫开发新路径、新模式,以促进我国连片特困地区经济、政治、社会和谐发展,为推动全球减贫事业作出贡献。

---

① 《中国农村扶贫开发纲要(2011—2020 年)》[N]. 人民日报,2011 – 12 – 02.
② 本刊编辑部.《中国农村扶贫开发纲要(2011—2020 年)》摘要[J]. 农村·农业·农民(B 版),2011(12):6—9.

第七章　南非贫困的形态、根源及其扶贫经验教训

南非是发展中的新兴工业化国家,由于自然条件和长期的种族隔离制度,贫困问题十分突出。自20世纪90年代中期废除种族隔离制度、非国大执政以来,南非当局实施了一系列扶贫政策,在反贫困的实践中总结出许多值得借鉴的成功经验,也有值得吸取的教训。本章通过大量的文献梳理和分析,对南非的贫困形态和根源进行归纳,研究了南非经济社会转型期扶贫实践的一些做法,指出其存在的问题,并从中获得一些启示。人类文明成果具有共享性,学习借鉴南非的扶贫经验,吸取存在的教训,这对我国打好新时期扶贫攻坚战、全面建成小康社会具有积极意义。

第一节　南非的基本国情

南非位于非洲大陆最南端,它东、西、南三面临海,北面有重山环抱,其西南端的好望角航线历来就是世界上最繁忙的海上通道之一,具有"西方海上生命线"之称。南非国土面积1219090平方公里,海岸线长2500公里,总人口5496万,由黑人、有色人、白人和亚裔四大种族构成,分别占总人口的80.5%、8.8%、8.2%和2.5%。① 不同的民族起源、文化、语言和宗教将南非打造成为世界上最具多元魅力的国家之一,享有"彩虹之国"的美誉。

南非自然资源十分丰富,尤其是矿产资源,占非洲的一半,位居世界第五。得天独厚的铂、黄金、钒、铬、金刚石、锰石、萤石、红柱石、钛、煤炭等矿产资源联合体是南非的经济支柱,矿业的开采、加工、出口推动了冶炼业、科技产业、制造

---

① 外交部网站,2016年1月。

业、新兴服务业的繁荣发展,加之先进的现代化农业,南非一跃成为非洲第一大经济体,以占非洲5%的人口创造了非洲大陆29%的国民生产总值,也是非洲建有社会安全保障系统的少数几个国家之一。

南非的社会发展得益于经济实力的增强。1994年以来,南非着力发展经济,持续致力于消除种族隔离带来的二元经济结构,逐步在经济、政治、文化等方面建立起具有强大包容性的社会运行机制,通过扩大对基础设施、公共服务、教育、健康福利等的投资,为消除贫困、创造平等机会、推动社会一体化和融合式发展走出一条独特道路,并形成了以矿业、制造业、现代农业、新兴服务业为主导的经济业态,工业化步伐加快,经济实力不断增强,人民生活持续改善。到2013年,南非GDP为3511.32亿美元,人均GDP为6627美元,同比1994年增长159%与98%。①

然而,南非区域、种族、性别间贫富差距悬殊,种族歧视和社会不公现象十分严重。据统计,1995年,在南非最穷的10%的人口中,77%是生活在农村的非洲黑人,仅仅掌握不超过1%的家庭和成人等价支出财富;与之形成强烈对比的是,最富有的10%的家庭掌握了40%的支出财富,这些人中,仅有4%是居住在农村的黑人。② 有鉴于此,1977年,世界银行将南非评定为继巴西之后世界上最不平等的国家。直到今天,南非三分之二的国民收入掌握在20%的白人手中,仍是世界上贫富差距最大的国家之一,由贫困滋生的犯罪与贪污事件频发,艾滋病发病率与死亡率居高不下,严重制约了南非经济的发展。

第二节　南非贫困的主要形态及其主要根源

贫困形态是基于致贫因素内因分析的一种表现特征,南非贫困的外因可归咎于殖民和种族隔离的历史,而贫困的内部因素则更多地表现为基本生存能力(收入)、健康生存能力、发展生存能力(知识教育)式微。南非贫困形态在空间、种族和人群三个维度上表现最为突出,三者之间的贫困也具有很大相关性。

---

① http://beta2. statssa. gov. za/.

② Michael R. Carter, Julian May. Poverty, Livelihood and Class in Rural South Africa[J]. World Development, 1999(01):1-20.

一、空间维度上的贫困

空间维度是地理现象的最基本特征,南非贫困的主体分布在地理位置偏远、自然开发条件较差、基础设施和公共服务落后的农村地区,以及生存资源脆弱性高、发展环境更加复杂的沿海区域,贫困的表现更具有对比性和空间差异性。

尽管南非自然资源(可再生与非可再生)十分丰富,但很大一部分人口仍然处于贫困之中。追溯到种族隔离时期,白人通过掠夺黑人土地、牲畜以及凭借市场、基础设施、教育隔离等手段阻断了黑人发展新资产的机会,由此引发广泛的社会贫困,压缩了社会和经济阶层,尤其是在黑人占主体并持续居住的农村地区,贫困现象更为突出。① 社会转型初期,南非72%的贫困人口都来自农村。他们主要以传统农业、小规模商品活动(如林木、渔业、手工产品、小商品交易)、务工、养老金为生,到1997年有90万个家庭根本没有适宜耕作的土地,1400万家庭除了鸡之外没有任何牲畜,77万个家庭两者都没有,②农民长期处于极端贫困之中。随着20世纪90年代末至21世纪初国内大规模失业,农村居民生活更加糟糕,超过51%的农村人口失业,5%的农村家庭无任何现金收入,26%的家庭仅靠在城市打短工为生,超过18%的农村人口艾滋病呈阳性。③

受多重因素影响,南非空间贫困还体现在沿海区域。一是区域发展极度不平衡,开普敦、德班、伊丽莎白港、东伦敦、理查兹贝等地发展程度最高,年人均区域生产总值超过16000兰特,而在南部海岸和东开普敦、夸祖鲁—纳塔尔省农村发展程度十分有限,年人均区域生产总值低于200兰特。④ 二是沿海黑人在农村和城镇非正式居所的聚集度非常高,尤其是在前种族隔离时期的"黑人家园"(homeland)区域,多数黑人依然与城市隔离,社会融入度异常低下。三是

① Michael R. Carter, Julian May. Poverty, Livelihood and Class in Rural South Africa[J]. World Development, 1999(01):1 – 20.

② Michael Aliber. Chronic Poverty in South Africa: Incidence, Causes and Policies[J]. World Development, 2003, 31(03):473 – 490.

③ Charlie M. Shackleton, Sheona E. Shackleton, Eric Buiten et al. The Importance of Dry Woodlands and Forests in Rural Livelihoods and Poverty Alleviation in South Africa[J]. Forest Policy and Economics, 2007, 9(05):558 – 577.

④ Bruce C. Glavovic, Saskia Boonzaier. Confronting Coastal Poverty: Building Sustainable Coastal Livelihoods in South Africa [J]. Ocean Coastal Management, 2007, 50(01):1 – 23.

沿海居民生存多依赖于渔业,受国家禁止过度开采渔业的政策限制,靠捕鱼为生的小型渔民没有合法开采渔业的权利,可持续生计难以维持。四是南非法律规定禁止拒绝接收难民,沿海边境成为难民的汇涌之地,加之移居者众多,沿海犯罪活动愈加频繁,城市贫困也随处可见。五是受全球气候的影响,沿海地区生态脆弱性更高。沿海的贫困已经成为当今南非经济社会发展中面临的巨大挑战。

二、种族维度上的贫困

种族维度是在体质形态上具有某些共同遗传人群的分类特征,国际上将人种划分为白种人、黄种人、黑种人和棕种人。南非主要由黑人、有色人种、亚裔和白人组成,在经历漫长的种族隔离之后,黑人持续承受遗留下的最严重的贫穷和社会不公。20 世纪中期,黑人贫困发生率为 61%,月生活支出不到 352 兰特,38% 的是有色人种,5% 的是印度人,白人仅占 1%,黑人婴儿的死亡率是白人的 10 倍。[①] 黑人也很少拥有自然和社会资源,受教育程度低,关系网络狭小,社会信任度不高,难以获得稳定的工作,生存能力脆弱,1996 年失业的 30% 的人为黑人,2001 年为 41.5%。另据统计,2004 年,南非一半人口生活在贫困线之下,其中 92% 是黑人和有色人种。越来越多的贫困黑人陷入厌世和自我消极状态,由贫困导致的自杀现象频发。进入新世纪后,贫困人口中黑人自杀的现象居高不下,由各种原因导致的种族贫困在南非极为普遍。

三、人群维度上的贫困

贫困人群是根据某些共同特征,如性别、年龄、职业、学历、健康状况等进行分类,在贫困方面表现出一定的相似性,尤其是社会弱势群体,具有生存能力弱、抵御风险能力低等共同特征,更易陷入贫困。艾滋病患者和儿童是南非所有贫困人群中最脆弱、对社会影响最大的两个群体,同时也是导致家庭贫困循环的主体。

联合国艾滋病规划署和世界卫生组织调查发现,撒哈拉以南的非洲地区是

① Michael Aliber. Chronic Poverty in South Africa: Incidence, Causes and Policies[J]. World Development,2003,31(03):473-490.

艾滋病发病和死亡率最为集中的地区,世界上三分之二的阳性艾滋病患者和四分之三的死亡者来自该区域,其中90%的艾滋病阳性患者是成年人。① 艾滋病的高感染率和高死亡率导致南非劳动力市场严重失衡。患有艾滋病的父母大量失业,收入无保障,孩子缺乏营养,教育和卫生保健无保障,低生产率、低收入、低经济增长更使贫困家庭雪上加霜。

除了艾滋病人群贫困问题异常严峻之外,南非儿童贫困现象也十分突出。1998年,五分之二的儿童生活在单亲母亲家庭,其中一半以上的儿童处于贫困之中,2003年1430万(75%)的儿童生活在贫困线以下,其中1100万儿童处于极度贫困之中。② 2006年,有12%的青少年居住在棚户区,40%的儿童在居住地周围200米内喝不上洁净水,49%的家里没有冰箱,60%的家里没有抽水马桶。③ 因早产时感染上艾滋病的儿童多达2.6万。④ 大约36万名(约2.1%)18岁以下的青少年被感染上艾滋病。根据南非法律,儿童有权获得基本照顾和保护,获取基本营养和卫生保健。然而,在西开普敦城市和东开普敦的农村,40%需要照顾的孩子无法获得这一权益。⑤

四、南非贫困的主要历史根源

众所周知,漫长的殖民统治与种族隔离制度是导致南非长期贫困的主要根源。具体来讲,一是长期的殖民统治与制度上的安排,白人统治下的南非将土著非洲居民排除在政权与经济之外,长期处在被剥削和压迫的境地。回顾历史,欧洲对南非的殖民统治始于17世纪中期的荷兰移民者和法国逃亡的胡格诺派教徒。1795年英国人侵入,并分别于1806年和1814年侵占开普敦与好望角,从此开启了欧洲人对南非的殖民统治,白人掠夺了南非土著居民(科桑人、班图人)绝大部分赖以生存的资源。尤其是1866年及1886年南非首次发现钻

---

① Luke Chicoine. AIDS Mortality and Its Effect on the Labor Market : Evidence from South Africa[J]. Journal of Development Economics,2012,98(02): 256 – 269.

② Jean D. Triegaardt. The Child Support Grant South Africa: A Social Policy for Poverty Alleviation? [J]. International Journal of Social Welfare,2005,14(04):149 – 255.

③ M. Noble,G. Wright,L. Cluver,Developing A Multidimensional Model of Child Poverty in South Africa [J]. Children Poverty,2006,12(01):39 – 54.

④ http://www. assa. org. za/aids/content. asp? id = 100000044.

⑤ Barend Jacobus,Monika Esser,Sarah Godwin etc. Poverty and Human Immunodeficiency Virus in Children,A View from Western Cape,South Africa [J]. New York Academy of Science,2008(01):21 – 27.

石和黄金,并于 1911 年和 1913 年政府颁布实施《矿业及工人法》以及《土著人土地法》后,白人政府大规模掠夺黑人的自然资源,压榨黑人劳动力,并通过划分土著非洲人保留地和白人农用地,禁止黑人获取、享有和租用土地,黑人被迫将地理位置好、土壤肥沃、矿藏丰富的土地转移给白人,生存资料被攫取严重限制了黑人的生产生活,大批黑人因饥荒和高强度劳动而死亡,也给南非黑人患上艾滋病埋下重大隐患。

二是种族隔离制度拉大了城乡发展差距,在权益不平等的环境下,白人以外的其他人种难有政治与经济的包容性机会。1923 年,白人当局在原《土著人土地法》的基础上增加了一项新内容,即赋予地方权力按种族划分城市居住权,黑人被驱逐到城市之外,随后的《移民调节法》《公民身份法》以及限制黑人与白人通婚的法律严重剥夺了黑人的城市居住权、自由移居通行权和与白人平等通婚、交流的权利。1950 年,维沃德执政后全面加强了种族隔离、种族歧视和对黑人通行的控制,许多黑人家庭成员长期分隔,男人在矿山和城市做工,女人留守在家,越来越多的人被迫迁往黑人聚居区域(农村)。1955—1969 年间,黑人聚居地(班图家园)的人口密度从 60 人/平方千米增长到 110 人/平方千米,而这些人口所占用的土地面积仅为全国的 13%,且在地理上与外界隔绝,基础设施极度恶劣。[①] 同时,南非"非白人"被排除在政权之外,遭遇土地被剥夺、就业无门、生财无路、教育等公共服务无法公平享受等窘境,唯有贫困。

综上,黑人贫困与不平等要归结为少数白人的统治和经济发展缺乏包容性,政治上对非白种人的排挤、经济上对其的剥削、文化上对其的歧视,造成了南非长期的权力、利益和文化冲突,种族间政治、经济、社会的割裂与对抗的矛盾不断激化,无疑影响到南非的经济社会发展,也成为南非贫困的重要根源,反贫困成为非国大执政以来面临的最大挑战。

第三节　南非反贫困的主要政策构建

反贫困有赖于正确的政策保障支撑。1994 年南非历史翻开了崭新的一页,

---

① Michael Aliber. Chronic Poverty in South Africa : Incidence, Causes and Policies[J]. World Development,2003,31(03):473 – 490.

赢得执政权后的非国大政府拉开了治理因种族隔离制度带来的持续性贫困问题的序幕,在宪法和人权法案立法、政治和经济制度设计、文化发展与社会保障方面走上益贫性的改革之路。新政府制订的"重建和发展计划",全面致力于经济发展、扩大就业和减少贫困,黑人首次享有与白人同等的权利,尤其是诸如社会保障、就业、培训、教育、资源再分配等计划和改革措施出台,既巩固了非国大的执政社会基础和执政地位,也在一定程度上缓解了社会矛盾,促进了经济社会快速发展,为帮助更多的人摆脱贫困创造了条件。

一、扩大益贫式社会保障,构筑社会安全堡垒

益贫式保障是基于包容性增长致力于贫困人群的减少、使贫困人群的收入增长高于社会平均收入增长的、推进社会保障均等化的安全模式。1997 年,南非政府出版的《社会保障白皮书》,将老人、残疾人、儿童等社会弱势群体纳入扶持重点,构建起剩余型和制度型的社会福利政策体系,成为南非减少收入贫困的主要方式。随着 21 世纪初政府接受新自由主义思潮,南非社会保障转变为社会发展型福利政策,更加关注那些被社会福利系统排斥在外的人群,旨在预防贫困,实现社会补偿和收入重新分配,以及在更大范围内减少隐蔽性贫困。目前,全国社保基金占 GDP 的 3.3%,享受社保的人数为 1600 万人,占总人口的 31.4%,其中儿童 1200 万人,残疾人 110 万人,老年人 290 万人。[①] 南非贫困人口享受社会保障比率之高,已经成为发展中国家扶贫的佼佼者。

1. 强化社会救助

社会救助是益贫式社会保障的基础功能,也是减贫的重要手段。南非社会救助主要由社会养老金、子女抚养补助金、依赖护理者补助金、退伍军人津贴、残疾人补助金、收养儿童补助金、资助金等七大类组成,实施老人、儿童、残疾人的救济对大范围缓解家庭经济压力和社会失业发挥着重要作用。南非的社会养老制度真正具有益贫性质的变化应该得益于废弃种族歧视的法律法规。如今女性 60 岁、男性 65 岁以上的老人经过经济调查(家庭、伴侣经济),并未在社会养老保健机构接受服务和其他补助金的有资格获得全额补助,2005 年每人每

---

① 章康华. 南非社会转型期的减贫战略与我国现阶段扶贫开发之比较[J]. 老区建设,2014(09):8—16.

月 780 兰特,目前已增长到 1285 兰特。社会养老金是贫困家庭关键的社会安全保障,使 11% 的家庭成员避免了陷入贫困的可能性。① 由子女抚养补助金、收养儿童补助金和依赖护理者补助金组成的儿童福利补贴,使约 740 万的南非儿童(84%)受益,②极大减轻了失业家庭、残疾儿童家庭和领养家庭的贫困压力。此外,教育部还实施了针对儿童营养和安全的计划,如针对孤儿的食物慈善包和食物园艺方案、学校供膳计划、推广国民生存教育等。2009—2012 年,南非政府与 NGO 组织积极合作,开启了专门针对孤儿和艾滋病儿童的行动计划。③ 通过社会各界的共同努力,南非构建了较大程度上保障儿童营养、健康、安全、教育的社会网络,缓解了贫困家庭的经济压力,并在一定范围内降低了贫困代际传递的几率。另外,南非社会救济的人数也在逐年增长,2011—2012 年增长 4.42%,2012—2013 年增长了 3.27%。④

2. 保障基本住房

住有所居是基本的民生问题,也是确保贫困人口安身的重要保障。1994 年南非发布的《住房白皮书》明确住房是公民的基本需求;公民有权享有、安全占有充足的住房,以确保隐私和抵御自然危害。面对 20 万个家庭住房短缺问题,非国大政府出台政策,通过提供 100 万套住房补助以帮助贫困家庭居者有其屋。据住房部统计,截至 2001 年,南非政府为城市和农村最贫困人口建造了大约 115.53 万套住房,使 577.63 万人受益。但这一措施由于偏重数量,住房配套的设施很不完善,且每户获得的面积多为 25 平方米左右,很难满足基本需要。⑤尤其是迁入的农民远离土地,失业现象严重;补贴方式的过于简单(凡是收入低于 3500 兰特的家庭都可享受这一补贴),使得真正的贫困人口享受不到高质量的住房;贫困人口迁出率非常高,常住居民寥寥无几,致使政府提供的住房在利

① Monica Ferreira. The Differential Impact of Social-pension Income on Household Poverty Alleviation in Three South African Ethnic Groups[J]. Ageing and Society,2006,26(03): 337 –354.

② Rhian Twine,Mark A. Collinson,Tara J. Polzer et al. Evaluating Access to A Chid-Oriented Poverty Alleviation Intervention in Rural South Africa[J]. Scandinavian Journal of Public Health,2007,35(01):118 –127.

③ Lucie Cluver,Mark Orkin. Cumulative Risk and AIDS-orphanhood: Interactions of Stigma,Bullying and Poverty on Child Mental Health in South Africa[J]. Social Science&Medicine,2009,69(8),1186 –1193.

④ 邓丰昌. 南非的社会保障与减贫[J]. 老区建设,2014(11):55—58.

⑤ Marie Hunchzerneyer. Hosing for the poor? Negotiated housing policy in South Africa[J]. Habitat International,2001,25(03):303 –331.

益的驱动下常常从申请者手中无序流转,给政府财政和土地资源造成巨大浪费。20世纪90年代末,政府通过的《住房修正法》规定政府补贴房最小为30平方米,政策开始倾向于增加贫困人口获得房屋的机会以代替实物房补贴。目前,南非政府提供给贫困人口的免费房(仅限符合条件的特困黑人)和廉租房,面积达到45平方米,数量上也比2001年新增近5万套。全国75.1%的家庭享有政府供给的住房,71%的城市租户拥有正规的住宅。① 尽管目前南非住房政策依然有体制系统和管理层面的漏洞,但政府住房扶贫投入之大、范围之广、力度之强在发展中国家中前所未有。

二、打破二元分配模式,共享社会生存资源

南非贫困的主要根源在于殖民主义和种族隔离时期造成的白人与非白人之间自然资源、社会资源和财富分配的二元模式,分配的严重不公导致非白人群体难以利用赖以生存的自然资源,尤其是土地、水资源和森林资源。此外,白人政府的公共福利政策带有严重的种族歧视,很难惠及贫困主体。为了解决历史遗留的贫困问题,非国大执政后,通过增加贫困人口共享资源的机会,确保了贫困人口最基本的生存条件,提升了贫困人口参与社会重新分配和累积财富的机会,拓宽了潜在的就业选择渠道。

1. 实施新的土地政策

土地是农村贫困人口摆脱贫困的最基本条件。1994年以后,南非政府首先实施了以需求为导向的土地再分配计划,将集中在30%白人手中的土地重新分配给黑人农民,规定只有那些有足够兴趣并且有能力成为农业大户的黑人农民才能够享受这项政策,并给予一定的资金、技术和设备支持,由此培育出一大批农业种植大户,极大推进了农业现代化进程。然而,受此条件的制约,真正贫困的农民被排除在这项政策之外。世界银行称,仅有不到70万的家庭受益。为了改善不利于贫民的土地分配制度,20世纪末,政府对农村黑人女户主家庭、缺乏宜耕土地的农民和贫民实施了土地优先分配权。但由于缺乏劳动力、种植技术和经验,无力支付非常规开支,抵御各种风险的能力式微,这一群体依然难以享受到政策带来的实惠,土地随之被迫转移给相对富裕的黑人或白人。为了提

---

① 邓丰昌. 南非的社会保障与减贫[J]. 老区建设,2014(11):55—58.

高土地的利用效率,促进农业规模化、现代化发展,满足市场需求,南非土地分配由"需求导向"过渡为"市场导向",政府不再强制选择和分配土地,土地转移的主体双方由市场决定,白人与黑人自主协调商议,政府给予双方补贴。市场机制使土地更加高效地从大规模白人经济转移到小规模黑人经济。南非土地重新分配计划从经济和政策两个层面改变了历史遗留下的不平等资源分配制度,促进了农业发展,增加了黑人农民脱贫致富的机会。①

2. 重新分配渔业权

持续的鱼类资源是沿海贫民创造财富和获得可持续生计的关键因素。南非海岸以渔业为生的贫困社区十分普遍。2000 年,南非大约有 28000 个家庭依赖于近海渔业等海洋资源。②为此,南非政府特别重视渔业权的分配问题。1996 年南非新宪法生效之后,根据人权法案对公民基本权利的规定,新政府制定了新的渔业体制,赋予海岸渔业贫困社区合法利用海洋资源的权利,并于 1998 年颁布了《海洋生物资源法》,致力于达到可持续、平等和经济的海洋资源分配利用三大目标。渔业权利的重新分配让更多贫困人口,尤其是黑人获得新的发展机会,促进了黑人的经济发展。然而,以个人渔业权利为基础的分配方法并没有在贫困社区产生涓漏效应。③ 因此,2007—2012 年,南非政府开始以集体为主导的渔业部门为分配单位,赋予近岸大型生活类渔民、休闲垂钓渔业部门和小规模商业渔业部门合法权利,开展小规模渔业活动,创造更多就业机会,促使更多贫困人口依靠自我能力脱贫致富。2013 年,南非通过新的《海洋生物资源修正案》,首次赋予以捕鱼为生的小业主以合法权利。渔业权的重新分配增加了许多沿海地区黑人渔民摆脱贫困的机会。

3. 加强流域综合管理

流域治理是减少贫困的重要条件。1998 年南非通过的《水法》(NWA)明确规定将水看成是消除贫困转型的特殊工具,实施流域水资源管理,帮助摆脱区

---

① Frederick J. Zimmerman. Barriers to Participation the Poor in South Africa's Land Redistribution [J]. World Development,2000,28(08):1439－1460.

② Merle Sowman,Jackie Sunde,Serge Raemaekers et al. Fishing for Equality:Policy for Poverty Alleviation for South Africa's small-scale fisheries[J]. Marine Policy,2014,46(01): 31－42.

③ 涓漏效应是指在经济发展过程中并不给予贫困阶层、弱势群体或贫困地区特别的优待,而是由优先发展起来的群体或地区通过消费、就业等方面惠及贫困阶层或地区,带动其发展和富裕,或认为政府财政津贴可经过大企业再陆续流入小企业和消费者手中,从而更好地促进经济增长的理论。

域贫困。该法使得河岸水资源的控制权从白人手中移交给代表全民的新政府。《水法》一是优先确保居民基本用水和生态保护需求,充分考虑家畜和家庭花园种植以及农业用水,强制取消了所有种族隔离时的不平等特权,控制商业用水。二是采取国家水事部及森林部、国家与省级农业部门共同管理模式,通过水、土地、市场、信贷和技术开发等多项政策以提高小农户农业用水的效率;并在全国划分了19处水资源管理区域,每处下设流域管理机构(CMAs),授权管理区域水资源计划、登记、收费以及水资源的授权和用水许可审查,并在董事会内对水用户的利益、潜在水用户、地方和省政府以及环境利益群体进行管理和监督。三是鼓励贫困人口利用水资源发展养殖、农业、森林木业、渔业以及小型工厂等扩大生产,以减少贫困。这种协同合作与分权的做法使得贫困人口有了公平利用水资源从事农业和商业活动的权力,在很大程度上减少了内陆地区的农村贫困。

三、大力发展黑人经济,持续扩大就业渠道

1. 顺势调整经济政策

适应社会发展的经济政策对扶贫取得进展至关重要。1994年南非实施微观经济政策(RDP),通过政府干预赋予黑人广泛的平等权利,大大减轻了因种族隔离导致的极端贫困。然而,种族歧视和社会矛盾并没有消除,尤其是随着20世纪90年代末失业人数的增加,政府清楚地认识到微观经济政策在减贫方面存在局限性。基于此,非国大政府顺势调整政策,大力发展私营经济,取消部分补贴,削减社会经济公有部分,并于1996年将RDP转向以"增长、就业和再分配"(GEAR)为导向的宏观调整计划,从专注于权利的广泛平等共享,过渡到更加关注贫困人口的生存能力,将充分就业当做减贫的重要保障,致力于帮助贫困人口自助脱贫,培育持续的生计能力。同年,新宪法规定在同等条件下优先安排黑人就业,并颁布《黑人经济振兴法》,通过政府资金补贴和政策优惠鼓励黑人发展中小企业,为更多黑人创造工作机会,从而激励黑人经济增长,缓解了种族隔离制度遗留下的社会财富分配悬殊的矛盾。南非经济政策的调整为贫困人口尤其是黑人创造了许多就业和创业的机会,培育出一批黑人中上层阶级,提高了黑人的经济和社会地位。

2. 大力培育中小企业

发展中小企业是扩大就业渠道的重要途径。1997 年,南非实施了"创收计划"(IGP)。该计划将地方经济和企业活动视为贫困人口脱贫和就业的动力,政府通过资金补贴,给那些欲从事小本商业活动,创办小微企业的人群提供创业基金。客观上讲,创收项目的初衷是基于政府开支的有效性和计划的可持续性,在不影响正常劳动力市场运行的条件下,针对极度缺乏生存资源和能力的最贫困人群,尤其是农村贫困人口和单亲母亲家庭,通过发展地方经济和中小企业,完善基础设施,培育贫困人口人力资本,为他们提供工作机会。然而,该项目在实施过程中的实际效果并不理想。其原因:一是基于外因,创业贫民的补贴过少,只能基本满足基础设备,组织运行完全只得依靠自我投资,加之资金回笼的滞后,业主破产或转卖现象普遍;加之政府管理缺位,边缘化的特困人群受制于地理和信息等因素被排除在外。二是就内因而言,创收项目的帮扶主体多缺乏资金、技术、人力资本,亦无商业经验,无法抵御资金回笼和积累的风险,市场竞争力式微。为此,南非政府不断优化体制和政策环境,鼓励金融机构为贫困人口提供优惠信贷服务,引导创业人群大力发展中小企业,发展和完善成人基础教育和培训(ABFT)以及国家资格框架证书(NQF),以增加贫困人口就业机会。尽管"创收计划"未达到预想的效果,但在其运行的七年中,该计划也更加全面地促进了南非中小企业的发展,增加了就业人数,大力改善了贫困地区的经济发展水平,其不足之处也为政府调整扶贫政策带来了启发。

3. 积极促进临时就业

临时就业不仅可以缓解贫困矛盾,而且还可以促进社会稳定。1995—2005 年,南非 15—24 岁妇女失业率为 12%—72%,同年龄段男性为 11%—58%,因高失业率引发的贫困成为最严峻的社会问题。为了扩大就业,减少失业贫困,南非实施了一系列综合性减贫策略,2004 年实施的扩充公共工程项目(EPWP)成为专门针对临时就业的主要手段。该项目第一阶段(2004—2009 年)投入 210 亿兰特,用于减少至少 100 万失业人口,包括 40% 的妇女、30% 的青少年和 2% 的残疾人,预计到 2015 年实现失业人口减半的目标。扩充公共工程项目还着力于社会事业、生态环境和经济项目的公共投入,整合公共和私有资源。政府通过实施劳动密集型的公共基础设施工程、社会生态环境修复工程、社会公共项目工程(如社区医疗保健工作)、中小企业培训与服务工程,提供需要的公共产品和服务,促进了中小企业的发展,提升了教育和就业培训水平,完善了地方信息体系,扩大了因技能缺乏而失业的临时务工者、城镇边缘人群、季节性务工农民等人群的临时就业渠道。2008 年,南非提前实现了第一阶段的就业目标,到 2009 年累计投入 408 亿兰特,83% 的开支投入基础设施。尽管耗资巨大,但周期性短期就业的方式为贫困人群持续就业提供了可能,为实现 2015 年减贫目标奠定了良好的基础。

四、着眼特色旅游产业,推进地方经济发展

联合国世界旅游组织称,旅游带来的效益应该直接服务于发展中国家的减贫事业,而不仅仅作为游客的一种行为。南非在政策创新和实践方面是发展中国家旅游扶贫的先行者,政府通过创造旅游、商业和贫困人口之间的关系链,将旅游效益最大化辐射到边缘化地方社区。目前旅游收益占南非国民经济的比重已从 1994 年的 8.5% 增长到 2008 年的 10.5%,[①]为扶贫事业作出了重要贡献。

南非旅游扶贫兴起于 20 世纪 90 年代中期。1996 年,南非发布《发展和推进旅游白皮书》,鼓励负责任的、持续的旅游,期望通过旅游带动边缘地区发展,推进地方基础设施、旅游服务业、文化工艺品一体化,吸纳贫困社区进入旅游经济商业圈。2002 年,南非当局又发布了国家负责任旅游指南,呼吁个体、企业等私营旅游经济实体和社会各组织承诺以负责任旅游的形式发展当地特色旅游市场,通过改善当地接待服务、完善旅游基础设施、发展食宿和小商品经济等拉动就业,共同推动边缘社区经济的发展。此外,南非近年兴起的家庭寄宿旅游(Home-stay Tourism)形式也成为扶贫重要手段。这种依赖女性组织,凭借兴办农家乐、乡村和城市家庭寄宿等方式,引导游客体验和了解农村生活方式,感受乡村风土人情,既帮助缓解压力,丰富休闲生活,同时也为贫困家庭创造了可选择的潜在发展机会,他们以最小的投入实现了自我就业,改善了生活,赢得了可持续发展的机遇。

---

① Hazel M. Kwaramba, Jon C. Lovett, Lynette Louw et al. Emotional Confidence Levels and Success of Tourism Development for Poverty Reduction: The South Africa Kwam eMakana Home-stay Project [J]. Tourism Management, 2012, 33(06): 885 – 894.

五、南非贫困治理的主要缺陷

经过 20 年的努力,南非的扶贫成果已经广泛渗透于社会转型的各个领域,种族间的和平共处与互惠发展开始成为一种生活常态,种族隔离制度下的二元经济结构对国家的影响逐渐消退,绝大部分贫困人口享受到改革带来的社会福利,南非扶贫取得的成就得到国际社会的认同。然而,扶贫中也出现一些新情况、新问题,突出表现为:一是黑人内部之间出现阶层的明显分化和巨大的贫富差距。南非政府接受新自由主义思想以后,扶贫政策更多趋于依靠市场修复和完善政府的治贫能力,对贫困人口自我发展的要求很高,以致最贫困的人群难以把握脱贫机会。如黑人振兴计划鼓励具有一定经济基础的黑人发展中小企业,以带动黑人经济发展,扩大涓漏效应,但却忽视了贫困人群的生存脆弱性,接受救济的黑人往往因缺乏持续发展的能力而返贫。扶贫政策的设计将缺乏人力资本、技术资本、货币资本和物质资本的最贫困人口排除在外,黑人企业难扶持、代际贫困难消除的状况一直持续到今天,黑人内部出现两极分化成为必然。二是南非的扶贫策略具有过强的经济导向性,一定程度上弱化了益贫的功能。尽管国家通过资源再分配和优先扩大黑人就业等政策提高了黑人经济的社会融合度,但由于政策的针对性不强,黑人没有真正分享到"平等"和"公平"的待遇,依然被排斥在社会之外,直到现在,黑人聚居区域的文化隔离和基本物质生活障碍界限依然分明。归根结底,南非反贫困政策包容性有待加强,代际贫困依然严重,社会和谐发展需要更加益贫的、协调的政策机制制衡。

第四节　南非反贫困经验教训对中国的启示

自南非过渡为民主国家以来,从来没有停止与贫困作斗争,其反贫困的广度和深度也为广大发展中国家提供了借鉴。针对历史遗留的贫困问题,南非推行了一系列有计划可依、有法律可循的减贫措施,将"输血"与"造血"有机结合,"长期扶贫"与"短期扶贫"相衔接,同时将旅游经济作为贫困地区发展的着力点,形成多层次、有重点、可持续的扶贫体系。然而,在发展过程中也衍生出新的贫富差距问题,扶贫策略的经济导向更多地服务于巩固政权,益贫功能在很大程度上缺失。尽管中南两国扶贫所面临的环境、任务和条件大不相同,但南非在反贫困中取得的经验和教训,依然对我国打好新时期扶贫攻坚战具有很好的借鉴作用。

一、构建益贫式社会保障体系

社会保障是贫困人口的脱贫基础,也是国家通过公共福利帮助贫困人口共享经济发展成果、补偿资源占有的一种手段,具备社会公平的本质属性。南非社会保障致力于对老人、儿童和残疾人等弱势群体的救济与帮扶,满足公民基本医疗、住房和教育需求,鼓励多主体发展扶贫事业,其立法、设计和执行自成体系,益贫的深度和广度独具优势。与南非相比,我国的社会保障在制度设计、资金物资扶持、覆盖层面还存在一些差距,在许多领域甚至出现"逆调节"的现象,社会保障投入越多,贫富差距越大,益贫的属性得不到很好的体现。为了解决社会保障的缺位,在符合国家经济和资源稀缺性实际的基础上,要构筑真正益贫的社会保障体系。一是提高统筹水平和层次,优化益贫性制度设计。当前城乡基本生活成本差距在不断缩小,教育、养老、医疗开支成为农村贫困与返贫的最主要因素。要以家庭经济为基准,将养老、教育和医疗开支纳入评估重点,瞄准扶贫对象,建立多层次的、城乡标准统一的社会基本生活保障体系,为穷困家庭后续发展提供助力。二是创新合作形式,扩大多元扶贫主体。政府与NGO、商业公司签订扶贫合作协议,通过输送人才或为其建立组织之间的网络关系搭建桥梁,进行对合作方的"反哺",以有偿的人力资本和信息资本的形式推动全社会加大对教育、医疗、住房等普惠性社会保障的投入,增强贫困人口抵御风险的能力。三是健全完善农村社会保险和福利制度,制定有利于商业保险和金融服务业在贫困地区发展的政策,以拓宽社会保险和福利的资金来源渠道,压低参保成本,为养老、教育、医疗、就业等提供一定的经济保障,提高贫困人口的受益率。四是加快突破城乡二元身份壁垒,加大社会救济的资金物资投入力度,为进城农村人口和半农村人口提供平等享有社会保障住宅、教育和医疗的机会。五是做好新时期制度设计、立法等制度建设工作,因地制宜完善地方社会保障服务功能,为社会保障提供高层次、无边界的区域统筹,以实现区域和相关制度之间的无障碍转移接续。

二、牢守贫困人口生计资源底线

土地是贫困地区解决基本生存需求的必需品,也是影响和制约落后地区发展的重要因素。南非非国大执政初期,通过再分配将土地从少数白人手中转移给黑人农民,为其创造持续生存的基本动力,拓宽生存渠道,推进农业现代化。受工业化的影响,我国贫困地区土地资源在遭受大面积污染的同时,受到"保护与发展"的开发限制,退耕还林、生态移民搬迁等使得大量人口失去土地,加之国家建设所需征地补偿价值低于市场价值,农民越发依赖于打工经济,农村"空心化"和城市农民工问题十分突出,家庭经济的不稳定与情感交流的缺乏成为造成社会不和谐的重要因素。尽管国家严格界定了农村土地所有权、经营权和承包权,鼓励股份制经济,但目前尚处在摸索期,在土地流转、经营以及农业现代化方面与南非也有一些差距,立法、制度、执行等方面也有诸多盲点、死角。

面临新的形势,国家应严守农业用地底线,以促进农村股份制经济为导向,以高效推进农业规模化、现代化为前提,发展多元经济,增加农民财产性收入。一是确保并划定充足的集体农业用地,严禁违反政策的功利性农地开发经营活动。二是在开发经营建设用地时制定有利于贫困人口财富增长的政策,合理设置益贫经营体制。三是厘清集体受益和个人财富增长之间的关系,在倡导农村股份制经济的同时,创新集体土地利益分配机制,严格预防控制新生大量贫农与少数富农现象的出现。四是大力培育新型家庭农业经营主体,扶持更多家庭个体脱贫致富。五是以土地规模经营为方向,扶持地方特色农业经济产业,加快农业现代化建设。六是鼓励农民宅基地用于集体土地开发持股和商业(农产业发展、创业贷款)抵押,促进土地产权自由流转、高效配置,畅活农村经济,实现农村资源资产化、资产资本化、资本股份化。七是将国家征集体地的补贴报酬多投向农村基础设施等公共服务领域。

三、多层次持续扩大就业

创造持续就业机会是消除贫穷、促进经济增长的关键,具有益贫性、经济性(节约政府救济开支)特点,是经济社会发展的驱动力。南非通过扶持中小企业、自主创业等政策发展黑人经济,缓解黑人失业压力,并结合"以工代赈"促进临时就业,实现扩大就业的减贫目的。我国当前人才与市场不匹配导致摩擦性失业严重,中高等教育人才供过于求致使更多应届学生失业,并不得不承担更多的教育、培训和时间成本,季节性失业问题突出等都导致劳动力市场失衡,高素质人才未能很好地转化为贫困地区的人力资本,成为减贫的重大阻碍。尽管我国先后出台了有关教育培训体系改革的政策,力推多层次扩大就业,但由于缺乏系统的详细规划,在资金扶持力度、涉及规模和减贫效果方面与南非也有差距。

基于对扩大就业的内外因素考量,我国政府一是要做好顶层设计工作,将培育脱贫能力与市场需求相衔接,做到教育与培训相结合,培训与市场相适应。扩大教育治贫的受益主体,提高贫困人口的教育可得性,重点瞄准被"低保"和"五保"排除在外的贫困人口,加大对农村软硬件教育设施的投入;增加农村职业培训和义务教育后培训的投入,提高贫困人口劳动技能,帮助他们尽快向市场缺乏的人力资源转变;将职业教育与现有文化中心紧密结合,充分利用初等、中等、高等教育平台和社区文化站,设立科教培训一体园,就近获取资源,形成共同发展的局面;加快贫困地区信息化建设,以教育和培训信息系统为先导,设立专项资金,畅通村级网络,建立贫困人口教育与培训的信息库和人力资源供需网络,组织大规模网络信息培训,实施多元化的教育与培训方法;加强培训基地和教育基地建设,按照教育层次完善与相应地域性职业或无边界职业领域的龙头企业、中小企业的人才输送网络。二是促进临时就业与长期就业有机结合。我国政府长期致力于解决持续贫困,通过推行小额贷款等帮助农村和城市贫困人口创业。但"产出"的滞后性往往使贫困人口难以抵御非计划支出和回报缓慢带来的人力资本和货币资本的风险,常徘徊在失业与就业之间,缺乏稳定性。要在国家政策持续扶贫的基础上有机结合"以工代赈",把贫困地区基础设施建设作为扶贫有效载体,积极发展本土化特色产业,扩大生产性就业渠道。三是加强与经济改革的协同推进,将后发地区工程扶贫纳入整体规划,抓住"工程"契机,将返贫人员作为"以工代赈"扶贫的工作重点,在提高贫困地区公共服务水平的同时实现贫困人口充分就业。将扶贫观念融入基础设施建设的始终,借助简单、劳动密集型的建设工程,扩大低技能和知识缺乏的农民工、农村居民和边缘化短期失业人群就业;抓住国家发展生态经济、致力生态修复的良好契机,拓展和扩大贫困地区生态修复工程,实施水、土壤、森林、空气污染有效治理;开展农村和城镇边缘的贫困人口对口扶持,增强脱贫的可持续性。

四、因地制宜培育县域旅游经济

南非以贫困地区为主体,结合地方特色,以负责任的、可持续的旅游形式,鼓励多元参与发展地方生态经济,为贫困社区参与旅游经济圈、拓宽贫困人口生存渠道创造机会。我国贫困地区通常生存环境恶劣、生态脆弱、基础设施薄弱、公共服务滞后,缺乏经济发展的主导产业,扶贫成本高、难度大。近年来,我国将旅游当做发展生态经济的重要支柱和突破口,以县域为重点,打造城区、景区、园区交互融合的现代小城镇,通过战略合作,区域间形成大旅游格局,在扶贫中发挥重要作用。但同时存在旅游经济带动能力低下、旅游投入主体单一、片区旅游同质化严重、基础设施和配套服务不完善、乡村旅游发展滞后等问题,扶贫潜力有待进一步挖掘。基于此,一是大力发展政府主导、企业驱动、居民参与的多方合作式生态旅游开发模式,通过"大招商、招大商"鼓励民营经济、私营部门共同参与旅游产业发展。二是突出县城特色,合理布局生态、生产、生活空间,因地制宜开发传统与现代结合的元素,多层次开发旅游资源,超前规划和培育特色旅游产业。三是鼓励负责任的、持续的旅游,构建政府、企业、市民三方互相监督的机制,明确政府、企业带动经济发展的义务,将相关指标列入生态经济考核内容,同时融合科技创新推行清洁的生产、生活、消费方式。四是将乡村旅游纳入县域生态经济发展的重点,在农家乐的基础上提档升位乡村旅游客舍,改善小城镇住宿条件,形成城镇联合式、城乡互动的旅游形式。五是加大培训和教育投入力度,提高农村居民从事旅游服务水平,在贫困地区形成乡村旅游磁力。六是提高政府在生态扶贫过程中生态经济治理能力,做好县域生态经济统筹规划,联合多部门协调好利益相关者工作,把握旅游项目和产业的公开透明,鼓励多元参与并设置独立的监管部门。

五、完善包容性政府治贫模式

南非扶贫路径的缺陷在于转型过程中政府没有重视扶贫中包容性治贫策略,而是更多地注意引导贫困人口如何进入市场,过分强调他们在市场经济中的自我完善与发展,忽视贫困人口生存能力的脆弱性。我国当前扶贫要从以往的"大水漫灌"向"精准扶贫"过渡,则更应该考虑到市场对贫困人口的排斥性以及贫困人口依靠自身难以摆脱代际贫困的现实,进一步强化政府在新时期扶贫事业中的主导作用,走包容性扶贫之路,以实现成果真正共享的目的。一是基于国家的战略层面,因地制宜制定地方配套的扶持政策,在关注当前减贫的同时,更多地考虑贫困人口的后续发展,适时灵活调整扶持策略与重点内容,确保政策的延续性和持久性,减小返贫风险。二是大力整合社会资源,集中力量突破代际贫困屏障,加大时间和资金的投入,着力培育人力资本和财产性资本以提高代际遗传性贫困人口生存的可行能力。三是逐步减少地方扶贫政策的短期行为,更多地将贫困人口的教育、健康、培训、财产性收益纳入扶贫重点和评价指标,剔除短期打工经济等不平稳收益造成的脱贫假象。四是继续加大对农村基础设施、公共服务的投入力度。五是寻求有偿的形式促进扶贫投入主体的多元化,加强与 NGO、金融机构以及私有经济的合作,提高政府扶贫的产出效益,增强辐射带动作用。

贫困是一种普遍的社会现象,也是世界性难题。南非的贫困在殖民和种族隔离的双重影响下更具有持续性和代际遗传性,深刻影响并制约南非经济政治转型的进程。秉持公平与分享的交融式发展理念,南非坚持不懈地开展大规模扶贫、反贫困运动,促进黑人经济发展,减小贫富差距,探索出融合式扶贫发展之路,基本实现了消除种族冲突、缓和国内矛盾、共谋发展的目的,为联合国千年发展目标中贫困人口减半作出了突出贡献。当前,我国仍有近一亿贫困人口,城乡之间、区域之间贫富差距大,贫困地区基础设施依然薄弱,公共服务滞后,生态十分脆弱;农村尤其是连片特困地区贫困依然严峻,城市新贫困人群不断出现,社会矛盾突出,很不利于全面建成小康社会,扶贫攻坚战任重道远。人类文明成果具有共享性,充分学习借鉴南非在经济社会转型中的扶贫经验,创新扶贫政策,构建益贫式社会保障制度,合理利用土地资源,因地制宜发展属地化特色产业,持续扩大就业渠道,增强贫困人口自我造血功能,实施包容性政府治贫模式对我国打好新时期扶贫攻坚战十分重要。

第三篇

回顾与现状

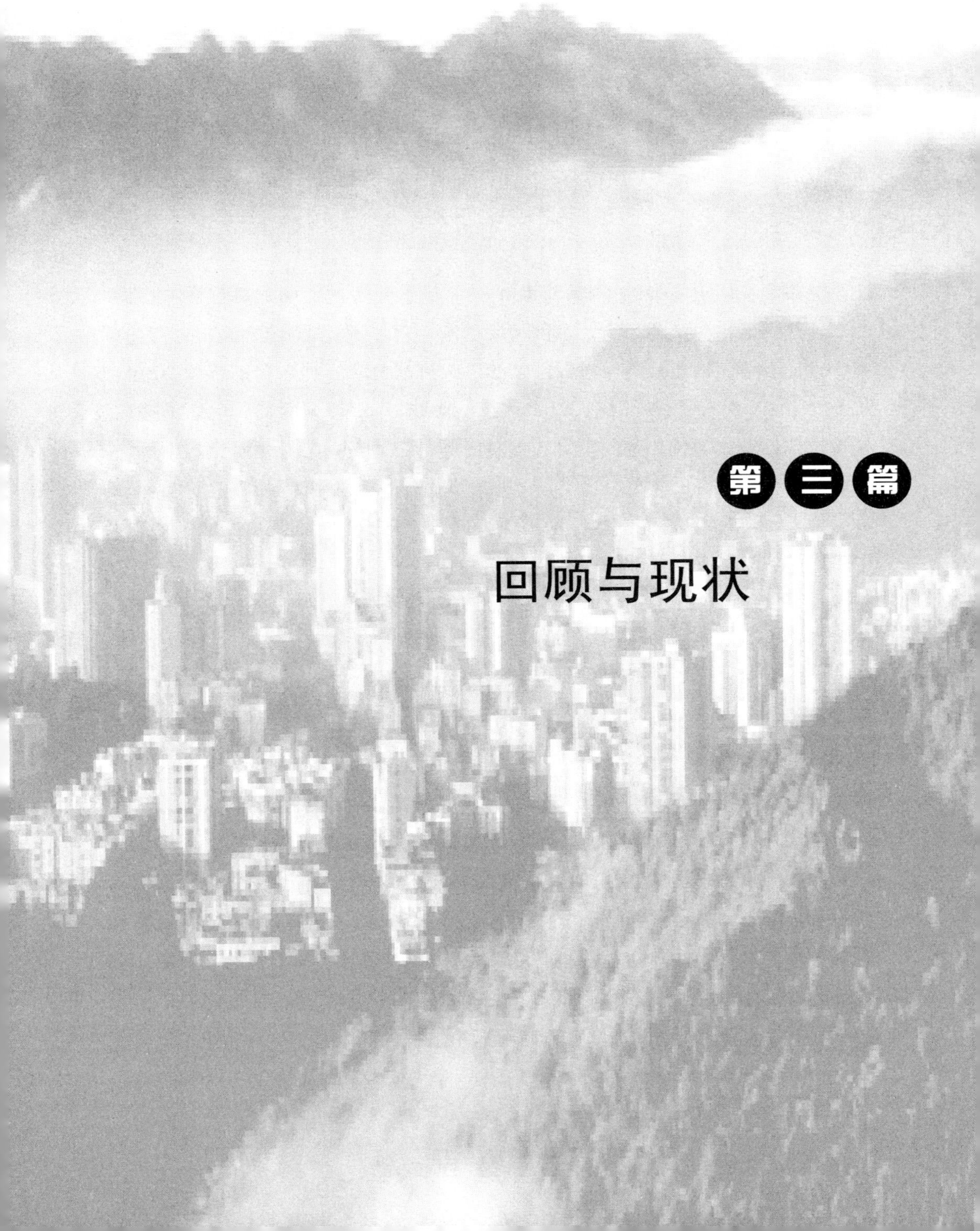

第八章　我国连片特困地区扶贫
开发现状的历史回顾

　　纵观人类历史发展的历程,这既是一部从愚昧走向文明的辉煌史,也是一部与贫困不断抗争的斗争史。贫困与反贫困一直伴随人类社会的进步,即使到了 21 世纪,贫困依然是当今世界面临的巨大挑战之一。据联合国统计,在全球70 亿人口中,仍有超过 12 亿人口生存在贫困线以下,他们面临着生存的威胁,扶贫工作已经成为世界共同应对的重要任务。作为新兴工业化国家的中国,扶贫攻坚仍是新世纪的主要任务之一,进一步做好扶贫工作,不仅是社会主义的本质要求,也事关巩固党的执政基础,国家的长治久安,全面建成小康社会以及中华民族伟大复兴中国梦的实现。

　　我国扶贫工作历来受到党和国家的高度重视,党中央国务院于 1996 年、1999 年、2001 年和 2011 年先后四次召开了高规格的中央扶贫开发工作会议,始终把扶贫摆在十分重要的位置。回顾党的十一届三中全会以来的扶贫历程,我国扶贫工作按照世界银行每天 1 美元的标准计算,已经有 6 亿人摆脱了贫困,提前五年实现联合国贫困人口减半的千年发展目标;在全世界所取得的扶贫成就中,中国占到其中的三分之二,为世界扶贫事业作出了巨大的贡献。为此,联合国秘书长潘基文称赞:"中国这样的减贫成就在人类历史上是前所未有的。"如果没有中国的贡献,人类将无法实现在 2015 年前将世界贫困人口减半的千年发展目标。联合国开发计划署也盛赞:"如果没有中国的进步,整个世界在减贫方面从总体上说是倒退了。"①许多海外政要、学者也高度赞扬中国在减贫方面为全世界作出了表率,树立了标杆。

　　为了适应新时期我国扶贫工作的新任务、新要求,2011 年中国颁布了《中国

---

① 　高鹏. 浅析我国农村贫困地区开发式扶贫模式[D]. 四川:西南财经大学,2010.

农村扶贫开发纲要(2011—2020 年)》,这标志着中国扶贫进入了新的历史阶段,工作重心转入从解决温饱问题提升到巩固温饱、尽快实现脱贫致富、更加注重经济发展方式的转变和扶贫对象自我发展能力的培育以及基本公共服务均等化等上面来。并将集老、少、边、山、穷于一体,贫困程度范围广、程度深,扶贫开发工作异常艰巨的 14 个连片特困地区确定为新时期的扶贫攻坚主战场。这是党中央对推进新时期扶贫开发作出的一项重大战略部署,也是我国新阶段扶贫开发的重要内容、特征、标志、核心和重点。

回顾扶贫开发的客观现实,14 个连片特困地区在党中央、国务院的正确领导和各地方党委政府以及各族人民的共同努力下,各片区扶贫开发工作有序展开,扶贫模式不断创新,已经取得新的进步。首先是党中央、国务院高度重视。党的十八大以来,习近平总书记多层次深入贫困地区调研,反复强调"全面建成小康社会目标能不能如期实现,很大程度上要看扶贫攻坚工作做得怎么样"。要求"各级领导干部,特别是贫困问题较突出的各级党政主要负责同志,要认真履行领导职责,连片特困地区领导同志的工作要重点放在扶贫开发上。'三农'工作是重中之重,革命老区、民族地区、边疆地区、贫困地区在'三农'工作中要把扶贫开发作为重中之重,这样才有重点"①。在扶贫方式上"要精准扶贫"。李克强总理在 2013 年 10 月 8 日国务院常务会议上指出,"扶贫资金是贫困群众的'保命钱'和减贫脱贫的'助推剂',项目资金要到村到户,切实使扶贫资金直接用于扶贫对象"。为此中央还明确要求,要全党动手、全国动员、全社会参与。要构建专项扶贫、行业扶贫、社会扶贫"三位一体"大扶贫格局,形成扶贫攻坚合力。这为打好新时期连片特困地区扶贫攻坚战明确了方向。其次,中央政策支持力度加大,为包容性扶贫开发提供了良好条件,扶贫开发与区域发展机制更加灵活,各片区基础设施建设提速升级,资源禀赋优势得到发挥,产业结构不断优化,特色优势产业正在形成,区域合作加强,社会事业不断发展,公共服务体系初步形成。再次,广大连片特困地区党组织和地方政府带领各族人民大胆实践,探索出了许多行之有效的扶贫方法,创新了许多扶贫模式,如贵州省在实践中总结出"省领导集团帮扶机制""智力扶贫阻断贫困延伸模式""银企联

---

① 杨朝中. 打好扶贫攻坚战 力促"五个湖北"建设[J]. 政策,2013(05):44—46.

手融资扶贫模式""晴隆模式""印江模式""长顺做法""威宁试点"等①,把贵州扶贫推到了一个新的高度。最后,贫困人口素质逐步提高,收入增加,生活质量改善,连片特困地区迎来了重大发展机遇。

客观上讲,由于自然条件所限和制度上的安排,连片特困地区的扶贫开发还存在不少困难和问题,制约因素还很多。在宏观层面,片区经济融合度不够,尚未建立自己的经济话语权,无论是在区域经贸合作还是全球产业分工中都无法发挥重要作用;在中观层面,片区产业体系不健全,产业链"短、小、分散",基础设施薄弱,要素聚集度不高,城镇化发展缓慢,城市竞争力低,生态保护任务重;在微观层面上,个体贫困问题严重,包容性分享教育、医疗、住房、就业等公共服务的机会与先发地区存在较大的"数字鸿沟"。因此,客观总结分析连片特困地区扶贫开发的现状,总结成绩,发现问题,挖掘原因,对扶贫理论创新、政策创新和实践创新,构建包容性增长的"精准扶贫"模式,打赢新时期连片特困地区扶贫攻坚战,具有重要的理论价值和现实意义。

第一节　扶贫开发战略定位更加明确

扶贫开发工作是一项庞大的系统工程,涉及面广、政策性强、时间紧、要求高,需要进行战略和策略的顶层设计,以更好地引导社会按照既定目标开展扶贫工作。如发达国家通过福利制度安排扶持贫困,作为发展中国家的印度则通过实施"绿色革命"发展农业解决贫困人口温饱,世界银行将"机遇、赋权与安全保障"视为参与性减贫的工具等。②③ 无论哪一种战略都必须基于一国的国情、基于其经济社会发展水平。我国政府作为扶贫开发工作的行为主体,理所当然地承担着组织者、领导者的历史使命。因此,清晰、明确的战略定位,直接关乎扶贫开发目标的实现和效益的提高,关乎广大贫困人口能否均衡分享到社会财富,更关乎扶贫政策的顺利落地实施。

---

① 刘子富. 热土,中国扶贫攻坚战场[M]. 北京:新华出版社,2012.

② 孙晓峰. 新形势下安徽扶贫开发特征及思路[J]. 安庆师范学院学报(社会科学版),2008 (05):9—13.

③ 许业富. 我国扶贫开发工作战略定位研究[EB/OL]. http://www.hbfp.gov.cn/ldgd/jtldgd/3636.htm,2014-08-18.

一、党中央高度重视，顶层设计制度有保障

实践经验证明，扶贫开发工作是一项兼具长期性和艰巨性的世纪工程，既需要国家层面的顶层设计，也需要各级党委和政府的精心组织和全社会的积极参与。自 1978 年以来，我国扶贫开发从早期的家庭联产承包责任制到国家大规模开发式扶贫，再到"八七"扶贫攻坚，农村贫困人口的温饱问题得到基本解决，从新千年制定《中国农村扶贫开发纲要（2001—2010 年）》到 2011 年制定《中国农村扶贫开发纲要（2011—2020 年）》，概括起来就是农村体制改革推动扶贫阶段→大规模开发式扶贫阶段→扶贫攻坚阶段→新世纪扶贫阶段→主攻 14 个连片特困地区攻坚战五个阶段。[①] 回顾历史，每前进一步，无不饱含着党中央国务院的重大战略设计和精心安排，步步为营，层层跟进，不断取得扶贫工作的新成就（如表 8—1 所示）。尤其值得一提的是，在微观思考区域扶贫问题的同时，国家更是从宏观层面实施了一系列重大国家战略，如西部大开发战略、振兴东北老工业基地战略、中部崛起战略等，整合了资源，激活了机制，增添了活力，为各区域扶贫开发提供了强有力的制度保障和政策支撑。

新时期党中央对扶贫工作倍加重视。党的十八大闭会不到一个月，习近平总书记便深入革命老区河北省阜平县看望慰问困难群众，调研扶贫开发工作，并作出了许多重要指示。[②] 为了打赢新时期的扶贫攻坚战，中央国家机关还陆续下发了一系列政策文件，如 2014 年中组部、扶贫办印发《关于改进贫困县党政领导班子和领导干部经济社会发展实绩考核工作的意见》，明确贫困县主要考核扶贫工作不能以 GDP 论英雄，使贫困地区的领导干部能够把主要精力放到扶贫开发上。随后又印发了《关于改革财政专项扶贫资金管理机制的意见》，提出建立以结果为导向的资金分配机制，对扶贫工作抓得好、减贫成效明显的贫困地区，资金分配上予以倾斜。国务院扶贫办还先后 3 次组织开展了全国性的督查，以掌握各地贫困的真实情况。[③] 2015 年 11 月 27 日到 28 日，中央召开扶

---

① 李瑞华. 内蒙古贫困与反贫困的经济学研究［D］. 湖北：武汉理工大学，2013.

② 本刊编写组. 新思想　新观点　新论断　新要求——习近平总书记系列重要讲话综述［J］. 职业技术，2014（Z1）：5—73.

③ 顾仲阳. 精准扶贫　提质增效（行进中国·精彩故事·盘点 2014）——2014 年我国扶贫开发工作综述［N］. 人民日报，2015 - 01 - 30（06）.

贫工作会议,提出确保 2020 年所有贫困人口迈入小康的宏伟目标,明确了扶贫冲刺期的指导思想和具体任务。党中央、国务院的高度重视不仅为打赢新时期扶贫攻坚战进一步指明了方向,而且还提供了坚实的物质保障。

表 8—1 中国农村扶贫开发历程与成就

扶贫阶段	第一阶段 (1978—1985 年) 农村体制改革推动扶贫	第二阶段 (1986—1993 年) 大规模开发式扶贫	第三阶段 (1994—2000 年) 扶贫攻坚	第四阶段 (2001—2010 年) 新世纪扶贫	第五阶段 (2011—2020 年) 14 个连片特困地区主战场
政策	以家庭联产承包责任制为主线,通过改革促进农村经济的发展,以发展成果来缓解农村大部分贫困人口的贫困	在全国范围内有计划、有组织、大规模地开展扶贫开发工作,标志着中国扶贫开发进入一个新的阶段①	国家启动《国家八七扶贫攻坚计划》,力争用七年左右的时间,到 2000 年底基本解决农村贫困人口的温饱问题②	制定《中国农村扶贫开发纲要 (2001—2010 年)》明确提出我国农村扶贫开发的总目标,为实现小康创造条件	制定《中国农村扶贫开发纲要(2011—2020 年)》,明确到 2020 年,稳定实现扶贫对象不愁吃、不愁穿,保障其义务教育、基本医疗和住房
绩效	(1)农村人均粮食产量增长 14%,农民人均纯收入增长了 2.6 倍;(2)没有解决温饱的贫困人口从 2.5 亿人减少到 1.25 亿人,贫困人口平均每年减少 1786 万人。贫困发生率从 30.7% 降为 14.8%③④	(1)国家重点扶持贫困县农民人均纯收入从 1986 年的 206 元增加到 1993 年的 483.7 元;(2)农村贫困人口由 1.25 亿人减少到 8000 万人,平均每年减少 640 万人,年均递减 6.2%;贫困发生率从 14.8% 下降到 8.7%⑤	(1)粮食产量增长 12.3%,农民人均纯收入从 648 元增加到 1337 元,年均增长 12.8%;(2)农村贫困人口减少到 2000 年的 3000 万人,农村贫困发生率从 30.7% 下降到 3% 左右	(1)农村贫困总人口从 2000 年的 3209 万下降到 2006 年的 2100 万;固定贫困县人均纯收入从 1277 元增至 1723 元;(2)贫困发生率从 2000 年的 3.5% 下降到 2006 年的 2.3%⑥	2010—2012 年,全国农村贫困人口减少近 6700 万人,农村贫困发生率从 17.2% 下降到 10.2%;重点县农民人均纯收入从 3273 元增加到 4602 元,年均增长 18.6%,增幅超过全国平均水平⑦

数据来源:根据相关收集到的或是网络文献资料整理分析所得。

① 本刊编辑部. 中国的农村扶贫开发[N]. 农村·农业·农民(B 版).
② 赵玺玉,赵玉娟. 关于遏制农村贫困人口"反弹"问题的研究[J]. 理论探讨,2005(04):64—66.
③ 中国的农村扶贫开发白皮书[EB/OL]. http://www.gov.cn.zw,2015 - 03 - 25.
④ 刘清荣,程文燕,康亮. 试论我国扶贫开发的历程、模式及创新[J]. 老区建设,2013(08):4—10.
⑤ 中国的农村扶贫开发白皮书[N]. 农民日报,2001 - 10 - 16.
⑥ 赵玺玉,赵玉娟. 关于遏制农村贫困人口"反弹"问题的研究[J]. 理论探讨,2005(04):64—66.
⑦ 谢素芳. 中国扶贫:世界性的成就[J]. 中国人大,2014 - 01 - 01.

二、片区扶持力度不断加强,发展环境持续改善

区域的协调发展是我国经济社会健康发展的客观要求,同时也能够为片区创造更多的就业机会,提高人民的生活水平,从而消除贫困。连片特困地区跨越不同省域、不同行政区划,具有跨省交界大、少数民族聚居多、贫困人口分布广等特点,国家在充分考虑片区现实的基础上,先后出台了支持连片特困地区经济社会协调发展的规划、意见等一系列政策文件,大力推进区域生产力布局调整和产业结构优化升级,为片区承接产业转移、发展特色优势产业提供了机遇。如表8—2所示,部分连片特困地区根据《中国农村扶贫开发纲要(2011—2020 年)》等相关重要文件精神,以产业结构调整与布局为主线,结合片区经济发展的特色,分别编制了片区区域发展与扶贫攻坚规划,成为指导片区域发展与扶贫开发的重要依据。同时,各片区打破行政边界,积极细化政策,整合优势资源,加大区域经济的开发,将产业结构调整与区域经济布局相结合,努力推动区域间的规划联动、产业联动、市场联动、交通联动和政策法规联动,①逐步走向片区一体化,为区域的协调发展和扶贫效率的提高创造了良好的环境。

表8—2　连片特困地区区域扶持政策

片区名称	片区区域发展与扶贫攻坚规划	区域辅助政策与措施
乌蒙山片区	乌蒙山片区区域发展与扶贫攻坚规划(2011—2020)	经济开发区:成渝经济区、黔中经济区、滇中经济区、攀西战略资源创新开发试验区、毕节试验区、国家重要能源基地项目
秦巴山片区	秦巴山片区区域发展与扶贫攻坚规划(2011—2020)	1. 经济开发区:关中—天水经济区、成渝经济区、武汉城市圈、中原经济区、南水北调中线工程;2. 区域规划政策:《三峡工程后续工作规划》
滇桂黔石漠化片区	滇桂黔石漠化片区区域发展与扶贫攻坚规划(2011—2020)	1. 经济开发区:北部湾经济区、黔中经济区和滇中经济区;2. 区域规划政策:《关于进一步促进广西经济社会发展的若干意见》《关于支持云南省加快建设面向西南开放重要桥头堡的意见》《关于进一步促进贵州经济社会又好又快发展的若干意见》

---

① 何添锦. 我国区域经济发展格局与政策演变的回顾及启示[J]. 经济论坛,2010(05):23.

续　表

片区名称	片区区域发展与扶贫攻坚规划	区域辅助政策与措施
六盘山片区	六盘山片区区域发展与扶贫攻坚规划(2011—2020 年)	1. 经济开发区：关中—天水经济区、兰州—西宁经济区、宁夏沿黄经济区;2. 区域规划政策:《关于进一步促进宁夏经济社会发展的若干意见》《关于进一步支持甘肃经济社会发展的若干意见》《甘肃省循环经济总体规划》《陕甘宁革命老区振兴规划》
滇西边境片区	滇西边境片区区域发展与扶贫攻坚规划(2011—2020 年)	经济开发区：滇中经济区、瑞丽重点开发开放试验区
大兴安岭南麓片区	大兴安岭南麓片区区域发展与扶贫攻坚规划(2011—2020 年)	经济开发区：哈大齐工业走廊、长吉图经济区
燕山—太行山片区	燕山—太行山片区区域发展与扶贫攻坚规划(2011—2020 年)	1. 区域经济开发区：山西省国家资源型经济转型综合配套改革试验区、首都经济圈和冀中南经济区、太原城市群、呼包鄂榆经济区;2. 区域规划政策:《关于进一步促进内蒙古经济社会又好又快发展的若干意见》
吕梁山片区	吕梁山片区区域发展与扶贫攻坚规划(2011—2020 年)	1. 区域经济开发区：山西省国家资源型经济转型综合配套改革试验区、太原城市群、呼包银榆经济区、陕北能源化工基地;2. 区域规划政策:《陕甘宁革命老区振兴规划》
大别山片区	大别山片区区域发展与扶贫攻坚规划(2011—2020 年)	区域经济开发区：武汉城市圈、中原经济区、皖江城市带
罗霄山片区	罗霄山片区区域发展与扶贫攻坚规划(2011—2020)	区域经济开发区：鄱阳湖生态经济区、环长株潭城市群、海峡西岸经济区

数据来源：根据各连片特困地区的区域发展与扶贫攻坚规划(2011—2020 年)整理所得

三、对外开放融入新格局,国际合作交流日益频繁

党的十八届三中全会指出要扩大内陆沿边开放,这为集边境地区、民族地区、贫困地区于一体的连片特困地区扩大国际经贸交流,带动经济发展再次释放出更加坚定的信号。近年来,随着中国深化改革开放和推进周边外交战略的深入实施,特别是丝绸之路经济带和 21 世纪海上丝绸之路的"一带一路"国家

战略构想的提出,使得具有漫长边境线的连片特困地区获得更多政策倾斜,连片特困地区与国际上的贸易合作不断加强,对外开放不断融入国家战略新格局。第一,国家支持滇西边境片区加快建设面向西南开放重要桥头堡,加快建设中国—东盟自由贸易区,促进大湄公河次区域合作,为片区经济社会实现大跨越式发展奠定了坚实的基础。2013年,片区内的云南省与东盟贸易全年实现进出口额57.9亿美元,增长35.8%,占东盟贸易额的53%;与此同时,边境小额贸易也呈现出稳速增长态势,全年进出口33.3亿美元,增长55.1%,占比为30.6%;与东盟的加工贸易也得到全面发展,贸易额24.8亿美元,增速达82.9%。① 第二,国家实施了振兴东北老工业基地战略,推进东北亚交通枢纽建设,东北亚经济合作不断融合,国际产业分工日趋高效,大兴安岭南麓片区迎来了重大发展机遇。仅2013年,大兴安岭南麓片区的吉林省与朝、日、韩、蒙、俄五国的贸易额就超过50亿美元。② 东北亚经济圈的快速成长为大兴安岭南麓连片特困地区扩大国际贸易往来,带动地区经济发展和人口脱贫提供了新的动力。第三,滇桂黔石漠化片区重点依托沿边口岸和北部湾经济开发区,发展中国—东盟自由贸易区和加强泛珠三角区域经济合作,充分利用国家政策,推进与东盟国家的互利合作深度,加速了产业布局和产业结构的调整。2014年上半年,北部湾经济区对外贸易呈现加速态势,实现进出口总额90.81亿美元,同比增长44.8%;北部湾港完成货物吞吐量9995.766万吨,同比增长17.9%;完成集装箱51.92万标准箱,增长15.6%。③ 连片特困地区立足地缘优势和国家优惠政策,不断推进国际贸易合作交流,为经济社会发展和扶贫开发创造了新机遇。

① 云南与东盟贸易额创新高[EB/OL]. http://yn.yunnan.cn/html/2014—02/03/content_3063524.htm,2014-11-4.

② 李琳,马晓华.吉林省与东北亚区域经济合作[J].企业研究,2013(21):67—69.

③ 北部湾经济区半年数据公布 外贸止跌回升增长快[EB/OL]. http://www.focus.cn/news/beihai-2014-08-06/5361641.html,2014-11-4.

第二节 产业结构不断优化,产业优势日渐凸显

产业结构作为产业体系演化的主体,一直是连片特困地区经济发展的主要内容。从2001年到2010年的十年间,11个连片特困地区的产业结构得到大幅改善并持续优化,其中第一产业和第二产业调整最大,分别在5%—16%之间和4%—13%之间,武陵山片区、滇桂黔石漠化片区、乌蒙山片区、滇西边境片区、大兴安岭南麓片区和大别山片区等由传统的一、二、三结构逐渐向二、三、一或三、二、一结构转变。以武陵山片区三次产业结构演变为例(图8—1),三次产业比率从2003年的34:32:34演变为2011年的21:39:40,产业结构得到进一步优化。具体来看,第一产业比重持续下降,第二产业稳步上升,第三产业也呈现出上升的趋势,整体趋向于比较合理的比例结构。随着片区经济的不断推进,各类产业集聚区加快建设,连片特困地区产业发展态势良好。

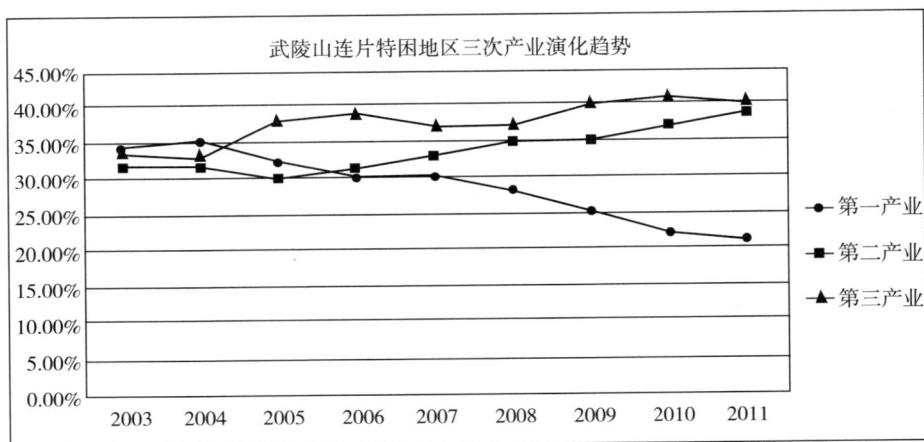

图8—1 武陵山连片特困地区三次产业演化趋势

数据来源:游俊等.中国连片特困地区发展报告(2013)[M].北京:社会科学文献出版社,2013:187.

一、农业基础不断巩固,特色农牧业效益突出

农业是三次产业的基础,是其他经济活动的先决条件,这对受地理条件限

制、其他产业无法大规模展开的连片特困地区人民来说意义更加重大。连片特困地区多以山区地形为主，山地、丘陵、高原、台地交错分布，因独特的气候、土壤，这些片区拥有丰富的农牧资源，为片区发展特色农牧业提供了得天独厚的条件。近年来，片区各级政府依托区位优势、资源优势，创新农业产业扶贫模式，构建现代农业产业化经营体系，使得连片特困地区农业基础不断巩固，成效显著。

一是探索扶贫新模式，突破农业产业发展瓶颈。目前，连片特困地区已经成功探索出了扶贫资金参股模式、扶贫资金资本化和劳动力非农化的双促进模式、股份合作模式、土地流转模式等多种农业产业发展模式。[①] 这些模式极大地促进了连片特困地区特色农业产业优化升级、设施装备技术改善，大大提高了贫困人口的就业技能和贫困农户的收入。以山西省贫困地区农业产业化为例，凭借亚洲开发银行贷款，山西省通过"山西河川农业综合开发项目"实施，带动农业产业优化升级，促进传统农业产业的转型，扶持超过5万农户与企业（合作社）共建良种养殖业产业基地、特色高效生态种植业产业基地、高效节水现代设施蔬菜产业基地等特色产业基地。截至2013年底，项目共实现增加劳动就业4.5万人，贷款受益人17.4万人，带动受益人73万人，总受益人116万人。[②] 又如贵州黄平县通过建立"公司＋合作社＋贫困户"的利益联接机制，即由县扶贫办统筹指导，项目所在地乡镇政府协调、监督，按每个特贫户持1万元的标准由财政投入扶贫资金100万元作为股权入股专业合作社，并为每户发放期限三年的股权证，由合作社协议入股农业专业公司进行生产经营，不论公司赢亏，自资金到账起，每年按100万元项目资金的3%作为红利分给入股贫困农户并计入该项目经营成本。同时，若合作项目产生利润，则按专业合作社占10%（全额分配给入股贫困农户），公司占90%分配。如持证农户（含共享人）在股权期内已脱贫、违反国家政策法规或股权自然到期的，由合作社收回股金转作扶持下一贫困农户，实现扶贫资金滚动发展。实施这种扶贫模式后，扶贫资金发挥出比

---

① 舒银燕. 石漠化连片特困地区农业产业扶贫模式可持续性评价指标体系的构建研究［J］. 广东农业科学,2014(16)：206—210.

② 苏峰,田天娟. 践行产业扶贫发展特色现代农业新型产业——着眼增效增收、发展特色优势产业、促进转型跨越［J］. 中国集体经济,2014(28)：9—10.

以往更大的效益,实现户均增收 8300 余元,人均增收 2085 元以上,①脱贫人口大幅增加。

二是立足环境资源优势,做大做强特色农业产业。连片特困地区各片区的优势农业资源各具特色,农业产业开发效益日益凸显。如乌蒙山片区利用本地资源,大力发展酿酒专用粮、中药材、优质烤烟、蔬菜、水果等区域性特色有机食品,打造专业化农业基地,带动当地农民增收,创收效益明显。其中,2010 年片区烤烟产量接近全国六分之一,粮油、蔬菜、肉类年产量保持稳定增长趋势。罗霄山片区大力发展油茶、毛竹、花卉苗木等本土特色林业,很好地带动了贫困人口脱贫。秦巴山片区着重建设优质油橄榄、核桃、油茶、板栗、核桃等优势产业基地,开发富硒农产品,培育特色山珍、中药材、山地杂粮、经济林果等特色产业。② 又如武陵山片区的酉阳县大力发展青花椒、中药材、油茶、烤烟等特殊生态农业,全县油茶基地已达 30 万亩,中药材基地 22 万亩,青花椒基地 15 万亩,烤烟基地 10 万亩,特色产业基地不断壮大,"一村一品、一乡一业"发展格局初步形成,打造出"酉州青蒿""酉阳贡米""麻旺鸭""酉州乌羊""酉阳苦荞""酉阳油茶"等国家地理标志证明商标,品牌效益不断提升,全县产业大户、规模经营组织达 3200 个,农产品商品化率大幅提升。到 2013 年底,全县农村经济总收入 54 亿元,③农民脱贫步伐加快。

三是大力扶持龙头企业,建构企业与农户战略联盟。各片区政府注重发挥农业产业企业龙头的带动作用,借助企业打通生产、加工、储运、销售等环节,打造龙头企业,形成内连基地和贫困农户,外连市场的专业化、商品化、规范化生产经营格局。例如,贵州省铜仁市通过扶持当地茶业和一批茶生产加工龙头企业,促进了该市茶产业的飞速发展。2012 年,全市完成茶叶总产 2.88 万吨,同比增长 180.7%;实现产值 11.91 亿元,同比增长 48.9%。其中实现春茶总产量 1.29 万吨,同比增长 126.3%;实现春茶总产值 8.82 亿元,同比增长 78.6%;实现名优茶总产量 0.56 万吨。该市目前拥有国家级茶叶龙头企业 2 家,省级茶

---

① 邰金城. 贵州黄平县创新扶贫产业发展模式铺就百姓致富路［EB/OL］. http://www. gz. xinhuanet. com/2013—12/05/c_118437757. htm. 2014 – 11 – 6.

② http://wenku. baidu. com/link? url = WHMgOEEOb – PUA9V7t9IZcqlZg2Su3LJnaD8Z6bT9OR – HvFVLtIdqnRVRr0iyEK_Km6zrIoDpqE2_oNAqvK3jcJphKnw5H3VZEmLm_yKVyO,2014 – 12 – 20.

③ 根据实际调研所得数据.

叶龙头企业6家,市级茶叶龙头企业13家,茶叶专业合作社57个。[①] 特色农业产业的发展既解决了农村贫困人口的就业问题,使贫困人口收入增加,平等共享农业产业发展的成果,也为实现地区农业现代化积累了宝贵的经验。又如滇桂黔石漠化片区的六盘水市因地制宜发展核桃、猕猴桃、茶叶、烤烟等九大农业产业,并通过土地流转,鼓励大户、龙头企业、专业公司建设农产品生产基地,形成了以交通沿线为骨架、农业园区为支撑、不同海拔地区为覆盖的产业立体分布网络和区域布局特色,使得九大产业对农民收入的贡献率达30%以上。农民从特色产业发展中得到实惠,脱贫人口大幅增加。

二、工业产值增速加快,支柱产业正在形成

众所周知,三次工业革命推动了社会生产力的大幅提高,改变了人类社会的生产关系。工业在国民经济各部门中发挥着主导作用,连片特困地区经济社会要向前发展,实现减贫目标也必然要依靠工业的支撑。中央实施扶贫攻坚战以来,各片区充分利用属地化优势资源,改进生产技术,淘汰落后产能,大力发展新型工业,地区工业产值正逐年提升,不少片区工业走上了健康可持续发展之路。

一是提高资源开发效率,拓展工业产业链条。过去一段时期,连片特困地区的矿产资源开发粗放无序,不仅效率低下而且造成严重的资源浪费和生态环境破坏。随着扶贫开发的不断深入和国家产业政策的调整,各级政府转变观念,引导工矿企业走向更加集约高效的发展之路。如滇西边境片区的云南省素有"有色金属王国"之称,有色金属矿产资源丰富,当地政府在严格环境保护的背景下,加大矿产资源的国际开发合作,提高矿产资源的综合利用效率,初步打造起滇西"三江"有色金属基地,形成了曲靖—昭通、澜沧—景洪等7个矿业区。武陵山片区的湖南湘西自治州拥有63种矿产资源,其中锰、锌、铝等矿储量大,形成优势产业条件好。自治区人民政府在做好生态环境保护的同时,实行有限开发,积极拓展深加工,延伸价值链。2013年,该州锰矿石成品达到137.7万吨,电解锰产量44.3万吨,锰、锌、铝等矿产业实现增加值47.9亿元,[②]大大扩

---

① 刘志来,王川.铜仁市生态茶产业发展与思考[J].中国农业信息,2013(6):43-46.
② 湘西土家族苗族自治州.2013年国民经济和社会发展统计公报[EB/OL].http://tjj.xxz.gov.cn/tjgb/201403/t20140321_112100.html,2014-03-10.

充了生产性就业的机会,贫困人口收入不断增加,自我造血功能也不断提高。

二是推进经济开发区和工业园区建设,打造经济增长极。经济开发区和工业园区是企业发展的重要载体,同时也是加速连片特困地区工业化的推动力和壮大区域经济的主要途径。当前,连片特困地区省、市、县各级政府积极推进经济开发区建设,努力将其打造成地方招商引资的主平台、产业集聚的主阵地和创新发展的主载体,为地区开启了工业发展带动扶贫开发的良好势头。以武陵山湖南片区为例,2012年,包括湘西经济开发区、永顺经济开发区、涟源经济开发区等在内的14个省级开发区实现工贸总产值、高新技术产值、上交税额、实际外资、实际内资分别为1005.47亿元、355.40亿元、30.04亿元、0.77亿美元、71.62亿元,分别为2008年的5.10、3.43、2.56、3.42、3.30倍,发展速度不断加快。同时开发区从业人员数占开发区所在市的比重从2008年的1.26%上升到2012年的2.32%;工业生产总值所占的比重从2008年的24.21%上升到2012年的32.00%;上交税额所占的比重从2008年的29.75%上升到2012年的34.81%。开发区增长极的作用越来越突出,对地区经济发展的贡献越来越明显。[①]

三是探索工业反哺农业路径,统筹工农业发展。工业反哺农业是增强县域经济自我发展能力,实现县域工农业协调发展和跨越式发展的重要路径。部分连片特困地区资源富集型县市依托丰富的矿产资源优势,积极探索工业反哺农业长效机制,突破"资源富集型贫困诅咒",推进工业化,带动农业化,培育多元支柱产业,取得了丰富的经验和综合效益。例如,云南省兰坪县有色金属资源丰富,拥有亚洲第一大铅锌矿,并形成了以有色金属采掘和初加工产业为支柱的矿业经济,矿产业对全县GDP的贡献超过80%,对财政收入的贡献超过60%。[②]该县还紧紧依靠工业的强势地位,围绕资源开发,大力发展传统特色经济,鼓励和支持矿农发展种养业。目前兰坪县以种养为主的小利坪专业合作社和以酿酒、种养一体化发展的璋坪合作社等替代发展产业已成规模。同时,政府还引导组建了物流、矿山剥离等服务性组织,开发企业在同价同酬的前提下,

---

① 张小静. 武陵山片区开发区发展的动力机制及其调控对策研究——以武陵山湖南片区为例[D]. 湖南:湖南师范大学,2014:30—33.

② 赵颖新,肖雁. 资源富集型贫困县构建工业反哺农业长效机制研究——基于云南省兰坪县调研[J]. 经济研究导刊,2013(03):160—162.

优先发包地方企业承担实施;扶持发展职业教育和矿冶辅助产业,开展订单培训、订单生产,就近采购选冶辅助材料。①

三、民族文化产业初具规模,旅游品牌形象不断提升

灿烂多彩的少数民族文化是我国不可多得的瑰宝,与汉文化共同汇聚成中华民族源远流长的文化长河。连片特困地区通常少数民族人口众多,民族结构复杂,属于典型的多民族聚居区。经过长期的交流融合,这些地区民俗风情浓郁,文化底蕴丰厚,地域特色鲜明,民间工艺和非物质文化遗产丰富,民族文化产业和旅游业正展现出蓬勃生机。

一是发挥资源优势,寻找扶贫开发的突破口。连片特困地区蕴藏着极其丰富的自然资源和人文资源,各片区各级政府以旅游生态建设和历史文化遗产保护为导向,以统筹扶贫开发、实现脱贫致富为重要抓手,让旅游产业惠及更多人群,走出人人参与的包容性旅游产业发展之路。目前,各片区高度重视自然资源和文化资源的保护工作,完成了多项自然遗产和非物质文化遗产申遗工作,如乌蒙山片区的彝族"火把节""撮泰吉"、苗族"滚山珠"等国家非物质文化遗产,滇桂黔石漠化片区的侗族大歌和壮锦、苗族古歌、布依族八音坐唱等非物质文化遗产,武陵山片区的武隆、武陵源、莨山等世界级自然遗产等历史文化资源,都转化为发展带动当地致富的旅游产业,成为脱贫的引擎。与此同时,各级政府将旅游资源开发与保护相结合,鼓励贫困人口参与旅游创业。以武陵山片区的武隆县为例,该县从战略高度把旅游作为全局性、长期性的永续产业,通过全境式旅游开发,实施全域性扶贫带动,鼓励农民发展小加工、小手工、小养殖、小修理、小运输、小中介、小餐饮、小旅店、小农场、小林场等涉旅"十小企业"。目前,全县已发展涉旅工商户 5621 家,涉旅企业 530 余户,其中小微企业 359 家,②不仅极大地推动了全民创新创业,而且也带动了更多的贫困人口依托资源优势脱贫致富。

二是提升旅游品牌知名度,优化服务品质。连片特困地区紧紧依托这些自然人文旅游资源,大力发展集观光、休闲、度假、健身和文化体验于一体的综合

---

① 云南兰坪县实施工业反哺农业改革试点工作成效显著[EB/OL]. http://www. farmers. org. cn/Article/ShowArticle. asp? ArticleID=345824,2014-11-1.

② 刘新宇. 旅游扶贫的武隆创新[J]. 重庆行政:公共论坛,2014(02):52—54.

旅游服务产品,服务品质不断优化,形成了诸多具有国内外重要影响力的文化旅游品牌,每年吸引大量游客,实现了经济效益与减贫目标的双赢。如武陵山片区的酉阳县,2014年全县共接待游客700万人次,实现旅游综合收入25亿元,同比分别增长16.7%和25%,旅游成为这个国家级贫困县的支柱产业。同时,旅游业的发展为酉阳县创造了大量的就业机会,许多以往贫困的农民通过兴办农家乐、参与旅游景区的接待服务实现了脱贫致富。

第三节　基础设施与公共服务改善,减贫效果显著增强

完善的基础设施建设和良好的公共服务是破解连片特困地区贫困难题的重要手段。改革开放30多年来,党中央国务院在制定扶贫政策时高度重视基础设施的布局和公共服务体系的建立,有力促进了连片特困地区经济社会的发展,综合实力不断增强,减贫效果显著增强。

一、立体交通骨干网络初步建立,区域协作与联动加速

交通基础设施是地区经济活动和产业布局的基础,是区域互联互通的桥梁,其对地区发展的重要性不言而喻。得益于国家西部大开发战略和区域间政府协作攻坚,连片特困地区2012年交通建设投资就已达3192亿元,立体交通骨干网络初步建立,交通运输能力和水平进一步提升。

铁路方面,贯穿区域的客货铁路线路发挥着越来越重要的作用。目前已建成的铁路线路包括:滇西边境片区的楚大、大丽铁路,秦巴山片区的襄渝、宝成、西康、宁西铁路,六盘山片区的陇海、兰新、包兰、兰青、宝中铁路,滇桂黔石漠化片区的湘黔、贵昆、南昆、黔桂铁路,吕梁山片区的包西、太中银、朔黄铁路,大别山片区的陇海、合武铁路,武陵山片区的渝怀、枝柳铁路,秦巴山片区的襄渝、宝成、西康、宁西铁路,乌蒙山片区的内昆铁路,燕山太行山片区的京包、京原、大秦、集二等重要铁路以及大兴安岭南麓片区的长白、白阿、滨洲和平齐、齐北等铁路。通过这些重要的铁路干线,连片特困地区与其他区域形成了更加紧密的联系。

公路方面,高等级公路网络化程度不断提高。目前片区主要形成了几大公路网:滇西边境片区的杭瑞、昆曼公路网,罗霄山片区的大广、济广、厦蓉、泉南

高速公路网,秦巴山片区的沪陕、福银、京昆、二广、沪蓉等高等级公路网,乌蒙山片区的厦蓉、杭瑞、渝昆等高等级公路网,六盘山片区的京藏、连霍、青兰、福银等国家高速公路网,滇桂黔石漠化片区的沪昆、广昆、汕昆、兰海、厦蓉国家高速公路网,吕梁山片区的青银、青兰、太佳等高速公路网;大别山片区的大广、济广、京港澳、沪蓉、沪陕、连霍、沪渝国家高速公路网,武陵山片区的沪昆、渝黔、渝湘高速公路网,燕山太行山片区的京昆、京藏、京新、二广、大广、荣乌国家高速公路网以及大兴安岭南麓片区的珲乌、绥满等国家高速公路网。

水路方面,片区水系发达,水路通航条件不断改善。如滇西边境片区有澜沧江—湄公河国际航道,乌蒙山片区有金沙江、赤水河等内河航道,大别山片区有淮河等水道,便捷的通航条件为片区的其他交通方式提供了重要补充。

航空方面,片区机场数量和容量明显提升。已建成机场包括滇西边境片区的大理、丽江支线机场,罗霄山片区的赣州黄金机场、井冈山机场,武陵山片区的张家界、黔江、铜仁机场,滇桂黔石漠化片区的百色、兴义、六盘水、文山机场,大兴安岭南麓片区的乌兰浩特、阿尔山、齐齐哈尔等机场,大大提高了片区与外界的通勤速度和效率。依托水陆空立体交通骨干网络,连片特困地区正构筑起与外界联通更广阔的纽带,区域联动不断加速。

二、生产生活条件明显改善,社会事业得到长足发展

长期以来,农村生产生活条件差是影响连片特困地区农民生活水平和质量提高的主要因素。随着国家扶贫攻坚战略的全面展开和各种利好政策的不断落地,各片区的农村生产生活条件明显改善,社会事业迅速发展。

一是片区农业生产、民生工程、农田水利项目和生态环境保护投资力度加大,兴建了一批有关饮水安全、大中型灌区配套等公益性项目。如大兴安岭南麓片区的吉林省,2011—2013年投入财政专项扶贫资金8.87亿元,新增和改善灌溉面积73万亩,膜下滴灌128.7万亩,小流域治理97.4平方公里,土地整理172.4万亩,新建和改建乡村道路205公里,造林10万亩,完成贫困地区危房改造2万户,解决贫困地区农村16.33万人饮水安全问题。① 四川省安排财政专

---

① 吉林省集中连片特困地区扶贫攻坚工作进展情况[EB/OL]. http://www. jl. gov. cn/gsms/fpkf/201309/t20130916_1526242. html,2014 – 11 – 6.

项扶贫资金8.50亿元,在大小凉山251个村实施彝家新寨建设2.21万户住房和配送2.51万套"四件套"。①

二是强化连片特困地区教育、卫生、文化等公共服务能力和水平,初步建立起片区公共服务体系。在基础教育方面,统筹发展各类教育,重点培育区域紧缺专业,改善教学条件,加强师资队伍建设,健全国家教育资助制度。如2013年国家支持连片特困地区796所普通高中改善办学条件,新建、改扩建校舍面积222.7万平方米,新增体育场面积201.5万平方米,新增图书价值6962万元,新增仪器设备价值5.53亿元,惠及256万名普通高中学生。② 连片特困地区的劳动力素质不断提高,自我发展能力不断增强。在医疗卫生方面,14个连片特困地区医疗卫生条件得到改善,所有乡镇建立卫生院,拥有卫生室的村比例大幅提升,农村低保基本做到应保尽保。在社区文化建设方面,连片特困地区政府积极安排扶贫资金,加大片区的农网改造,实施广播电视"村村通"工程,目前大部分村镇都已实现广播电视进村入户。湖南省怀化市通道县在农村基础条件改善、社会事业发展等方面也取得了较大成绩。

三、贫困问题得到遏制,农民增收效果明显

经过30多年的扶贫开发,连片特困地区的贫困现象得到根本遏制,减贫效果显著。如表8—3所示,2001—2010年这十年间,连片特困地区人均生产总值从2001年的2741元提高至9954元,增长3.6倍;城镇居民人均可支配收入从2001年的4399元提高至12197元,增长2.8倍,农村居民人均纯收入从2001年1376元提高至3616元,增长2.6倍;城镇化率从2001年的16.7%提高至28%,增长11.3%。据国家统计局网站消息,2013年,全国14个集中连片特困地区农村居民人均纯收入已达5583元,比2010年增加1967元,增长35.2%。武陵山片区2013年农村居民纯收入增长21%,比全国农村平均水平高8.6个百分点,位居14个片区之首。西藏农村居民增收幅度也明显高于全国农村平

---

① 四川推进连片特困地区扶贫攻坚[EB/OL]. http://club.news.sohu.com/jfchz/thread/25ysv0snkha,2014 – 11 – 6.

② 中央财政支持连片特困地区改善普通高中办学条件[EB/OL]. http://www.gov.cn/gzdt/2013 – 12/16/content_2548560.htm. 2014 – 11 – 6.

均水平,2013 年实现增长 15%,比全国农村平均水平高 2.6 个百分点。①

表 8—3　11 个连片特困地区居民收入情况　（单位：元）

片区名称	人均生产总值		城镇居民人均可支配收入		农村居民人均纯收入	
年份	2001	2010	2001	2010	2001	2010
武陵山片区	2567	9163	4553	10654	1483	3499
乌蒙山片区	1755	7195	4174	12939	1203	3248
秦巴山片区	3045	11694	3986	13155	1421	3978
滇桂黔石漠化片区	2558	9708	4908	13252	1289	3481
六盘山片区	2600	9622	4287	12432	1252	3255
滇西边境片区	3141	10994	5423	13558	1378	3307
大兴安岭南麓片区	3188	13389	3679	10302	1086	3909
燕山—太行山片区	3136	11915	3619	11942	1420	3408
吕梁山片区	1330	9839	4053	12968	619	3341
大别山片区	3019	9056	4737	12317	1645	4276
罗霄山片区	3317	10614	4530	11779	1588	3175
11 个片区	2741	9954	4399	12197	1376	3616
全国	7543	29706	6860	19109	2366	5919

数据来源：由 11 个连片特困地区的区域发展与扶贫攻坚规划(2011—2020 年)整理所得。

第四节　困难依然不少,扶贫攻坚任重道远

虽然连片特困地区减贫成效显著,但由于自然、历史、地理、社会、宗教、文化、政治等多种致贫因素复杂交织,经济增长带动功能不强,扶贫开发周期较长,且片区之间、片区内部都存在较大异质性,与全国平均水平相比,14 个连片特困地区差距仍然非常大。深刻认识了解当前连片特困地区的整体现状,有利于中央和地方政府有针对性地制定扶贫政策措施,科学推进扶贫战略对实现减贫和区域协调发展具有十分重要的作用。

────────────

① 国家统计局．贫困地区农民增收呈良好势头［EB/OL］．http://news. xinhuanet. com/fortune/2014—05/05/c_1110546441. htm,2014－08－14.

一、政策机制有待完善，扶贫工作有待精准聚焦

要避免贫困的代际传递就须进一步深化改革，完善扶贫的体制和机制建设，增强贫困地区的自我发展能力。[①] 虽然我国在连片特困地区扶贫开发体制机制创新上的探索成效显著，但依然无法满足新时期扶贫工作在精准性、针对性、有效性等方面的要求。

首先，扶贫政策、扶贫目标偏离。一是部分省县级配套规划缺乏指导和协调，过分依赖中央财政支持，未能抓住重点和主要矛盾。二是同一个片区内的跨省协调机制和同一个省级行政区域内的跨片区协调机制尚未完全建立，难以发挥比较优势，促进资源共享和交流合作，实现跨省和跨片区的协作交流。最后，相关支持政策流于形式，仅停留在宏观的、原则性层面，无法有效操作。

其次，扶贫绩效考核偏重经济效益，地方政府多元扶贫动力不强。随着对贫困内涵认识的深化，国际社会越来越倾向于以多维贫困视角来审视地区和个体的贫困状况，推动贫困地区和贫困人口的减贫和发展。但在连片特困地区扶贫开发实践中，贫困地区考核还普遍与 GDP 挂钩，难以摆脱以发展主义为理论基础的经济中心主义，忽视社会效益和环境效益。具体表现为：在贫困治理目标的设定方面，多关注经济指标，缺乏对贫困人口及贫困社区的可持续生计与自我发展能力的关照；在贫困治理方案的制订方面，更加重视通过项目选择推动产业发展，缺乏对生态视角、社区内部二元分化、传统文化保护等的关注。[②]

二、经济增长后劲乏力，产业结构升级任务艰巨

当前，连片特困地区经济社会发展加快，经济总量不断提升，但与我国其他地区相比，人均产值仍然偏低，一二三产业发展不平衡，产业结构升级困难，同时面临区域之间的同质竞争，依靠经济增长带动扶贫依然困难重重。

首先，特色产业发展层次低，产业结构比例失衡。要转变连片特困地区传统的"输血式"扶贫模式为自我发展的"造血式"模式，其中重要战略之一就是培育特色鲜明、效益显著、优势突出、带动能力强的特色农业产业。连片特困地

---

① 辜胜阻. 提高扶贫精准性，避免贫困代际传递[J]. 中国扶贫，2014(16)：8—10.
② 吕方. 发展的想象力：迈向连片特困地区贫困治理的理论创新[J]. 中共四川省委省级机关党校学报，2012(03)：112—117.

区第一产业占比高,因此优化一产布局,优先发展特色农业产业成为促进连片特困地区城乡一体化发展和缓解贫困的重中之重。但是,连片特困地区生态系统十分脆弱,农业现代化进程缓慢,特色产业规模小、发展层次低、效益不佳是重要制约瓶颈。具体体现在农业生产组织结构松散,农业生产经营社会化程度不高,新技术、新品种采用率较低,市场观念和风险意识缺乏,农业生产的比较效益低下等,致使区域以外的资源不愿进入,甚至使得本就稀缺的资金、青壮劳动力等农业生产经营资源纷纷外流。[1] 同时,二三产业比重偏低,经济结构调整缓慢,成为片区区域协调发展的严峻挑战。

其次,区域同质竞争严重,产业联动效果不佳。为打破以往扶贫工作碎片化、分散低效的瓶颈,强调区域间的联动扶贫,国家划定了 14 个连片特困地区。但是连片特困地区各省市县之间资源禀赋和历史文化等要素具有同一性,导致发展定位相似,产业培育雷同,在争取扶贫资金和招商引资过程中存在不同程度的互相竞争、拆台现象,区域发展面临尚未驶入正轨就已出现偏移的恶性循环。此外,区域间协调联动机制尚未完全建立,分工合作模式也处于探索阶段,这极大地制约了县域和省域的经济发展,无法充分发挥区域合作的规模效应和联动效应。

三、基础设施发展滞后,公共服务均等化有差距

虽然中央和各省各级财政连年加大扶贫投入,但连片特困地区各片区经济发展水平低,财力投入有限,基础设施建设缓慢,加之扶贫任务艰巨,导致需求与发展之间矛盾突出。

首先,经济基础设施不足,招商引资阻力变大。完善的经济基础设施是连片特困地区扩宽扶贫融资渠道、吸引各类资金参与投资扶贫的重要支撑。虽然国家和地方政府在连片特困地区的基础设施投资力度不断加大,但与各片区日益增长的需求相比,现有的基础措施远远无法满足要求,投资吸引力仍然较弱。一方面连片特困地区城市基础设施如城市管网、市政设施等历史欠账多,各类新建开发区财政资金缺口大,相应配套设施无法跟上,加上相关物流服务功能

---

① 蒋辉,蒋和平,彭成圆. 集中连片特困地区特色农业适度规模经营实现路径研究——以武陵山片区椪柑生产经营为例[J]. 贵州社会科学,2014(07):127—132.

不完善,招商引资难度极大。① 且各片区城镇一般处于省际交通、信息、物流、营销等网络的末梢,受中心城市的辐射带动十分有限。② 另一方面已建成的设施存在技术等级低、服务水平不高、抗灾能力不强等问题,亟需加强监管,提高使用率,突破现有"基础设施不足的瓶颈"。

其次,农村基础设施薄弱,"三农"问题依然突出。农村基础设施建设始终是连片特困地区扶贫攻坚工作的重心之一,在"整村推进""生态移民""产业扶贫"和"旅游扶贫"等多种扶贫模式的推动下,连片特困地区农村基础设施取得了显著的成绩。但必须清楚地认识到连片特困地区农村发展所面临的艰巨性、复杂性和长期性问题,如农村公路状况差,农田水利设施布局不均、利用率低、隐患大,水电气"三通"覆盖率不高等,必须扎实推进农村基础设施建设的步伐。当前,连片特困地区的"三农"问题依然突出,主要体现在以下几个方面:一是农民收入增长缓慢问题,二是农村经济结构调整问题,三是农村土地制度问题,四是城乡分治二元结构体制问题,五是农村管理体制问题。③

最后,社会事业发展滞后,服务均等共享面临挑战。连片特困地区社会事业综合服务水平不高,主要表现为:一是基础比较薄弱,教育落后,少数民族群众受教育水平低;二是公共医疗体系尚未建成,医疗卫生条件较差,城乡医疗卫生资源分布失衡;三是少数民族群众就业问题形势严峻;四是农村基础设施相对滞后;五是城乡社会事业资源难以平衡;六是资金压力较大,基础设施建设投入不足;七是专业人才紧缺。④ 尤其在广大农村地区义务教育、医疗卫生、住房条件和文化建设等方面严重滞后,成为贫困人口脱贫的主要障碍。

四、生态环境非常脆弱,发展保护平衡矛盾大

连片特困地区大部分是国家重要的生态保护区和水源涵养地,区位功能十分重要,同时又属于自然灾害多发区,生态环境脆弱。各地区在追求经济发展

---

① 秦荣炎.连片特困地区经济开发区建设存在的问题及对策——基于武陵山片区 A 市的实证分析[J].中小企业管理与科技,2014(26):197—198.

② 汪霞,汪磊.贵州连片特困地区贫困特征及扶贫开发对策分析[J].贵州社会科学,2013(12):92—95.

③ 李俊杰等.集中连片特困地区反贫困研究——以乌蒙山为例[M].北京:科学出版社,2014.

④ 张榆琴,李学坤,路遥.关于构建乌蒙山区反贫困区域协调机制的思考[J].全国商情(理论研究),2012(03):14—15.

的同时往往忽视生态保护的重要性,生态环境破坏严重,协调经济发展与保护已成为各省各级政府考虑的重要议题。

首先,"资源贫困"现象凸显,深陷"资源诅咒"难以破解。资源富集、经济贫困和生态脆弱是连片特困地区的又一大特征,大多数地区矿产资源极为丰富,但却深陷"资源诅咒",经济发展水平较为落后,如滇西地区和陕北地区等。矿产资源的开发虽然促进了当地的经济增长,但却无法让更多当地贫困人口受益,而是带来地质破坏、环境污染、与民争地等严重问题。连片特困地区普遍存在"区富民穷"现象,生态环境保护形势严峻,环保和治污方面政府投入不足,资源开发利益分配机制不合理,广大贫困人口无法均衡享受到应有的发展成果。①

其次,生态环境极其脆弱,自然灾害频发。连片特困地区多属老、少、边、穷地区,多为丘陵、高原、山地,地形地貌复杂,沙漠化严重,水土流失频发,生态极为脆弱,耕地面积稀少,水资源严重不足,资源环境承载力不高,生存环境恶劣,多数地区不适宜人类居住;同时,连片特困地区大多位于湖库源头、江河上游、重要的生态功能区,生态地位重要、生态环境脆弱,自然灾害频发,许多县属于全国主体功能区规划中的限制开发区县或禁止开发区县。② 脆弱的生态环境约束了区域空间的扩充和经济多元化发展,降低了扶贫带动功能。

最后,发展与保护矛盾协调难度大,生态破坏问题日益严重。消除贫困的根本途径是促进包容性增长,让更多发展成果惠及贫困人口。连片特困地区经济基础薄弱,经济发展任务却最为繁重和艰巨,而片区生态环境的脆弱性无疑也给经济发展施加了"紧箍咒",发展与保护矛盾非常尖锐。同时,少数过于功利的连片特困地区在扶贫攻坚中过分追求经济增长,已经对连片特困地区生态环境造成过度破坏,加剧了生态扶贫和治理的难度。

五、贫困人口基数大,自我发展能力有限

以我国 2011 年的年人均收入 2300 元的扶贫标准计算,我国尚有近 1 亿人

---

① 刘刚,沈镭,刘晓洁等. 资源富集贫困地区经济发展与生态环境协调互动作用初探——以陕西省榆林市为例[J]. 资源科学,2007(04):18—24.
② 徐鲲,李晓龙. 连片特困地区生态环境治理路径探析——基于新区域主义的视角[J]. 贵州社会科学,2014(07):143—148.

处在贫困线以下,而连片特困地区贫困人口则占据了绝大部分。连片特困地区贫困人口基数大,素质偏低,人口增长速度快,陷入"越穷越生,越生越穷"的恶性循环。[①]

首先,贫困人口面广数量大,扶贫工作任重道远。经过 30 多年的扶贫攻坚,中国减贫工作成效显著,贫困人口比重不断下降,但中国人口基数大,贫困人口数量依然庞大。中国扶贫已进入深水区,连片特困地区便是深水区中最难啃的硬骨头,致贫原因复杂,贫困沉积严重,扶贫工作任重道远。如何做好扶贫开发工作,让更多发展成果惠及贫困人口,事关我国全面建成小康社会目标和中华民族伟大复兴的中国梦的最终实现。

其次,贫困人口自我发展能力较弱,主体贫困现象突出。连片特困地区贫困人口自我发展能力得益于国家在教育扶贫等方面的投入提升,但整体能力还显薄弱,难以有效参与到扶贫开发进程中来。主要体现在:一方面片区教育基础设施和教育资源仍显不足,覆盖面不广,素质教育低于全国平均水平;另一方面,片区农民商品流通意识和市场竞争观念普遍不强,普遍存在"等、靠、要"思想,缺乏学习科学文化知识的积极性,接受科学技术知识的能力差,推广优良品种和农业种植技术难度大。[②] 此外,特殊人群保障措施不完善,农民因病因灾返贫现象十分突出。

自新中国成立尤其是改革开放 30 多年来,我国扶贫工作在中国共产党领导下已经取得了举世瞩目的伟大成就,受到国际社会的广泛关注和称道。本章通过经验总结,简要回顾了我国连片特困地区扶贫工作取得的主要成就,突出表现在:一是党中央高度重视,顶层设计制度有保障;片区扶持力度不断加强,发展环境持续改善;对外开放融入新格局,国际合作交流日益频繁。二是产业结构不断优化,特色产业优势日渐凸显,农业基础逐渐巩固,特色农牧业效益突出;工业产值增速加快,支柱产业正在形成,民族文化产业初具规模,旅游品牌形象不断提升。三是基础设施与公共服务不断改善,减贫效果显著增强,立体

---

① 李俊杰等. 集中连片特困地区反贫困研究——以乌蒙山为例[M]. 北京:科学出版社,2014.
② 赵曦,李玉珍. 乌蒙山区扶贫开发的现状、问题及对策[J]. 农村经济,2006(02):38—42.

交通骨干网络初步建立,区域联动加速,农村生产生活条件明显改善,社会事业得到长足发展,贫困问题得到根本改变,农民增收效果显著。在取得成就的同时,仍然存在不少困难,主要表现为:政策机制有待完善,扶贫工作尚未精准聚焦,经济增长后劲不足,产业结构升级阻力重重;基础设施发展滞后,服务均等共享挑战严峻;生态环境脆弱,发展与保护矛盾难调;贫困人口基数庞大,自我发展能力亟待提高。充分认识上述问题,有助于找准根源,提出有针对性的对策建议。

第九章　我国连片特困地区扶贫开发现状测度

上一章对连片特困地区扶贫开发进行了历史回顾,总结了取得的成绩,分析了存在的主要问题,但仅仅这些是不够的,有必要通过抽样、访谈等实证研究准确把握连片特困地区扶贫开发现状,以便有针对性地构建起扶贫开发模式,提出"管用"的政策建议。为此,课题组深入到武陵山片区、滇桂黔石漠化片区进行了大量的抽样、访谈,召开座谈会,掌握到第一手资料。本章借助 SPSS 软件工具通过对收集到的有效问卷进行因子分析、描述性统计分析等,并结合已有的研究结论和深度访谈的结果,旨在测度我国连片特困地区贫困的现状,进一步总结扶贫成就,找准存在的问题,为构建对策建议提供支撑。

第一节　调查问卷概述

一、调查问卷的设计

"连片特困地区包容性增长的扶贫开发模式研究调查问卷"分为说明调查的内容、目的及感谢被调查者的参与和调查问卷两大部分,第二大部分是调查问卷,涵盖个人基本情况、经济与生活状况、文化、教育与医疗状况、扶贫政策导向等四个方面内容:一是对连片特困地区被试对象基本情况的调查,包含其性别、年龄、居住区域、受教育程度、政治面貌、婚姻状况以及职业类别等;二是关于经济与生活状况的调查,包括经济能力和生活条件两方面,涵盖家庭人均年收入、银行存款数额、收入来源、日均开销范围、居住房屋类型和结构、生活设施、交通等方面内容;三是关于文化、教育与医疗状况的调查,包括文化娱乐生活、支持孩子完成学业程度、中小学基础设施、参加保险状况、卫生医疗机构等方面调查以及居民对当地教育和医疗方面工作的认知度调查;四是关于扶贫政策与政府扶贫工作满意度的调查。所有问项均根据《中国农村扶贫开发纲要（2011—2020 年）》所提出的减贫目标，即要求在 2020 年实现贫困人口"不愁吃、不愁穿，保障其义务教育、基本医疗和住房"。[①] 其中认知度调查和满意度调查为 Liket5 点评分法，被试对象在"完全不同意—完全同意"维度上进行选择，统计时按照 1—5 计分，1 = 完全不同意，2 = 比较不同，3 = 一般，4 = 比较同意，5 = 完全同意。

二、数据收集

此次调研选择了武陵山片区和滇桂黔石漠化片区作为样本调查区域。武陵山区包括湖北、湖南、重庆、贵州四省市交界地区的 71 个县（市、区），国土总面积为 17.18 万平方公里。2010 年年末，总人口为 3645 万人，其中城镇人口 853 万人，农村人口 2792 万人。武陵山区是颇具特色的省际结合部"老、少、边、穷"地区（革命老区、少数民族地区、边远地区和贫穷地区），同时又是中国区域经济的分水岭和西部大开发的最前沿地带，是连接中原与西南的重要纽带，在中国集中连片特困地区中极具典型性。滇桂黔石漠化片区涉及广西、贵州、云南三省（区）的 15 个地（市、州）、91 个县（区、市）[②][③]，"老、少、边、穷"集聚一体，贫困与石漠化交织，生态环境脆弱，是全国 14 个片区中扶贫对象最多、少数民族人口最多、所辖县数最多、民族自治县最多的片区。[④]

2012 年 7—8 月，课题组对武陵山片区和滇桂黔石漠化片区进行了为期一个月的实地调研，本次基线调查涵盖武陵山连片特困地区的三省一市，覆盖到重庆市黔江区、石柱县，湖北省咸丰县，湖南省辰溪县、通道县，贵州省江口县、石阡县、印江县，以及滇桂黔石漠化片区的贵州省六盘水市的水城县、盘县，通过座谈会、访谈抽样、问卷调查等形式进行了深入调研，调查对象包括农村居民、部分市直机关等。围绕连片特困地区贫困现状及根源以及如何才能使农民

---

① 陈琦. 连片特困地区农村贫困的多维测量及政策意涵——以武陵山片区为例[J]. 四川师范大学学报（社会科学版），2012（03）：58—63.

② 胡勇. 集中连片特困地区发展现状与贫困的根源探究——以武陵山区为例[J]. 湖南农业科学，2013（19）：126—129.

③ 本刊记者. 滇桂黔石漠化片区区域发展与扶贫攻坚规划启动实施[J]. 国土绿化，2012（07）：5.

④ 王志章，刘子立. 连片特困地区知识扶贫路径研究——以武陵山片区为例[J]. 西部学刊，2014（01）：24—31.

脱贫致富等问题开展调研,调研期间先后与湖北省咸丰县朝阳镇机关干部、湖南省通道县机关干部以及贵州省六盘水市机关干部共举办座谈会10场,深度访谈20人,共发放调查问卷1000份。由于绝大多数农村被调查者文化水平不高,对文字的反应慢,为了保证问卷的有效回收率和提高问卷调查工作效率,大部分问卷都是在调查组成员指导和解释下完成,回收有效问卷954份,占问卷总数的95.4%。在整理回收问卷时,我们采用以下标准来评判问卷是否有效:(1)问卷有超过5%的题目空白视为无效问卷;(2)问卷中各项选择结果若达到70%以上雷同则视为无效问卷;(3)没有认真作答或对问卷题目不理解、回答方式明显带有随意性的问卷视为无效问卷。

第二节　描述性统计分析

描述性统计分析是对已获得的单变量数据进行整理、概括,显示其分布特征和公有性质的统计方法。本节主要对调查对象的基本情况进行描述性统计分析,包括调查对象性别、年龄、居住区域、受教育程度、政治面貌、婚姻状况以及职业类别等方面的情况。

表9—1　被调查者统计特征描述

统计项目	特征	样本数(人)	百分比(%)
性别	男	546	57.2
	女	408	42.8
年龄	18岁以下	39	4.1
	18—40岁	385	40.4
	40—60岁	362	37.9
	60岁及以上	168	17.6
居住区域	城市	46	4.8
	城镇	109	11.4
	农村	799	83.8

续表

统计项目	特征	样本数(人)	百分比(%)
受教育程度	文盲半文盲	175	18.3
	小学	264	27.7
	初中	264	27.7
	高中或中专	127	13.3
	本科或大专	123	12.9
	硕士及以上	1	0.1
政治面貌	共产党员	163	17.1
	民主党派	3	0.3
	团员	77	8.1
	群众	710	74.4
	宗教信仰	1	0.1
婚姻状况	已婚	759	79.6
	单身(从未结婚)	125	13.1
	离婚	14	1.5
	寡居	53	5.5
	同居	3	0.3
职业类别	务农	471	49.4
	专业养殖	11	1.2
	城里务工	104	10.9
	技术工	51	5.3
	行政办事员	85	8.9
	商业服务人员	74	7.8
	无职业	53	5.5
	在读学生	52	5.5
	其他	53	5.5

数据来源：由课题组调查问卷整理所得。

表9—1为被调查者的基本统计特征描述。从性别分布来看,男性546人,占样本总数的57.2%;女性408人,占样本总数的42.8%,男女比例基本持平。

从年龄来看,被试对象以中青年居多,其中18—40岁的385人,占40.4%;

40—60 岁 362 人,占 37.9%;18 岁以下 39 人,占 4.1%;60 岁及以上 168 人,占 17.6%。

从居住区域来看,本次调查主要是深入武陵山片区和乌蒙山片区,了解当地农村居民基本生活情况,为获得更全面的数据信息,也有对当地县城和建制镇部分居民进行的调查。其中农村居民 799 人,占样本总数的 83.8%;城镇居民 109 人,占样本总数的 11.4%;城市居民 46 人,占样本总数的 4.8%。

从受教育程度看,被调查者受教育程度普遍偏低,其中文盲半文盲 175 人,占 18.3%;小学文化程度 264 人,占 27.7%;初中文化程度 264 人,占 27.7%;高中及中专 127 人,占 13.3%;本科及大专 123 人,占 12.9%;硕士及以上仅 1 人,占 0.1%。

从政治面貌看,大部分被调查者为普通群众,共 710 人,占样本总数的 74.4%;共产党员 163 人,占 17.1%;民主党派 3 人,占 0.3%;团员 77 人,占 8.1%;只有 1 人具有宗教信仰,占 0.1%。

从婚姻状况看,被调查者中已婚人士 759 人,占样本总数的 79.6%;单身(从未结婚)人士 125 人,占 13.1%;离婚人士 14 人,占 1.5%;寡居人士 53 人,占 5.5%;同居人士 3 人,占 0.3%。

从职业类别来看,被调查者大多以务农和进城务工为主,其中务农人员 471 人,占样本总数的 49.4%;城里务工人员 104 人,占 10.9%;专业养殖人员 11 人,占 1.2%;技术工 51 人,占 5.3%;行政办事员 85 人,占 8.9%;商业服务人员 74 人,占 7.8%;无职业者 53 人,占 5.5%;在读学生 52 人,占 5.5%;其他人员 53 人,占 5.5%。

第三节　我国连片特困地区贫困现状指标的选取

一、指标选取原则

为了使所建立的贫困现状描述指标体系能系统全面、客观准确地反映我国连片特困地区的贫困现状,并有助于发现现阶段扶贫攻坚战中存在的问题,为各级政府和有关部门制定减贫目标、出台包容性增长的减贫政策并顺利实施提供参考,构建连片特困地区贫困指标体系应遵循以下几条原则:

（1）科学性原则。一是指标的选择必须以反映连片特困地区贫困现状和根源为目标,把握评估指标内涵的准确性和完备性;二是要求数据的选取和处理要以统计原理为依据;三是要求指标选取充分考虑定性与定量指标相结合,静态与动态指标相结合,既考虑现实情况,同时关注发展性指标,并且这些指标具有内在联系,成为有机的整体。

（2）系统性原则。连片特困地区的贫困维度涵盖经济生活、基础设施建设、教育、医疗等多个方面,贫困原因涉及自然条件、居民发展意识、政府政策等多个方面,每个维度都包括多个评估指标。因此,必须建立一个覆盖面广并能系统反映连片特困地区贫困特征的指标体系。但这一指标体系并非是各个评估指标的简单组合,而应按照层次性和系统性把指标体系分为目标层、领域层和指标层等。

（3）可操作性原则。贫困现状指标体系的建立必须能满足可行性和可操作性的原则要求:第一,反映连片特困地区贫困面貌和根源的指标具有较强的实用性和现实性,如果实际操作难度较大的指标,即使理论含义符合预期,也应放弃或者转而选取与其含义、实质相近且具有代表性的变量来代替;第二,指标变量的设置应满足少而精的原则,杜绝过于繁杂,同时,所设问卷问题应便于被调查者回答。

二、指标的选取

1. 指标维度

据统计,按照 2011 年我国实施的新扶贫标准——年人均收入低于 2300 元,我国还有近 1 亿贫困人口,占农村总人口的 13.4%,扶贫任务依然艰巨。长期以来,贫困被视为一维概念,仅指经济上的贫困。随着理论研究的不断深入和实践的发展,人们发现贫困是一种非常复杂而综合的社会现象。1998 年诺贝尔经济学奖获得者阿玛蒂亚·森(A. K. Sen)开创性地提出的"可行能力"认为,贫困的发生是由于个人或家庭不具有维持其最基本生活需要的能力,即存在"能力被剥夺"状况,并从"能力"、"权力"、"功能"等三个角度讨论贫困问题,将贫困理论从一维推广到多维,即贫困不仅局限于收入的贫困方面,还包括教育、健康、公共品的获得等福利指标。[1] 多维贫困观点得到后续学者的不断丰富和完善,并逐渐被国际主流所接受,其主要观点不仅强调收入贫困的传统指标,也涵盖了教育年限、生活质量和健康等更多维度。另外,在经济增长的情况下,贫富差距不断拉大增加了减贫的难度,贫困人口很难获得与高收入阶层平等的教育机会、医疗卫生条件、社会保障安排、获取信息和技术的机会等。

阿尔凯尔(Alkire,2007)通过家庭调查获得个体或者家庭在每个维度上的取值(achievement),对每个维度定义一个贫困标准,根据这一标准来识别每个个体或家庭在这一维度上是否贫困。[2] 根据 Alkire 开发的多维贫困测量方法,我国学者王小林(2009)从住房、饮用水、卫生设施、电、资产、土地、教育、健康保险等八个维度对中国城市和农村家庭多维贫困进行了综合测量。[3] 邹薇,方迎风(2011)则从收入、教育、生活质量三个维度来测量贫困。[4]

为了实现指标评价的客观科学,我们在借鉴国内外研究成果的基础上,结合联合国千年发展目标对各个具体指标的相关技术规定以及亚行有关测度包容性增长的相关指标,立足我国现实情况,将连片特困地区贫困指标体系分为经济与生活、教育、医疗、社会资本、政府扶贫工作五个维度(如表9—2所示),利用因子分析法力求全面、深入剖析我国连片特困地区的贫困现状和根源。

2. 指标说明

从表中可以看出,连片特困地区贫困现状分为经济与生活状况、教育状况、医疗状况、社会资本现状、政府扶贫工作状况五个部分,共22个指标变量。

(1)经济与生活状况。这一维度描述的是人类社会赖以生存和发展的物质要素。包括被调查者家庭人均年收入、被调查者家庭银行存款数额、被调查者平均每天开销范围、被调查者家庭房屋结构、被调查者所在地交通状况。其中,家庭人均年收入分为"2300元以下"、"2300—3499元"、"3500—4599元"、"4600—5699元"、"5700元及以上"五个层次;家庭银行存款数额分为"无"、"几百元以上"、"几千元以上"、"几万元以上"、"几十万元以上"五个层次;被调查者平均每天开销范

① A. K. Sen. Commodities and Capabilities[M]. Amsterdan:North Holland,1985.

② 王小林,Sabina Alkire. 中国多维贫困测量:估计和政策含义[J]. 中国农村经济,2009(12):4—10.

③ 王小林,Alkire S. 中国多维贫困测量: 估计和政策含义[J]. 中国农村经济,2009(12): 4—10.

④ 邹薇,方迎风. 关于中国贫困的动态多维度研究[J]. 中国人口科学,2011(06):49—59.

围分为"16 元以下"、"16—47 元"、"48—64 元"、"65—79 元"、"80 元及以上"五个层次;被调查者家庭房屋结构分为"木、竹、草"、"土坯"、"石砌"、"砖瓦"、"钢筋混凝土"五个层次;被调查者所在地交通状况分为"不通公路"、"通乡村公路"、"通省道"、"通国道"、"其他"五个层次。以上各指标变量按顺序分别赋值为"1"、"2"、"3"、"4"、"5"。

表 9—2   我国连片特困地区贫困指标体系

我国连片特困地区贫困现状	经济与生活状况	您家庭的人均年收入 X1
		您家里的银行存款数额 X2
		您平均每天开销范围 X3
		您家房屋结构 X4
		您这里的交通 X5
	教育状况	您这里成年人一般受的教育程度 X6
		您这里一般支持孩子完成学业至 X7
		您这里的孩子都能受到学前教育 X8
		您这里女孩和男孩一样平等享受教育资源 X9
	医疗状况	您这里的医疗卫生机构有 X10
		您这里生病后能很方便、很及时地就医 X11
		您对这里医务人员的整体素质(医术、医德等)很满意 X12
		您对政府在医疗卫生服务方面的工作是满意的 X13
	社会资本状况	您对村委会开展的工作和办事程序都比较清楚 X14
		您经常参与村里一些重大事情的讨论 X15
		您可以对村委会的工作提出质疑 X16
		您可以监督村委会对集体资产的管理、使用情况 X17
	政府扶贫工作状况	您认为政府的扶贫资金能准确、及时落到贫困户手中 X18
		您认为政府廉洁奉公,在惩治腐败工作方面做得很好 X19
		您认为政府依法办事,在执法过程中很公平 X20
		您认为政府发展本地经济,增加群众收入的工作做得很好 X21
		您认为政府扩大就业,增加就业机会的工作做得很好 X22

（2）教育状况。教育是个体获得学识、技能、经验等的重要途径，教育水平的高低直接影响着人力资本的多少，受正规教育程度、相关工作年限及职级情况是影响人力资本基本素质的因素，更影响着人力资本的增值能力的大小。衡量教育状况的指标包括成年人受教育程度（分为"不识字"、"小学"、"初中"、"高中"、"大学及以上"）、对孩子完成学业的支持程度（分为"小学"、"初中"、"高中"、"大学"、"研究生及以上"）、小孩均能享受学前教育、女孩和男孩一样平等享受教育资源。前两个指标变量按顺序分别赋值为"1"、"2"、"3"、"4"、"5"，后三个被试对象在"完全不同意—完全同意"维度上进行选择，统计时按照1—5计分。1 = 完全不同意，2 = 比较不同意，3 = 一般，4 = 比较同意，5 = 完全同意。

（3）医疗状况。优良的医疗条件关乎人的健康品质，与教育一道是发展和增长的重要因素，作为投入和产出的双重角色，在经济社会发展中占有重要地位。[①] 衡量贫困地区医疗状况的指标包括医疗卫生机构级别（分为"只有乡村医生""只有私人小诊所""乡村医疗卫生室/所""乡镇卫生院""县级医疗卫生机构"），生病后能否很方便、及时地就医，对医务人员的整体素质（医术、医德等）很满意，对政府在医疗卫生服务方面的工作是否满意等四个方面，评分方法如前所述。

（4）社会资本状况。社会资本是指人们基于其所处社会结构所能获取的资源。布朗从微观、中观和宏观三个层次对社会资本进行了划分，认为微观层次的社会资本重点研究个体为获取所需资源而构建其社会关系网络的途径；中观层次社会资本主要强调个体因其处于社会结构的不同位置而获得所需的不同资源。社会资本宏观视角则关注某类群体在国家、区域或者组织、团体中所占有社会资本的状况。[②] 基于此，结合贫困地区实际情况，将衡量社会资本状况的指标设置为对村委会开展的工作和办事程序都比较清楚，经常参与村里一些重大事情的讨论，可以对村委会的工作提出质疑，可以监督村委会对集体资产的管理、使用情况，评分方法如前所述。

（5）政府扶贫工作状况。扶贫开发是政府工作的重要职能之一，政府扶贫工作做得好坏直接影响到扶贫绩效。从农户视角出发，将衡量政府扶贫工作状

---

① 李亚慧，刘华. 健康人力资本研究文献综述[J]. 生产力研究，2009（20）：189—192.
② 赵延东，罗家德. 如何测量社会资本：一个经验研究综述[J]. 国外社会科学，2005（02）：18—24.

况的指标设置为"您认为政府的扶贫资金能准确、及时落到贫困户手中"、"您认为政府廉洁奉公,在惩治腐败工作方面做得很好"、"您认为政府依法办事,在执法过程中很公平"、"您认为政府发展本地经济,增加群众收入的工作做得很好"、"您认为政府扩大就业,增加就业机会的工作做得很好",评分方法如前所述。①

第四节　信度检验

问卷的信度关乎问卷测量的可靠性和测量结果的内部一致性程度。只有当信度在研究的范围内可以接受时,问卷统计分析结果才有可靠性和准确性。对问卷信度的测量可以用重测信度、复本信度、折半信度和 Cronbach's α 系数四种方法。用 Cronbach's α 系数来估计问卷的一致性是目前常用的评价内部一致性的方法,系数越高,代表量表的内部一致性越好,一般要求 α 系数至少要大于0.70。本研究采用 Cronbach's α 系数进行问卷及因子的同质性信度分析②,结果如表 9—3 所示,22 个指标变量的 Cronbach's α 系数为 0.830,表现出较好的内部一致性和稳定性,说明研究结果具有较强的可信度。③

表 9—3　可靠性统计量

Cronbach's Alpha	基于标准化项的 Cronbach's Alpha	项数
. 822	. 830	22

---

① 龙怡帆. 武陵山连片特困地区小城镇发展模式研究[D]. 重庆:西南大学,2014.
② 杜学胜. 煤矿企业安全文化系统化建设研究[D]. 江苏:中国矿业大学,2010.
③ 李梦竹,王志章. 连片特困地区政府扶贫行为的现状与对策研究[J]. 湖北民族学院学报(哲学社会科学版),2014(02):74—78.

第五节　基于因子分析法的连片特困地区贫困影响因素分析

一、因子分析法的基本原理和数学模型

因子分析(Factor Analysis,FA)是从研究相关矩阵或协方差矩阵内部的依赖关系出发,把具有错综复杂关系的众多原始指标变量转化成几个综合变量的多元统计分析方法,起源于 20 世纪初凯瑞·皮尔森(Kari Pearson)和查尔斯·斯皮尔曼(Charles Spearman)等人关于智力测试的统计分析。

因子分析法是一种行之有效的降维方法,具有在较少损失原有变量信息的基础上起到减少变量数量,降低维度等优点。因子分析是通过研究相关矩阵或协方差矩阵内部依存关系,将多个可以观测的随机变量 $X_1, X_2, \cdots, X_p$,综合为少数几个不可观测的潜在变量 F1,F2,$\cdots$,Fm,以再现指标与因子之间的相关关系。[1] 设有 N 个样本,p 个原始变量,用 Xi = (i = 1,2,$\cdots$,p)来表示,并且认为因子分析中的公因子是共同影响变量的因素。又假设每一个变量 Xi = (i = 1,2,$\cdots$,p)都可以由公因子的线性组合与特殊因子之和所表示[2],即:

$$X_i = a_{i1}F_1 + a_{i2}F_2 + \cdots + a_{im}F_m + \varepsilon_1 \qquad \text{模型 1}$$

模型 1 可用矩阵表示为:

$$X = AF + \varepsilon \qquad \text{模型 2}$$

其中,

$$X = \begin{bmatrix} X_1 \\ X_2 \\ \cdots \\ X_P \end{bmatrix}, A = \begin{bmatrix} a_{11} & a_{12} & \cdots & a_{1m} \\ a_{21} & a_{22} & \cdots & a_{2m} \\ \cdots & \cdots & \cdots & \cdots \\ a_{p1} & a_{p2} & \cdots & a_{pm} \end{bmatrix}, F = \begin{bmatrix} F_1 \\ F_2 \\ \cdots \\ F_m \end{bmatrix}, \varepsilon = \begin{bmatrix} \varepsilon_1 \\ \varepsilon_2 \\ \cdots \\ \varepsilon_p \end{bmatrix}$$

F1,F2,$\cdots$,Fm 称为公因子,i 称为 Xi 的特殊因子,代表公共因子以外的影响因素,实际分析时忽略不计,且满足:(1)m≤p;(2)公共因子与特殊因子协

---

① 尹航,孙希波,傅毓维. 基于因子分析的科技成果转化项目综合风险评价[J]. 科技进步与对策,2009(03):1—6.

② 仇磊. 基于因子分析的我国地方政府绩效评估研究[D]. 陕西:西北大学,2010:24—30.

方差为零;(3)各个公共因子不相关且方差为 1;(4)特殊因子不相关且方差也不同。矩阵 A 称为因子载荷矩阵,矩阵 A 中的 ij 称为因子载荷,是第 i 个指标在第 j 个因子上负荷,若某指标在某因子中作用大,则该因子载荷系数就大。[1]

二、因子分析法的步骤

因子分析法的主要步骤如下:

第一步,对原始数据进行无量纲化处理。

第二步,计算相关系数矩阵并进行统计检验,主要包括 KMO 抽样充分性检验(Kaiser-Meyer-Olkin Measure of Sampling Adequacy)和巴特利特球形检验(Bartlett's Test of Sphericity)。

第三步,确定因子变量。

第四步,进行因子旋转,对因子进行解释命名。

第五步,计算因子得分。计算出样本在各个因子上的得分以及综合得分后,才可以进行样本排名、聚类分析、动态分析等后续研究。[2]

三、数据分析

本书运用 SPSS20.0 软件对数据进行分析,在对 22 个指标变量进行可行性分析、提取公因子和旋转后发现"您家庭人均年收入(X1)"、"家庭银行存款数额(X2)"、"医疗卫生机构(X10)"这三个指标的各因子载荷值均低于 0.5,故将其删除,然后对剩下的 19 个指标变量重新进行探索性因子分析。

1. 因子分析可行性检验

由于因子分析法是从众多的指标变量中提取少数几个能代表这些指标的因子,这就要求原始的指标变量在某些方面具有较强的相关性,才可以进行因子分析。判断一组指标是否适合因子分析,主要的方法是进行 KMO 抽样充分性检验和 Bartlett 球形检验。[3]

---

① 石洪波,吕亚丽. 因子分析降维对分类性能的影响研究[J]. 中北大学学报(自然科学版),2007(06):556—561.
② 黄荣. 商业银行中小企业贷款信用风险评价研究[D]. 江苏:江苏大学,2009.
③ 殷群,李丹. 产业技术创新联盟合作伙伴选择研究[J]. 河海大学学报(哲学社会科学版),2014(02):62—66.

KMO 测度用于比较指标变量间的相关系数与偏相关系数的相对大小,它是变量间相关系数平方和占这两种系数平方和的比率。[1] KMO 统计值取值在 0—1 之间,根据统计学家凯撒(Kaiser,1974)的论述,当 KMO 取值大于 0.9 时,该组指标变量非常适合进行因子分析;当 KMO 取值在 0.8—0.9 之间时,该组指标变量很适合进行因子分析;当 KMO 取值在 0.7—0.8 之间时,该组指标变量基本适合进行因子分析;当 KMO 取值小于 0.6 时,该组指标变量就不适合进行因子分析。Bartlett's 球形检验假设变量相关矩阵为单位阵,然后检验实际相关矩阵与此的差异性。如果差异性显著,则拒绝单位阵零假设,即认为原始变量之间具有显著相关性,适合进行因子分析,一般要求概率值小于 0.05;否则不适合进行因子分析。[2]

表 9—4　KMO 和 Bartlett's 球形检验

取样足够度的 Kaiser—Meyer—Olkin 度量		.863
Bartlett 的球形度检验	近似卡方	8301.418
	df	171
	Sig.	.000

由表 9—4 的 KMO 和 Bartlett's 检验可以看出,KMO 的检验值为 0.863,大于 0.6,适合因子分析。Bartlett's 球形度检验的显著性概率为 0.000,小于显著性水平 0.05,因此拒绝 Bartlett's 球形度检验的零假设,认为本数据适合进行因子分析。[3]

2. 提取公因子

因子分析的目的是寻求用少数的几个公共因子解释协方差结构的因子模型。公共因子数量选取的多少直接关系到变量解释程度的高低,选取的因子过多,应用因子分析方法就失去了原有的意义;而选取的因子过少,又可能造成原

① 王玉珅,张微. 大学生职业生涯规划调查问卷的设计和施测研究[J]. 科技创新导报,2008(18):136—138.

② 张建军,许承明. 资本流动、信贷配给与产业信贷政策匹配研究[J]. 产业经济研究,2012(05):80—86.

③ 蔡月祥. 中国农村居民家庭消费性支出的应用研究——基于因子分析[J]. 华东经济管理,2014(02):41—44.

始信息的大量损失。选定公共因子数量通常有以下三种准则①：

（1）以主成分的特征值为标准选取公共因子。

（2）以主成分的方差累积贡献率为标准来选取公共因子。

（3）根据分析问题的需要或具体问题的专业理论来选取公共因子。②

表9—5　方差累计贡献率表

成分	初始特征值			提取因子的载荷平方和			旋转后提取因子载荷平方和		
	全部特征值	方差贡献率%	累积贡献率%	全部特征值	方差贡献率%	累积贡献率%	全部特征值	方差贡献率%	累积方差贡献率%
1	5.879	30.940	30.940	5.879	30.940	30.940	3.530	18.579	18.579
2	2.139	11.257	42.197	2.139	11.257	42.197	3.273	17.225	35.804
3	1.615	8.501	50.698	1.615	8.501	50.698	2.134	11.229	47.033
4	1.539	8.099	58.797	1.539	8.099	58.797	1.591	8.375	55.408
5	1.091	5.742	64.539	1.091	5.742	64.539	1.478	7.777	63.185
6	1.069	5.627	70.166	1.069	5.627	70.166	1.326	6.981	70.166
7	.780	4.105	74.272						
8	.755	3.975	78.246						
9	.614	3.233	81.479						
10	.582	3.061	84.540						
11	.559	2.944	87.484						
12	.505	2.656	90.140						
13	.462	2.431	92.572						
14	.310	1.631	94.203						
15	.279	1.468	95.671						
16	.240	1.264	96.935						
17	.202	1.065	98.000						
18	.199	1.046	99.045						
19	.181	.955	100.000						

提取方法：主成分分析。

---

① 游家兴．如何正确运用因子分析法进行综合评价[J]．统计教育，2003(05)：10—11．

② 傅再育．中国上市公司盈利能力模型分析[D]．四川：四川大学，2005．

我们选用主成分分析法,按照特征值大于 1 的准则提取公共因子,结果如表 9—5 所示,分成三块,分别显示的是初始解、抽取主成分解释的方差和旋转后主成分的方差。各列数据的含义如下:

第一块区域为"初始特征值",表示因子分析的初始解对原始变量的总体反映情况。第一列是因子旋转后得到的初始解的 19 个序号。第二列是因子变量的特征值,也叫做方差贡献值,反映了因子的重要程度。例如,第一行的 5.879 表示第一个因子变量反映了原有变量总方差 19 总的 5.879,它反映的方差最大,其他各因子反映的方差不断减少。第三列是各因子变量的方差贡献率,表示该因子代表的重要程度占原有变量的比率。第一行的 30.940% 表示该因子的方差贡献率,即 5.879/19 的结果。第四列是因子变量的累计方差贡献率,表示前面几个因子反映的总方差占原有变量总方差的比率。[1][2] 例如,第二行的 42.197% 是(5.879 + 2.139)/19 的结果。

第二块区域是抽出解,涵盖第五列至第七列,是从初始解中提取了 6 个主成分后对原变量的反映情况,数据的含义与第二列至第四列的含义相同。我们按照特征值大于 1 的准则提取了 6 个主成分,这 6 个主成分反映了原变量 70.166% 的数据情况,新得到的因子变量基本可以反映原始变量的大部分信息。

第三块区域是旋转后的抽出解,涵盖第八列至第十列,是旋转后的因子变量对原始变量的反映情况。进行因子旋转,提高因子载荷,可以更清楚地区分公共因子。

表 9—6　共同度估计结果

变量	初始	提取
X3	1.000	.528
X4	1.000	.505
X5	1.000	.484
X6	1.000	.630
X7	1.000	.765

① 傅再育. 中国上市公司盈利能力模型分析[D]. 四川:四川大学,2005.
② 方世敏,赵爽. 景区类上市公司业绩评价分析[J]. 北京第二外国语学院学报,2008(09):59—64.

变量	初始	提取
X8	1.000	.722
X9	1.000	.739
X11	1.000	.601
X12	1.000	.804
X13	1.000	.797
X14	1.000	.776
X15	1.000	.849
X16	1.000	.831
X17	1.000	.842
X18	1.000	.545
X19	1.000	.701
X20	1.000	.747
X21	1.000	.744
X22	1.000	.722

提取方法：主成分分析。

提取出 6 个公共因子后,可以计算各变量的共同度,从表 9—6 中可以看出大部分共同度都在 60% 以上,说明变量间存在着较为紧密的内部结构联系,提取出的公共因子的解释能力较强,能够比较完整地代表初始变量的信息,因此对其进行因子分析的效果显著。

3. 因子旋转

因子分析的主要目的不仅仅是找出公共因子,更重要的是要求提取出的公共因子有实际解释意义。如表 9—7 所示的旋转前因子载荷矩阵,综合性太强,不利于对各个因子进行分析和研究。因子旋转使因子和原始指标间的关系进行重新分配,因子载荷量向 0—1 分化,使指标仅在一个公共因子上有较大的载荷,而在其余公共因子上的载荷比较小,从而更加易于解释。这里笔者采用方差最大正交旋转(Varimax)对因子进行旋转,使每个指标在少数因子上有较大载荷。

表9—7 旋转前因子载荷矩阵 a

变量	成分					
	1	2	3	4	5	6
X14	.782	−.267	.082	.276	.084	.056
X17	.759	−.322	.085	.361	.144	.059
X15	.756	−.324	.078	.337	.212	.088
X21	.756	.011	−.045	−.404	−.088	−.008
X20	.748	−.055	−.004	−.415	−.103	−.027
X16	.744	−.346	.112	.352	.135	.052
X22	.732	.063	−.058	−.406	−.102	.051
X19	.706	−.094	−.005	−.437	−.030	.038
X18	.665	−.013	.062	−.300	.040	.078
X13	.578	.389	−.368	.246	−.328	−.086
X12	.481	.363	−.422	.347	−.366	−.098
X8	.130	.615	−.175	−.081	.520	.139
X11	.423	.550	−.189	.238	−.095	−.131
X3	.087	.297	.577	.027	.070	−.306
X6	.172	.370	.532	.108	−.177	.371
X5	.177	.306	.501	.194	−.066	−.258
X4	.242	.195	.476	−.130	−.066	−.401
X9	.263	.458	−.205	−.030	.630	−.141
X7	−.010	.437	.241	.029	−.078	.713

提取方法：主成分分析。

a. 已提取了6个成分。

表9—8 旋转后因子载荷矩阵 a

变量	成分					
	1	2	3	4	5	6
X20	.821	.223	.126	.074	−.002	−.037
X21	.815	.205	.175	.056	.055	−.013
X22	.804	.168	.195	.029	.072	.052

续表

变 量	成 分					
	1	2	3	4	5	6
X19	.803	.230	.038	.015	.033	−.015
X18	.665	.280	.048	.071	.106	.074
X15	.256	.879	.088	.015	.048	−.007
X17	.248	.872	.134	.040	−.008	−.015
X16	.247	.869	.106	.054	−.035	−.020
X14	.331	.797	.166	.058	−.019	.007
X12	.117	.154	.874	−.046	.024	.002
X13	.249	.168	.837	.003	.073	.032
X11	.107	.082	.674	.188	.291	.086
X3	−.008	.005	−.057	.713	.098	.085
X4	.230	−.006	.012	.670	−.018	−.057
X5	−.046	.106	.138	.658	.010	.136
X9	.099	.076	.130	.088	.829	−.106
X8	.066	−.098	.132	−.004	.806	.204
X7	−.006	−.084	.031	−.053	.117	.861
X6	.053	.075	.064	.362	−.047	.696

提取方法：主成分分析。

旋转法：具有 Kaiser 标准化的正交旋转法。

a. 旋转在 6 次迭代后收敛。

表9—8 给出的是正交旋转后各指标变量在6 个主成分上的因子载荷,可以看出公因子1 在"政府依法办事,在执法过程中很公平(X20)"、"政府发展本地经济,增加群众收入的工作做得很好(X21)"、"政府在扩大就业,增加就业机会的工作做得很好(X22)"、"政府廉洁奉公,在惩治腐败工作方面做得很好(X19)"、"政府的扶贫资金能够准确、及时落到贫困户手中（X18）"5 个指标上具有较高的负载,说明公因子1 主要反映的是政府扶贫工作情况,揭示了

居民对政府扶贫工作的满意度。

公因子2在"您经常参与村里一些大事情的讨论（X15）"、"您可以监督村委会对集体资产的管理、使用情况（X17）"、"您对村委会的工作可以提出质疑（X16）"、"您对村委会开展的工作和办事程序都比较清楚（X14）"4个指标上具有较高的载荷，说明公因子2主要反映的是农村居民社会资本状况。

公因子3在"您对医务人员的整体素质很满意（X12）"、"您对政府在医疗卫生服务方面的工作是满意的（X13）"、"您这里生病后能很方便、及时地就医（X11）"3个指标上具有较高的载荷，说明公因子3主要反映连片特困地区医疗水平状况。

公因子4在"日均开销范围（X3）"、"家庭房屋结构（X4）"、"交通状况（X5）"3个指标上具有较高的载荷，说明公因子4主要反映连片特困地区居民经济生活状况。

公因子5在"您这里女孩和男孩一样平等享有教育资源（X9）"、"您这里孩子都能受到学前教育（X8）"两个指标上具有较高载荷，说明公因子5主要反映连片特困地区教育资源条件。

公因子6在"支持小孩完成学业程度（X7）"、"成年人受教育程度（X6）"两个指标上具有较高载荷，说明公因子6主要反映连片特困地区目前成年人文化水平和居民对教育的重视程度。

4. 因子得分

运用回归法求得公因子得分系数矩阵，如表9—9所示，可得到公因子得分函数表达式：

$$F1 = -0.038X3 + 0.069X4 - 0.086X5 - 0.007X6 + 0.015X7 - 0.011X8 - 0.042X9 - 0.063X11 - 0.067X12 - 0.014X13 - 0.043X14 - 0.088X15 - 0.088X16 - 0.092X17 + 0.215X18 + 0.293X19 + 0.293X20 + 0.287X21 + 0.289X22$$

$$F2 = -0.007X - 0.081X4 + 0.025X5 + 0.025X6 + 0.001X7 - 0.008X8 + 0.051X9 - 0.039X11 - 0.042X12 - 0.057X13 + 0.273X14 + 0.340X15 + 0.327X16 + 0.328X17 - 0.011X18 - 0.068X19 - 0.090X20 - 0.096X21 - 0.109X22$$

$$F3 = -0.065X3 - 0.016X4 + 0.060X5 - 0.009X6 - 0.039X7 - 0.067X8 - 0.078X9 + 0.332X11 + 0.498X12 + 0.451X13 - 0.013X14 - 0.071X15 -$$

$0.044X16 - 0.032X17 - 0.089X18 - 0.084X19 - 0.026X20 - 0.004X21 + 0.006X22$

$F4 = 0.472X3 + 0.459X4 + 0.426X5 + 0.133X6 - 0.176X7 - 0.071X8 + 0.033X9 + 0.086X11 - 0.055X12 - 0.034X13 - 0.007X14 - 0.037X15 - 0.003X16 - 0.015X17 - 0.010X18 - 0.036X19 + 0.008X20 - 0.010X21 - 0.038X22$

$F5 = 0.049X3 - 0.055X4 - 0.044X5 - 0.110X6 + 0.019X7 + 0.567X8 + 0.614X9 + 0.091X11 - 0.128X12 - 0.095X13 - 0.011X14 + 0.067X15 + 0.016X17 + 0.043X18 - 0.014X19 - 0.059X20 - 0.026X21 - 0.022X22$

$F6 = -0.048X3 - 0.151X4 + 0.001X5 + 0.510X6 + 0.694X7 + 0.098X8 - 0.163X9 - 0.014X11 - 0.035X12 - 0.018X13 + 0.020X14 + 0.017X15 + 0.005X16 + 0.008X17 + 0.054X18 - 0.004X19 - 0.034X20 - 0.019X21 + 0.034X22$

因此,用上式计算连片特困地区贫困现状在这6个公因子上的得分,然后根据公因子得分系数矩阵和旋转后的公因子贡献率作为权重来计算连片特困地区贫困现状的综合得分,即:

$F = 0.18579F1 + 0.17225F2 + 0.11229F3 + 0.08375F4 + 0.07777F5 + 0.06981F6$

表9—9 成分得分系数矩阵

变量	成 分					
	1	2	3	4	5	6
X3	−.038	−.007	−.065	.472	.049	−.048
X4	.069	−.081	−.016	.459	−.055	−.151
X5	−.086	.025	.060	.426	−.044	.001
X6	−.007	.025	−.009	.133	−.110	.510
X7	.015	.001	−.039	−.176	.019	.694
X8	−.011	−.008	−.067	−.071	.567	.098
X9	−.042	.051	−.078	.033	.614	−.163
X11	−.063	−.039	.332	.086	.091	−.014
X12	−.067	−.042	.498	−.055	−.128	−.035
X13	−.014	−.057	.451	−.034	−.095	−.018

变量	成　分					
	1	2	3	4	5	6
X14	−.043	.273	−.013	−.007	−.011	.020
X15	−.088	.340	−.071	−.037	.067	.017
X16	−.088	.327	−.044	−.003	.000	.005
X17	−.092	.328	−.032	−.015	.016	.008
X18	.215	−.011	−.089	−.010	.043	.054
X19	.293	−.068	−.084	−.036	−.014	−.004
X20	.293	−.090	−.026	.008	−.059	−.034
X21	.287	−.096	−.004	−.010	−.026	−.019
X22	.289	−.109	.006	−.038	—.022	.034

提取方法：主成分分析。

旋转法：具有 Kaiser 标准化的正交旋转法。

构成得分。

从以上因子分析综合得分方程中可以看出,影响贫困的主要因素按权重大小依次是政府扶贫政策因素、居民社会资本、医疗卫生条件、经济生活水平、教育资源、文化程度,所占比重分别为 18.579%、17.225%、11.229%、8.375%、7.777%、6.981%。如图 9—1 所示,政府政策因素在综合得分中所占权重最大,因此可以判断连片特困地区贫困在很大程度是由政府政策的制定和实施状况影响的,其次是居民社会资本状况,即村民对村镇事务参与决策的程度和基层对政策的执行情况,然后才是医疗卫生、经济生活、教育、居民文化素质等。

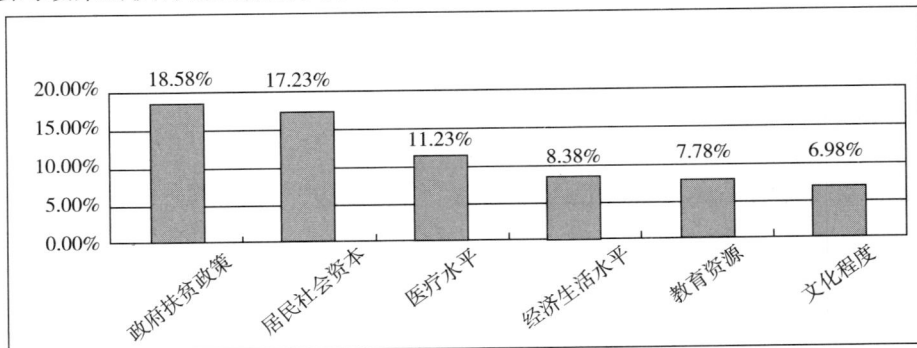

图9—1　贫困主要影响因素权重排名

根据以上的评价指标体系以及因子分析结果,结合调查问卷和相关县市数据,我们对连片特困地区的贫困现状做进一步总结概括,梳理当前连片特困地区在政府扶贫政策因素、居民社会资本、医疗卫生条件、经济生活水平、教育资源、文化娱乐活动等方面存在的问题,为接下来的原因分析奠定基础。

第六节　我国连片特困地区贫困现状分析

一、中央农村政策评价较高,基层政府工作信任度不够

从实地访谈中发现,绝大部分民众对中央扶贫政策大为赞赏,尤其是在医疗保险、农村生态文明建设、农田水利设施建设以及免费义务教育等方面。但是,具体到基层政府工作上,村民则持不信任态度,对基层政府工作人员负面评价较多,严重影响了基层政府的形象。[①] 主要体现在以下几个方面:首先,部分群众认为政府政策的制定和执行存在偏差,流于形式,使得群众利益得不到充分的保障,对未来较为悲观消极。其次,部分乡镇工作人员服务态度和意识较差,致使村民反映的事情无法得到圆满解决。再次,政府资金使用过程不透明,绝大多数村民对政府资金使用效率和用途存在质疑,进而对基层政府工作产生不信任感。最后,部分村民认为关乎村民切身利益的农村低保和相关农村救助政策在执行过程中存在严重不公平现象,补助资金往往偏向与村干部有"亲戚关系"的村民,这将极大阻碍扶贫开发工作的进程。[②] 从回收的954份有效调查问卷中群众对当地政府扶贫效果的评价来看,20.8%和29.6%的被调查者认为本地区有人脱贫后仍然在享受扶贫政策,其他选项中认可政府扶贫效果的满意度普遍很低,其中,对政府扶贫工作满意的只有43.3%。显然,脱离了群众切身利益需求的政府扶贫,难以获得群众的广泛认同,进而影响了对政府的信任。

———————————

① 王超,王志章. 少数民族连片特困乡村包容性旅游发展模式的探索——来自贵州六盘水山区布依族补雨村的经验数据[J]. 西南民族大学学报(人文社会科学版),2013(07):140—143.
② 姚迈新. 对以政府为主导的扶贫行为的思考——扶贫目标偏离与转换及其制度、行动调整[J]. 行政论坛,2011,18(01):29—33.

表9—10　群众对于当地政府扶贫效果的评价

	您这里有人脱贫后仍然在享受扶贫政策	您很了解我国现有的扶贫开发政策	您认为本地区在确定低保或扶贫对象工作上是公平的	您认为政府的扶贫资金能准确、及时落到贫困户手中	您对目前政府的扶贫工作是满意的	您认为政府发展本地经济、增加群众收入的工作做得很好	您认为政府扩大就业、增加就业机会的工作做得很好
完全同意	20.8%	6.4%	7.6%	9.7%	15.5%	7.3%	6.8%
较同意	29.6%	18.9%	14.6%	16.5%	27.8%	21.8%	19.3%
一般	31.0%	28.0%	30.6%	42.2%	31.7%	46.2%	47.1%
较不同意	13.4%	25.1%	35.5%	23.9%	18.8%	20.9%	23.3%
完全不同意	5.2%	21.6%	11.7%	7.7%	6.2%	3.8%	3.5%

数据来源：由课题组调查问卷整理所得。

二、医疗卫生条件逐步改善，服务质量和能力仍不足

健全的医疗卫生服务平台能够为贫困群众构筑无忧的医疗保障网络，分担贫困人口就医压力，防止因病返贫现象的频繁发生。近年来，连片特困地区各级政府高度重视基层医疗卫生条件的改善问题，采取了一系列措施来提升这些贫困地区的医疗卫生硬件和软件条件。

1. 医疗卫生条件改善，居民就医更为便利

一是医疗卫生机构日趋完善。医疗卫生机构是贫困人口享受基本医疗和公共卫生服务的重要载体。目前，我国政府提出"大力加强医疗卫生机构基础设施建设，稳步推进基本公共卫生服务逐步均等化"的目标。在这一目标倡导下，连片特困地区兴建了医疗卫生机构。根据问卷统计结果（如图9—2），乡镇卫生院的覆盖率已经达到59%，乡村医疗卫生室和县级医疗卫生机构的比例分别为15.4%和10.6%，医疗卫生条件大为改观，基本能够满足就近就医的需要，尤其是随着乡村公路的建设，大病进县一级医院治疗也变得方便。

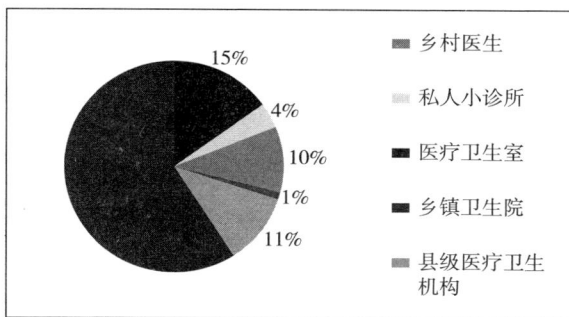

图9—2　连片特困地区医疗卫生状况

数据来源：由课题组调查问卷整理所得。

二是设立公共卫生服务项目。基层公共卫生服务项目是促进基本公共卫生服务逐步均等化的重要内容,与人民群众的生活和健康息息相关。在贫困地区设立公共卫生服务项目,能够帮助当地群众减少健康危险因素,建立起预防疾病的第一道屏障。根据问卷统计结果,82.8%的贫困地区已实现了0—6岁儿童预防接种,30.1%的地区实现了孕产妇保健服务,21.5%的地区实现了全面免费体检,18.8%的地区实现了老年人健康指导(如图9—3)。①

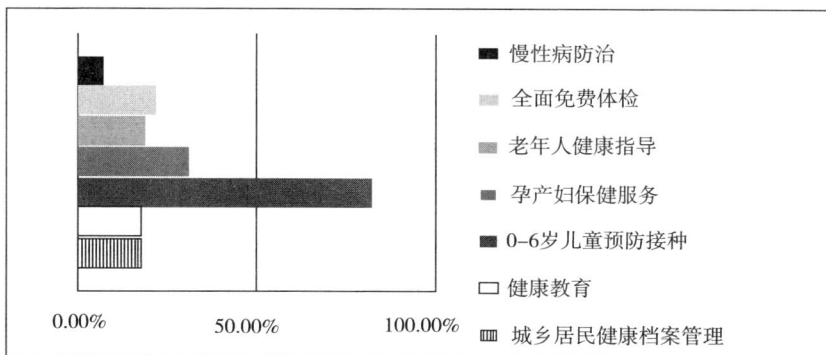

图9—3　连片特困地区公共卫生服务项目状况

数据来源：由课题组调查问卷整理所得。

三是加大人均医疗卫生财政支出。人均医疗卫生财政支出是财政支出中用于卫生事业的平均每个人所能享受的财政支出,包括各种卫生设施建设所带

---

① 李梦竹,王志章.连片特困地区政府扶贫行为的现状与对策研究[J].湖北民族学院学报(哲学社会科学版),2014(02):74—78.

来的福利等。它是衡量地区卫生事业建设受到国家和地方政府的重视程度以及居民能够享受卫生福利程度的标准之一。因此,财政人均卫生总支出体现了地区卫生事业的发展水平。从整体来看,政府财政用在卫生事业上的支出逐年递增,从 2005 年到 2012 年的八年间,人均医疗卫生财政支出大幅提升,平均增幅在 10 倍以上,贵州的铜仁市更是从 2005 年的人均 37.67 元猛涨至 2012 年的454.20 元,增长 12 倍。尽管连片特困地区医疗卫生财政支出提升明显,但整体还处于较低水平,人均医疗卫生财政支出与全国平均水平有较大差距,从各调研县市数据来看,除了重庆市黔江区 2012 年开始超过全国水平外,其他县市均还在全国水平之下(如图 9—4)。

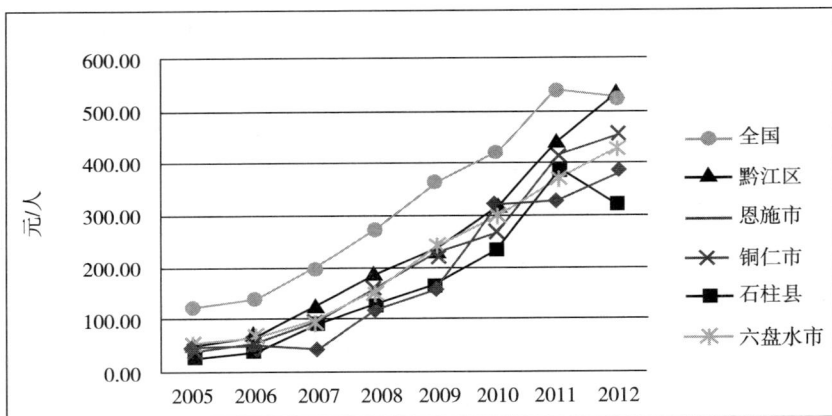

图 9—4 各调研县市人均医疗卫生财政总支出变化图

数据来源:各省市统计年鉴与年度统计公报,部分缺失数据为估算。

四是提高每千人卫生技术人员数量。卫生技术人员拥有专业系统的医疗知识和技术操作经验,能够为地区民众提供专业的医疗卫生服务,代表了地区的卫生技术水平以及医疗保障能力。从各调研县市数据来看,连片特困地区每千人卫生技术人员数整体低于全国平均水平,2005—2012 年间,各贫困县市专业技术人员数量并没有明显提升,基本维持在每千人 1—3 个人,铜仁市更是长期在低位徘徊。但个别县市有不错的提升,比如 2012 年黔江区每千人卫生技术员数突破 4 人,达到 4.33 人,而恩施市的每千人卫生技术员数显著高于全国其他县市水平,但 2012 年有下降趋势(如图 9—5)。

五是增加每千人拥有卫生机构床位数。卫生机构床位数是地区医疗卫生的硬件条件之一,其数量的多寡意味着居民能否更好地享受医疗卫生服务。各调研县市每千人拥有卫生机构床位数变化如图9—6。从图中我们可以看到,连片特困地区的医疗卫生条件差异较大,大多数县市的卫生机构床位数已经超过全国平均水平,但部分县市仍在全国平均线以下,其中,铜仁市从2005年到2012年增长就比较缓慢,只有2.29倍,远低于其他县市。增长较快的是怀化市和黔江区,2012年每千人拥有卫生机构床位数分别达到553和530张,而恩施市历年来基本领先于其他县市,床位数保持在较高水平,2012年已经达到每千人597张。

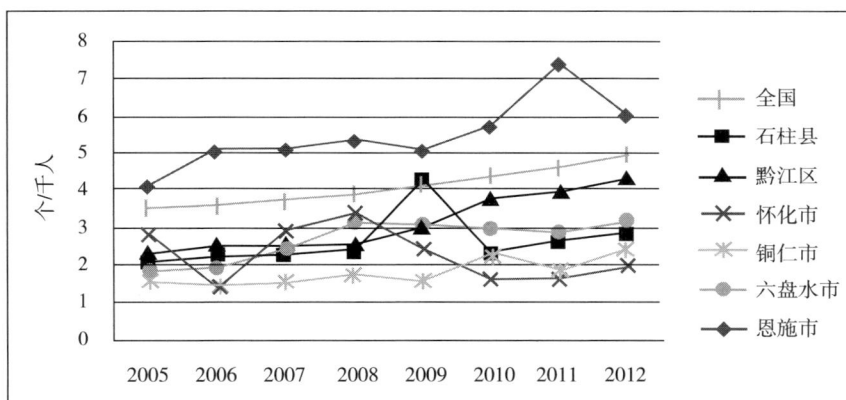

图9—5　各调研县市每千人卫生技术人员数变化图

数据来源:各省市统计年鉴与年度统计公报。

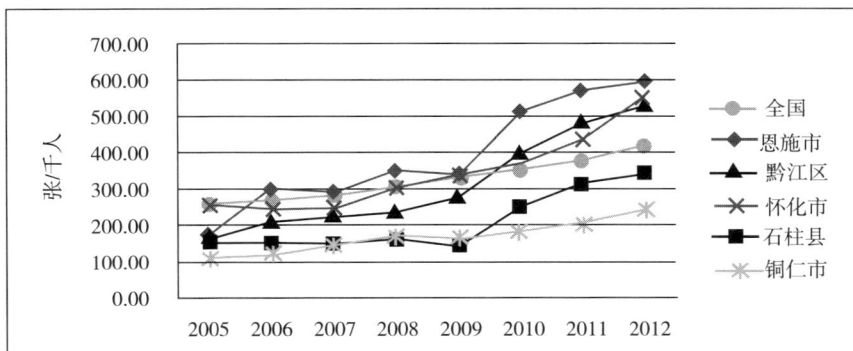

图9—6　各调研县市每千人拥有卫生机构床位数变化图

数据来源:各省市统计年鉴与年度统计公报,部分缺失数据为估算。

2.社会保障体系不健全,服务质量和能力仍不足

虽然贫困地区医疗卫生条件有所改善,但是农村社会保障体系还不健全,

各类社会保险参保率偏低,医疗卫生服务质量和能力仍然无法满足连片特困地区居民的需求。具体来看:

首先,居民参加医疗保险方面。医疗保险和新农合不仅能够减轻居民患病期间的费用压力,还能够调整收入差别,体现社会的公平性,在保障居民获得基本卫生服务、缓解农民因病致贫和因病返贫方面发挥了重要的作用。根据问卷统计结果,居民参保率普遍偏低,有66%的农民参加了新型农村合作医疗,21%的居民办理了养老保险,商业保险、失业险、生育险等险种参保率非常低,总和只有8%,远远低于国家平均水平。此外,农村社会保障体系不健全,医疗保险工作不够深入和广泛,部分贫困居民无法平等享受医疗保险覆盖所带来的福利。5%的受访者表示没有参加任何社会保险,其中,没有人为他们办理相关保险是主要原因,占到31%,而参保费用高、赔偿范围窄也是导致居民弃保的原因,分别达到18%和12%(如图9—7)。

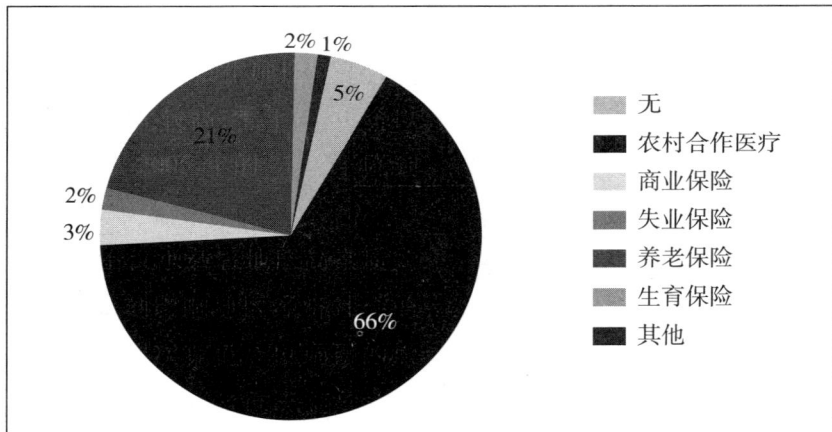

图9—7 连片特困地区居民参加医疗保险类型

数据来源:由课题组调查问卷整理所得。

其次,医疗水平满意度方面。连片特困地区整体医疗水平在不断提高,医务人员数量增长较快,但医务人员的专业素质还有待提高,医院的服务质量和服务能力还有待进一步增强。调查显示,只有34%的居民认为地方医务人员素质高,高达43%的居民只认为地方医务人员整体素质一般,18%的居民较不认同医务人员的专业素质。医疗接待方面,54%的居民认为能够及时得到医院救治,但仍有31%的居民对能及时接受医疗救治感到一般,15%的民众则不满意医院的治疗效率(如图9—8)。政府医疗卫生工作方面,35%的居民对此较为满意,而44%的居民则感到一般,21%的居民对政府工作不满意,认为政府医疗卫生工作还有更大的提升空间。

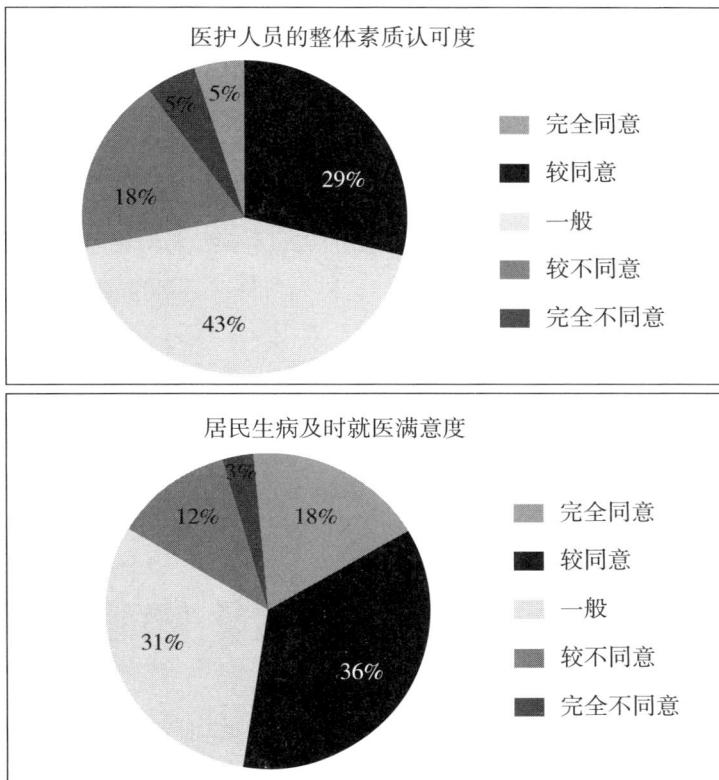

图9—8 连片特困地区医疗水平满意度

数据来源: 由课题组调查问卷整理所得。

三、居民参与经济增长机会少,未能共享经济发展成果

1. 经济生活方面

包容性增长的核心理念是在可持续发展中实现经济社会协调发展,实现发展成果由人民共享。而连片特困地区的现实情况是农村居民未能平等享有经济发展的成果。据吉首大学发布的《连片特困区蓝皮书:中国连片特困区发展报告(2013)》①,武陵山片区人均 GDP 为 11858 元、农村人均纯收入为 4132 元,

_____

① http://blog.sina.com.

仅为全国平均水平的33.8%和59.2%,按照2300元的最新贫困标准计算,贫困发生率达到45%左右,远远高出全国平均水平。① 湖南省通道县2013年全年实现GDP 294977万元,比2012年增长9.8%,而第一产业产值增长2.7%,在三大产业中增长幅度最低,农村居民人均纯收入4274元,远低于全省农村居民人均纯收入8372元。据样本数据分析,家庭人均年收入低于2300元的居民占41.6%,在2300—3499元之间的占24.1%,在3500—4599元之间的占7.1%,在4600—5699元之间的占6.9%,在5700元以上的占20.2%。调查结果反映出连片特困地区普遍贫困,但也存在明显的贫富差距,人均年收入在5700元及以上的20.2%的人口主要分布在城镇,农村人口许多还不能维持基本开支。

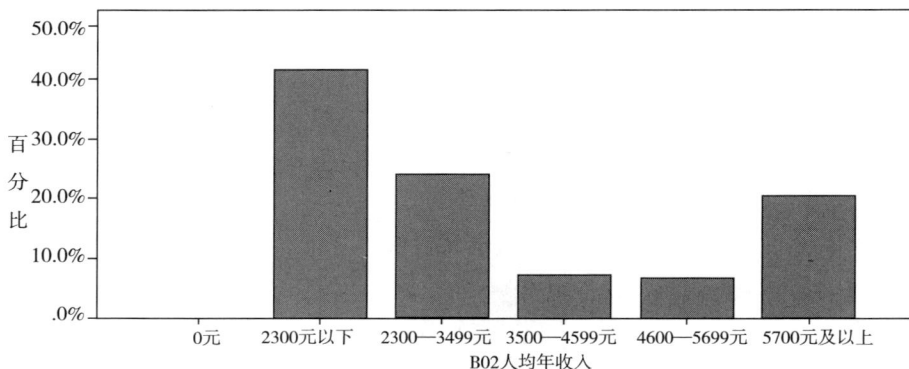

图9—9　连片特困地区城乡人均收入情况

数据来源: 由课题组调查问卷整理所得。

2. 财产储备严重不足

连片特困地区居民家庭财产储备不足,经济脆弱,发展能力薄弱,脱贫基础不牢固。从调研情况看,55.5%的农村居民没有银行存款,银行存款在几百元以上的占8.3%,在几千元以上的占17.6%,在几万元以上的占16.9%,在几十万元以上的占1.7%。没有存款的家庭经营资本缺乏,发展规模受限,同时更经不起任何风险,低存款家庭亦没有从根本上解决经济基础差、生产效率低的自我发展问题,很容易受到某种冲击而重新变成贫困人口。

---

① 连片特困区蓝皮书:武陵山片区经济贫困重心转移[EB/OL]. http://news. china. com. cn/txt/2013—03/20/content_28303842. htm,2013 – 03 – 20.

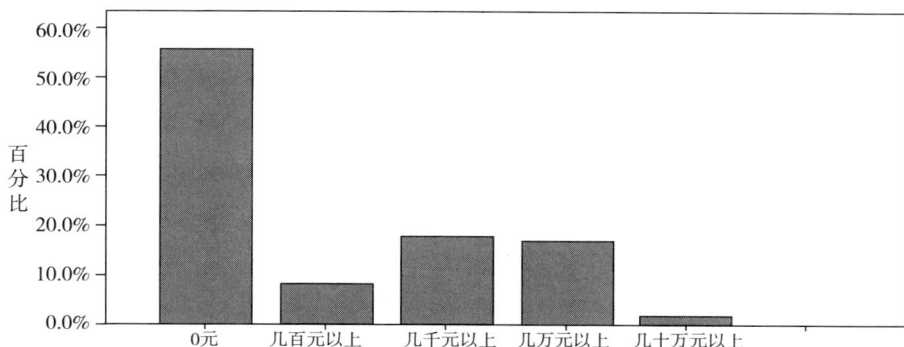

图 9—10　连片特困地区居民银行存款数额

数据来源：由课题组调查问卷整理所得。

3. 消费水平低

收入高低决定了生活质量水平的高低,贫困地区居民生活消费水平低,勉强维持温饱,滇桂黔片区许多村每天只能靠土豆维持生活。根据样本统计分析结果,连片特困地区人均日开销(包含食物和家庭生活用品)在 16 元以下的占 26.2%,在 16—47 元的占 36.8%,在 48—64 元的占 15.7%,在 65—80 元的占 6.6%,在 80 元以上的仅占 14.7%。同时,40.3% 的家庭总支出第一位是日常生活,6.6% 的家庭支出第一位是购买生产资料,13.5% 的家庭支出第一位是医疗,23.2% 的家庭支出第一位是教育,10% 的家庭支出第一位是人情送礼,5.2% 的家庭支出第一位是住房,仅 1.1% 的家庭支出第一位是交通、通讯、文化娱乐及其他。

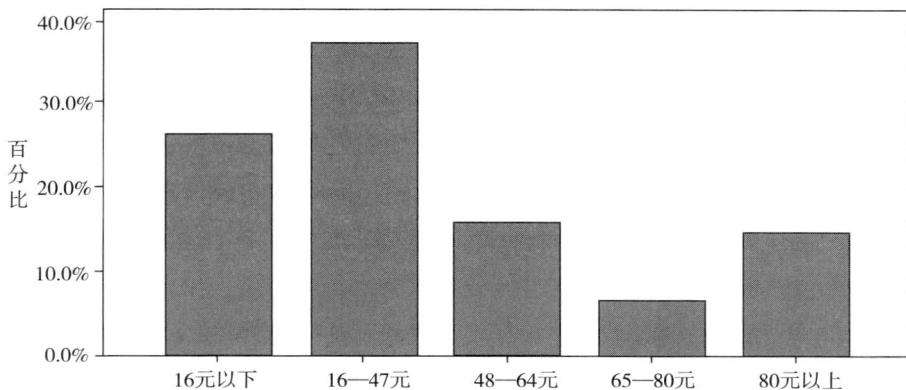

图 9—11　连片特困地区居民日均开销范围

数据来源：由课题组调查问卷整理所得。

四、教育资源配置不均,高等教育水平严重偏低

提高受教育水平是实现贫困人口脱贫致富的重要保障。只有通过高质量的基础教育,提升贫困人口的文化水平,增强自我造血能力,才能实现脱贫致富的目标。虽然近年来得益于国家西部大开发战略和连片特困地区扶贫攻坚战略的深入开展,连片特困地区教育事业得到大幅发展,但相对发达地区而言,无论是教育资源配置还是总体教育水平都严重落后,主要表现在以下几个方面:

1. 基础教育投入不足,教育资源分布失衡

随着国家连片特困地区扶贫攻坚战略的推进,各片区如武陵山片区和滇桂黔石漠化片区的教育资源投入都得到了大幅增长,但是总体增长缓慢,且高等教育发展滞后,各贫困县市教育资源分布不均衡,差异较大。

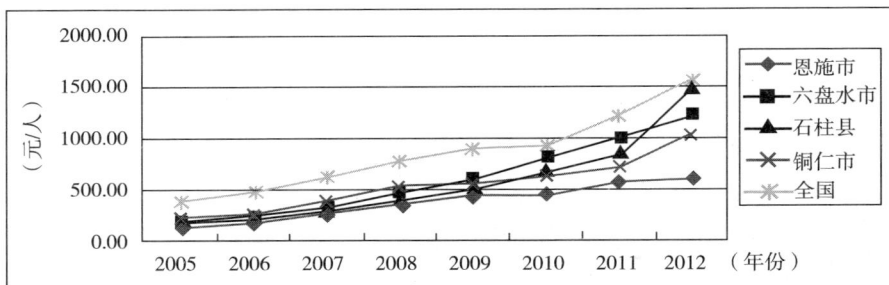

图9—12 各调研市县历年人均教育经费投入变化图

数据来源:各省市统计年鉴与年度统计公报,部分缺失数据为估算

首先,教育经费投入方面。人均教育经费支出是地区开展教育活动,提高教学质量,扩大教学规模的重要衡量指标,对地区教育的发展具有重要意义。从调研各市县历年人均教育经费投入变化来看,人均教育经费投入逐年增加,特别是2011年后,石柱县、六盘水市和铜仁市均有大幅增长,2012年石柱县人均教育经费投入已接近全国平均水平。恩施市增长较平缓,并与全国平均水平差距不断拉大,2012年水平只相当于全国平均水平的1/3。另外,由于经费不足,各片区教育基础设施落后。根据实地调研发现,尽管中小学教室、书本、运动场等设施覆盖率达到99.5%、96.7%和80.6%,但高标准的图书馆、电脑室、阅览室覆盖率仅42.1%、41.6%和30.0%。

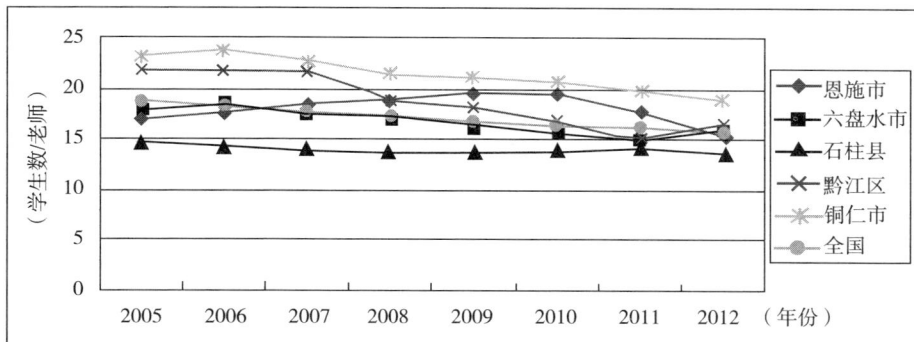

图9—13　各调研市县2005—2012年中小学校生师比变化图

数据来源：各省市统计年鉴与年度统计公报,部分缺失数据为估算。

其次,中小学校生师比方面。中小学校生师比是地区基础教育的根本保障,关乎地区基础教育的质量。从整体来看,各调研县市历年中小学校生师比与全国平均水平差距不大,并呈逐年下降趋势,说明片区的基础教育教师资源常年不足的状况得到一定改善。具体看来,怀化市和石柱县的生师比要高于全国,怀化市2005年以后保持在15个以下;铜仁市生师比较高,常年在20个以上,师资力量较差;下降最明显的是黔江区,生师比从2005年的21.9下降到2012年的16.6,接近全国平均水平。

再次,普通高等学校分布方面。普通高等学校不仅承载着地区高素质人才教育重任,也是地区历史文化传承的重要载体,深刻影响地区经济社会的发展。连片特困地区高等学校数量严重偏少且教学层次偏低。以调研的六个县市为例,只有六盘水师范学院、铜仁学院、湖北民族学院、重庆旅游学院和怀化学院等五所本科院校,其余为专科职业技术学校。各学校主要以本科教育为主,硕士以上学位授权点严重不足,师资力量弱,科研环境差,优势学科少,学术话语权低,难以有效发挥区域智库的作用。此外,高校资源区域分布不平衡也是连片特困地区普通高校发展的重要制约条件,如石柱县就没有一所高校,各县市的高校也多以职业学院为主,缺少有实力、有影响力的综合性大学。

表9—11　各调研市县普通高等学校分布状况

调研县市	高校名称	数量
六盘水市	六盘水师范学院;六盘水职业技术学院	2
铜仁市	铜仁学院;铜仁职业技术学院	2
恩施市	湖北民族学院;恩施职业技术学院	2
黔江区	重庆旅游学院(2010年建立)	1
石柱县	无	0
怀化市	怀化学院;怀化医学高等专科学校;怀化职业技术学院	3

数据来源：各省市统计年鉴与年度统计公报。

2. 基础教育得到巩固,中高等教育水平偏低

万人在校学生数是衡量教育发展程度的重要指标,体现了地区教育水平的高低和教育发展的潜力。为衡量连片特困地区的教育水平,以万人在校大学生数、万人在校中学生数和万人在校小学生数三个指标来衡量,具体来看:

首先,万人在校大学生数方面。高素质的大学生人才队伍是地区经济社会发展的推动力,不仅能够提升城市的整体文化素养,而且为城市建设提供源源不断的创新思路和智力支撑。一直以来,由于高等学校发展的滞后,连片特困地区的大学生数量没有大的跨越式增长。根据各调研县市2005—2012年来的万人在校大学生数据显示,六盘水、怀化和铜仁这三个调研市的万人在校大学生数增长极其缓慢,怀化市基本维持在50人左右,而六盘水市和铜仁市更低,到2012年底,六盘水市只有33.39人,而铜仁市也只有46.16人。与全国平均水平相比,连片特困地区万人在校大学生数差距明显,并有不断扩大趋势。

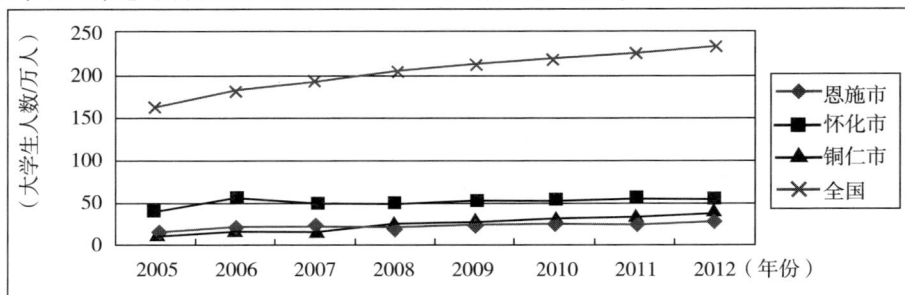

图9—14　各调研市县2005—2012年万人在校大学生数变化图

数据来源：各省市统计年鉴与年度统计公报,部分缺失数据为估算。

其次,万人在校中学生数方面。中学生是接受更高一层教育的主体,因此中学生数量的多少将影响地区未来专业技术人才的数量,进而影响经济社会的方方面面。从图9—15可以看出,连片特困地区万人在校中学生数整体与全国差距较大,人数维持在400—700左右,低于全国平均水平,说明中学生教育还有很大的提升空间。同时,各县市之间存在较大差异,如万人在校中学生数最高的黔江区和六盘水市2012年分别达到947.26人和903.21人,是同期最低的怀化市的2.2倍以上。

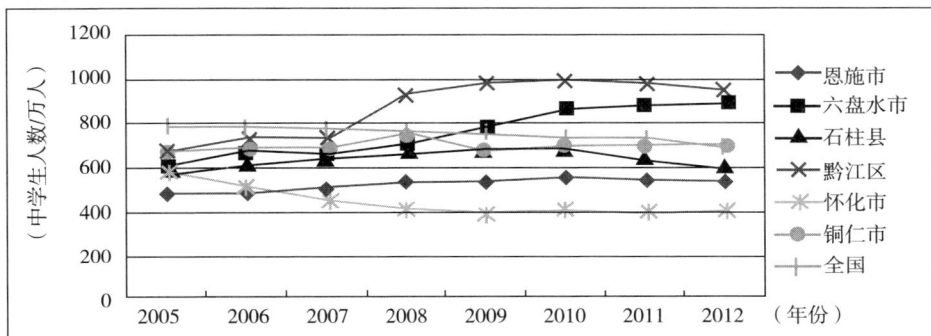

图9—15 各调研市县2005—2012年万人在校中学生数变化图

数据来源:各省市统计年鉴与年度统计公报,部分缺失数据为估算。

再次,万人在校小学生数方面。解决我国基础教育入学机会不均等,降低男女童入学差距,实现更多学龄儿童入学是我国普及儿童教育的重要目标。连片特困地区学龄儿童入学教育成效显著,各调研县市2005—2012年万人在校小学生数已经达到或超过全国平均水平,石柱县、六盘水市和铜仁市万人在校小学生数均超过全国平均水平,最高的石柱县万人在校小学生数2012年达到1336.67人,是全国平均水平的1.9倍。

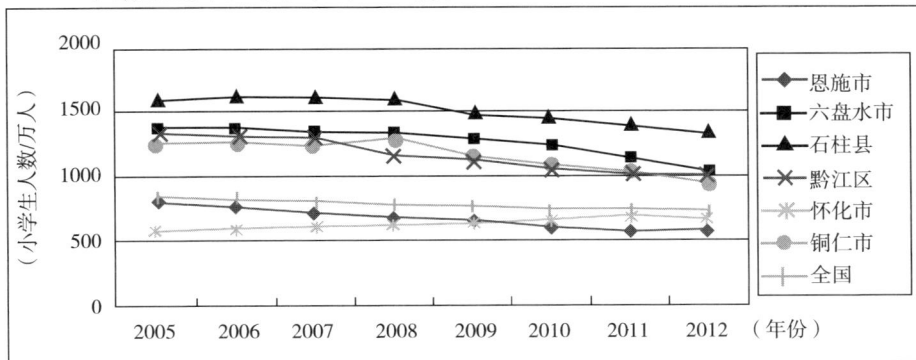

图9—16 各调研市县2005—2012年万人在校小学生数变化图

数据来源:各省市统计年鉴与年度统计公报,部分缺失数据为估算。

从调研县市数据可以反映出,连片特困地区的基础教育已经达到甚至高于全国平均水平,教育成果得到进一步巩固,九年义务教育完成率基本达到95%以上,大部分县市已经超过99%。问卷调查数据也显示60%的居民对政府义务教育的政策感到满意,各片区已经普及小学教育。但连片特困地区中高等教育存在较多问题,一是高等素质教育落后,高素质人才严重匮乏,万人在校大学生数严重偏低;二是教育质量整体不佳,调查显示,仅41.9%的被调查者满意当地教育质量,35.3%的被调查者认为教育质量一般。失衡的教育结构将会加剧扶贫的难度,制约各片区人口素质的提高。

3. 大众教育历史欠账多,居民教育观念落后

连片特困地区目前整体教育落后的一个重要原因便是扶贫的历史遗留问题。一直以来这些地区都是被社会所忽视、遗忘的区域,各种扶贫政策无法发挥其效能,因此造成了中老年人群受教育程度低、思想观念落后,而这部分人群正是连片特困地区当前经济社会发展最重要的群体,对各片区方方面面的影响是十分显著的。具体来看,这部分群体在教育方面存在的问题主要有:一是成年人受教育程度普遍偏低。据图9—17所示,贫困地区有5.5%的人口不识字,小学文化程度人口占34.3%,初中文化程度人口占50.1%,高中文化程度人口占8.6%,大学及以上文化程度人口仅占1.6%。二是居民教育观念传统落后,自身对教育不重视,在收回的954份有效问卷中,仅38.7%的被调查者同意支持孩子完成学业至大学,36.7%的被调查者同意支持孩子完成学业至高中,但仍存在20.6%的被调查者支持孩子完成学业至初中,1.3%的被调查者仅同意支持孩子完成小学学业。

成年人受教育程度

- 不识字
- 小学
- 初中
- 高中
- 大学及以上

2%
5%
9%
34%
50%

家长支持孩子学业完成程度

- 小学
- 初中
- 高中
- 大学及以上
- 研究生及以上

3% 1%
21%
39%
36%

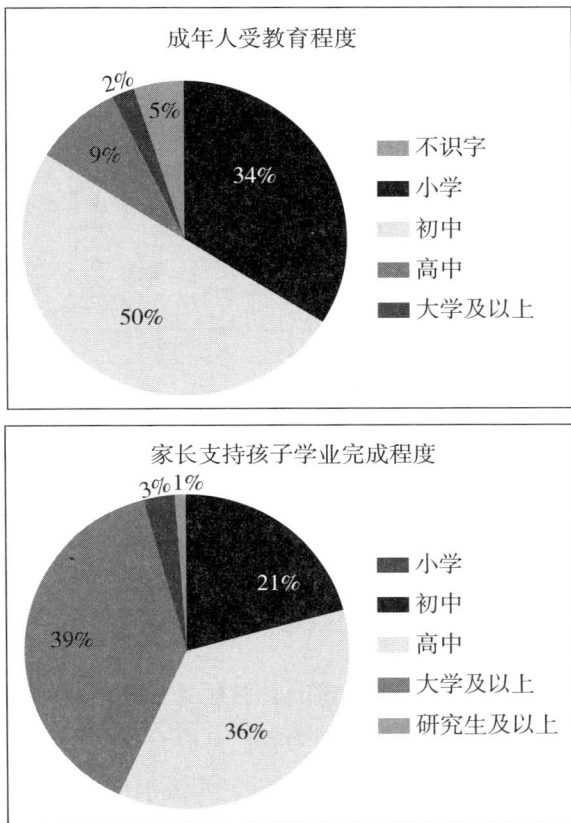

图9—17　连片特困地区居民受教育程度

数据来源：由课题组调查问卷整理所得。

五、设施面貌巨变,住房条件相对滞后

基础设施是保证贫困地区社会经济活动正常运行的公共服务系统,主要包括道路、饮水、用电和住房等。健全的基础设施是保障贫困地区长期稳定发展的重要基础。我国连片特困地区大多分布在大石山区、熔岩区,这些地区山大沟深、土壤贫瘠、耕地稀少、交通不便,社会发育程度低,投资环境差,农业基础设施比较落后,抵抗自然灾害的能力薄弱。

1.城市居民住房面积

连片特困地区各县市城市居民住房面积历年变化如图9—18所示,整体来看,各县市城市居民住房面积与全国水平无明显差异,多在全国平均线上下。

具体来看,石柱县和恩施市常年高于全国平均水平,而六盘水市和铜仁市则常年低于全国水平。从住房面积增长趋势看,各县市均无明显上升,基本维持在25 平方米到 40 平方米之间。

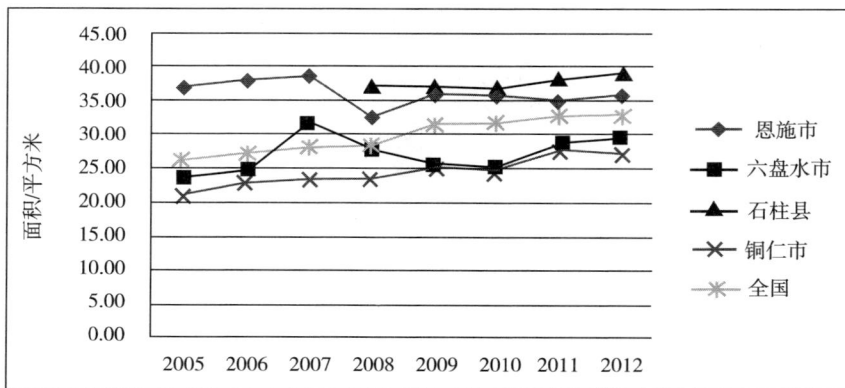

图 9—18　各调研市县城市居民住房面积变化图

数据来源:各省市统计年鉴与年度统计公报,部分缺失数据为估算。

2.农村居民人均住房面积

农村居民人均住房面积能够体现出农村居民的基本居住条件。从 2005—2012 年农村居民人均住房面积变化图中我们可以看到(图 9—19),连片特困地区农民住房面积与全国水平差距不显著,除了六盘水市和铜仁市农村居民人均住房面积常年低于全国平均水平外,其他县市均高于全国水平,尤其是恩施市显著高于全国和其他县市平均水平。从增长的幅度来看,无论是连片特困地区各县市还是全国平均水平,历年的增长幅度均较缓慢,无明显的上升趋势。

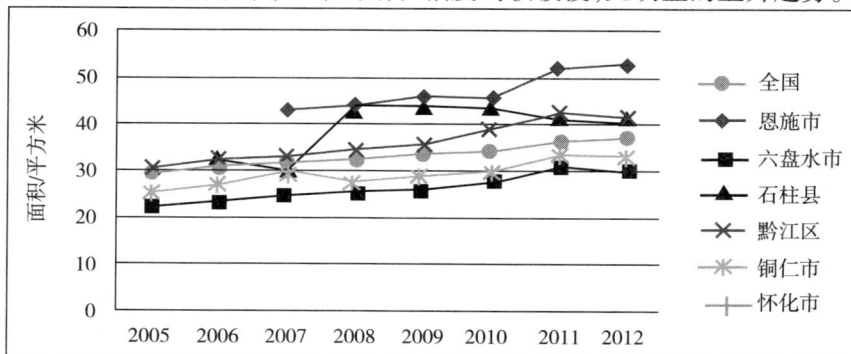

图 9—19　各调研市县农村居民人均住房面积变化图

数据来源:各省市统计年鉴与年度统计公报,部分缺失数据为估算。

3.居民住房类型与住房结构

连片特困地区各县市居民住房需求基本得到满足,主要以自建房为主,占比达到79%,9%的居民有商品房,9%租住房,尚有1%的居民住在简易房或棚户房中。但是居民住房结构质量较差,只有50%住房结构是钢筋混凝土,28%为砖瓦结构,14%的人口还居住在以木、竹、草等材料砌成的住房内,5%的为土坯房,2%的为石砌房。可见,仍然还有一部分农民处于住房贫困的状态(图9—20),房屋质量差,难以抵御连片特困地区频发的地质灾害,容易因灾失去住房而返贫。

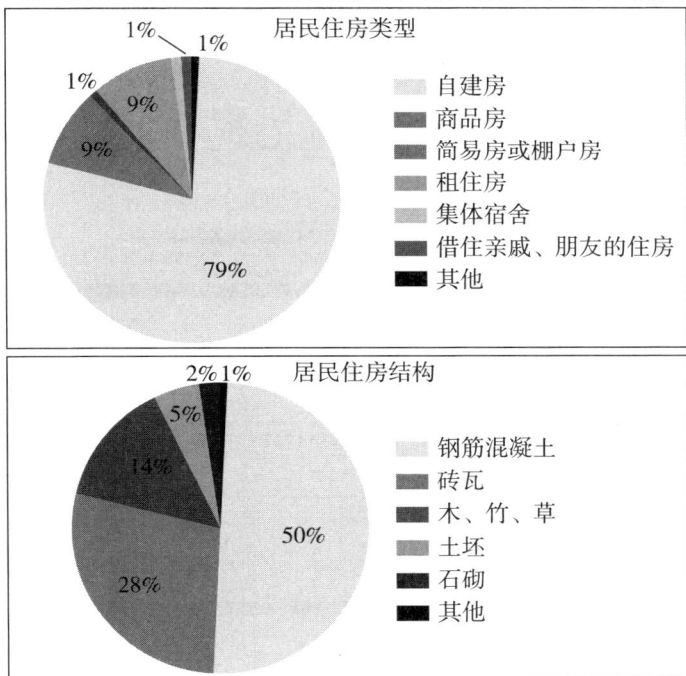

图9—20　各调研市县居民住房类型与住房结构状况

数据来源:由课题组调查问卷整理所得

4.住房生活设施

贫困地区住房生活设施建设存在较大差距。一是尽管贫困地区通电率较高,已经达到92.67%,但居民电话入户率仅达到77.59%。另外,由于青壮年多外出务工,网络使用率不高。二是自来水覆盖范围偏低。目前饮用自来水的比例为75.71%,但还有相当一部分民众直接饮用未经过滤和安全消毒的江水、雨水和浅井水,直接威胁到贫困地区居民的饮水安全。三是住房卫生状况堪忧,室内厕所普及率只有42.3%,绝大多数居民用不上清洁卫生的室内厕所,直接影响环境卫生和居民身体健康。四是做饭条件较差。做饭使用天然气、沼气等清洁能源的居民仅占到 16.23%,仍有 29% 的居民使用柴草作为做饭燃料,既不卫生又对环境造成破坏和污染。

5. 电器设备使用

连片特困地区基础设施在国家扶贫开发政策的支持下发生了翻天覆地的变化,居民生活条件不断改善,但与其他发达地区相比,仍然存在巨大差距。突出表现是电器覆盖范围广、类型多,根据图 9—21 的问卷统计结果,可以发现电视机、电饭锅、洗衣机和冰箱等基础类的电器覆盖范围已超过 50%,分别达到 94.9%、84.3%、65.8%、61.5%;但电脑、微波炉、空调等对于贫困地区来说相对高档的电器使用比例仅为 16.4%、10.2%、7.8%。[①]

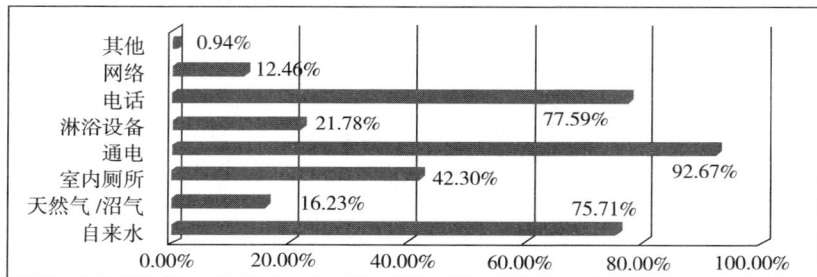

图 9—21　各调研市县居民住房生活设施状况

数据来源:由课题组调查问卷整理所得。

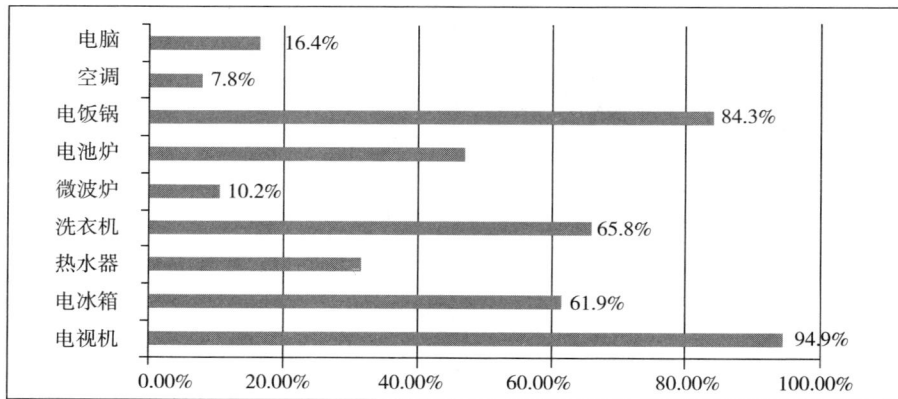

图 9—22　各调研市县居民电器设备使用状况

数据来源:由课题组调查问卷整理所得。

---

①　李梦竹,王志章. 连片特困地区政府扶贫行为的现状与对策研究[J]. 湖北民族学院学报(哲学社会科学版),2014(02):74—78.

六、文化设施不足,文化娱乐活动单一

丰富多彩的文化娱乐活动是居民生活的重要组成部分,广播电视覆盖率是衡量调研县市居民生活品质的重要因素。广播、电视作为重要的宣传媒介,能够深入传达党和国家的方针政策,传播文化知识、科学技术,极大丰富了人民群众的精神生活和学习方式,是构筑城乡公共服务体系不可或缺的重要一环。提高广播电视覆盖率对构建和谐社会、提高居民生活质量都具有深远的意义。

1. 广播覆盖率

连片特困地区的广播覆盖率总体较高,从图9—23的调查数据不难看出,2005年到2012年,各县市的广播覆盖率常年维持在90%以上,与全国平均水平差别不明显。部分覆盖率较低的县市如石柱县和铜仁市在2009年后都有明显的提升且已经接近全国平均水平。恩施市2010年后出现了下降,但之后也恢复了上升的态势。

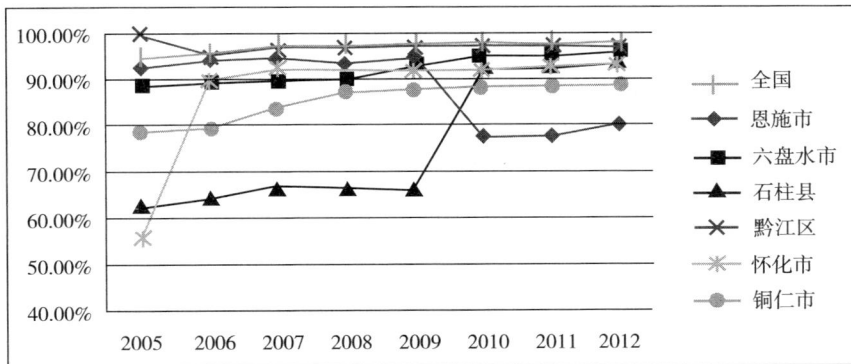

图9—23 各调研市县广播覆盖率状况

数据来源:各省市统计年鉴与年度统计公报,部分缺失数据为估算。

2. 电视覆盖率

电视同广播一样,在连片特困地区都得到了大力推广,覆盖率基本达到95%以上,达到或超过全国平均水平。各县市数据如图9—24所示,电视覆盖率总体稳中有升,绝大部分县市已经实现广播电视的覆盖。石柱县得益于地方政府的大规模投入,电视覆盖率从2009年的83%大幅跃升至2010年的92%,2012年已经接近95%。

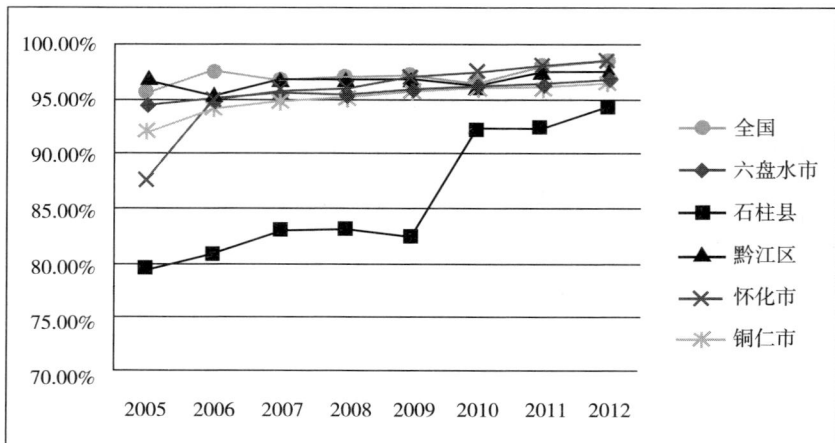

图9—24　各调研市县电视覆盖率状况

数据来源：各省市统计年鉴与年度统计公报,部分缺失数据为估算。

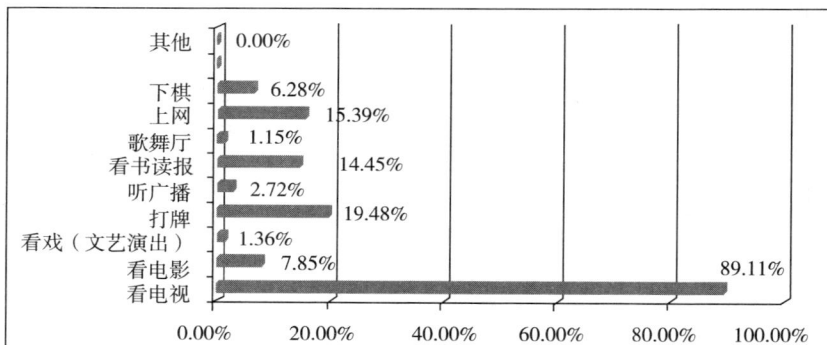

图9—25　各调研市县居民主要文化娱乐活动

数据来源：由课题组调查问卷整理所得。

虽然连片特困地区的广播电视覆盖率已经达到了全国水平,但是目前各片区的居民文娱活动依然较为单一,远远无法满足居民文化生活的需要。根据实地调研数据,目前,连片特困地区居民的主要文化娱乐活动中看电视是最主要的形式,高达89.11%,其次分别是打牌、看书读报、上网、看电影、下棋、听广播、看戏和进歌舞厅,占比为19.48%、15.39%、14.45%、7.85%、6.28%、2.72%、1.36%和1.15%。

针对连片特困地区文化娱乐形式匮乏的问题,被调查居民认为最主要原因是文化基础设施数量少、质量低,占比76.86%,其次是各片区的经费投入少,占比41.36%,此外,相关的文化建设专业人才的缺乏也是文化发展遇到的重要问题,而且政府执行力不够,相关的政策措施无法落实到位也是制约社区文化建设的原因。

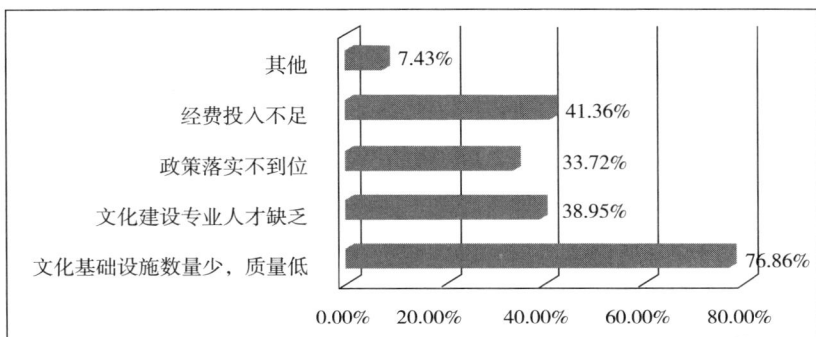

图9—26　各调研市县文化发展存在的问题

数据来源：由课题组调查问卷整理所得。

为了进一步摸清连片特困地区包容性增长扶贫开发现状,课题组深入武陵山片区、滇桂黔石漠化片区进行了大量的抽样、访谈,召开座谈会,掌握了第一手资料。本章借助SPSS软件工具,通过对收集到的有效问卷进行因子分析、描述性统计分析等,并结合已有的研究结论和深度访谈的结果,旨在测度我国连片特困地区贫困的现状,进一步总结扶贫成就,找准存在的问题,为构建对策建议提供支撑。通过实证统计分析,被试地区普遍对中央农村政策评价较高,对基层政府工作信任度不够;医疗卫生条件逐步改善,服务质量和能力仍不足;居民参与经济增长机会少,未能共享经济发展成果;教育资源配置不均,高等教育布局不合理,享受高等教育的比例偏低;设施面貌巨变,住房条件相对滞后;文化设施不足,文娱活动单一。本章结论与上一章经验性研究结论相互弥补,以便进一步找准问题和原因,为提出有针对性的对策提供支撑。

第十章　我国连片特困地区贫困的主要根源

扶贫开发是一项长期且艰巨的任务,只有深刻认识这些地区的贫困根源,才能更好地进行扶贫开发工作。通过对连片特困地区扶贫开发的经验性研究和实证分析,究其原因,连片特困地区贫困既有自然条件制约,也有制度上的安排,主要根源在于这些地区不具包容性,居民无法平等地分享经济增长的机会,自我发展能力弱,是政策性贫困、资源性贫困、主体性贫困和生产性贫困等多种贫困的叠加。全面认识连片特困地区贫困的根源,才能有的放矢完善政策,出台有效措施,实施习近平总书记倡导的精准扶贫,从而真正让贫困人口能够均衡分享到机会,让经济社会发展的成果惠及广大人民群众。

第一节　包容性增长动力弱,发展机会缺乏平等

包容性增长理念为国家推行连片特困地区贫困减除战略提供了强大的理论支撑。包容性增长不仅强调经济与社会发展更加协调,就业更加充分,劳动关系更加和谐,社会分配更加合理,而且强调社会成员在可持续发展中拥有公平的发展机会,共享经济社会发展的成果,其核心是强调机会平等。[①] 连片特困地区经济社会发展落后的重要原因之一就是包容性增长动力弱,民众无法"参与"和"共享"经济活动和发展成果。

一、区域经济增长乏力,生产性就业机会不多

在经济新常态背景下,适当保持经济快速增长不仅是区域经济社会发展目标实现的保证,而且也能创造大量的就业和发展机会,扩大贫困人口生产性就

---

① 王志章,王晓蒙. 包容性增长:背景、概念与印度经验[J]. 南亚研究,2011(04):105—116.

业,避免收入再分配方式扶贫的低效。在长期受到自然条件阻隔和生产生活方式制约等多种因素的综合影响下,连片特困地区经济社会发展仍然滞后,区域发展缺乏统筹全局的战略规划,科学合理的经济体系支撑稀有;产业空间布局不合理,工业基础薄弱,传统农业占比过高;资源配置效率低下,同质竞争严重,结构性低效十分突出;固定资产投资等拉动乏力,招商引资困难加大;区域增长极培育效果不明显,经济一体化趋势有待加强深化。连片特困地区的经济增长压力压制了生产性就业机会的有效释放,更多贫困人口难以通过劳动力市场获得就业机会或者通过创业来提高个人收入和减缓贫困。

二、弱势群体遭遇社会排斥,分享发展机会不足

按成因划分,社会排斥主要分为结构性社会排斥和功能性社会排斥两类。功能性的社会排斥就是指被排斥的个体、群体或组织因为自身功能上的欠缺而处于一种被排斥状态,而结构性的社会排斥则是由于社会结构的不合理而造成的一些社会排斥。① 连片特困地区一部分贫困人口因为残疾或者是文化程度偏低而自身资源和社会资源又不足以支撑其进入主流社会而遭遇功能性社会排斥,如就业歧视,信贷市场的排斥,无法参与正常的经济活动等。此外,城乡二元结构所导致的连片特困地区贫困人口在社会保障方面的排斥,制度缺陷造成的制度性排斥等则是不可忽视的结构性排斥。其中,比较突出的包括医疗保障、基础教育和公共卫生安全等方面的社会排斥。正是源于弱势群体和贫困人口面临的社会排斥和权利贫困,使得连片特困地区民众非收入方面的差距不断扩大,片区民众难以获得均等发展机会,陷入权利剥夺和能力缺失的恶性循环,贫困问题得不到根本的缓解。

三、贫困人口难享发展成果,贫富差距日渐拉大

包容性增长不仅着眼于经济的快速增长,更强调人人有创造财富的机会并分享经济发展的成果。连片特困地区贫困人口难以平等、广泛参与经济增长过程并从中受益,主要存在以下几个方面原因:从环境因素来看,主要有地理环境、制度环境等。自然环境和生存环境的恶劣直接导致了贫困人口面临更多风

---

① 景晓芬.“社会排斥”理论研究综述[J].甘肃理论学刊,2004(02):20—24.

险和不确定性,政策制度缺陷使个体权益和社会福利无法得到保障。从个人因素来看,个人背景和社会关系弱,自我发展能力不强,致使其难以获得足够的帮扶或者难以靠自己摆脱贫困。发展成果无法在不同收入阶层人群中合理共享,加剧了连片特困地区的贫富差距,尤其在区域省域之间、不同片区之间、城镇与农村之间收入分配差距呈扩大趋势。虽然在国家扶贫战略的推动下连片特困地区这类不包容现象有所缓解,但仍然进展缓慢。

第二节　资源分配不均衡,政策性贫困根源深

政策性贫困是指政府部门为推进某一领域发展而制定的政策,由于带有一定的政策倾向性,某一领域或区域实现了较快发展。而缺乏政策支持的另一领域或区域,发展常常处于顺其自然的状态,甚至会为政府制定的倾向性政策付出更多的代价,形成了"排斥性政策—能力剥夺—脆弱性—进一步排斥性政策—进一步能力剥夺—进一步脆弱性(包括代际间的传递)"的恶性循环,这种循环机制与其他致贫因素综合,最终使长期贫困形成。[①] 由于连片特困地区的经济结构和市场有待完善等,经济增长产生的自然向下的涓滴效应有限,甚至会产生有利于中产阶级和富人的向上聚敛效应。[②] 改革开放以来,我国各级政府在扶贫开发中倾注大量人力、物力、财力,取得了举世瞩目的巨大成就,但政策上仍然存在一些弊端,往往强调政策的整体性,忽视了区域发展的差异性;重视中央政策的总体性,忽视区域政策落地的特殊性,致使一些政策在连片特困地区无法无力落地,政策"悬置"现象普遍存在。

一、发展存在政策盲点,制度设计尚有缺陷

正确的政策是脱贫的重要支撑,科学的制度设计是助推脱贫的重要保证。我国一些连片特困地区属生态重要区、资源富集区。按国家主体功能划分,这些地区被限制开发或禁止开发。但不开发、不发展,经济社会发展缺乏保障。要开发就必须制定科学的政策,建立健全相应的生态补偿机制、可持续开发机

① 张曦. 连片特困地区参与式扶贫绩效评价[D]. 湖南:湘潭大学,2013.
② 叶初升,张凤华. 政府减贫行为的动态效应——中国农村减贫问题的 SVAR 模型实证分析(1990—2008)[J]. 中国人口资源与环境,2011,21(09):123—131.

制。连片特困地区脱贫离不开对自然资源的合理利用,没有这一基点,扶贫开发根本无从谈起。如武陵山片区,按规划属国家生态安全保护区、地貌多样性保护区、动植物保护区、水源涵养保护区,基于"面上保护、点上开发"的原则,必须处理好保护与开发之间的关系,不开发,无法脱贫;要开发,就必须建立起一套完整的政策体系,消除生态补偿的政策盲点,确保保护与开发的平衡。由于武陵山片区地处渝、鄂、湘、黔三省一市交汇处,由于行政区划的分治,且都处在各省市边缘地区,相互之间对资源禀赋、产业布局等缺乏整体性思考和制度上的设计,常常各自为政,甚至存在排他性竞争。调研中发现,在一些地方,扶贫资金的发放和政府官员扶贫绩效的考核多以行政区划为基础进行。如在整个武陵山片区,由于横跨四省市,每年国家基本建设投资项目分别由各省级行政部门进行前期可行性论证、组织申报、审批,所获得的项目分散在各行政区划内,缺乏跨行政区划的宏观考虑,致使城镇建设特色趋同、产业化项目相似,区域内部缺乏协同效应。①② 同时,各地政府官员考核制度多以所在县区的扶贫效果为考核标准,而非以整个片区经济的发展和脱贫效果为评价基础,加剧了各行政区域官员地方保护之风,严重制约了政策发挥整体效益,有些政策甚至在一些区域悬置逆变。③

二、扶贫主体管控扶贫资源,受助对象"情感"替换

我国扶贫开发的最大特色在于它的直接对象不是贫困人口,而是贫困地区(贫困区县)。被国家认定为扶贫地区的地方政府是扶贫的行为主体,具体负责组织实施扶贫开发工作。这种运作模式虽收到了一定效果,但在现实运行中却存在很多问题,最为突出的是,政府管控着扶贫资源分配、扶贫资金的流向、项目的确定等,常常会因受到外部"情感公关"而发生偏离和逆变,致使原定的受助贫困人口无法分享包容性机会,被置换、被顶替,以一人(户)名义受益实际两人(户)分享等现象存在。另外,由政府设定的准入门槛让很多真正的贫困人群无法获取扶贫帮助,更加贫困的人群分享资源与参与项目的机会降低,或是根本无法获取。以专项扶贫贷款项目为例,由于扶贫贷款一般要求提供财物担

---

① 鲁丽梅. 论武陵山区域扶贫开发策略[J]. 民族论坛,2012(07):48—51.

② 龙怡帆. 武陵山连片特困地区小城镇发展模式研究[D]. 重庆:西南大学,2014.

③ 王志章,刘子立. 连片特困地区知识扶贫路径研究[J]. 西部学刊,2014(01):24—31.

保,贷款申请过程和审批程序多而复杂,贫困人口既缺乏贷款申请的经验与技巧,又缺乏有价担保物,致使大量的贴息贷款无法流向他们手中,相反被发放到效率高、风险小的基础设施建设项目,以及效益好的农业企业和富裕农户。①

三、社会事业缺乏支持力度,基本公共服务欠账太多

社会事业发展完善与否直接关系着居民的生活质量、社会的安定和谐以及城市的竞争力。长期以来,连片特困地区政策扶贫绩效低,政策倾斜不够,社会事业投入不足,导致带动区域发展的城市综合服务水平和吸引力无法得到更大提高,主要表现在:一是基础教育落后,师资力量薄弱,优质教育资源匮乏,职业教育长期滞后,少数民族群众受教育程度低下。如表10—1所示,2010年11个连片特困地区人均教育和医疗卫生支出平均仅为761.80元,相当于全国水平的59.03%。其中,两项支出最高的吕梁山片区和六盘山片区也分别仅有1069.33元和1011.55元,为全国水平的82.87%和78.39%,而最低的大别山片区人均教育和医疗卫生支出只有562.46元,为片区平均水平的73.83%,全国水平的43.59%。教育投入不足严重影响了居民文化素质的提高。二是公共医疗卫生服务体系尚未完全建立,妇幼保健能力弱,医疗卫生条件差,基层卫生服务不足,医疗资源城乡分布不均。如滇桂黔石漠化片区还有9.7%的村未建立卫生室,13.5%的村卫生室尚无合格医生。罗霄山片区15%的行政村没有卫生室,17.8%的村卫生室没有合格村医。表10—1中的数据显示,在各个片区农村村级卫生室覆盖率普遍较低且差异较大,平均只有83.9%,乌蒙山片区甚至低至65%。近年来农村合作医疗推广取得了较好的成绩,参合率平均已经达到89.2%,新型农村养老保险参保人数也已经突破2260万人,但依然还有较大的提升空间,而卫生基础设施建设的滞后俨然会影响居民医疗保障的质量。三是专业人才不足。城乡薪酬水平和福利水平较低,无法吸引高素质人才,导致卫生、农林科技推广、教育等领域人才队伍老化、知识结构偏低,无法跟上经济社会的发展步伐,这将极大制约国家和地方扶贫开发和社会持续健康发展。数据显示,11个片区每万人科技活动人员数只有126人,村镇卫生室普遍缺乏专

---

① 姚迈新. 对扶贫目标偏离与转换的分析与思考——政府主导型扶贫模式中的制度及行动调整[J]. 云南行政学院学报,2010(03):122—126.

业医生。四是就业市场不完善,城乡居民就业不充分。

表10—1　2010年11个连片特困地区科教文卫基本情况　单位:元、%

连片特困地区名称	人均教育和医疗卫生支出(元)	与片区平均比	与全国平均比	每万人科技活动人员数(人)	村级卫生室覆盖率(%)	农村合作医疗参合率(%)	新型农村养老保险参保人数(万人)
武陵山片区	654.70	85.94	50.73	134	77.7	89.7	—
乌蒙山片区	757.89	99.49	58.73	166	65	88.4	—
秦巴山片区	732.97	96.22	56.80	100	83.1	89.3	584
滇桂黔石漠化片区	822.02	107.91	63.70	122	90.3	86.7	223
六盘山片区	1011.55	132.79	78.39	143	89.4	90.0	335
滇西边境片区	940.60	123.47	72.89	160	91.8	91.8	372
大兴安岭南麓片区	865.67	113.64	67.08	54	94.8	80.8	67
燕山—太行山片区	794.33	104.27	61.56	78	88.5	89.4	109
吕梁山片区	1069.33	140.37	82.87	87	86.4	90.4	55
大别山片区	562.46	73.83	43.59	61	84.9	90.2	358
罗霄山片区	661.65	86.85	51.27	79	85	91.9	158
11个片区	761.80	100.00	59.03	126	83.9	89.2	2260

数据来源:根据11个连片特困地区的区域发展与扶贫攻坚规划(2011—2020年)整理所得。

四、城镇发展边缘化,辐射带动功能弱

大中城市具有凝聚资源、笼络人才、辐射带动的作用,发挥好大中城市核心辐射功能,能够带动区域经济向更高水平、更大规模和更高效率发展。连片特困地区通常是集革命老区、边境地区、山区、民族地区、贫困地区为一体的跨省域复合体,远离区域的行政中心、政治中心、文化中心,发展的政策资源更多被一线城市所攫取,而这些中心城市辐射能力发挥有限,所以片区贫困城镇发展呈现边缘化、城市体量小、经济发展落后、城市综合能力弱、科教文卫水平普遍

较低的特点,城乡间回流效应与涓滴效应弱。如表 10—2 所示,从总体来看,11 个连片特困地区从 2001 年到 2010 年十年间城镇化率提升显著,平均城镇化率从 16.7% 提升到 28%,增长 1.7 倍。最高的大兴安岭南麓片区已经达到 34.1%,秦巴山片区、吕梁山片区、大别山片区和罗霄山片区也都超过 30%。其中,乌蒙山片区从 2001 年最低的 12% 增长到 2010 年的 24%,增长 2 倍,紧随其后的是大别山片区,增长 1.9 倍。虽然连片特困地区城镇得到进一步发展,但与全国水平相比,差距依然巨大,从 2001 年相差 21% 扩大至 2010 年的 21.7%。从片区个体看,城镇发展不平衡,如乌蒙山片区城镇化率只有 24%,而大兴安岭南麓片区已经达到 34.1%,相差 10.1%。贫困县数量庞大,自身发展能力不强。在 11 个连片特困地区的 545 个贫困县中,国家扶贫开发重点县占到 394 个,占比达到 72.3%,可见这些片区县市贫困依然严重,县区经济带动作用受到极大限制。

表 10—2　11 个连片特困地区城镇发展基本情况

连片特困地区名称	2010 年总人口（万人）	2010 年城镇总人口（万人）	城镇化率（%）		县（市、区）（个）	国家扶贫开发重点县（个）
			2001 年	2010 年		
武陵山片区	3645	853	16	28	71	42
乌蒙山片区	2292	286.9	12	24	38	32
秦巴山片区	3765	713.4	16.7	30.4	80	51
滇桂黔石漠化片区	3427.2	498.4	14.9	24.7	91	72
六盘山片区	2356.1	388	17.7	25.5	69	49
滇西边境片区	1751.1	251.7	15.5	27	61	45
大兴安岭南麓片区	833.3	269.9	28.7	34.1	22	13
燕山—太行山片区	1097.5	179.9	16.9	28.9	33	25
吕梁山片区	402.8	62.4	18.2	31.3	20	20
大别山片区	3657.3	529.3	16.1	30.5	36	29
罗霄山片区	1170.1	222.5	20.5	30.7	24	16
11 个片区	24397.4	4255.4	16.7	28	545	394
全国	—	—	37.7	49.7	—	—

数据来源：根据 11 个连片特困地区的区域发展与扶贫攻坚规划(2011—2020 年)整理所得。

第三节 自我发展能力缺乏,主体性贫困较严重

主体性贫困是指连片特困地区的劳动主体由于自身的贫困而产生的贫困。这种劳动主体贫困主要是因为知识文化素养不高、发展能力不强、体力和智力水平低下,人的健康、知识、能力等因素所致,进而影响到劳动主体从事的生产实践活动,如利用自然资源的能力不强,从事农业生产的方式单一、传统,思想趋于保守落后,直接制约脱贫的能力。[①]

一、农村人口与少数民族人口交织,贫困程度消解缓慢

连片特困地区的省份大多是多民族聚居区,民族结构复杂,贫困程度深。武陵山片区包括6个少数民族自治县,乌蒙山片区包括1个少数民族自治县,滇黔桂石漠化片区除包括黔东南、黔西南、黔南三个少数民族自治州外,还包括镇宁、关岭、紫云3个少数民族自治县。[②] 由于这些地方自我发展能力不足,政府扶贫资金利用效率不高,扶贫开发主体单一,扶贫人才缺乏等,致使返贫率较高,脱贫难度大。又如表10—3统计数据所示,2010年11个连片特困地区总人口超过2.4亿,而农村人口达到2.0142亿,占比高达82.56%,其中,少数民族人口为6439.79万人。其中,贫困发生率最高的为吕梁山片区,为18.3%,然后是六盘山片区,为15.9%,再是大别山片区,为8.8%,最低为燕山—太行山片区,为7.7%。除西藏、新疆3个片区外,11个连片特困地区平均贫困发生率为12.30%,与全国贫困率2.8%相比,差距达到4.4倍,可见片区贫困十分严重。由于特殊的地理环境和历史背景,连片特困地区少数民族与农村人口交织,贫困发生率高,居民致贫因素复杂,传统扶贫手段难以奏效,依靠地方力量难以摆脱贫困。

---

① 张立群. 连片特困地区贫困的类型及对策[J]. 红旗文稿,2012(22), http://www.qstheory.cn/hqwg/2012/201222/201211/t20121123_195911.htm,2014 – 12 –22.

② 汪霞,汪磊. 贵州连片特困地区贫困特征及扶贫开发对策分析[J]. 贵州社会科学,2013(12):92—94.

表10—3　2010年11个连片特困地区人口情况

连片特困地区名称	2010年总人口数(万人)	农村人口(万人)	少数民族人口(万人)	贫困发生率	主要少数民族
武陵山片区	3645	2792	2286.23	11.21%	土家族、苗族、侗族、白族、回族和仡佬族等9个世居少数民族
乌蒙山片区	2292	2005.1	469.86	12.9%	彝族、回族、苗族等
秦巴山片区	3765	3051.6	56.3	9.9%	回族、藏族等
滇桂黔石漠化片区	3427.2	2928.8	2129.3	11.1%	壮、苗、布依、瑶、侗等14个世居少数民族
六盘山片区	2356.1	1968.1	390.1	15.9%	回族、藏族等
滇西边境片区	1751.1	1499.4	831.5	10.5%	彝、傣、白、景颇、傈僳、拉祜、佤、纳西、怒、独龙等
大兴安岭南麓片区	833.3	563.4	111.4	12.0%	蒙古族、满族等6个世居少数民族
燕山—太行山片区	1097.5	917.6	146	7.7%	满族、蒙古族、回族等
吕梁山片区	402.8	340.4		18.3%	无世居少数民族
大别山片区	3657.3	3128	19.10	8.8%	无世居少数民族
罗霄山片区	1170.1	947.6		10.2%	瑶族等
合计	24397.4	20142	6439.79	——	
全国平均水平	——	——		2.8%	

数据来源：根据11个连片特困地区的区域发展与扶贫攻坚规划(2011—2020年)整理所得。

二、劳动力供需错位,知识结构层次偏低

富余的劳动力人口能够为经济建设和发展提供大量的劳动力,使得"人口红利"成为经济增长的助推器。连片特困地区农村人口基数大,劳动力资源丰富,但知识结构层次普遍偏低。从表10—4可以看出,11个连片特困地区的农村劳动力人口中文盲、半文盲率平均为11.98%。其中,秦巴山片区高达25.88%;其次是大别山片区和乌蒙山片区,分别为21.82%和16.92%,最低为武陵山片区,为2.2%;再是大兴安岭南麓片区和滇桂黔石漠化片区,分别为4.45%和5.23%。较低的受教育程度成为贫困地区农民脱贫致富的一个重要制约因素。一方面,这些农民只能从事一些相对简单且繁重的体力劳动以赚取微薄的收入;另一方面,低学历水平阻碍了他们职业生涯的进一步提升发展,上升空间有限。改革开放以来,由于东部沿海等发达地区相较本地区具有更好的发展机会,连片特

困地区大量青壮年劳动人口向这些地方流动。从表10—4中外出务工劳动力数占乡村从业人员数比重就可以明显看出,劳动力外移已经成为连片特困地区人口发展的一个趋势。11个连片特困地区外出人口平均比重达到40.04%,六盘山片区和秦巴山片区最高,已经超过50%,分别达到51.35%和50.34%。以贵州乌蒙山区为例,该片区现有农村人口804.8万,其中农村劳动力489万人,富余劳动力近220万,约占农村劳动力的一半,富余劳动力中约有150.9万人外出打工。[①] 农村劳动人口的外流虽然在一定程度上增加了农民的收入,提高了农民的生活水平,但也带来了一些不可忽视的问题。首先,青壮年劳动力外移导致农村现存人口以老妇幼为主,人口老龄化和家庭空巢化问题十分突出。其次,"农村劳动力荒"严重,大量农村土地遭到抛荒,先进农业技术利用率低,农民教育效果不明显。此外,农业技能代际传递差。农村现存的农二代、农三代由于外出务工居多,相比农一代而言,已适应了快节奏的城市生活,缺乏基本的农业生产技能和农业生产兴趣,但囿于城乡二元结构,进城难与城市融入难则成为摆在这些新农民工面前的严峻问题,易滋生城市贫困现象。

表10—4　2010年11个连片特困地区农村劳动力受教育程度与外出务工人口情况

连片特困地区名称	农村劳动力文盲、半文盲率(%)	外出务工劳动力数占乡村从业人员数比重(%)	农村人口(万人)
武陵山片区	2.20	—	2792
乌蒙山片区	16.92	37.70	2005.1
秦巴山片区	25.88	50.34	3051.6
滇桂黔石漠化片区	5.23	33.46	2928.8
六盘山片区	12.75	51.35	1968.1
滇西边境片区	6.32	18.44	1499.4
大兴安岭南麓片区	4.45	41.02	563.4
燕山—太行山片区	14.83	33.41	917.6
吕梁山片区	11.22	42.87	340.4
大别山片区	21.82	50.24	3128
罗霄山片区	10.19	41.54	947.6
11个片区平均水平	11.98	40.04	1831.09

数据来源:由11个连片特困地区的区域发展与扶贫攻坚规划(2011—2020年)整理所得。

① 周丕东,崔岜等.贵州乌蒙山区农村扶贫开发对策研究[J].贵州民族研究,2012(02):65.

三、素质性贫困突出,脱贫劳动技能欠缺

连片特困地区人口素质低下,在从事农业生产或非农工作的过程中实现再生产、获取效益的能力较差。如表10—5所示,11个连片特困地区2010年九年义务教育巩固率除了滇桂黔石漠化片区、乌蒙山片区和秦巴山片区低于全国平均水平89.7%外,其他片区均超过90%,吕梁山片区和罗霄山片区已达到95.5%,但是各大片区的高中阶段教育毛入学率则普遍偏低,乌蒙山片区和滇西边境片区与全国平均水平相比差距甚至达到42.1%和31.6%。这种素质性贫困一方面导致了连片特困地区居民对新知识新技术接受程度低、农业科技普及率不高、普遍缺乏脱贫致富技能,同时削弱了农民应对自然环境和社会变化的能力,难以通过接受教育的方式实现农民增产增收;另一方面,片区居民不少是从原始社会直接过渡到社会主义社会,思想观念保守,与外界交流少,普遍缺乏市场竞争意识,习惯于沿袭旧的生产方式和贸易方式,极大制约了农民对新事物的了解认知,不利于先进技术的运用和推广,难以对市场规律进行把握和利用,并且很难向其他生产领域转移。

表10—5　2010年11个连片特困地区居民受教育情况

连片特困地区名称	九年义务教育巩固率(%)	高中阶段教育毛入学率(%)	适龄儿童入学率(%)	青壮年文盲率(%)	居民平均受教育年限(年)
武陵山片区	—	<80.0	97.7	2.2	—
滇桂黔石漠化片区	79.9	67.1	98.5	8.3	7.9
燕山—太行山片区	92.7	—	99.7	2.9	8.1
乌蒙山片区	80.0	40.4	95.8	1.7	—
吕梁山片区	95.9	78.4	95.2	1.1	8.2
滇西边境片区	90.0	50.6	94.9	0.6	8.2
六盘山片区	93.6	77.7	99.2	1.3	7.8
罗霄山片区	95.9	69.6	96.8	1.0	8.5
大兴安岭南麓片区	92.0	—	99.2	0.4	7.9
秦巴山片区	82.0	71.3	98.6	—	8
大别山片区	92.5	75.3	98.6	2.2	8.7
全国平均水平	89.7	82.5		1.6	8.3

数据来源:根据11个连片特困地区的区域发展与扶贫攻坚规划(2011—2020)整理所得。

第四节　生存条件恶劣，资源性贫困明显

资源性贫困是指某一区域由于自然资源匮乏或不能开发利用，导致人类赖以生存的基本生产要素缺乏而产生的贫困。[①] 从调查片区的实际情况来看，连片特困地区存在因自然资源短缺、稀少，或是受到保护不能开发等因素制约，难以满足人类物质生产实践活动的需要而产生贫困。

一、资源约束性贫困

资源约束性贫困是指自然资源、生产要素缺乏，生态环境脆弱所导致的贫困。具体来看有以下几个方面：

第一，生态环境脆弱，自然灾害频发。连片特困地区由于受地理条件等既定因素的影响，普遍存在生态环境脆弱，自然灾害频发的突出问题。如滇桂黔石漠化片区既是世界喀斯特地貌发育最典型的地区之一，同时也是我国石漠化问题最严重的地区。区域面积22.8万平方公里，岩溶面积就占11.1万平方公里，其中石漠化面积4.9万平方公里，中度以上石漠化面积达3.3万平方公里，有80个县属于国家石漠化综合治理重点县。[②]

第二，人地矛盾突出，环境承载力低。连片特困地区多处在丘陵山地等非传统耕地地带，人均耕地和林地面积小，极大地制约了片区社会经济的发展。如大别山片区2010年末总人口为3657.3万人，而农村人口却占到总人口的85.53%，达到3128万人，人口密度为14个片区中最大的，人均耕地只有1.2亩。[③] 滇桂黔石漠化片区2010年末总人口为3427.2万人，农村人口就占到85.46%，为2928.8万人，其中苗族、壮族、布依族等少数民族人口为2129.3万人，民族结构复杂，片区人均耕地面积只有0.99亩，为全国平均水平的65.13%。武陵山片区2010年末总人口为3645万人，农村人口占到76.6%，为2792万人，而且少数民族多，人均耕地面积仅为0.81亩。此外，片区土地可耕

---

① 张立群.连片特困地区贫困的类型及对策[J].红旗文稿，2012(22)，http://www.qstheory.cn/hqwg/2012/201222/201211/t20121123_195911.htm，2014－12－22.
② 资料来源：滇桂黔石漠化片区区域发展与扶贫攻坚规划(2011—2020年).
③ 资料来源：大别山片区区域发展与扶贫攻坚规划(2011—2020年).

种性差,资源环境承载力低。① 如吕梁山片区地处黄土高原丘陵沟壑地带,土质疏松,土壤贫瘠,而且降水量少,蒸发量极大,不适于耕种。六盘山片区的宁夏固原地区,常年干旱少雨,山大沟深,土地流失、沙化、盐碱化、石漠化严重,是"最不适合人类生存的地区之一"②。

第三,自然资源匮乏,经济带动力不强。自然资源是人类赖以生存和发展的重要物质基础。部分连片特困地区水、矿产等自然资源匮乏,成为制约工农业发展的重要因素。如六盘山片区人均占有水资源 367.6 立方米,不及全国平均水平的 16.7%,干旱缺水已成为制约区域进一步发展最根本的因素。吕梁山片区降水少而集中,蒸发量大,人均可利用水资源只有全国平均水平的 29.4%,而且接近三分之一的农村人口还存在饮水安全问题。而大别山片区则存在矿产资源匮乏问题,矿产种类少,只有铁、银、金、铜、钛、钇等少数几种,煤炭资源相当稀缺,而且数量较少、品位低,开发潜力有限,对经济的提升作用不强。

二、资源富足性贫困

资源富足性贫困是指自然资源充足,但没有可持续开发利用,自然资源没有转化为自然资本。③ 连片特困地区虽然拥有丰富的自然资源,但同时面临各种自然灾害威胁以及环境保护任务重等诸多发展难题,陷入资源富集、生态脆弱和经济贫困的怪圈。

第一,生态资源丰富,开发利用有限。生物资源丰富是连片特困地区的一大优势。如武陵山片区是我国亚热带森林系统核心区、长江流域重要的水源涵养区和生态屏障,森林覆盖率达 53%;生物物种多样,植物物种 1955 种,记录在案动物 800 余种,占全国种类数的 13.6%。滇西边境片区生物物种多样,素有"动物王国"、"植物王国"和"生物基因宝库"、"药物宝库"之称,有各类珍稀动植物如猿、猴、豹、鹿、秃杉、滇楸、楠木等,发展特色农业和生物产业条件优越。在乌蒙山片区,生物物种繁多,植被类型多样,森林覆盖率达到 38.1%,山区中木本和草本植物多达 7000 种,其中珍稀植物 500 种,诸如黄杉、澜沧黄杉、滇藏

① 资料来源:武陵山片区区域发展与扶贫攻坚规划(2011—2020 年).
② 资料来源:吕梁山片区区域发展与扶贫攻坚规划(2011—2020 年).
③ 张立群. 连片特困地区贫困的类型及对策[J]. 红旗文稿,2012(22),http://www.qstheory.cn/hqwg/2012/201222/201211/t20121123_195911.htm,2014－12－22.

木兰、福建柏、翠柏、岷江柏、南方铁杉、水青树、连香树、香果树等均扎根于深山险壑之中。虽拥有丰富的农业资源,但连片特困地区在生态保护与资源开发利用之间的关系尚未完全理清,陷入盗采滥伐或是畏手畏脚的开发乱象。究其原因,一方面是国家法律法规制约。在国家主体功能区定位中连片特困地区大部分区域是国家重要的生态屏障,被限制开发或者禁止开发。由于承担着生态保护的重任,各片区政府在资源的开发利用中顾虑重重,农业产业发展不可避免受到政策制约。另一方面,连片特困地区特色农业产业发展规模小,经济效益低,缺乏技术实力强、辐射范围广的龙头企业带动,整体竞争实力弱,品牌影响力小。正是产业基础与政策等多种重要制约因素的叠加,导致了连片特困地区农业资源利用效率低,农民增收效果不佳。

第二,矿产资源富集,无序开采现象严重。连片特困地区绝大部分都蕴藏总量巨大、品种多样、品位高的矿产资源。其中,武陵山片区以锰、锑、汞、石膏、铝等矿产储量位居全国前列;滇桂黔石漠化片区则主要盛产锰、铝土、锑、锡、铅锌、磷、煤炭、重晶石、黄金等矿产;燕山—太行山片区石墨、膨润土、煤炭、钒钛等矿产资源较为丰富;乌蒙山片区煤、磷、铝、锰、铁、铅、锌、硫等矿产丰富;而吕梁山片区除了煤炭、煤层气、岩盐、铁等矿产资源外,风能、太阳能等清洁能源也非常丰富;滇西边境片区位于我国的西南三江成矿带,有色金属富集,有银、铅、锌、铜、锡、金、汞、钨等矿产,该地区已经发展为我国西部地区最大的铜业基地。但是,连片特困地区工业基础薄弱,开采技术较为落后,虽拥有储量丰富的矿产资源,经济发展却得不到提升,出现所谓的"区域资源与经济发展之间的悖逆现象",导致"资源富集性贫困",如乌蒙山毕节地区、吕梁山榆林地区等。从经济层面来看,片区矿产资源开发模式粗放、效率低下,三产比重失衡,蓬勃发展的资源产业严重打击了农业和其他工业部门,"荷兰病"效应显著。再从生态环境层面来看,环保治污投入不足,环境人为破坏严重,导致生态环境的恶性循环,制约区域经济的发展。"资源诅咒"已经严重影响到生态环境保护和资源合理开发、经济持续发展、社会和谐稳定。①

---

① 谷树忠,张新华,钟赛香. 中国欠发达资源富集区的界定、特征与功能定位[J]. 资源科学,2011 (01):10—17.

第五节 物质生产效率低，生产性贫困突出

生产性贫困是指一地区物质生产实践活动效率低下，生产投入的刚性支出与收入差较小，从而产生了生产性贫困。[①] 生产性贫困是制约连片特困地区经济社会发展的重要原因之一。

一、产业结构单一，生产方式陈旧

合理的产业结构是经济社会可持续发展的基础，在我国连片特困地区，单一的传统产业结构成为生产性贫困的主因，产业优化升级阻力很大。如表10—6所示，得益于多年来国家与省域间的大规模的扶贫开发投入，连片特困地区近十年来产业结构不断调整优化，但与2010年全国一二三产业10∶47∶43相比，连片特困地区仍然存在第一产业比重过大，与平均水平相差10%以上，第二产业发展相对滞后，第三产业发育不足等问题。作为主导产业的农业在连片特困地区发挥着基础性作用，但由于受到地理条件的限制，这里的传统农业难以达到机械化、集约化、规模化和产业化，农民基本靠天吃饭，农业生产技术含量低、生产方式落后，往往无法实现投入与产出的效益最大化。工业内部以资本和劳动密集型的传统重工业始终占据主导地位，主要集中在矿业采掘、原材料粗加工等领域，产业层次低、产业链延伸短、联系不紧密，同时又存在对其他技术密集型产业的抑制作用，缺少产业连带效应，造成产业部门之间的脱节。以旅游业为主导的第三产业受到体制以及旅游服务体系不完善的制约，当前发展仍然乏力。

---

① 张立群．连片特困地区贫困的类型及对策［J］．红旗文稿，2012（22），http://www.qstheory.cn/hqwg/2012/201222/201211/t20121123_195911.htm，2014－12－22.

表10—6 11个连片特困地区产业结构变化情况

连片特困地区	2001 年产业结构	2010 年产业结构	10 年间三产变化幅度
武陵山片区	35:30:35	22:37:41	（—13%；+7%；+6%）
滇桂黔石漠化片区	36:30:34	21:43:36	（—15%；+13%；+2%）
燕山—太行山片区	27:35:38	25:39:36	（—2%；+4%；—2%）
乌蒙山片区	40:30:30	24:42:34	（—16%；+12%；+4%）
吕梁山片区	23:30:47	19:43:38	（—4%；+13%；—9%）
滇西边境片区	39:26:35	26:37:37	（—13%；+11%；+2%）
六盘山片区	27:37:36	21:45:34	（—6%；+8%；—2%）
罗霄山片区	33.8:31.0:35.2	20.5:42.1:37.4	（—13.3%；+10.1%；+2.2%）
大兴安岭南麓片区	37:25:38	30:37:33	（—7%；+12%；—5%）
秦巴山片区	30:35:35	21:46:33	（—9%；+11%；—2%）
大别山片区	37:30:33	32:39:29	（—5%；+9%；—4%）

数据来源：由 11 个连片特困地区区域发展与扶贫攻坚规划(2011—2020 年)整理所得。

二、资金投入不足，基础设施薄弱

基础设施的发展速度依赖于资金的投入规模。"十一五"以来，国家对连片特困地区的基础设施的投入不断加大，但由于地理环境的限制，水利、交通、电网等基础设施的建设还尚未形成规模，基础设施对经济的支撑作用依然有限。农业基础设施是农业生产的保证，是农民抵御自然灾害、实现增产增收的必要条件。连片特困地区农业设施投入不足、农村生产基础薄弱成为制约片区居民收入提高的又一大因素。如表 10—7 所示，各大片区农田水利设施薄弱且老化严重，有效灌溉面积比重普遍偏低，历史欠账多，资源性缺水、工程性缺水问题突出。吕梁山片区农田有效灌溉面积比率仅有 8%，其他片区则大多在 40% 以下。连片特困地区行政村农网改造完成比率不高，农网建设滞后，截至 2010 年末，各大片区行政村农网改造的比率低于 35%，武陵山片区依然有 33.8% 的农村未实现通电。此外，农村电网电压质量低，供电不稳定，严重制约片区农村经济社会的发展。交通基础设施是联通外界的桥梁，可实现不同地域间物质和信息的交换，促进资源的开发利用，带动地区的旅游发展，这些对于生活在偏远山区的连片特困地区的居民来说尤为重要。但从表中可以看到，连片特困地区交通系统不完善，便捷性和通畅性差，绝大多数行政村未通沥青（水泥）公路，乌蒙山片区和滇西边境片区的比率甚至高达 76.8% 和 72.6%，极大阻碍了区域之间的经济文化交流和货品贸易。

表 10—7　11 个连片特困地区农村基础设施状况

连片特困地区名称	农田有效灌溉面积比（%）	农户饮水困难比率（%）	行政村未通沥青公路比率（%）	行政村未完成农网改造比率（%）
武陵山片区	—	—	40.3	33.8
滇桂黔石漠化片区	27.8	52.7	65.6	4.6
燕山—太行山片区	—	30.9	10.8	12.2
乌蒙山片区	37.2	32.0	76.8	38.0
吕梁山片区	8.0	27.9	29.4	13.0
滇西边境片区	58.5	43.4	72.6	22.2
六盘山片区	23.2	39.3	53.4	15.4
罗霄山片区	—	33.8	6.7	10.3
大兴安岭南麓片区	31.3	18.4	26.7	24.1
秦巴山片区	37.5	40.2	50.6	24.7
大别山片区	—	30.5	7.8	11.5

数据来源：由 11 个连片特困地区的区域发展与扶贫攻坚规划（2011—2020 年）整理所得。

科学把握连片特困地区的贫困根源是一个需要理论和实践长期探索的过程。基于包容性增长理论视角，通过对连片特困地区贫困根源的梳理和总结，本书认为，当前我国连片特困地区贫困根源固然很多，但多为政策性贫困、资源性贫困、主体性贫困和生产性贫困，尤其是缺乏包容性增长的动力机制，致使区域经济发展质量不高，产业结构优化困难、社会保障网络不健全等，制约了贫困人口自我发展能力提升和区域经济发展惠民效果。具体体现在：包容性增长动力弱，生产性就业机会少；资源分配不均衡，政策性贫困根源深；自我发展能力不强，主体性贫困较为严重；一些区域生存条件恶劣，资源性贫困凸显；生产效率低下，生产性贫困突出等。

第（四）篇

评价体系构建与对策建议

第十一章　连片特困地区包容性增长的
扶贫开发测度体系构建

1978 年以来,中国经济增长迅速,2010 年经济总量超过日本,一跃成为全球第二大经济体。继 2013 年国内生产总值达到 9. 24 万亿美元之后①,2014 年再攀新高,达到 11. 285 万亿美元。诺贝尔经济学奖得主斯蒂格利茨预测,2015 年将是"中国世纪"的元年。在经济取得伟大成就的同时,国际上"中等收入"发展阶段所表现的一些特征开始在我国呈现,社会各阶层收入流动固化,低收入阶层向上流动的机会缺乏,不断拉大了能力差距,贫困现象十分严重。党中央国务院确立的扶贫攻坚战拉开了新时期我国扶贫开发的序幕,扶贫模式亟须创新。2007 年由亚发行学者倡导的包容性增长作为一种扶贫新理论受到国际社会的广泛认可,印度等发展中国家率先付诸实践,并正在取得进展,引领南亚国家的扶贫。如何测度包容性增长扶贫模式是一项庞大的系统工程。为此,Rahul Anand、Saurabh Mishra、Shanaka J. Peiris 等学者依据包容性增长理论,开发出了《包容性增长:测量和决定因素》(Inclusive Growth:Measurement and Determinants) 测度工具,并每年更新一次。Terry Mckinley(2010)也从国家层面构建了一种复杂的包容性增长指标,并用此对东南亚有关国家进行实证分析。这些学者的理论构建和工具开发为构建具有中国特色的包容性增长测度工具提供了借鉴。

---

　　① 　游国龙,车子龙. 中国软实力对印度民众的吸引力研究:对行为体侧面分析法的检视[J]. 南亚研究季刊,2014(04):41—48.

第一节　连片特困地区包容性增长的扶贫开发理论模型

一、连片特困地区包容性增长相关概念辨析

1. 贫困内涵及经济增长的动态演进

长期以来,贫困问题是国内外学术界和许多国际机构致力研究的永恒主题。各界对贫困的认识经历了从收入贫困到能力贫困再到权利贫困的深化过程(郭熙保,2005;蔡荣鑫,2010),把贫困内涵从货币范畴扩展至非货币范畴,并逐渐揭示出贫困发生的本质根源。杜志雄等(2010)梳理出增长理论经历了从单纯强调极化涓滴增长(赫希曼,1991)到基础广泛的增长(世界银行,2001)到益贫式增长或有利于穷人的增长(ADB,1999;世界银行,2001)再到包容性增长(ADB,2007;世界银行增长与发展委员会,2008)的逻辑演进(如表11—1)。①

表11—1　贫困内涵的深化与增长理念、减贫战略与政策的演进②

贫困类型	收入贫困	能力贫困	权利贫困
贫困特征	收入水平低下、饥饿、营养不良、饮用水不安全、基本卫生服务缺乏等	贫困问题累积和持续贫困顽固存在	贫富不平等状况日益加剧,长期贫困问题严重,而机会不平等是导致结果不平等的最主要因素
贫困内涵	绝对收入贫困:从物质缺乏角度关注生存需要	从能力和权利缺乏角度关注财富分配不平等	从权利缺乏、贫困脆弱性和社会排斥角度关注机会不平等

---

① 杜志雄,肖卫东,詹琳. 包容性增长理论的脉络、要义与政策内涵[J]. 中国农村经济,2010(11):4—14.

② 同上.

续表

贫困类型	收入贫困	能力贫困	权利贫困	
增长理念	涓滴效应：增长成果通过市场机制产生的纵向涓滴效应和横向扩散效应自动分配到社会所有阶层和群体，从而自动消除贫困，形成帕累托最优状态	基础广泛的增长：基于市场导向的一种能够充分利用劳动力并使其发挥自身最大能力的劳动密集型增长模式，重点在于扩展穷人的就业机会	益贫式增长：基于市场和非市场行动相结合的旨在实现减贫和改善财富分配不平等状况，并使穷人得益比例高于非穷人的有利于穷人的增长模式，重点在于扩展穷人的经济机会	包容性增长：基于市场和非市场行动相结合的旨在革除权利贫困和社会排斥、倡导和保证机会平等的高速、有效和可持续的增长模式，重点在于扩展发展机会以使民众的福利得以持续改善和增加，实质自由得以扩展
减贫战略政策	通过市场机制的边际调整实现和谐的、累积的单纯经济增长过程，以达到稳定的均衡状态	基于扩展就业机会和能力兼顾的减贫策略：一是促进对劳动力的需求，为穷人提供谋生的更多经济机会；二是广泛提供基本社会服务，增加穷人人力资本，提高其利用谋生机会的能力	基于扩展经济机会的反贫困策略：①使穷人增进和集聚多种形式的资本并提高回报率，以扩展穷人的经济机会；②促进赋权，以政治民主、社会平等增加穷人的经济机会；③加强社会保障，以使穷人更好地利用经济机会，让经济机会更为稳固	基于机会与增长相辅相成的包容性增长战略：①培育和提升人力资本，以使民众获得人力资本价值公平；②增强制度设计与政策制定的公平性，以使民众获得市场竞争环境公平；③建立公平的防护性保障体系，以使民众获得社会保障价值公平

引自：杜志雄，肖卫东，詹琳．包容性增长理论的脉络、要义与政策内涵[J]．中国农村经济，2010(11)：4—14.

2. 包容性增长

"包容性增长"这个概念自 2007 年由亚发行提出以来，国内外学者主要围绕过程/结果维度、收入/非收入维度、收入增长是否有必要、包容性增长测度的难易程度及创新等五个方面对其内涵进行了界定，如国外比较著名的有 Ali&Son（2007）、Ali&Zhuang（2007，2009）、世界银行（2009）、Rauniyar&Kanbur（2010）、联合国开发计划署（UNDP）等学者和机构①，国内的杜志雄等（2010）和

---

① 刘嫦娥，李允尧，易华．包容性增长研究述评[J]．经济学动态，2011(02)：96—99.

刘琳娜(2013)则通过对国内文献梳理,均指出包容性增长的内涵主要有四种角度的界定,即:①把包容性增长界定为机会平等的增长,如庄居忠(2010)、唐钧(2010);②基于对贫困和弱势群体的关注,认为包容性增长是益贫式增长,如汤敏(2010)、庄健(2010)、李程骅(2010);③基于全球视角从国内外两个层面来界定包容性增长,如杜志雄(2010)①、马晓河(2010);④从就业、制度、执政理念等角度界定,如俞宪忠(2010)、陈杰人(2010)、孙锡良(2010)。②

表11—2　包容性增长理念界定主要观点

提出者	界　　定
亚行(2008)	为能创造和扩展经济机会,社会所有成员均等获得这些机会,参与并受惠于经济增长③
Rauniyar&Kanbur (2010)	不平等减少的增长
Ali&Son (2007)	在社会机会上的益贫式增长
Ali&Zhuang (2007,2009)	能促进机会增加且机会平等的增长
世界银行(2009)	将生产性就业视为包容性增长的重要元素
联合国开发 计划署(UNDP)	一种伴随低不均等、不均等减少以及穷人在增长过程中进行经济政治参与且从中实现利益共享的增长④
庄居忠(2010)	建立在机会平等基础上的经济增长,包容性增长需要保证人人都能公平地参与增长过程并从中受惠⑤
汤敏(2010)	核心在于经济增长让低收入人群受益,最后是让其多受点益

①　杜志雄,肖卫东,詹琳．包容性增长理论的脉络、要义与政策内涵[J]．中国农村经济,2010(11):4—14.

②　刘琳娜．科学发展中的包容性增长研究[D]．湖北:华中师范大学,2013:5—6.

③　常艳祺．"包容性增长"理念的本质及实现路径研究[J]．学理论,2012(11):142—143.

④　陆利香．包容性增长视域下的中国—东盟区域经济一体化[J]．学术论坛,2012(08):183—188.

⑤　钱凯．"包容性增长"的观点综述[J]．经济研究参考,2011(24):38—46.

续表

提出者	界　定
马晓河(2010)	从国内层面看,它是和谐增长和科学增长;民众都能在增长中受益,尤其是对低收入群体有利;这种发展应该有利于社会发展、公共服务和精神文明建设;从国际层面上看,国家与国家之间应该是协调、和谐的增长,是共赢和多赢的,应该有益于多方①
俞宪忠(2010)	就是经济增长、人口发展和制度公平的有机协同,具有民本主义发展旨向

资料来源:经整理所得。

综上所述,基于研究视角和理论基础,对于包容性增长的界定不同学者有着不同的阐释。但是,就其典型特征而言,包容性增长强调:一是核心内涵为机会平等和成果共享;二是要在可持续发展中实现经济社会的协调发展,解决发展过程中的贫困与不均等现象,消除相对贫困和区域贫困,达到社会的和谐和可持续发展。

3. 连片特困地区扶贫开发

"连片特殊困难地区"的提出伴随着扶贫开发的产生而演进,经历了"集中连片地区"(20 世纪 80 年代)、"特殊类型地区"(21 世纪初)、"连片特困地区开发攻坚"(2010 年 3 月)三个阶段。目前,"连片特困地区"的概念普遍被扶贫理论和实践工作者广泛运用。②

"扶贫开发"是一个中国特有的词汇,指政府或非政府组织根据国家相关政策规定,通过物资、资金和技能的帮助,促进贫困地区和贫困人口开发经济、发展生产、改善生活水平、改变贫困面貌、摆脱贫困境地的一项长期性的社会工作。自新中国成立起,我国就长期致力于扶贫工作,但仍以"输血"为主,直至改革开放后,扶贫工作才得到大规模发展,在扶贫的基础上加入"发展"元素,即在"输血"的同时更加注重"造血"功能,目的是在国家提供资金的前提下,提高贫困人口的劳动技能,利用贫困地区的资源,创造和发展生产机会,从根本上解决贫困地区的贫困问题。

---

① 杜志雄,肖卫东,詹琳. 包容性增长理论的脉络、要义与政策内涵[J]. 中国农村经济,2010(11):4—14.
② 王思铁. 连片特困地区的概念及其特征[EB/OL]. http://blog.sina.com.cn/s/blog_599a3d490100xx3d.html,2014 – 9 – 16.

二、连片特困地区包容性增长的扶贫开发理论模型

当前,对于包容性增长的理论框架构建,我国已有学者从不同角度进行了探讨。如杜志雄等(2010)认为包容性增长理论的逻辑框架和内容体系包括背景、值得信赖与精明强干的政府、政策要素、机会平等与经济增长、促进和实现社会公平正义、价值取向等维度。[①] 李刚(2011)提出包容性增长的理论框架包括参与共享、可持续发展和重塑增长价值三个层面[②]。学者汝绪华(2011)认为包容性增长的结构体系包括有形的结构体系(主要涉及制度、政策、权利等三个层面)和无形的结构体系(经济增长的理念的转变、公民文化的塑造)。[③] 刘琳娜(2013)将包容性增长的内容体系划分为社会建设、政治建设、民生保障和文化建设四个向度。[④]

第二节　包容性增长评价范式分析

一、评价方法及其发展历程

评价是评价主体根据一定的评价目的和评价标准对评价客体的价值进行认真的评定活动,具有判断、预测、选择、导向4种基本功能。[⑤] 因此,只有通过评价才能对实践活动进行控制,有价值地使人的行为更符合其目的。从评价的界定可以看出,评价系统涵盖评价主体、评价客体、价值主体、价值客体、评价目的和标准、评价时间和地点、评价技术与方法以及评价环境等。而李元雄(2007)则根据一些专家学者的理论将评价方法在单一独立阶段的模型归纳为目标模型、系统资源模型、多行动者模型、文化模型四种(见表11—3)。

① 杜志雄,肖卫东,詹琳. 包容性增长理论的脉络、要义与政策内涵[J]. 中国农村经济,2010(11):4—14.

② 李刚. 包容性增长的学源基础、理论框架及其政策指向[J]. 学术月刊,2011(08):86—92.

③ 汝绪华. 包容性增长:内涵、结构及功能[J]. 学术界,2011,152(01):13—20.

④ 刘琳娜. 科学发展中的包容性增长研究[D]. 湖北:华中师范大学,2013:5.

⑤ 李金海,刘辉等. 评价方法论研究综述[J]. 天津:河北工业大学学报,2004(04):128—134.

表11—3　4种评价模型的发展时期和主要评价过程①

评价模型	发展时期	主要评价过程
目标模型 （Goal model）	1950s 末期	同决策者协商：设立目标,确定指标和测量准则；判断测量
系统资源模型 （System—Resource Model）	1960s 初—70s 初	同利益相关主体商谈,选择一个理想的选择模型,将现实组织和理想组织对比并作出评价
多行动者模型 （Multi—Actor Model）	1970s 初—80s 初	提出组织的观点,通过组织商谈,定义指标和测量准则,测量定性和定量指标
文化模型 （Culture Model）	1980s 初开始发展	评价工作人员的力量、能力和发展的需要,讨论个人需要怎样适应组织发展的需要

二、国内外包容性增长评价文献综述

作为一个全新的理论构建,对包容性增长程度的测度和评价是最近十年的事情,不论是国外还是国内的专家学者、国际组织机构还是政府都基于包容性增长理念内涵不断探索创新。鉴于对包容性增长理念内涵的认识不一致,表现出一些特征。首先,在划分维度上有着多种划分方法,主要有三分法、四分法、五分法；其次,在具体指标设计上,多则75项,少则7项；再次,评价形式既有赋权计算评分,也有计算评分方式（当然并非所有的指标体系都考虑每个指标的权重）；最后,对评价的结果表述,有的按照程度划分出"十分包容、包容、基本包容、不甚包容、不包容"五个等级,也有的通过聚类分析划分为五大类。但更多的是没有评价结果的表述。具体如下：

1. 国外包容性增长评价范式

Ali &Son（2007）基于社会函数的思想对包容性增长进行测度,主要从人均经济机会和经济机会的共享程度两个方面。由于指标的操作性不强,系统误差加大,Terry Mckinley（2010）在此基础上提出：增长、生产性就业和经济基础建设,收入贫困和平等（包括性别平等）、包容性人的能力维度、包容性社会保障制度四个维度共10个二级指标、29个三级量化指标（表11—4）,在评价结果的等级上,以加权平均计算,在 0 到 10 分中,1—3 分为不令人满意的包容性增长,4—7 分为令人满意的进步,8—10 分为非常突出的进步,并以孟加拉国、柬埔

---

① 李元雄．哲学社会科学成果创新评价指标体系研究［D］．天津：天津大学,2007.

寨、印度、印度尼西亚、菲律宾群岛和乌兹别克斯坦为例进行实证分析。①

表 11—4   Terry Mckinley 包容性增长标准和评价指标

	经济增长 25%	人均国内生产总值增长率 国内生产总增加值农业、工业和服务业比例
	生产性就业 15%	工业部门就业人数比例 制造业就业人数比例 自营就业和正式无报酬的家庭从业人员占总就业人口比例 家庭人均收入低于每人每天 2.5 美元贫困线标准的工人比例
	经济基础设施 的可得性 10%	通电人口比例 每 100 人中使用移动电话人数
解决收入贫困以及一般公平	贫困度量 （10%）	国家贫困线以下的人口比例 以 2005 年的价格水平为标准，生活在家庭人均收入低于每人每天 2.5 美元国际贫困线下人口的比例
	纵向不平等 度量(5%)	基尼系数 最穷的 60% 的人口收入份额
	横向不平等 度量(5%)	城市与农村收入或支出差距 地区之间或主要民族、群体之间的收入或支出差距
	性别不平等 （5%）	15—24 岁女性与男性的识字比例 中学教育中男女生数量之比 由熟练保健人员接生的婴儿的比例 妇女非农有酬就业中的比例
人的能力 （15%）	健康和 营养指标	5 岁以下儿童死亡率 40 岁以下死亡率 5 岁以下儿童体重不足比例
	教育指标	小学净入学率 初中净入学率
	饮用水和 卫生的取得性	获得安全饮用水的人口比例 获得适当卫生设施的人口比例
	包容性的 社会保护 方面（10%）	所有社会保护项目总支出与 GDP 之比 社会保障方案受益人数与目标群体的参考人数之比 社会保障受益者中穷人数与总穷人数之比 平均每个穷人社会保障支出与贫困线之比

① 中国国际扶贫中心，Terry Mckinley. 包容性增长标准和评价指标：评价国家进步的包容性增长指数［EB/OL］. 国际减贫动态，2011，36（07），http://www.iprcc.org.cn/front/article/article.action? id = 2503，2011 － 6 － 28.

相较而言,亚发行于 2013 年将包容性增长指标框架划分为 5 个维度,设置二级指标 9 个、三级指标 35 个(其中除贫困度量、经济增长、性别不平等、健康和营养指标中的 8 个细项采用同样收集方式,其余均为另行设置,具体见表 11—5)。此外,亚发行的指标体系并没有设置指标的权重比例,但增加了社会安全网、良好政府机构两个方面的指标。

表 11—5 亚发行 2013 年包容性增长指标框架

贫困与不平等（收入与非收入）	收入贫困和不平等	国家贫困线以下的人口比例
		以 2005 年的价格水平为标准,生活在家庭人均收入低于每人每天 2.5 美元国际贫困线下人口的比例
		最高与最低五分之一的收入或消费比
	非收入贫困和不平等	人均受教育总年限
		五岁以下儿童体重不足比例
		五岁以下儿童死亡率千分比
经济增长、就业机会扩大	经济增长和就业	人均国内生产总值增长率
		人均收入或消费增长率
		人口就业率
		单位劳动力 GDP 产出
		自有账户的数量和起作用的家庭工人（每人工资 100）
	关键基础设施的可得性	人均消耗电量
		道路硬化比例
		每 100 人中使用移动电话人数
		千名成人商业银行存款人数
保障就业、平等的社会包容	教育医疗获得和投入	学校生活条件
		生师比
		1 龄儿童白喉、破伤风、百日咳疫苗覆盖率
		万人医生、护士、助产士数
		教育支出占政府总支出比
		医疗卫生支出占政府支出比
	获得基本基础设施和服务	通电人口比例
		使用固体燃料做饭比例
		获得安全饮用水的人口比例
		获得适当卫生设施的人口比例

续表

保障就业、平等的社会包容	性别平等与机会	男女生数量比(小学、初中、大学) 由熟练保健人员接生的婴儿的比例 妇女非农有酬就业中的比例 国会女代表数
社会安全网		社会保障和劳动定额 社会安全支出占政府医疗支出比例 社会安全福利支出占政府总支出比例
良好政府机构		参与权与问责制
		政府效能
		治理腐败

资料来源：ADB. key indicators for Asia and the Pacific 2013：Framework of inclusive Growth Indicators，special supplement. Mandaluyong City，Philippines：Asia Development Bank，2013

2. 国内包容性增长评价范式

对包容性增长的测度理论观点及研究方法进行梳理、提炼,有助于测度研究方式的发展和完善。首先从理论上,近几年国内专家学者构建了比较完整的包容性增长评价测度体系(见表 11—6),如魏婕、任保平(2011)[①]、于敏(2012)[②]、姜明伦(2012)[③]、黄君洁(2013)[④],也有学者进一步将包容性增长理念延伸到包容性乡村发展(谭涛、石宇,2012)[⑤]、旅游产业(钟伟,2013)[⑥]和具体的个案分析(吕立,2012)。[⑦]

---

① 魏婕,任保平. 中国经济增长包容性的测度：1978—2009[J]. 中国工业经济,2011(12):5—14.

② 于敏,王小林. 中国经济的包容性增长：测量与评价[J]. 经济评论,2012(03):30—38.

③ 姜明伦,于敏. 中国包容性增长指数构建研究[J]. 江淮论坛,2012(02):50—56.

④ 黄君洁. 评价包容性增长指标体系的构建[J]. 上海行政学院学报,2013(05):77—85.

⑤ 谭涛,石宇. 城市"包容"乡村发展指标体系、实现程度与区域比较研究——以无锡、扬州、盐城三市测算为例[J]. 领导科学,2012(01):21—24.

⑥ 钟伟,冯学钢,孙晓东. 我国省际旅游业包容性增长的指标体系及聚类分析[J]. 经济与管理,2013(01):87—93.

⑦ 吕立. 长沙市包容性增长的测度及其促进策略[D]. 湖南：湖南师范大学,2012:37.

表11—6　国内包容性增长测度的理论指标构建

作者及年份	维度	评价指标(个)	评价形式	评价结果
魏婕,任保平(2011)中国经济增长包容性的测度	3	对增长前提条件的包容(生存权利、教育公平、医疗公平、经济安全共12个) 对增长过程中要素的包容(创新、劳动者、企业共8个) 对增长结果的包容(民生民富、经济可持续性、幸福共15个)	赋权计算评分	十分包容 包容 基本包容 不甚包容 不包容
于敏,王小林(2012)中国经济的包容性增长指标①	4	经济增长的可持续性(2) 降低贫困与收入不平等(2) 参与经济机会的公平性(2) 获得基础社会保障(1)	赋权计算评分	
姜明伦,于敏(2012)中国包容性增长指数	4	经济增长的可持续性(2个) 降低贫困与收入不平等(2个) 获得经济机会的公平性(2个) 基础社会保障(1个)	赋权计算评分	
吕立(2012)长沙市包容性增长的测度	5	经济增长(5个) 权利获得(4个) 社会公平(3个) 福利普惠(5个) 文化包容(3个)	模糊综合评价	不包容 勉强包容 基本包容 较包容 完全包容
黄君洁(2013)评价包容性增长指标体系	3	经济发展(增长速度2个,增长质量涵盖稳定性和协调性、持续性、潜力性共20个)、社会发展(涵盖收入、教育文化、医疗卫生、权利平等共32个)、资源环境(包括资源开发利用、环境保护共23个)	计算评分	
庞敏(2013)中国经济包容性增长水平的测度	4	经济增长的持续性(3个) 经济增长的协调性(4个) 经济增长的公平性(3个) 经济增长的有效性(4个)	加权评分	
谭涛,石宇(2012)城市"包容"乡村发展指标	5	经济发展包容度(4个) 民生福利包容度(4个) 社会保障包容度(3个) 公共政策包容度(3个) 乡村发展包容度(4个)	层次分析计算权重后计算评分	
钟伟,冯学钢,孙晓东(2013)旅游业包容性增长的指标体系	3	增长前提(公平性)6个 增长过程(有效性)7个 增长结果(分享性)5个	聚类分析	一类、二类、三类、四类、五类

资料来源：经整理所得。

---

①　于敏,王小林．中国经济的包容性增长:测量与评价[J]．经济评论,2012(03):30—38.

其次,关于贫困测度的指标体系(见表11—7)。朱明放等(2002)比较早就提出贫困地区可持续发展的动态评价体系①;周瑞超(2003)则构建出综合性扶贫效果评价指标体系与模型②;赵广岩(2006)以江西为例进行扶贫监测评价体系实证分析,该套指标划分为2个维度共31个指标③;王荣党(2006)将农村区域贫困指标划分为4个部分④;付英(2012)基于AHP法从相关性、效率、效果、可持续发展能力4个方面入手,在目标层下设置了4个准则层、11个关键问题层和35项具体指标⑤;此外,张璐(2011)在总结现有研究成果的基础上提出农村扶贫效果评价应当是综合评价和专项评价,进而在具体的实践中提出产业化扶贫模型、整村推进模型、劳动力转移模型应当增加各自侧重的指标。尤为值得一提的是,连片特困地区蓝皮书《中国连片特困地区发展报告》(2013)中丁建军、黄利文提出"连片特困地区多维贫困测度指标体系",该套评价体系划分由4个维度共51个指标构成,其中经济贫困维度下分11个指标,而人类贫困指标涉及教育贫困、健康贫困、住房贫困和交通贫困4个方面共24个指标,信息贫困有7项指标,生态贫困设9项指标。⑥

表11—7　扶贫开发的测度指标

作者及年份	维度	评价指标(个)	评价形式	评价结果
朱明放等(2002)	4	经济可持续6个 社会可持续6个 资源环境可持续4个 可持续协调能力5个 科技进步与教育可持续6个	赋权 打分	

① 朱明放,王绥.贫困地区可持续发展的动态评价体系研究[J].陕西工学院学报,2002(06):59—62.
② 周瑞超.综合性扶贫效果评价指标体系与模型研究[D].广西:广西大学,2003.
③ 赵广岩.江西省农村扶贫监测评价体系研究[D].江西:江西财经大学,2006.
④ 王荣党.论农村贫困测量指标体系的构建[J].经济问题探索,2006(03):82—86.
⑤ 付英.兰州市扶贫开发绩效评价及实证分析[D].甘肃:甘肃农业大学,2012.
⑥ 游俊、冷志明等主编.中国连片特困区发展报告(2012)——武陵山片区多维减贫与自我发展能力构建[M].社会科学出版社,2013:31—66.

续表

作者及年份	维度	评价指标(个)	评价形式	评价结果
周瑞超(2003)综合性扶贫效果评价指标体系与模型	2	缓贫目标(5个) 可持续发展目标(经济发展目标、社会发展目标、环境发展目标共15个)	模糊综合评判	很差、较差、一般、较好、好
赵广岩(2006)扶贫监测评价指标体系	2	扶贫管理工作效率监测指标(资金、项目和规划管理指标,扶贫资金瞄准率指标共5个) 扶贫效果监测指标(经济类效果指标、社会类效果指标、环境类效果指标、政治类效果指标共16个)	数据包络分析(DEA)	
王荣党(2006)农村区域贫困指标体系	4	贫困基础4个 社会经济5个 人文发展5个 生存环境3个		
付英(2012)扶贫开发绩效评价指标	4	政策性相关(惠农政策、经济因素、扶贫规划共8个) 扶贫效率(脱贫率、资金利用率共5个) 扶贫效果(基础设施、科技培训、劳务输转共12个) 可持续发展能力(经济、社会、生态共10个)	模糊综合评价	
丁建军、黄利文(2013)多维贫困测度指标	4	经济贫困11个 人类贫困(教育贫困、健康贫困、住房贫困、交通贫困共24个) 信息贫困7个 生态贫困共9个	线性加权	1—7个等级表明贫困程度逐步减轻

资料来源：经整理所得。

最后,在经济社会实践中,地方政府以科学发展观为指导的可持续发展理念落实发展成果共享思路,如广东省的幸福广东指标体系①选取了10个维度共

---

① 广东省人民政府.《关于印发幸福广东指标体系的通知》(粤府2011123号)[EB/OL]. 2011 – 10 – 09. http:// zwgk. gd. gov. cn/ 006939748/201110/t20111012_285762. html.

48 个指标①,按区域分两类设置评价指标,其中粤东西北地区设置为 48 个指标,包括就业和收入 6 个(占 14%)、教育和文化 5 个(占 10%)、医疗卫生和健康 4 个(占 10%)、社会保障 5 个(占 12%)、消费和住房 5 个(占 12%)、公用设施 4 个(占 7%)、社会安全 3 个(占 10%)、社会服务 4 个(占 7%)、权益保障 5 个(占 8%)、人居环境 7 个(占 10%)。②

第三节　包容性增长的扶贫开发测度方法体系

一、包容性增长的扶贫开发指标体系设计原则

遵循合理的评价指标体系设计原则是保证评估效果科学性的重要前提。因此,设计评价指标体系须符合或坚持一定的基本原则。

1. 基本原则

(1)系统性原则。连片特困地区包容性增长的扶贫开发系统是一个开放的组织系统,不仅包括系统的结构要素,而且包括政治、经济、社会和文化方面的因素。因此,对其要进行全面、整体的评价,指标的设计既要考虑数量方面的指标,也要考虑定性的指标

(2)科学性原则。指标体系在评价过程中及其一切主要方向要符合包容性增长自身发展客观规律的规定性,要能客观地、正确地反映包容性增长扶贫开发的绩效。指标的设置要合理,并有相对独立性,权重系数的确定要能正确反映各指标之间的相互关系、各指标在总体评价中的地位和作用。③

(3)前瞻性原则。评价指标体系的设置一方面要充分体现外部环境和包容性增长需要强化的方向;另一方面,评价体系能灵活、方便地适应外部环境的调整与变化。

(4)普适性原则。设计出的评价方案应当具有一定通用的价值,即指标在

---

①　王业兴. 林肯的《葛底斯堡演说》及其民生意义[J]. 广州社会主义学院学报,2011(02):30—35.

②　广西壮族自治区扶贫办. 关于做好 2012 年度扶贫开发考核工作的通知[EB/OL]. 2013 – 01 – 11,http://www.gxfpw.com/html/c7/2013—01/138381.htm.

③　田文霞. 知识管理背景下社会科学成果评价体系的构建原则[J]. 大连大学学报,2004(05):85—87.

改变不大的情况下能比较普遍地适用于同类或相关部门的包容性增长测度工作。

2.技术原则

(1)可量化原则。选择指标时尽可能便于收集数据、可量化,以便能运用数学方法计算和分析,用最终的评价分值来反应连片特困地区包容性增长状况。

(2)可操作性原则。要对连片特困地区包容性增长的扶贫开发绩效进行精确评价是很难的,但指标的构建既不能太过繁琐也不能过于简单,遵循便于操作且能对业绩成果反映出分值的显著差异性的原则。

(3)典型性原则。评价指标应当具有较强的典型代表性,能较好地反映出连片特困地区包容性增长扶贫开发的综合特征。指标体系的设置、权重在指标间的分配及评价标准的划分都应与外部环境和内部规律相适应。

二、包容性增长的扶贫开发测度指标体系构建

1.构建方法

(1)综合测度指标初选方法。通常是在理论分析的基础上进行指标总体设计,构建综合评价层次结构,对指标进行分类并筛选相应次级指标。① 常用的初选方法有综合法、目标分解法、指标属性分组法、理论预选法等。

(2)综合测度指标检验。多个单项指标构成指标体系整体,以实现其功能的完整性。在进行指标体系检验时,不仅要保证指标体系中的每个单项指标的科学性和可操作性,而且还要保证指标体系整体的科学性和可操作性。由于连片特困地区包容性增长扶贫开发测度是对扶贫开发体系整体的测度,对象庞大复杂,因此指标体系整体完备性非常重要。指标体系的检验包含单项指标检验和整体综合检验。

基于以上分析,构建包容性增长的扶贫开发测度指标必须遵循科学研究的基本规范,按照从具体到抽象再从抽象到具体的逻辑推理,按照"确定预选指标—相关性分析—删除信息重复的指标—鉴别力分析—删除鉴别力差的指标—确定指标"的流程进行。

---

① 姚继军.教育均衡发展综合测度的原则与方法[J].教育科学,2008(03):5—8.

2. 指标赋权方法

由于包容性增长的扶贫开发各构成要素的作用不同,各指标在指标体系中就应该占有不同的权重。目前国内外常用的综合测度方法有几种,主要有:以数理理论为基础的方法、以统计分析为主的方法和以计算机模拟仿真为主的方法。

(1)基于数理的赋权方法。该类方法以数学理论和信息方法对评价系统进行定量描述和计算,通常需要在一定的假设条件下进行测度,主要以模糊综合评价法、灰色关联度评价法、集对分析法、TOPSIS 评价法等为代表。[①]

(2)基于统计分析的方法。此类方法把统计样本数据看做随机数据处理,对指标数据进行转换,所得均值、方差、协方差反映指标潜在规律。[②] 以主成分分析法、层次分析法为典型。[③]

(3)基于计算机模拟仿真的方法。这类方法以计算机系统和模拟技术为主,研究如何使系统的运行和人类行为目标相一致,而得出系统评价结果。[④] 典型方法有人工神经网络方法、支持向量评价方法、蒙特卡罗模拟综合评价方法[⑤]。

以上三大类方法设计的根本在于对原始数据进行处理和指标赋权,可以说各具特色,同时各有不足,但是总体可以划分为主观赋权法和客观赋权法。结合本研究实践,将按"测度指标权重计算方案确定—层次分析法—主观权重计算—客观赋权熵值法—客观权重计算—测度最终权重计算—权重确定"的路径进行。

3. 指标体系

鉴于国内外研究范式,结合各地方政府的实践和我国连片特困地区的现状,本研究将连片特困地区包容性增长的扶贫划分为收入减贫、能力减贫和权利减贫共 10 个二级指标、22 个三级指标(见表11—8)。

---

① 许驰,张亚娟. 基于 DEA 的网络出版流程效率评价研究[J]. 华东经济管理,2008(08):70—74.

② 滕利辉. 决策支持系统的数据库开发[D]. 北京:华北电力大学,2007.

③ 武春光. 知识能力与区域经济差异研究[D]. 辽宁:大连理工大学,2009.

④ 许驰,张亚娟. 基于 DEA 的网络出版流程效率评价研究[J]. 华东经济管理,2008(08):70—74.

⑤ 刘凤朝等著. 国家创新能力测度方法及其应用[M]. 科学出版社. 2009:79—90.

表11—8 连片特困地区包容性增长扶贫开发评价指标

一级指标	二级指标	三级指标	备注
收入减贫	降低贫困与收入不平等	城乡居民收入比	逆
		农村贫困发生率	逆
	经济增长的包容性	人均国内生产总值	正
		第三产业 GDP 比重	正
		农村居民恩格尔系数	逆
	就业机会扩大	二、三产业就业率	正
		城镇登记失业率	逆
能力减贫	教育机会	10 万人中高中程度人数	正
		生师比	逆
		教育支出占政府总支出比	正
		15 岁以上文盲率	逆
	健康获得	千人床位数	正
		万人医疗专业技术人员数	正
	金融资本拥有	城乡人均存款数	正
		人均各项贷款数	正
	社会网络	信息分享机会	正
权利减贫	生存条件获得	农村居民人均住房面积	正
		农村人均粮食产量	正
	基础公共服务享有	每100 人使用移动电话人数	正
		农村人均机械动力	正
		每万人公路道路里程数	正
	社会保障	社会保障和就业支出与 GDP 比例	正

三、包容性增长的扶贫开发测度结果分析与表述

1. 指标权重确定

根据表11—8 的连片特困地区包容性增长的扶贫开发评价体系设计指标比较调查表,将该表交由政府行政官员、大学研究人员等相关专家进行打分。

根据文献研究结合回收的专家评价表格,用层次分析法软件(yaahp0.5.3)统计分析,得出以下结果(见表11—9)。

表11—9　连片特困地区包容性增长扶贫开发评价指标权重

	权重	二级指标	权重	三级指标	总权重
收入减贫	0.2973	降低贫困与收入不平等	0.1181	城乡居民收入比	0.0070
				农村贫困发生率	0.0281
		经济增长的包容性	0.1339	人均国内生产总值增长率	0.0239
				第三产业 GDP 比重	0.0080
				农村居民恩格尔系数	0.0080
		就业机会扩大	0.7480	二、三产业就业率	0.1946
				城镇登记失业率	0.0278
能力减贫	0.5405	教育机会	0.3529	10 万人中高中程度人数	0.0772
				生师比	0.0224
				教育支出占政府总支出比	0.0842
				15 岁以上文盲率	0.0070
		健康获得	0.3529	千人床位数	0.0546
				万人医疗专业技术人员数	0.1363
		金融资本拥有	0.2353	城乡人均存款数	0.1017
				人均各项贷款数	0.0254
		社会网络	0.0588	信息分享机会	0.0318
权利减贫	0.1622	生存条件获得	0.5517	农村居民人均住房面积	0.0551
				农村人均粮食产量	0.0344
		基础公共服务享有	0.2069	每 100 人使用移动电话人数	0.0021
				农村人均机械动力	0.015
				每万人公路道路里程数	0.0163
		社会保障	0.2414	社会保障和就业支出与 GDP 比例	0.0391

2.单项指标得分范围及目标值

城乡居民收入比。该指标是衡量城乡收入差距的一个重要指标。根据西方发达国家经验,美、英等国的城乡收入差距一般是在 1.5 左右,我们的目标值为 1.5。

国家贫困县以下人口比例是以消除绝对贫困为目标值,即贫困发生率。

人均国内生产总值反映一个国家的经济表现和国力与财富。根据实际,以国内平均水平为基数。

农村居民恩格尔系数。是指食品支出总额占个人消费支出总额的比重。一个家庭的收入越少,其收入中(或总支出中)用来购买食物的支出所占的比例就越大。2012 年农村居民恩格尔系数为 39.3%,以此为基数。

第三产业占 GDP 比重。近年来发达国家基本稳定在 70%[①],因此取其为目标值。

二、三产业就业率。2012 年我国二、三产业就业率为 66.4%,而日韩等国约为 94%,在此取 90% 为目标值。

城镇登记失业率。2008—2012 年间中国城镇登记失业率在 4.1% 左右(中国统计年鉴),故目标值为 4%。

10 万人高中程度人数。《2001 年世界发展指标》统计表明,发达国家人均预期受教育的年限已经达到 16 年,我国在 2009 为 8.5 年。[②] 为此以 2010 年全国人口普查数据为基准。

生师比。是指折合在校学生数与学校专任教师数的比例,是学校教学工作中的重要数据,在一定程度上体现了我国教育规模的大小和质量,2013 年中国教育事业统计公报显示义务教育阶段生师比为 15:1,即取此为基准值。

教育支出占政府总支出。指教育公共支出总额(经常性支出和资本性支出)占政府财政支出的百分比。

15 岁以上人口文盲率。以各地 2010 年第六次人口普查公报数据为准,基数参照全国平均数。

千人床位数。医疗机构床位数与人口总数之比。

万人医疗专业技术人员数。医生数除以万人数,2012 年全国平均为 49.4人为基准数。

城乡人均存款数。指某一时点城乡居民存入银行及农村信用社的储蓄金额,本研究以 2012 年全国城乡居民储蓄数为基数。

年末金融机构人均贷款数。年末金融机构各项贷款余额与年末人口数之比。

---

① 北京第三产业所占 GDP 比重接近发达国家水平[EB/OL]. http:// news. xinhuanet. com/ fortune/2006—01/22/content_4086008. htm,2006 - 01 - 22.

② 申俊龙,高山. 江苏省全面建设小康社会进程中教育经费投入问题的分析[J]. 南京医科大学学报(社会科学版),2006(02):100—105.

信息分享机会。以 100 为最高值,最少为 0。

社会保障总支出与 GDP 比例。以 2012 年全国平均水平为基准。

每 100 人使用移动电话人数。以全国平均水平为基数。

农村人均机械动力。每年总耗机械动力量除以总人数,以 2012 年全国平均水平为基数。

万人道路里程数。当年公路里程数与年末人口数之比。

农村居民人均住房面积。当年住房面积与当年农村人口数之比。

农村人均粮食产量。当年粮食产量数与当年农村人口数之比。

人均粮食种植面积。耕地面积与当年农村人口数之比。

第四节　包容性增长的扶贫开发测度

一、样本与数据来源

1. 样本选择

本书选择的样本武陵山片区跨湖北、湖南、重庆、贵州四省市 71 区、县、市,具体包括:湖北恩施州、宜昌市的秭归、长阳、五峰共 11 个县市;湖南湘西州、怀化市、张家界市,邵阳市的新邵、邵阳、隆回、洞口、绥宁、新宁、城步、武冈市,常德市的石门,益阳市的安化,娄底市的新化县、涟源市、冷水江市计 37 个县市区;重庆市黔江区、酉阳、秀山、彭水、武隆、石柱、丰都 7 个县区;贵州铜仁市、遵义市的正安、道真、务川、凤冈、湄潭、余庆共 16 个县市。[①]

2. 数据来源

《重庆统计年鉴(2013)》[②]《贵州统计年鉴(2013)》[③]《湖南统计年鉴

① 李成实. 武陵山片区文化产业发展研究[J]. 科技和产业,2013(04):42—46.
② 重庆统计信息网. 重庆统计年鉴(2013)光盘版[EB/OL]. http://www. cqtj. gov. cn/tjnj/2013/in-dexch. htm.
③ 贵州省统计局. 贵州统计年鉴(2013)光盘版[EB/OL]. http://www. gz. stats. gov. cn/Web62/.

(2013)》①《湖北统计年鉴(2013)》②《中国区域经济统计年鉴(2013)》③《中国统计年鉴(2013)》④以及各区县 2012 年国民经济社会统计公报、2013 年政府工作报告测算。

二、测度结果

从得出数据来看,武陵山区主要中心城市行政所在地的包容性程度是比较高的,如湘西吉首市、张家界永定区、怀化市鹤城区、铜仁碧江区、恩施州恩施市、重庆黔江区等地。一类包容地区(≥85 分)有 17 个区县,二类包容地区(80—85 分)有 8 个,三类包容地区(≥75 分)有 20 个,四类包容地区(70—75分)有 17 个,五类包容地区(60—70 分)有 9 个,具体名单见表 11—10。

表 11—10　武陵山区包容性扶贫分类表

包容性程度	区　县
一类包容(≥85 分)	吉首、永定、鹤城、碧江、涟源、五峰、冷水江、秭归、恩施、长阳、安化、黔江、鹤峰、洪江、武陵源、咸丰、武隆
二类包容(80—85 分)	石柱、石门、靖州、来凤、丰都、隆回、宣恩、务川
三类包容(≥75 分)	武冈、辰溪、慈利、建始、桑植、芷江、新化、巴东、会同、新晃、沅陵、彭水、洞口、花垣、永顺、新宁、道真、酉阳、余庆、绥宁
四类包容(70—75 分)	通道、秀山、溆浦、利川、新邵、麻阳、玉屏、邵阳、保靖、凤凰、龙山、中方、古丈、泸溪、城步、正安、德江
五类包容(60—70 分)	松桃、印江、湄潭、江口、沿河、凤冈、石阡、万山、思南

虽然本测度指标体系是在深入访谈相关领域专家、政府部门的基础上设计而成的,但是难免存在不足之处,尤其是当前在县域层面的统计指标不全,给基础数据的采集带来极大困难。为克服这一障碍,少数指标基础数据比照区县所

①　湖南统计信息网. 湖南统计年鉴(2013)光盘版[EB/OL]. http://hntj. gov. cn/sjfb/tjnj/13tjnj/indexch. htm.

②　湖北省统计局. 湖北统计年鉴(2013)光盘版[EB/OL]. http://www. stats—hb. gov. cn/upload/tjnj/2013/.

③　国家统计局. 中国区域经济统计年鉴(2013)[M]. 北京:中国统计出版社,2014.

④　国家统计局. 中国统计年鉴(2013)光盘版[EB/OL]. http://www. stats. gov. cn/tjsj/ndsj/2013/indexch. htm.

在市(州)平均水平进行测算,这一方法必然降低数据的精确性。不过,随着国家扶贫攻坚、全面建成小康社会的任务不断推进,国家和地区各统计部门会进一步完善和调整。

评价包容性增长的扶贫是一项庞大的系统工程。2007 年由亚发行及其学者 Rahul Anand、Saurabh Mishra、Shanaka J. Peiris 等依据包容性增长理论,开发出《包容性增长：测量和决定因素》测度工具,并每年更新一次。Terry Mckinley (2010)也从国家层面构建了一种复杂的包容性增长指标,并用此对东南亚有关国家进行实证分析。这些学者的理论构建和工具开发为构建具有中国特色的包容性增长测度工具提供了借鉴。本章在广泛借鉴的基础上,对连片特困地区包容性增长的扶贫开发理论模型,从相关概念辨析、包容性增长的扶贫开发理论模型、评价范式、评价方法及其发展历程、包容性增长的扶贫开发测度方法、指标体系设计的原则、包容性增长的扶贫开发测度结果分析与表述等方面进行了研究,以便为实务部门提供评价参考,同时也期望引起学者对这一领域的重视。

表 11—11　武陵山区包容性扶贫得分表

地区	收入减贫得分	能力减贫得分	权利减贫得分	总得分
吉首	22.09783	86.64469	17.2343	125.9768
永定	20.84125	68.16224	20.47187	109.4754
鹤城	24.41643	61.41602	20.00726	105.8397
碧江	30.10992	59.96557	12.7552	102.8307
涟源	25.06125	35.67954	39.01014	99.75093
五峰	32.08295	40.74434	26.71392	99.54121
冷水江	27.9577	53.18396	16.83551	97.97717
恩施	23.89844	54.11887	17.12867	95.14598
秭归	30.98934	42.62643	21.49905	95.11482
长阳	31.64761	40.06055	21.53394	93.2421
安化	21.77568	51.20517	19.86342	92.84427
黔江	28.44682	46.18007	17.25141	91.8783

地区	收入减贫得分	能力减贫得分	权利减贫得分	总得分
鹤峰	26.69748	40.54647	22.3093	89.55325
洪江	21.41579	49.40775	18.15455	88.97809
武陵源	23.64683	44.00442	20.5897	88.24095
咸丰	26.19966	38.79798	20.94693	85.94457
武隆	28.94588	35.97402	20.37759	85.29749
石柱	27.45423	40.30786	16.7885	84.55059
石门	23.06901	39.36442	20.87125	83.30468
靖州	21.02538	42.94871	18.91581	82.8899
来凤	26.36727	38.59805	17.30876	82.27408
丰都	26.63748	37.08937	18.18648	81.91333
隆回	27.71897	36.87651	17.1171	81.71258
宣恩	23.76036	39.65545	18.09132	81.50713
务川	33.70177	32.33669	14.55774	80.5962
武冈	20.30072	40.43591	18.4916	79.22823
辰溪	20.79958	40.13642	17.78783	78.72383
慈利	19.59822	38.24742	20.84312	78.68876
建始	25.51014	35.69361	17.46797	78.67172
桑植	19.9115	38.60477	19.98135	78.49762
芷江	21.09092	38.54093	18.77561	78.40746
新化	24.753	34.36765	18.72349	77.84414
巴东	20.22889	35.34782	21.70332	77.28003
会同	20.84465	38.81361	17.49721	77.15547
新晃	20.15024	39.71762	17.22109	77.08895
沅陵	20.54987	38.89559	17.6433	77.08876
洞口	20.38536	38.2581	18.21496	76.85842
彭水	26.23295	33.72462	16.81591	76.77348
花垣	20.13118	39.55115	16.31494	75.99727
永顺	19.84244	35.20224	20.91498	75.95966
新宁	19.91302	38.01681	18.00085	75.93068

续表

地区	收入减贫得分	能力减贫得分	权利减贫得分	总得分
道真	22.85089	35.7793	17.06954	75.69973
西阳	26.78625	31.09192	17.79294	75.67111
余庆	23.73812	36.66156	14.95373	75.35341
绥宁	20.78277	37.25894	17.07659	75.1183
通道	20.07513	37.19443	17.61143	74.88099
秀山	27.04184	32.58702	15.17866	74.80752
溆浦	20.88227	35.81006	18.05352	74.74585
利川	22.96041	33.70104	18.04078	74.70223
新邵	20.38561	36.92647	17.21189	74.52397
麻阳	20.32029	36.53219	17.22762	74.0801
玉屏	25.00631	33.777	14.65368	73.43699
邵阳	20.8056	34.7433	17.64072	73.18962
保靖	20.2532	36.35101	16.29433	72.89854
凤凰	20.79115	34.17647	16.34082	71.30844
龙山	20.04532	34.64209	16.47076	71.15817
古丈	20.41906	34.41183	16.08695	70.91784
中方	21.6676	31.1574	18.05449	70.87949
泸溪	20.22193	34.42628	16.10693	70.75514
城步	19.52853	34.61982	16.60576	70.75411
德江	19.59403	36.65477	14.36882	70.61762
正安	25.53309	30.69909	14.36426	70.59644
松桃	19.67737	35.26158	14.90478	69.84373
印江	23.0445	30.12328	14.78195	67.94973
湄潭	20.50697	31.51828	13.29582	65.32107
江口	18.91709	28.45413	17.55549	64.92671
沿河	18.71821	30.94658	14.69972	64.36451
凤冈	20.66333	29.57776	13.5184	63.75949
石阡	20.05844	28.71683	14.7485	63.52377
万山	24.84232	23.37123	15.02981	63.24336
思南	22.27596	23.62307	17.07694	62.97597

第十二章　包容性增长的扶贫开发模式构建(上)

实践证明,连片特困地区并非没有资源、没有人,而是缺乏包容性增长的政策和均衡分享机会,致使人的素质不高,基础设施建设滞后,政府作为有待加强,产业基础脆弱,丰富的人文自然资源转化为现实生产力的能力不足,城镇化水平低下,人力资本流失严重,劳动技能不高,知识信息网络不健全等。要打好新时期的扶贫攻坚战,就必须以包容性增长为视角,上下联动,多方互动,努力营造包容性增长的政策机会、发展机会,在"精准扶贫"上下功夫,不断增强自我造血功能。

第一节　人本能力提升模式

毋庸置疑,我国党和政府高度重视扶贫工作,始终坚持以人为本,把解决贫困地区"人"的生存、发展问题放在十分重要的位置,颁布了许多政策法规,推出了一系列"富民强国"的具体措施,脱贫步伐加快,人民生活大为改善,大大推动了贫困地区乃至全社会的和谐稳定,促进了各民族的安定团结,并创出了许多扶贫新模式,探索出许多新思路,涌现出许多新方法,取得脱贫致富和经济社会发展的新成果,赢得民心,深得民意,为世界反贫困贡献出"中国智慧",受到国际社会的高度评价。

摆脱贫困,实现包容、可持续发展是当今世界很多国家经济社会建设过程中的必然选择。贫困在本质上不仅涉及维系生存的物质可获得性,而且还包括个人获得发展机会与权利的包容性等问题。因此,只有采取切实措施提升人的发展能力,才能最终使他们摆脱贫困,走向富裕。

一、始终把"人的全面发展"问题放在扶贫工作的突出位置

马克思认为,"人的本质并不是单一个体,在现实中,它是一切社会关系的总和。"①早在战争年代,毛泽东也曾指出,"世界上只要有了人,什么人间奇迹都可以造出来。"②但要充分发挥人之作用,就必须优先武装人,解决好人的生存和发展问题,使之成为一个"完全的人"和"全面发展的人"。③ 为此,连片特困地区各级党委和政府的一切工作必须始终把解决人的实际问题放在优先位置,一切发展关乎人,一切福祉为了人;要根据当前贫困地区社会建设的根本要求,结合本区域经济社会发展的自身特点做好"人的全面发展"的顶层设计和实施规则,打造好有利于人尤其是贫困人口群体摆脱贫穷的软硬环境,使他们在脱贫中逐步建立起追求美好生活的信心和力量,不断丰富其文化精神生活;要充分利用各种已有的或新建的平台,倾听基层民意,了解贫困人口心声,充分满足广大人民群众的合理诉求,凝聚扶贫攻坚战的共识,化消极为积极因素,让他们自觉投身到改变贫困的伟大社会实践中,在创造财富、分享财富中走出贫困,不断提高自己的"幸福指数"。④

二、提高基层管理者的素质

扶贫攻坚战能否成功的关键在于国家的政策支持、各级党政干部的共同努力和广大人民群众的积极参与。从调查的现实情况来看,基层群众对中央制定的政策都给予了高度评价,但对一些基层干部存在不少看法,意见最突出就是有些干部不想百姓所想,占位不作为,或是假公济私,不能公平对待贫困群众,少数甚至还有挪用扶贫基金的违法行为。究其原委,就是"立党为公"的主流价值失位,从业道德文化建设缺失。因此,连片特困地区各级党委和政府一是要充分认识道德文化在社会主义核心价值体系中的重要内涵。道德文化和主流价值两者互为作用,对夯实广大扶贫干部的思想基础、规范人的行为、调动人的

---

① 《马克思恩格斯全集》第46卷(下)[M]. 北京:人民出版社,1972.
② 《毛泽东选集》第4卷[M]. 北京:人民出版社,2003.
③ 《马克思恩格斯全集》第3卷[M]. 北京:人民出版社,1972.
④ 王志章. 关于社会建设中人的建设问题的路径探析[J]. 西南大学学报(社会科学版),2013(04):32.

积极因素、激发人的活力、形成奋发向上的精神力量和团结和睦的精神纽带等都具有强大的动力功能。二是全社会各扶贫组织和机构要立足自身特点,根据工作性质,将核心价值等一些比较抽象的概念通过制度文化建设转化为扶贫攻坚战中的行为道德指南。三是要充分挖掘各地特色鲜明、形态丰富的中华传统道德文化和富有时代内涵的先进社会风俗,通过各种规范创新,显性地和隐性地渗入到日常扶贫活动之中,内化为每个干部和广大人民群众的文化自觉;要在连片特困地区营造弘扬正气、增强敬畏意识、鞭打时弊的良好社会环境,强化社会责任意识和使命感,建立起全社会乐于扶贫帮贫、乐于助人的社会主流价值观和道德标杆。①

三、用制度规范每个人的行为

实践也证明,人只有生活在一个规制性的社会,才能更加自觉地扮演好社会角色,践行自己的职责。连片特困地区作为新时期我国扶贫攻坚战的主战场,一是每个人尤其是领导干部要更加自觉地增强自我约束力和奉献精神,多为基层贫困人口着想,多办实事,多办有利于贫困群体脱贫致富的大事。二是除严格执行、模范遵守国法外,片区内各种不同社会组织和机构要有奖惩分明的严格制度,并能使其内化为每个成员帮贫致富的自觉行动。三是对扶贫攻坚战中出现的一些"失范"行为,要将细微的教育、申诫与惩罚有机结合,以有血有肉的案例警戒人,以真实案例教育人,以积极阳光模范感染人,在扶贫攻坚战中营造行动有规范、言谈讲艺术、制度有保障并有利于人的发展的良好的社会氛围。

四、强化人的身份认同意识

毋庸置疑,在社会高度格式化、网络化的今天,每个人几乎都生活在不同的群体空间内,小到家庭、居住的社区,大至群团组织、行业协会、政府和非政府机构以及公共活动空间等,而在不同的空间内又拥有不同的身份称谓,并赋予与身份相对应的职责,这为加强人的建设,强化身份认同意识,建立自我管理自我

① 王志章. 关于社会建设中人的建设问题的路径探析[J]. 西南大学学报(社会科学版),2013(04):33.

约束机制创造了条件。连片特困地区作为一个特定的空间,有其自身的特殊性,反贫困是新时期历史赋予这一区域空间内每个人的历史使命。因此,从家庭到社区再到各级党政机关、群团组织、行业协会等社会行为主体要协同建立起以扶贫为主要任务的社会活动空间网络,使往返于每个节点的人都能自觉置身于党纪国法、组织章程、道德规范、家庭生活准则之中,切实履行与自我身份相符的社会职责,自觉参与帮扶活动,为扶贫作贡献。要畅通起信息反馈渠道,使每个行为主体在不同社会空间的信息能够实现双向或多向流动,建立起彼此监督的机制。①

五、提高贫困人口参与扶贫开发的能力

一是提高满足贫困人口生存需求的基本能力。要通过政府职能部门、社会组织向贫困人口提供基本生活必需品,采取措施进一步完善贫困地区人畜饮水、卫生设施、疾病防治、健康服务、基本住房等;确保丧失基本劳动能力和很难通过扶持手段脱贫的特困人口的最低生活标准;对于生活在生态脆弱区、地质敏感区、灾害频发区和疾病控制区的贫困人口,要采取坚决措施实施生态移民搬迁;完善以社会保障制度为主导的各种社会救助安置制度;对少数民族贫困人口实行分类生育政策,优化人口控制机制。

二是提高经济获取能力。建立常态机制,让贫困人口适时提出需求,说明贫困程度。通过村组或者各级政府及其部门宣传,加大贫困人口对有关扶贫资金和资源投放渠道以及政策信息的了解收集,掌握他们对扶贫资金投放和资源分配的要求。引导贫困人口科学规划,争取资金和资源并加以合理利用。鼓励贫困人口积极参与社区活动,提高融入能力。提高传承创新技能,将传统工艺转化为优势产业,不断增强脱贫的经济效益。把非农产业的发展和剩余劳动力转移结合起来,积极稳妥推进连片特困地区新型城镇化。

三是提高人口文化技能。改革基础教育,全面落实国家对基础教育的各项政策,做好少数民族学生享受寄宿制生活补助工作,有效控制义务教育阶段学生辍学率;探索建立适应贫困地区发展的新型教育模式,打破农村教育沿用城

---

① 王志章. 关于社会建设中人的建设问题的路径探析[J]. 西南大学学报(社会科学版),2013(04):33—34.

市教育、以升学为目标的教育模式,推广"9 + 1"教育模式;实施"职教扶贫"工程,大力发展中等职业技术教育,加强基础设施建设,健全校企合作机制,打通职业教育成才体系,增强职业教育吸引力。加大农村成人职业学校建设,采取多种形式灵活办学,扫除文盲半文盲,提高成人文化技术素质。建立健全职称、住房、工资等激励体系,稳定贫困地区的教师队伍。建立专项资金,加大培养培训力度,有计划、有组织地开展师资轮训。夯实连片特困地区教育基础设施,严格质量检测与审核监督,权事落实到人。

四是提高贫困地区人口身体素质。营造促进人口身体素质提升的舆论氛围。通过广泛宣传,帮助贫困地区人口树立健康意识。改变如人畜混居的不良生活习惯,倡导科学、卫生、清洁、健康的生活方式,减少疾病传播的途径。健全县、乡、村三级卫生服务网络,重点抓好以乡镇卫生院为主体的农村医疗卫生体系建设,解决贫困人口看病难的问题。建设覆盖贫困地区公共卫生服务、医疗服务、医疗保障、药品供应保障等体系,加大疫情检疫力度。传授基本的卫生、保健、育婴常识,支持贫困地区建立新型合作医疗制度,配置必备医疗设备,发放村级卫生员工资补贴,为贫困地区病人免费提供基本药品和医疗服务,为产妇提供生育费用,确保贫困地区妇女、儿童素质水平的提高。①

五是加速开发社会资本。加大对贫困地区社会资本保护力度,减免民族民间文化产业税费;采取措施调拨资金,下大力气培养民族文化专业人才,在中小学开设多民族文化体系课程,定期组织民间艺人进校授课,积极发展乡村文化活动,培养和挖掘民间工艺传承人,在职业院校加大民族文化传承与创新专业的建设力度;加大贫困地区对外交流与互动,促进贫困地区与国内外先进文化的借鉴与相互融合。

六、为人的全面发展创造条件

贫困的一个重要根源就是理念落后,缺乏科学知识和脱贫的技能。因此,一是充分利用各种媒介广为宣传,组织大中学生利用节假日深入农村,帮助广大人民群众分析贫困的根源,传播先进理念,坚定打好扶贫攻坚战的信心。二

---

① 成卓. 四川少数民族人口素质状况及开发思路研究[J]. 宝鸡文理学院学报(社会科学版),2009(01):86—89.

是鼓励各级科协和各种民间社团组织加大实用性技术的培训力度,定时送科技下乡,将新技术、新知识普及到千家万户,帮助贫困人口提高摆脱贫困的技能。三是出台政策,鼓励乡、村与高等院校和科研院所增强合作力度,构建起政、产、学、研、用合作平台,引进新技术、新产品,探索深度合作的新方法。四是积极培育科技示范户、示范科技合作社、示范村等,使他们成为农村新理念、新技术、新成果扩散的"孵化器"。五是要切实抓好乡村科技骨干的技术培训,政府每年应该拨出专款,选送一批有文化、头脑灵活、有创新意识的农村技术能人到高等院校和沿海发达地区学习农业新技术,为他们带领扶贫拓展新思路,夯实知识基础。

七、构建利于贫困人口自我发展能力提升的良好制度环境

1. 科学完善制度安排

一是确立反贫困治理的法律体系,制定诸如《中国农村反贫困法》等纲领性法律制度,明确规定基本原则、项目内容、运行规则、适用范围、管理体制、管理机构、监督机制、纠纷裁决、诉讼程序和法律责任等方面内容。[①] 二是基于实际情况建立专门性的法律制度。如可以针对特殊类型的贫困人口、特殊的贫困地区专门制定法律法规,确保有法可依、有章可循。三是规范扶贫管理制度。明确政府在扶贫攻坚中的责权利,减少规制的随意性;树立正确的政绩观,废弃对贫困地区政府经济指标,把贫困缓解、基础设施建设、社会事业发展、生态环境保护、社会秩序稳定等纳入片区政府考核的重要指标;解决好各级政府之间信息不对称问题,建立健全政府规制激励体系。

2. 调整优化机制设计

一是坚持"以人为本",确立新的指导思想、发展理念和发展机制,即:满足贫困人口基本生产能力、提高经济获取能力、增强人口文化技能、改善人口身体素质、加速开发社会资本。要把提高贫困人口自身素质水平和改善生活质量放在优先位置,促进贫困人口自身潜能的开发。二是改革创新扶贫机制制度设计。整合各类资源,创新建立囊括"扶贫领导小组办公室、发改委、财政部、农业银行、民政部等职能部门"在内的具有统一领导权的纵向新型扶贫机构。三是

---

① 成卓. 中国农村贫困人口发展问题研究[D]. 四川:西南财经大学,2009.

有效整合扶贫政策、扶贫资金和连片特困地区社会资本的扶贫开发资源。四是建立和完善管理体制,鼓励民主党派、科研单位、大专院校、非政府组织等广泛参与扶贫。五是确立行政监督评估机构,培育民间监督力量,拓宽民间监督渠道,将扶贫监督与跟踪评估作为强化扶贫监督约束的重要手段。

3.改革脱贫公共政策

一是细化落户政策。中央已经就农村人口和流动人口落户颁布了最新政策,但有些人还是存在疑虑。客观上讲,落户现在不是大问题,问题的关键是落户了去干什么,就业就成了主要问题。要解决落户人口的就业问题,连片特困地区就必须大力发展县域经济、小城镇经济,引导农村富余劳动力和外出务工人员就近就业和返乡创业,实现就地城镇化和市民化。同时要推进公共服务均等化,优先解决子女教育、公共卫生、住房保障等基本民生问题。二是改革社会保障制度。将新贫困人口全部纳入基本医疗保险覆盖范围,相应配置社会医疗救助制度和合作制度。完善包括经济救助、法律救助、人文精神救助和教育救助在内的社会救助制度。建立国家、集体和个人城镇化财政分摊机制。举国家、集体、私人机构、个人之力加快发展社会救助、社会福利与福利服务事业,鼓励贫困地区发展老年产业。对"低保"制度实行严格的动态管理,积极引导有劳动能力者自食其力。三是完善农村市场。提高农业组织化程度,培育和增强贫困人口市场意识和素质;激活农村土地市场、劳动力市场和农产品市场等要素市场,完善农业市场体系。此外,还要转变对贫困农民的看法,不能因一部分贫困农民素质低就不向他们提供扶贫资金,尤其是扶贫贷款。各级政府要看到贫困农民脱贫的积极性和愿望,尊重他们的创造性。

第二节 "精准扶贫"模式

"精准扶贫"是提高扶贫效益效率,实现包容性增长扶贫开发模式的有效途径。2013年11月3日习近平总书记在湖南湘西自治州调研扶贫工作时反复强调,"扶贫要实事求是,因地制宜。要精准扶贫,切忌喊口号,也不要定好高骛远的目标";"三件事要做实:一是发展生产要实事求是,二是要有基本公共保障,三是下一代要接受教育"①。这既是习近平总书记对新时期扶贫攻坚战的新要求,也是提高包容性增长扶贫效益的重要保障。

客观上讲,"八七"扶贫攻坚以来,各地在精准扶贫方面做了大量的实践探索,并取得许多好的做法和经验。但也存在一些问题,如精准扶贫的制度设计问题、基层干部责任心问题、分类施策问题等,都需要进一步厘清解决。这也是构建"精准扶贫"模式的重要基础。

一、完善精准扶贫机制

要实现"精准扶贫"的目的,就必须对贫困区域、贫困人口等基本信息有很准确地把握,形成行之有效的工作机制,做好制度上的顶层设计。首先要加快建设连片特困地区扶贫开发信息系统示范区,加紧开发拥有实时更新、深度分析等功能的扶贫开发"大数据"系统,及时录入新进、返贫贫困户信息,精准掌握基础数据,实时动态跟踪信息,分析挖掘贫困户致贫脱贫规律,动态监督贫困户评定、帮扶效果等环节。同时,全面梳理各项扶贫政策,衔接利用好扶贫相关政策,根据贫困户致贫原因分门别类,分类倾斜各项政策,定期开展贫困户分布、致贫原因分析、开发状况的调研分析,及时微调各项帮扶政策,促进精准扶贫规范化、信息化、数据化管理。其次,创新精准扶贫管理机制。加强专业扶贫对象信息监测队伍建设,利用信息化网络建立高能高效的识别监管程序,对乡镇上报的建档立卡的贫困户重新甄别,确保数据的真实性、准确性、及时性。加大扶贫建档立卡工作的目的和要求、识别标准、识别程序等相关政策的宣传力度,让贫困群众充分享有知情权和参与权。严格按照工作流程进行贫困户贫困村识别工作,做好相关记录和档案工作,公开、透明,接受全社会监督。建立与扶贫、民政部门高效运转的协作沟通机制,确保扶贫开发对象和农村最低生活保障对象识别程序规范完整。最后,多措并举转变以往单纯由政府主导的扶贫方式,将社会扶贫与精准扶贫切实结合。充分利用社会资源参与到精准扶贫当中,主动公开部分扶贫项目,引导社会组织和个人参与精准扶贫,可让其自主选择项目进行捐款、捐物,甚至可以按项目要求自主投资建设。建立企业、个人与贫困户一对一帮扶机制,定期公开扶贫进度,扩大信息透明度,增强社会、企业参与

---

① 杜家毫. 加强分类指导 实施精准扶贫[N]. 人民日报,2013 – 12 – 03(06).

积极性与帮扶深度。健全社会组织参与扶贫鼓励机制,参照公益性捐赠,对参与扶贫企业实行所得税税前扣除,组织和个人实行荣誉奖励等,鼓励企业和慈善组织投入扶贫事业。

二、增强基层干部历史责任感

历史责任感是国家公务员的基本品质,是全心全意为人民服务的使命彰显。在扶贫工作中,我国县以下的基层干部的工作直接联系千家万户。为此,首先要完善干部帮扶机制。让帮扶干部把最新优惠政策及时对接贫困户,由帮扶干部根据贫困户实际情况,到扶贫办、农委等相关部门寻找收集适合帮扶贫困户的优惠政策,并负责跟踪这些优惠政策的落实情况和帮扶效果,切实解决帮扶政策落实的最后一公里问题。其次要加强针对性学习培训。把学习新形势下的扶贫开发最新政策、措施、观念作为帮扶干部学习培训的重要内容。鼓励帮扶干部有针对性地学习农村经济、产业发展的相关知识、技术,提高干部实际帮扶能力。将村干部作为党政干部成长链的第一节链条来管理、培养、历练。完善农村干部激励保障晋升机制,提高村干部待遇,建立与村干部绩效挂钩的结构报酬制度,切实增强村干部岗位吸引力。最后要加强暗访督查,改进考核方式。探索建立第三方督查评估机制,邀请新闻界、非盈利社会组织以及利益相关者等参与精准扶贫督查考核与效果评估,作为一种必要而有效的外部制衡机制,弥补传统的政府自我督查与评估的缺陷,促进精准扶贫政策落实、实效发挥。建立暗访督查制度,完善常态化定期督查机制,选派一批思想素质高、经验丰富、作风正派的干部担任督查员,对精准扶贫工作进度进行督查,督查采用2—3 人的暗访小组方式,把暗访督查切实融入动态管理中,力求掌握村(居)精准扶贫真实推进情况。改进考核机制,制定精准扶贫工作考核评价办法,调整相关权重,把扶贫工作实绩作为评价扶贫干部的主要内容,实现由主要考核工作落实程度向主要考核工作成效转变。

三、立足重点分类施策

我国连片特困地区面积大、范围广,贫困形态各异、深度不同,因此在制定政策、实施精准扶贫时切忌一刀切,要分类施策。首先,要健全农村贫困户大病、慢性病帮扶救助制度,将贫困户35 元意外保险改为大病医疗保险或增加一份类似小额二次报销的医疗保险,提高贫困户医疗费用二次报销比例,减少贫困户医疗负担。要建立贫困户家庭大病定点救治机制,健全困难群众医疗用药规范机制,明确用药范围和用药量,严禁滥用进口药、自费药,减少非必要自费项目。建立贫困户医疗审查机制、费用争议确认办法,提高治疗质量,控制医疗费用,加强医疗监督,一旦发现违规行为即对责任医院及医务工作者加以严肃处理。其次,要完善教育扶贫保障机制,健全教育扶贫监管体系。进一步扩大教育扶贫覆盖范围,对高中阶段贫困户家庭学生实行定点帮扶,减少贫困户教育负担。例如,可对目前教育扶贫覆盖较为薄弱的普通高中贫困学生进行特别帮扶,对考上普通高中的 A 类贫困户子女就读普通高中免学杂费,并适当补助生活费,对 B、C 类贫困户子女就读普通高中免学费或只免杂费。

四、强化贫困人口主体作用

扶贫攻坚战,贫困人口既是扶贫的对象,也是扶贫的积极参与者,没有他们的参与,就等于失去了包容性的机会,始终处在被动的救助之中。因此,要通过动员,鼓励农民积极投身到扶贫工作中去,成为行为的主体。首先,要建立切实可用的"组组通"广播来减少干部群众沟通成本。利用特色院落村民集中居住的特点,根据地形地貌科学合理规划,在特色院落安装广播,有效增加政策宣传覆盖面。其次,要对贫困户进行"思想扶贫"。由对接帮扶干部给贫困户开展"思想帮扶",转变农民固有观念,发挥好农民的主体作用,激发他们的主观能动性和积极性,让贫困户首先从思想上脱贫。再次,要营造贫困户创业干事的氛围。由区扶贫办、乡镇组织每季度开展贫困户"比学赶超"活动,让优秀贫困户登台谈想法、讲经验,相互学习帮助,比较发展成绩,形成相互赶超的氛围。乡镇对贫困户中表现积极、成绩突出、脱贫迅速的给予一定奖励,营造良好的脱贫氛围。最后,要盘活基层组织资源,引导农民开展村民自治,建立院组联络人机制,切实落实干群沟通最后一公里。给予联络人一定电话补贴等实际待遇以及精神奖励,通过联络人辐射宣传政府政策,组织通知开会,反馈村民建议诉求等。

第三节　政府主导模式

帮助贫困地区和贫困人口摆脱贫困是社会主义制度优越性的具体体现,是各级党委和政府的神圣责任。新中国成立尤其是改革开放30多年来,党和政府领导全国人民与贫困进行了艰苦的斗争,并取得了举世瞩目的成就。但扶贫任务艰巨,尚需继续努力。地方政府尤其是乡镇政府作为扶贫的直接组织者、领导者和包容性增长扶贫开发的平衡者,其主导作用是无法替代的,这是由社会主义制度的内在要求和执政党的地位决定的。但课题组在调研中发现,在现行乡镇治理中依然存在不少制约因素:一是乡镇治理制度有待完善,规范的议事规则、运行机制、问责制度亟需建立。二是乡镇政府权责不对称,乡镇治理工作陷入"权力有限,责任无限"的尴尬境地。三是部分乡镇财政较为困难,财政收入单一、冗员多、开支大,上级摊派或配套要求多,财税改革配套制度有待完善,乡镇留成比例少。四是乡镇干部的长效激励机制尚未形成,工作环境艰苦、困难多、待遇低、晋升机会少,少数干部工作积极性不高。五是缺乏乡镇政府与村民自治的有效衔接和良性互动,村民参与基层治理的意识有待提高。创新基层治理模式是实现国家治理体系和治理能力现代化的重要环节,也是促进新时期连片特困地区经济社会发展的关键,因此,要特别加强扩权强镇包容性基层治理模式的探索。

一、优化科学规划,加大投入力度

基础设施是发展连片特困地区农村生产和保证农民生活的载体。如前分析所示,当前我国连片特困地区基础设施还很不完善,严重制约经济社会发展和农村脱贫致富。要解决贫困地区基础设施建设滞后问题,当前要根据各地实际情况,优化基础设施建设规划,加大投入力度。一是要做好发展计划与项目安排。14个连片特困地区要根据各地实际情况和国家实施的"一带一路"、"长江经济带"战略,从指导思想、基础设施建设、产业发展、农村基本生产生活条件改善、就业与农村人力资源开发、社会事业发展与公共服务、生态文明建设与环境保护、改革创新、政策支持、组织实施等方面着手,进一步完善发展规划。二是要进一步优化基础设施建设。各地政府应加强区域协同,从大区域的格局抓好贫困地区基础设施,推进村与村基础设施的互联共通,降低基础设施的建设成本,提高基础设施的利用效率。三是加大资金投入力度。除国家财政加大财政资金倾斜外,连片特困地区各级政府应有相关配套政策,按照 PPP 等模式,引导企业、个人、私人机构等社会资本参与贫困地区基础设施建设。除此之外,还应配备基础设施后续管理和维护资金,以实现基础设施建设的可持续发展。①

二、完善贫困资助体系,打造脱贫主流文化

提高贫困人口的基本素质,增强自我发展能力,是各级政府义不容辞的责任。实践也证明,贫困的重要根源是人口素质低下,劳动技能短缺。要改变这种状况,一是加大对贫困学生的资助力度。目前我国义务教育阶段的贫困资助体系已较为完整,政府要着重加大对高中、大学阶段的贫困资助力度,建立完整的资助体系,降低贫困家庭的教育负担,使寒门学子上得起学、读得起书,真正享有受教育的平等权利。二是动员社会各界对贫困学生进行捐助。解决贫困学子上不起学的问题,除加大资助力度外,政府还应通过新闻媒体加大对该现象的宣传报道,引导社会公众关心贫困地区教育问题,动员社会各界帮助贫困学子。三是营造积极向上的文化氛围。政府要加大对读书致富典型案例的宣传,使贫困家庭认识到教育对脱贫的重要性,转变"读书无用论"的观念,重塑知识改变命运的主流文化。②

三、完善社会保障制度,提高分享财富水平

均衡分享社会财富是包容性增长的重要内涵,也是社会公平正义的重要体现。当前,我国已进入老龄化社会,健全完善统一的社会保障制度刻不容缓。一是落实好城乡一体化的社会保障政策。当前,要进一步扩大贫困地区新农合、新农保的覆盖范围,政府要通过各种宣传手段和工具,加大对农村社会保险制度的宣讲力度,提高民众参保的积极性。二是不断完善新农合制度。我国农村合作医疗为个人、集体与政府共缴的形式。针对贫困地区收入水平低的情况,政府应进一步加大对新农合的资助力度,降低参保门槛,扩大报销范围,简

---

① 李梦竹,王志章. 连片特困地区政府扶贫行为的现状与对策研究[J]. 湖北民族学院学报(哲学社会科学版),2014(04):77—78.

② 同上.

化报销程序,提高报销比例,使广大农民真正从新农合中获得实利。三是健全新农保制度。扩大新农保的试点范围,从试点中不断总结经验教训,优化制度设计,稳步推进新农保覆盖进程,确保贫困人口看得起病、健康有基本保障;加大中央财政转移支付力度,提高养老金发放基数,提升保障水平。①

四、合理利用文化资源,满足贫困人口精神需求

扶贫不仅仅局限于物质层面,精神扶贫尤为重要。首先,政府要改变重经济扶贫轻文化扶贫的观念,将文化事业发展纳入扶贫开发的年度绩效考核指标,加大公共财政对贫困地区文化事业、文化创意产业的投入,建设完善农村文化基础设施,让广大贫困群众有消费文化的条件和机会。其次,根据农村现实需要和农民的文化需求,挖掘利用本地特色文化资源,组织民间艺人开展喜闻乐见的文化活动,针对不同年龄群众的心理诉求,精心设计活动内容,营造农村和谐文化氛围。最后,合理配置基层文化资源,优化功能,构建覆盖贫困地区比较完备的公共文化服务体系,利用好农村现有文化设施,不断增加新设施②,用先进文化引导广大人民群众的精神生活,增强脱贫致富的信心。③

五、创新基层政府治理体系,焕发乡镇扶贫开发活力

1. 健全乡镇治理体制,推进服务型政府建设

建立健全乡镇管理体制,做好基层治理工作是提高乡镇党委领导班子执政能力和决策水平的关键。一是建立规范的议事规则,重大事项的决策通过乡镇领导班子议事决定,议事形式以召开会议为主,会议类型主要包括党委会、乡镇长(主任)办公会、党委书记办公会、党政联席会等,杜绝"一言堂"等非会议形式和党政主要领导碰头"通气会"的做法。二是建立和完善公众参与、专家咨询、集体讨论的决策制度和运行机制,推进决策过程公开透明,用权力清单把政府权力关进制度笼子。三是健全内部检查制度,对规范权力运行制度落实情况

---

① 李梦竹,王志章. 连片特困地区政府扶贫行为的现状与对策研究[J]. 湖北民族学院学报(哲学社会科学版),2014(04)77—78。

② 蒋占峰,李红林. 农村文化建设视野中农民幸福感重建探究[J]. 长白学刊,2011(01):157—159.

③ 李梦竹,王志章. 连片特困地区政府扶贫行为的现状与对策研究[J]. 湖北民族学院学报(哲学社会科学版),2014(04): 77—78.

进行定期检查;建立责任追究制度,明确过错责任的内容和责任主体的认定,形成有效的问责制度,实现基层治理的制度化、规范化,健全乡镇管理体制。

2.开展扩权强镇试点,释放重点镇发展潜力

以行政权力下放为触角,大胆创新扩权强镇试点工作,遴选出经济基础较好、吸纳人口多的乡镇进行有序扩权,实行权力、人力、财力与责任挂钩,做到权责、人责和财责"三统一"。一是扩大镇级管理权限,按照"充分授权、权责统一"的原则,将发改、经信、城建、规划等多个部门涉及经济、城镇管理的权限授权镇政府直接行使。启用授权部门扩权镇专用业务章,由财政所负责扩权镇范围内的财政财务管理工作。二是完善机构、人责统一。按照"精简、统一、效能"的原则,将内设机构"四办两中心"调整为"五办一局两中心",即:党政办公室、财务管理办公室、经济发展办公室、招商服务办公室、城镇建设管理局、社会事业和保障办公室、综治工作中心(综合执法所)、新农村建设指导中心。三是加强监督体系建设,把对下放事权的监管纳入制度化、规范化和日常化轨道。按照"谁审批,谁负责"的原则,明确下放事权的权责,建立完善有权必有责、用权必问责、违法必追究的制度。①

3.拓宽增收减支渠道,增强乡镇承接能力

多举措加大乡镇财政收入,拓宽活水源头,解决乡镇自身经费问题,为基层治理工作提供物质支撑。一是扩大乡镇财政收入来源,充分依托各地生态文化资源优势,鼓励乡镇大力发展农特产品加工、乡村旅游等绿色产业,开拓乡镇经济发展新局面;对乡镇辖区内企业、商户、经营单位的税费按时足额收缴;通过招商引资、村企共建、土地置换、金融支持等方式用活资金,增加乡镇财政收入。二是进一步压缩乡镇站、所,撤并机构,将设置过多、过散的站、所按照职能进行归并、清理、清退各类临时人员,推动乡镇政府精简机构和人员,提高行政效率,减轻财政包袱。三是对财政较为困难的乡镇取消上级摊派或配套要求;健全网络信息环境,加大乡镇财政收支监管力度,实现财政收支运营透明化,杜绝财政浪费等现象。四是按照"财随事转"的原则,建立乡镇财力保障机制,合理提高乡镇财政分成比例。根据目前财政管理体制,在体制收入超收分成、增值税单项分成以及土地出让金、环保排污费、市政基础设施配套费收入返还等方面给

---

① 王晓红.放开搞活县镇两级体制 激发县域经济发展活力[J].南方论刊,2014(01):29—32.

予倾斜,在现行基础上提高返还比例。加大财政拨付和转移支付力度,积极推进"村财委托第三方管理"等模式的村级财务管理方式改革。

4. 建立有效激励机制,提高干部工作积极性

建立科学有效的基层干部激励机制,实现物质激励与精神激励有效结合,充分调动基层干部工作积极性。一是对优秀基层干部,特别是在基层担任主要领导职务的同志要及时选拔进入地方各级领导班子,或根据工作需要兼任上级班子成员,形成上一级班子成员逐步从下级干部中成长起来的惯例,建立起基层干部激励的长效机制。二是提升基层干部的经济待遇,对干得好、有成绩、符合一定的任职年限、达到岗位设定要求和目标任务的基层干部,经严格考核程序,经济待遇可上升一个档次。三是注重基层干部精神激励,加强基层干部业务能力培训,有意识地给年轻干部出课题、定计划、交任务,提供参与协调处理重大问题的机会,多信任、多放手、多支持、多鼓励,让他们独当一面,增强处理实际应急事件能力,满足基层干部自我发展的诉求。四是建立完善科学的考核制度和措施,既看重实际工作成绩又要结合民意,将考核成绩作为职务晋升、干部推荐的重要标尺。对工作成绩突出的基层干部给予必要的政治荣誉、精神鼓励,提高基层干部工作的积极性,夯实基层治理人才基础。

5. 构建包容性治理体系,广纳社会组织有效参与

包容性治理是善治的一个重要维度,它是指各种利益相关者能参与、影响治理主体结构和决策过程,公平分享政策成果、治理收益和社会资源、各种利益相关者的权益能得到尊重和保障的公共治理,特别关注弱势利益相关者的权益。①

实现基层政权有效治理,就需要积极调动村民、农村社会组织等参与基层治理的积极性,编织党委、政府、人大、政协、社会组织和广大村民参与的多元治理"一张网",构建基层包容性治理体系。一是充分发挥基层党委的战斗堡垒作用,培养鼓励基层党组织、党员干部干事业,发挥好其在基层治理中的骨干作用。二是转变政府工作作风,建设服务型政府,加强对农村公共服务需求的调查分析能力,切实改善农村公共服务现状,促进农村经济社会发展,为基层治理

---

① 王勇. 从"指标下压"到"利益协调":大气治污的公共环境管理检讨与模式转换[J]. 政治学研究,2014(02):104—115.

提供稳定的社会条件。三是发挥好政协对基层政府、干部等民主监督作用；加强协商议政，对关系农村经济社会发展的大事通过听证会等形式提出合理化意见和建议，助推基层治理工作制度化发展。四是注重人大代表在基层社会管理中的积极作用，利用人大代表在村民中威望高、协调能力强、熟悉基层情况的天然优势，聘请人大代表为社会矛盾调解员，化解群体性上访等问题，实现基层治理的良好效果。五是鼓励和支持社会组织发展，如农村专业经济合作社、技术协会、农民合作社等，发挥好它们解决农村公共问题、提供公共服务的独特作用，弥补政府失灵。六是培养农民树立参与治理的意识，拓宽农民参加基层治理的范围和途径，丰富农民参加社会治理的内容和形式，发挥村民在基层治理中的主体作用，提高农民的参与效能感，推动基层治理的理性发展，构建"上面千根线，下面一张网"的包容性治理格局。

第四节　产业扶贫模式

产业扶贫是指贫困地区利用自身的资源优势，旨在通过政府支持和社会广泛参与，发展特色"无公害、绿色、有机"优势产业，扩大生产性就业机会，增加贫困地区居民收入，从而实现脱贫的目的。同时，产业扶贫也是调整贫困地区经济结构、增强贫困地区"造血机能"、促进贫困山区脱贫和农民增收的一条重要途径。实践证明，没有产业发展，摆脱贫困只能是一句空话，也就不具备包容性增长的特点。因此，产业扶贫模式是包容性增长扶贫开发的利器。

一、构建政府协作体系，加大产业扶贫政策支持

政策支持是做好连片特困地区产业扶贫的有效保障。一是建立从中央到地方政府再到片区的政府协作机制，将各片区的产业发展纳入统一规划，整合资源优势，依托资源禀赋和现有产业基础，做好产业布局，避免重复建设、重复投资现象发生。二是要根据国家层面已经制定的发展规划，将区域的产业分布量化到片区每个亚区域，落到实处，对重复性的项目要坚决避免。三是跨区域的连片特困地区要建立省级政策协同机制，进一步完善统一的减税、免税、延期纳税、再投资退税等优惠政策，为片区产业快速发展营造政策环境。四是相关省市应出台对口支援政策，鼓励更多区域外有实力的企业进驻连片特困地区，

通过做大做强特色产业带动贫困人口脱贫致富。五是要根据各片区每个区县贫困维度和产业发展状况出台不同类型的相应政策,以"攻难点"、"补短板"的差异化政策来提升产业发展质量,增强带动力。

二、加强基础设施建设,改善产业发展的硬环境

基础设施建设是连片特困地区脱贫的关键要素。由于历史的原因和制度上的安排,各片区交通、信息等基础设施欠账太多,直接影响产业发展,丰富的产业资源未能转化为产业支撑,难以服务于普通百姓。为改善优化各片区产业发展的硬环境,一是除中央政府应加大基础设施建设投入外,各片区可设立"各片区县域发展基金",用于交通设施改善和信息化建设。二是在加强公共交通建设方面,实现片区国道、省道、县道联网,使之成为连接省内与周边省份经济交流的门户。要提档升位乡村公路、农田水利、城乡电网等基础设施,彻底改变农村生产生活的落后面貌。三是在信息化建设方面,片区要树立"一盘棋"的大观念,协同加大财政投入,加快电网、电信宽带网络、移动通讯扩容,扩大程控电话和移动电话网络的覆盖面。四是培养和引进信息人才,缩短与经济发达地区在信息技术上的差距,减少片区信息贫穷者、落伍者,让信息成为带动致富的引擎。

三、依托区域资源禀赋,做强做特绿色产业

产业是一个地方经济发展的核心和基础,特色是其中的灵魂。发展特色产业是增强贫困地区发展内生动力的重中之重。为此,各片区要根据中央颁布的依据各片区制定的《区域发展与扶贫攻坚规划(2011—2020年)》,基于本区域内的资源禀赋、生态环境和国家主体功能区的定位要求,积极培植壮大旅游业、特色农业、农林产品加工业、民族手工业、生物医药产业、矿产资源加工业等,形成具有区域特色的产业体系和支柱产业,为区域发展和贫困人口脱贫致富奠定基础。

1.抓好园区建设,壮大绿色产业发展平台

近年来,各片区结合各地实际兴办起一批园区,有力促进了特色产业发展。要办好园区,必须坚持集约高效、生态友好、绿色包容的原则,积极稳妥推进工业园区建设,壮大生态产业发展平台。一是以工业园区为主平台,打破过度依

靠政府投入的窘境,鼓励各类社会投资主体以投资、联营、入股、控股、独资、收购等方式参与园区基础设施、环保设备等投资。二是高起点、超前规划建设园区防污减排区、高新技术区等,高标准、高质量完成园区道路、供电、供水、燃气、供热、排水、排污、邮电、有线电视和土地平整的"九通一平"工程,为生态企业入驻园区提供硬件支撑。三是切实推进园区软环境建设,树立"亲商、富商、安商"的服务理念,开展"一站式"开办服务、"帮办式"建设服务、"保姆式"运行服务,切实转变工作作风,提高服务质量,解决生态企业在运行中的土地、融资、企业生产经营的各种资质性文件存在的问题,为生态企业松绑,排忧解难。四是创新园区管理模式,树立和完善生态项目审批绿色通道;树立以教育为主的执法理念,优化执法环境,规范执法行为,加强执法监督,强力整治随意收费、罚款等行业乱象,切实减轻企业负担。

2. 兴办绿色银行,破解投融资难题

投融资渠道不畅、土地等生产要素产权不清在一定程度上阻碍了生态产业的健康发展。为此,一是成立以政府作为发起人之一的绿色银行,由政府拿出部分资金,同时吸纳包括社保基金、保险公司、养老基金以及其他具有长期投资意愿的机构资金加入,专注为生态产业提供绿色贷款、融投资等服务。二是由政府牵头,为民间闲置资金提供相关信息、专业咨询和指导,设立民营投资公司,为民间闲置资金和生态产业融资搭建合作平台,满足民间游资与生态企业资本对接需求。三是支持金融机构通过对生态产业技术、专利等无形资产进行资产评估,抵押融资。四是"腾笼换鸟",促进园区淘汰落后产能,加大差别电价、专项整治的倒逼力度,淘汰高耗能、高污染、低产出企业,解决生态产业发展用地需求。五是加快清理闲置工业土地,盘活存量土地,推进"批而未供、供而未用"闲置工业土地的消化利用,为绿色产业发展腾出新空间。

3. 启动资源勘查工作,做好生态产品识别

摸底统计生态资源,建立生态资源名录,做好生态产品识别、诊断,奠定好生态资源到生态产品转换的基础。一是切实加强领导,由片区各地国调队、统计局牵头,集合农委、规划局、市政园林局、环保局等部门,通力合作争取各方支持,大力开展动物、植物、水资源、清洁能源及其他"生态财富"勘查统计工作,保持统计口径的权威性和延续性,确保数据的真实性、完整性、一致性、协调性和科学性;建立生态资源账户,明确生态资源类别、形态和总量。二是在做好数据

资料统计的同时,有重点、有深度地对调查数据进行开发,全面分析主要生态资源的蕴藏情况、分布地域、衍变情况等,科学论证并确定可开发生态资源项目,建立可开发生态资源项目库。三是在建立可开发资源项目库的基础上,研究适合本地资源可开发的产品、适合本地资源可开发的方法,做好生态产品识别、诊断工作。

4. 做大生态原料基地,创新生态产品设计

加大生态产品原料基地建设,做大基地规模,做优生态产品原料质量,为生态产品开发设计提供原料支撑。一是着力建设好规模化生态产品原料基地,深化农业产业化经营和农业综合开发项目,积极发展各具特色的优质、高产、高效和标准化、规模化和专业化生态原材料生产基地。二是根据山区资源特色大力推进中药材 GAP 生产,建成优质中药材基地,优化中药材基地布局,抓好属地化特色中药材种植基地建设;稳步推进高山蔬菜基地建设;立足草地资源,突出发展生态畜牧业,建成国家著名绿色畜产品生产基地;发展适合本地气候条件的高档水果基地。三是加大对生态产品原料基地技术、资金投入,建立起公司与农户、合作社等新兴经营主体利益共享、风险共担的经营机制,提高贫困农户的种植积极性,提高生态产品原料质量。四是抓好生态产品设计工作,组建由设计人员、营养专家、生产者共同参与的生态产品研发设计小组,通力合作,研发设计契合当代健康理念的生态产品。

5. 丰富生态产品种类,实现生态资源变产品

依托科学技术进步,做好高新技术到生态产品的成果演变,促进生态产品转化为绿色商品,实现生态财富。一是加大生态产品研发投入力度,从财政收入中划拨专项资金支持生态产业科研发展,重点扶持技术创新能力强、辐射范围广的龙头或骨干企业建立关键技术研发中心、服务中心和产品检测检验中心,拓宽生态产品开发渠道。二是加强高校、科研院所与生态企业的深度融合,建立合作基地;抓好高新技术到生态产品的成果转化,加大新产品尤其是系列产品的开发力度,丰富生态产品的种类。三是积极发展契合当代健康养生理念的高端生态饮品、保健食品,开采生产矿物质水等。研发推广功能性饮品类,如美容类、醒酒类、特殊功能类(如运动)和适合"三高"(高血压、高血脂、高血糖)人群的专业饮品和保健食品,丰富生态产品种类。瞄准高收入、高压力人群,老年人群,依托各片区独具特色的生态资源、清新的空气、清洁的水源、宜人的气候,建设高山绿色休闲吸氧中心,实现生态资源到生态产品的转换,提高生态产品的供给能力。

6.培育龙头企业,做大绿色产品市场

以培育生态产业龙头企业、创建品牌标准、开拓产品市场为抓手,提升本土生态产品知名度和美誉度,拓展市场份额。一是狠抓生态产业龙头企业培育,内引外联,鼓励支持有条件的生态企业以资产为纽带,通过兼并重组等方式,做大企业规模。实施择优扶强战略,发挥政府的主导作用,对生态产业龙头企业在资金、土地、税收等方面给予扶持,支持生态产业龙头企业引进资金、技术和先进管理经验,增强生态产业龙头企业市场竞争力,辐射带动生态产品市场。二是定期组织区域内生态产业管理人员和企业家开展高端培训和考察学习,搭建生态产业发展交流平台,扩大本土生态产业影响力。积极承办区域性、国际性生态产品发展交流活动,鼓励生态企业积极参加各类展销会、博览会,借助展会平台打响属地化生态产品知名度。三是深入实施绿色营销战略,以旅促销,以农特产品展销中心等为载体,集中展示绿色环境下生产、设计加工的生态产品,通过旅游媒介拓宽片区本土生态产品销售渠道。四是加大宣传力度,通过微博、微信等新媒体形式,积极推广生态产品,探索网络门店销售模式,做大生态产品市场。依托片区已成功申报的国家地理标志证明商标,积极申报本地生态产品商标,培育品牌,增强消费者对本土生态产品的认可度,提高生态产品的市场可进入性,促进生态产品转换为生态财富,实现本土经济绿色崛起。

四、依托周边区域优势,打造产业扶贫示范区

连片特困地区多跨多省市区,面积广,优势各异,要发展产业,就必须实行差异化战略,摒弃狭隘思想,最大限度地发挥各自优势,合力把区域内的产业做强、做大,充分发挥聚集带动作用,加快脱贫步伐。

如武陵山片区横跨湖南、湖北、贵州、重庆四省市区,处在连南接北通道的重要节点上,辐射和对接长株潭经济圈、成渝经济圈、云贵经济区,区位优势与比较优势明显,四省市应做好顶层设计,精心做好规划,以建设产业扶贫园区为载体,重点发展绿色食品、旅游、医药、烟酒等支柱产业,通过做大做强产业园区,增强产业扶贫的辐射功能。在具体操作上,一是重庆的黔江区应重点发展

绿色生态食品、建材、水电、制药、公共服务等产业,加快建设生态文化旅游、生态农业、生态种养殖等,加快形成渝东南交通枢纽和公共服务中心。二是恩施州应巩固提高烟草支柱产业的地位,大规模发展以山野特色菜为主的富硒食品产业,以高效经济林为主的林果业,以中药材生产、加工和氨基酸系列产品开发为主的药化工业,将恩施州建成园林城市、优秀旅游城市。三是怀化市应利用交通形成的枢纽优势,抓好林产品、中药材、建材、生产资料、旧车交易、服装面料辅料等市场载体建设,建成辐射周边的综合交通运输枢纽和现代物流中心,带动周边贫困地区产业发展和脱贫致富。四是铜仁地区要从武陵山旅游整体性出发,重点抓好以梵净山为龙头的旅游业;大力发展生物制药业、原材料加工工业、特色食品加工业、旅游服务业等相关产业,建成商贸、旅游的核心城市和山水园林城市。①

五、大力扶持龙头企业,强化产业扶贫引领作用

"扶贫龙头企业",是指以农产品加工或流通为主业,或以贫困地区劳动力为就业主体,通过各种利益联结机制带动贫困农户进入市场、促进贫困地区产业结构和就业结构调整、在规模和经营指标上达到规定标准并经政府扶贫办认定的企业。②③④ 当前,片区各省市和地方政府应该优选一批龙头企业,加大扶持力度,使它们能够尽快做强、做大,充分发挥扶贫的引领作用。一是要扶持更多的国家扶贫龙头企业。二是要加大对扶贫龙头企业的资金支持。金融机构应有针对性地在信贷方面大力支持片区农业产业化龙头企业,给予信贷支持,合理确定贷款额度、贷款期限,放宽贷款条件,简化程序,降低贷款门槛。⑤ 三是构建"龙头企业+专业经济合作组织+基地+农户"的农业产业链条,增强龙头企业的竞争能力和带动能力,助推农业产业化、规模化、现代化发展。四是要充分发挥龙头企业在全民创新创业中的引领作用,增强协作的科技含量,保证产业的可持续发展。

---

① 王志章. 武陵山片区区域发展的协作路径研究[J]. 吉首大学学报(社会科学版),2012(04):134—140.
② 马西林. 大力做大做强扶贫龙头企业[J]. 老区建设,2005(10):5—6.
③ 冯宗智. 农业产业化拿什么扶贫?[J]. 科技智囊,2005(07):102—103.
④ 刘坚. 发展龙头企业是产业化扶贫的关键环节[J]. 老区建设,2005(09):6—7.
⑤ 邓光奇. 加快武陵山集中连片特困地区发展的政策建议[J]. 民族论坛,2012–09–15.

第五节　中小城镇聚集模式

城镇化是脱贫的重要引擎,但由于各片区城镇空间自然分散,资源配置碎片,产业发展无序粗放,就业渠道狭窄,基础设施建设滞后,公共服务水平低,中央政策落地悬置逆变,配套制度保障缺位,大多小城镇长期处于"一条直肠子,两排豆干子"的"荒凉"状态。究其原因固然很多,但主要原因是缺乏社会和经济的协调、稳定和可持续发展的包容性机会。因此,依托国家政策导向和社会资本参与,集约属地资源,优先发展特色鲜明的新型小城镇,是增强连片特困地区自我造血功能,有序推动城镇化进程,打好扶贫攻坚战的关键。

一、以要素集约为导向,做好城镇发展空间合理布局

鉴于连片特困地区大多分属不同省份行政区划,国务院扶贫办和所属地方各级政府要围绕片区特点,切实加强规划指导。一是精心做好片区空间性质、区位功能、发展目标的整体性规划,在提档升级现有中等城市的同时,合并整合一些处在生态脆弱区和敏感区的小城镇,逐步形成星罗棋布美丽中国呈现的网状格局。二是凸显片区资源特色,优化集成政策体系,明确片区各小城镇职能分工,处理好近期与长远、整体性布局与区域性分工、小城镇与周边村庄之间发展的关系。三是实现片区与所属省市区的经济社会发展目标进行无缝对接,用好用活国家政策,量化地方配套政策,推动新型小城镇跨越式发展,使其成为片区脱贫致富的"火车头"。

二、以发展特色产业为引擎,推进个性化小城镇建设

突出自然、历史、文化和民族特色,因地制宜发展低碳、绿色产业,是促进小城镇就业有支撑、承载有力量的引擎。一是着力发展集约化、专业化的生态农业与生态工业,形成"一镇一产"、"一村一品"差异化品牌特点,并依托属地农产品建立深加工基地,发展农副产品加工业和储运业,延伸产业链,打造产业集群化小城镇。二是通过土地交易制度、补偿机制等创新,鼓励有实力的城市企业落户小城镇,兴办农业生态产业园,集约农业带、畜牧养殖带、属地农作物种植带等,建立低碳绿色样板区,打造自然山水特色小城镇。三是依托属地自然

人文资源,打造个性鲜明的休闲养生花园小城镇。四是实施国家片区小城镇"农村生态工业项目",在资金筹集、经营管理、人才培训等方面给予政策倾斜和税收减免优惠,打造特色农业工业小城镇。

三、以基础设施建设为重点,为小城镇快速发展创造条件

连片特困地区城镇化水平低主要囿于片区内基础设施建设滞后,通勤困难,公共服务落后等。一是增加政府公共投资,优先发展交通、水利、能源、通信等基础设施,尽快打通片区各城镇与国道、省道等交通主骨干网络的节点,提高小城镇间的公路等级。二是在促进信息消费政策的驱动下,采取中央政府补贴一点、地方政府筹集一点、民间资本投入一点、营运商优惠一点的办法,通过感知技术、网络技术和 IT 应用技术的运用,高起点打造片区物质网络、信息网络、能量网络,增添小城镇产业发展和宜居生活的智慧磁力。[①] 三是国家、地方、社会资本齐头并举,高标准建设好给排水、垃圾处理、能源供应等公共基础设施,完善医院、中小学、幼儿园、文化娱乐等配套设施,增强片区生活服务功能,为更多人群安于落户小城镇创业兴业提供良好条件。

四、以融资创新形式为驱动,凝聚资本人才发展小城镇

创新投资形式,广纳资本人才,是推动片区小城镇快速发展的重要杠杆。一是通过 BOT(建设、经营、转让)、BOO(建设、拥有、经营)、BOOT(建设、拥有、经营、转让)、ABS(资产收益抵押)等形式,引进社会资本对小城镇规划范围实施整体性开发,创新"政府 + 业主 + 社区(社会)组织 + 市民"的小城镇建设管理模式。二是吸引民间资本对小城镇的文化旅游资源进行高标准开发、经营。三是鼓励社会资本与村、社区、农民协会等组建股份制公司,发展乡村工业、特色产业,拓宽就业渠道,凝聚人气。四是建立"青年回乡创业园"、"扶贫创业孵化器"等,吸纳外出务工人员带技术、带资金、带团队回乡落户小城镇兴办实业。五是依托国家和地方扶贫资金、生态补偿资金、民间资本等组建片区"扶贫专业银行",为片区小城镇建设和产业扶贫提供点对点的资金支持。六是设立国家

---

① 王志章,刘子立. 连片特困地区知识扶贫路径研究——以武陵山片区为例[J]. 西部学刊,2014(01):24.

"创业贫困地区计划",鼓励高校毕业生到片区创业兴业,为小城镇建设凝聚各类人才。①

五、以法规制度建设为抓手,健全小城镇发展保障体系

完善的法律法规是加快片区小城镇建设的重要保证。一是细化中小城镇户籍改革属地化政策,加快建立片区统一的社会保障体系,探索普惠性扶贫资金、救助专项资金与劳动社会保障金的深度融合形式,创新向居民提供基本生活保障、医疗服务、养老、保障性住房、职业技能教育服务、城乡均等化的社会保障体系。二是研究制定《连片特困地区振兴法》《贫困地区小城镇建设法》《贫困地区引进工业促进法》《连片特困地区基础设施吸引民间资本促进法》等法律法规。三是完善公共干预政策,促使大都市工业向连片特困地区转移,促进农业现代化和城乡一体化平衡发展。四是建立由国务院扶贫办和片区地方政府组成的联席会议制度,成立"连片特困地区小城镇建设协调委员会",统筹片区政府资源,协同跨行政区域的政策安排,为推进新型小城镇包容性发展营造良好环境,建立起高效运转的工作机制。

打好连片特困地区扶贫攻坚战是新时期全面建成小康社会、实现中华民族伟大复兴中国梦的内在要求,是社会主义制度优越性的根本体现。实践证明,贫困地区并非没有资源、没有人,而是缺乏包容性增长的政策支持和均衡分享的机会。本章在分析存在问题的基础上,提出了构建包容性增长扶贫开发的几种模式。

概括起来,一是人本能力提升模式。始终"坚持以人为本,尊重人民的主体地位,发挥群众首创精神,紧紧依靠人民推动改革,促进人的全面发展",使广大贫困人口"平等参与现代化进程,共同分享现代化成果"。二是"精准扶贫"模式。要实现"精准扶贫"的目的,就必须对贫困区域、贫困人口等基本信息有很准确地把握,形成行之有效的工作机制,做好制度上的顶层设计。三是政府主

---

① 王志章,刘子立. 连片特困地区知识扶贫路径研究——以武陵山片区为例[J]. 西部学刊,2014(01):24.

导模式。要优化科学规划,加强投入力度;完善贫困资助体系,打造脱贫主流文化;完善社会保障制度,提高分享财富水平;合理利用文化资源,满足贫困人口精神需求。四是产业扶贫模式。要构建政府协作体系,加大产业扶贫政策支持;加强基础设施建设,改善产业发展的硬环境;依托区域资源禀赋,做大做强特色产业;依托周边区域优势,打造产业扶贫示范区;大力扶持龙头企业,强化产业扶贫引领作用。五是中心小镇辐射带动模式。要以要素集约为导向,做好城镇发展空间合理布局;以发展特色产业为引擎,推进个性化小城镇建设;以基础设施建设为重点,为小城镇快速发展创造条件;以融资创新形式为驱动,凝聚资本人才发展小城镇;以法规制度建设为抓手,健全小城镇发展保障体系。

第十三章 包容性增长的扶贫开发 模式构建(下)

第一节 旅游扶贫模式[①]

连片特困地区多处在山区、边疆和少数民族地区,自然资源丰富,文化形态独特,有发展旅游的先决条件。充分利用这些资源禀赋,嵌入包容性发展的思想内涵,必将在脱贫中大放光彩。但发展包容性旅游扶贫必须处理好"发展"和"包容性"两者之间的关系,发展的目的是为增加财富,包容性是要关注财富的分配。只有处理好经济增长、经济结构调整、人口空间的分配、教育健康指数的提高等相互之间的关系,[②]包容性发展才能得以实现。

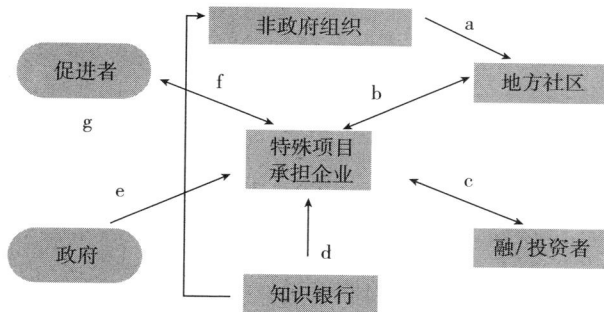

图13—1 包容性旅游增长的社会公平模式(PPP模式)

资料来源: Rana Kapoor,2011.

---

① 王超,王志章.我国包容性旅游发展模式研究——基于印度旅游扶贫的启示[J].四川师范大学学报(社会科学版),2013(05):57—71.

② Gnaesh Rauniya. Inclusive Development:Two Papers on Conceptualization,Application and the ADB Perspective,www. Kanbur. aem. cornell. edu. pdf,pp. 5 – 6.

正如印度 Yes Bank 银行首席执行官拉纳·卡拉布(Rana Kapoor,2011)指出:"如果没有包容性,财政和经济的稳定是不会持久的。旅游作为印度经济的第二大支柱,为印度的包容性增长提供了一个有效的传送平台。"①为此,卡拉布先生基于库玛拉孔旅游扶贫的实践经验梳理,构建起印度旅游包容性增长的社会公平理论模型(如图 13—1 所示),即公共—私人合伙模型(Public-private Partnership,PPP Model)。② 该模型涵盖非政府组织(Non-Governmental Organization,NGO)、地方社区(Local Community)、SPV 要注意与融资方与和投资方(Financers/Investors)的互动、知识银行、政府履职、旅游业促进机构与专门项目公司的互动和知识银行(Knowledge Bank)等七个方面,③每个部分发挥不同的作用,协调一致,形成合力。我国是一个旅游资源大国,但由于历史的原因,许多处在偏远地区的旅游资源由于交通、投入、人力资源等客观原因没能转化为促进地方经济发展、带领贫困地区脱贫致富的引擎。

一、包容性旅游扶贫必须以创新为"引擎"

创新是人类进步的灵魂。④ 包容性和旅游扶贫的重构,本身就是在认识世界、改造世界活动中的一种创新,其宗旨就是要通过包容性发展之路,把贫困地区丰富的旅游资源合理、科学地整合起来,让这些资源能够在均衡分享国家政策资源的背景下转化为新兴产业,构建起新兴市场,提供更多的机会,让更多的贫困人口通过生产性就业脱贫致富。

实施旅游扶贫,要坚持以创新为"引擎",以贫困地区为着力点,在国家权力机构、地方政府、公民社会组织、社会舆论监督之间构建起合作网络(见图 13—2),形成强大的社会支撑,并在主干骨架内践行包容性旅游扶贫的各项职责。

---

① 王超,郑向敏. 文化软实力:印度旅游全球竞争战略模式及其启示[J]. 软科学,2012(07):23—26.

② 王超. 包容性视角下贵州少数民族地区旅游开发模式研究[D]. 福建:华侨大学,2014.

③ 王超. Research on the Tourism Development Model in the Perspective of Inclusive in Minority Region of Guizhou Province[D]. 福建:华侨大学,2014.

④ 胡代光,高鸿业主编. 西方经济学大辞典[M]. 北京:经济科学出版社,2000:153.

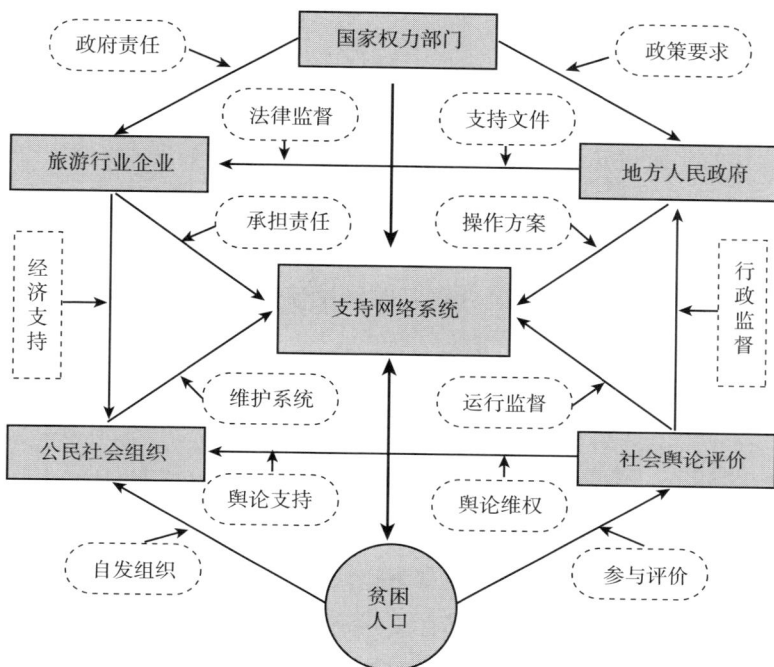

图 13—2　我国包容性旅游发展模式图（ITD 模式）

二、做好国家包容性旅游扶贫的顶层设计

顶层设计（top-level design）就是中央政府对未来中国实施包容性旅游扶贫进行整体谋划，对制约我国未来和谐社会建设、旅游发展的整体性、核心性问题进行顶层判断，并提出解决问题的可行思路和框架，以此作为规范各类具体标杆和制定具体政策的依据，从而最大限度地化解来自各方面的阻力，降低发展风险，确保旅游扶贫顺利推进。就我国的实际情况来看，包容性旅游扶贫的顶层设计应该由包括国家职能部门如发改委、国家旅游局、国务院扶贫办以及与旅游产业相关的各部委来负责，其职责就是制定贫困地区包容性旅游扶贫的国家战略支持系统，指导地方政府组织实施。

根据印度的实践经验，国家包容性旅游扶贫战略支持系统应包括：一是制定包容性旅游扶贫战略规划；二是地方政府编制符合本地区实际情况的旅游扶贫项目指导，并提供税收、土地、资金、人力等方面的政策支持，组织考核地方政府政策实施情况，监督地方政府官员行为；三是出台优惠政策，鼓励旅游企业大力参与旨在增加就业岗位和提升贫困者就业能力的扶贫开发项目;四是构建旅游扶贫的法律支持系统,保障系统正常运行;五是做好教育培训、社会保障、公共基础设施建设等支持系统的辅助工作;六是对制定好的战略方针,选取部分具有代表性的旅游区进行试点,在实际工作中探索解决系统运行中存在的问题;七是创新反馈机制,针对系统运行出现的问题,进行及时战略调整,最大限度地降低损失;八是调动和保护公民社会组织或其他非政府组织参与包容性旅游扶贫活动的积极性,及时向中央政府准确反馈信息,防止地方政府与部分旅游利益集团打着扶贫的幌子暗箱操控。[1][2]

三、实施地方旅游资源的包容性开发

连片特困地区各级政府在包容性旅游扶贫这个支持系统中扮演着非常关键的角色。尤其是旅游资源属地的县级人民政府,其组织力和实施力直接关系着辖区包容性旅游扶贫的顺利开展。为此,在实施旅游资源包容性开发方面尤其要注意:①经常听取旅游区居民有关开发的意见,使政府决策更具有可操作性和针对性;②维护辖区内百姓土地、房屋、农作物等权益;③实施计划控制和投资刺激政策,鼓励私营企业参与包容性旅游扶贫工作;④组织旅游区基础设施的投资与建设,带动贫困地区的经济发展;⑤加强地方法规,为个体企业或小型企业发展提供支持;⑥结合当地实际情况,制定包容性旅游扶贫长期发展规划和策略;⑦创造旅游扶贫的良好环境,吸引更多社会力量参与扶贫;⑧动态向上级政府反映旅游区发展情况,如实汇报出现的问题,以保障包容性旅游扶贫取得进展;⑨监督相关责任人的职权滥用、贪污腐败、自作主张等失范行为,并进行处罚;⑩出台优惠政策,建立激励机制,提升辖区内旅游企业参与包容性旅游扶贫的积极性。同时,还要做好对相关企业的监督和考核,防止部分企业占位不作为,获利不作为。[3]

———————————

① 王超,骆克任. 包容性增长视角下泰国旅游经济发展模式研究[J]. 东南亚纵横,2013(05):41—46.

② 王超,王志章. 我国包容性旅游发展模式研究——基于印度旅游扶贫的启示[J]. 四川师范大学学报(社会科学版),2013(05):57—71.

③ 王超,王志章. 我国包容性旅游发展模式研究——基于印度旅游扶贫的启示[J]. 四川师范大学学报(社会科学版),2013(05):57—71.

四、旅游企业必须践行好社会责任

包容性旅游扶贫的健康有序发展,辖区内相关旅游企业的贡献尤为重要。这些旅游相关企业"包括旅行社、酒店、交通运输公司、旅游景点、景区内购物商城、娱乐场所、服务公司、旅游工艺品制造商等"①。他们的核心任务就是在均衡分享国家优惠政策的前提下,促进目的地旅游经济的良好发展,创造更多的就业岗位,增强他们的上岗能力,为包容性旅游可持续发展奠定良好基础。为此,在操作层面上,这些旅游企业要为包容性旅游扶贫践行好社会责任:①对客源地的游客进行有关旅游扶贫、地方文化和传统、旅游活动等宣传,提供最全面的信息;②鼓励客源地企业、非政府组织、政府组建旅游合作链,开展人员招聘、培训、保险等工作;③严格执行目的地政府的用工政策;④为地方公民社会组织提供必要的经济支持,组织开展一系列培训项目,提高贫困人口上岗技能;⑤帮助本地居民中一些小型个体经营户开拓市场,提供专业化服务咨询;⑥以合资或者其他合作形式与目的地居民共同开发旅游项目;⑦确保目的地居民在国家政策的导向下拥有对包括渔业、林业、牧业等在内的旅游资源的开发权利;⑧为游客提供本土化的传统文化信息,鼓励游客参与当地传统工艺和文化活动;⑨鼓励企业积极向学校、医院、公园等捐赠,积极开展公益活动。②

五、公民社会组织需要维护贫困人口根本利益

公民社会组织在现代文明社会中发挥着重要的作用,实施包容性旅游扶贫少不了公民社会组织的社会功能。这些组织在包容性旅游扶贫系统中的作用主要体现在:第一,代表广大贫困人群,与相关利益集团进行博弈,保护利益不受强势集团侵犯;第二,对地方政府的行政、旅游企业的行为发挥监督作用,对一些不作为现象、破坏支持系统或侵犯贫困个体利益的行为进行申诉与维权;第三,对旅游区相关社会资源进行整合、协调解决不同利益阶层的矛盾,提高社会的稳定性,保障旅游经济的健康发展;第四,培养属于贫困人群的社会资本,

① Christian M. Rogerson. Urban Tourism and Small Tourism Enterprise Development in Johannesburg: The Case of Township Tourism. Geo-Journal,2006(03):249-257.

② 王超,王志章. 我国包容性旅游发展模式研究——基于印度旅游扶贫的启示[J]. 四川师范大学学报(社会科学版),2013(05):57—71.

构建贫困阶层的利益网,提高贫困阶层利益分配的话语权;第五,对支持系统进行动态监视和维护,对出现的问题,及时向相关部门进行信息反馈,与国家权力部门进行良性互动,保证国家权力机关与基层群体的信息畅通;第六,参与政府决策制定,使旅游政策更具包容性和可操作性,防止强势利益集团形成牢固的利益链,损害旅游成果的公平分配。①

六、社会舆论监督确保包容性旅游系统良好运行

社会舆论(Public Opinion)对包容性旅游发展有着重要的监督作用。在包容性旅游扶贫发展过程中,社会舆论要行使好下述职责:一是承担起对地方政府和旅游企业的监督工作,对违法犯罪现象进行曝光,或向上级机关反映,维护社会公平正义;二是为贫困人口参与包容性旅游建设提供话语平台,让决策者能够听到更多老百姓的声音;三是与公民社会组织进行合作,向那些由贫穷人口组成的公民社会组织提供舆论支持,帮助其成长,以营造公平和谐的社会环境;四是防止强势利益集团利用政策漏洞侵犯贫困人群的利益,防止贫穷的更贫穷、富有的更富有的"马太效应"(Matthew Effect)。②③

七、构建起包容性旅游扶贫支持网络系统

包容性旅游发展的主体部分就是由各方构建的一个扶贫支持网络系统。从可操作层面而言,这个支持系统应由 10 个方面组成:①针对贫困人口,特别是妇女,提供教育培训,增强她们自主创业能力,提升就业的机会;②对贫困人口在创业中的特困群体,提高低息财政支持或临时困难补助;③倡导贫困人口自发组建生产性组织或维权组织,提高抗风险能力;④在相对贫困地区加大基础设施建设,发展核心旅游产业,提高贫困者市场促进能力;⑤保障贫困群体对旅游景区分配的土地、自然资源、文化遗产或其他资产的使用权;⑥鼓励潜在的投资者到旅游扶贫区投资;⑦以立法为支撑,确保旅游部门工作顺利开展、地方

---

① 王超,王志章. 我国包容性旅游发展模式研究——基于印度旅游扶贫的启示[J]. 四川师范大学学报(社会科学版),2013(05):57—71.

② 同上.

③ 王超,骆克任. 包容性增长视角下泰国旅游经济发展模式研究[J]. 东南亚纵横,2013(05):41—46.

经济稳定发展,制定适当向穷人倾斜的政策,保护其获利的权力;⑧打造高质量和可靠的旅游产业链和交通运输系统;⑨构建社会保障系统,确保旅游区贫困人口的基本生活;⑩建立有效的信息反馈系统,让贫困者的声音能够及时传递到决策层,为政府制定扶贫战略提供决策参考。①

第二节　知识扶贫模式

"知识扶贫"是指通过加强对贫困人口的基础知识、专业知识的教育,逐步提高贫困人口的生产、生活能力,以增强其"造血"功能为宗旨,使其依靠自身的力量摆脱贫。② 无数事实证明,知识扶贫是连片特困地区在经济社会发展现实条件下谋求自身突破和发展的必然选择,也是实现摆脱贫困后可持续发展的重要手段。在很大程度上,知识扶贫比经济扶贫更重要。当前,要推动片区的脱贫致富和整体发展,既需要充分运用文化的力量和知识的手段实施知识扶贫工程,以实现"率先脱贫、率先致富"目标,也需要国家、基层政府以及贫困地区人民群众的紧密配合,将顶层设计和具体措施有机结合。

一、做好宏观政策顶层设计,发挥知识扶贫主渠道作用③

1.充分认识知识扶贫重要性,建立网络渠道促进知识传播

如前所述,连片特困地区的贫困不仅仅是物质资源的匮乏,更是社会资源的贫困,即智力贫困、信息贫困、观念贫困、文化贫困。因此,要摆脱贫困,一是充分认识知识扶贫是提升人口素质,增强贫困人口自我造血功能的重要引擎,人口素质、劳动技能提高了,自然就会增强摆脱贫困的能力。二是要大力弘扬积极的价值观,传授管用的科学知识,传播文明习俗等,自觉摒弃落后文化,树立起具有时代价值的新文化。三是坚持"输血"与"造血"并重,长期与短期结合,自力更生与政府扶持并举,把扶贫开发的落脚点聚焦在增强贫困群众自我发展的能力上。四是依托传统和现代媒体,传播科学知识、发布致富信息、普及

---

① 王超,王志章.我国包容性旅游发展模式研究——基于印度旅游扶贫的启示[J].四川师范大学学报(社会科学版),2013(05):57—71.

② 石进.国家知识扶贫政策[J].农家之友,2012(03):12—13.

③ 王志章,刘子立.连片特困地区知识扶贫路径研究[J].西部学刊,2014(01):24—30.

大众科学知识,帮助转变思想观念,提升"自我造血"技能。五是充分挖掘片区传统文化资源,组织开展具有地域特色的传统技艺大赛和生产技术大赛等,丰富村民的精神生活,激发村民提升生产技能、改善生活方式的热情。① 六是打造创作与农村现实生活密切相关的文化精品,丰富贫困地区文化生活,使广大人民群众在寓教于乐中接受新观念、新知识。②

2. 加大知识扶贫政策支持力度,确保各项措施落地生根

知识扶贫涉及的领域宽、范围广、技术强、要求高,需要国家和地方政府在信息基础设施建设、资源配置、科技下乡、资金投入等方面给予高度重视和支持。③ 在基础设施建设上,不断增加政府对知识基础设施的公共投入,建立片区整体性的知识传播网络,优化信息知识传播环境;加大投入,通过感知技术、网络技术和 IT 应用技术的运用,高起点打造片区物质网络、信息网络、能量网络,增强小城镇管理、产业发展以及宜居生活等智慧磁力。在知识资源配置上,要将那些散落在社会上的有文化的人士通过创办如手工艺协会、科普协会、养殖协会等组织起来,使其成为带领群众致富的领头羊;办好一批职业技术学校,定期组织农村技能人才免费培训;有条件的片区还可以办一两所职业技术学院或大学,使之成为片区培养高端应用型人才的重要基地。在资金投入上,要加大对片区教育信息平台建设的资金支持力度,为每个乡镇列出专项配套科技推广经费;坚持政府补助、企业主体、项目扶持,鼓励民间资本参与知识扶贫;设立片区扶贫产业专项资金,依托本地资源吸引相关企业入驻兴业,并通过产业发展提供就业机会,拓宽贫困人口收入渠道。④

3. 推动科技扶贫与知识扶贫融合,建立知识与产业扶贫对接机制

一是打造科技信息服务平台,构建县、乡、村、农业科技大户四级科技信息服务网络。二是整合乡镇农技、农机、林业、畜牧等乡村科技资源,大力实施"乡土人才"开发战略,县农业局、扶贫局、就业局等部门统筹建立"乡土人才信息库",并适时更新。三是积极探索"科技特派员 + 科技专家大院 + 科技信息服务

① 李云. 文化扶贫——武陵山片区扶贫攻坚的战略选择[J]. 民族论坛,2012(11):52—55.
② 王志章,刘子立. 连片特困地区知识扶贫路径研究——以武陵山片区为例[J]. 西部学刊,2014(01):28.
③ 罗云. 连片特困地区中小城镇知识扶贫的路径研究[D]. 重庆:西南大学,2014.
④ 王志章,刘子立. 连片特困地区知识扶贫路径研究——以武陵山片区为例[J]. 西部学刊,2014(01):28—29.

站＋基地、园区、农户(企业)"模式,在重点产业基地、科技示范园区、重点企业建立农业科技专家大院。聘请片区内外知名专家学者担任首席专家,片区内科技骨干、科技特派员担任执行专家,面向群众抓科研,深入田间搞示范,把大院建设成为科技人员流动站、产业研究所、办公室、实用技术培训基地,切实为基层群众开展科技服务。四是进一步建立健全科技扶贫瞄准更新机制,确保扶贫资金真正用在贫困区县和贫困户的扶贫开发上。①

二、组建专门协调监督机构,提升基层干部管理人员素质

1. 成立协调监督机构,确保在知识扶贫中各司其职

一是组建由国务院扶贫办、各省市区政府扶贫办和片区相关市区政府扶贫办参与的协调机构,对知识扶贫进行整体规划和指导。二是片区各区县要成立以主要领导为组长的知识扶贫工程领导小组,负责本区域内规划制定、经济技术开发、科技项目论证、科学决策和督促检查。

2. 创新管理干部培训方式,打造知识扶贫基层团队

一是依托片区各县区委党校或是高等院校建立定点干部培训基地,定期组织各级干部到基地学习新政策、新知识。二是"走出去"和"请进来"并举,每年组织一两次在扶贫第一线的管理干部带着项目到东部沿海地区考察学习,将学习与项目推介相结合。三是重点抓好乡村干部的培训工作,再选送一批知识基础好、有创新思维能力的农村青年到大学深造,培养"永久牌"知识扶贫人才。四是上级机关应对干部的培训流程做好安排,节省时间,降低成本,做到每次学习有新知识,学后反馈有新成果。②

三、携手构建知识扶贫的新模式

1. 推进片区知识扶贫的对口支援

一是推动中央和国家机关、各民主党派、国有企业、部属高等院校等单位带信息技术、带研究团队、带资金到片区开展定点扶贫,创新资金支持、产业发展、

---

① 郑琼. 实施创新驱动,推进科技扶贫[EB/OL]. http://wenku.baidu.com/view/50cbe71bb52acfc789ebc92d. html,2013－07－20.

② 王志章,刘子立. 连片特困地区知识扶贫路径研究——以武陵山片区为例[J]. 西部学刊,2014(01):29—30.

干部交流、人员培训以及劳动力转移就业等方面的方式,力求取得新的突破,积累新的经验。① 二是片区所在省市自治区要组织党政机关和企事业单位、先发地区到片区定点扶贫,帮扶到乡、工作到村,结成"一帮一"的对子。三是鼓励东部发达地区相关机构通过远程教育信息网等途径,加强对片区农民的知识和技能培训,推广新技术,传播新知识,转化为脱贫的支撑。②

2. 建立片区一体化知识扶贫合作模式

一是对片区文化资源要有清晰的摸底,掌握资源分布情况,做好统一规划,尽量避免相同项目的重复建设。二是要建立片区统一的、科学合理的、城乡一体化的公共文化服务体系,逐步形成片区资源优化使用、群众分享均等的文化网络,增强辐射功能,以满足广大人民群众对精神文化生活日益增长的需要,服务片区经济社会发展。三是提升信息化水平,加强片区图书馆、博物馆、文化馆、旅游景区数字化建设,促进文化要素在片区内便捷流动,更好地服务广大人民群众,提高科学人文素养。四是提档升级片区门户网站,使门户网站成为片区信息传递、知识传播、技术推广、招商引资、人才引进、网上政务、电子商务的好平台,并实现与国内外具有重要影响的门户网站的对接,消除因行政障碍所形成的"信息孤岛"。③

除此之外,片区还要充分利用非政府组织的人才优势,支持他们帮助贫困村寨、旅游景区等培养农村文化服务队伍和表演人才,参与地方旅游文化事业发展;引导他们开展制度性的文化下乡和城乡文化交流活动;组织城乡相关机构利用传统节庆活动开展联谊交流、技能比赛等,推动片区员工学习技能的热潮,提升依靠自我本事摆脱贫困的能力。

---

① 温家宝. 尽快改变连片特困地区的落后面貌[N]. 人民日报,2012 – 05 – 30(02).
② 王志章,刘子立. 连片特困地区知识扶贫路径研究——以武陵山片区为例[J]. 西部学刊,2014(01):24.
③ 王志章,刘子立. 连片特困地区知识扶贫路径研究——以武陵山片区为例[J]. 西部学刊,2014(01):30.

四、完善制度机制实现片区教育公平①

1. 依托高校资源为片区培养和输送知识扶贫的立地人才

一是六所教育部直管高等学校要增加对连片特困地区招收人数的投放量，让更多来自片区的学子学成回去成为高水平的立地人才。二是片区应该加大引智力度，出台更加宽松的优惠政策，根据现实需要，实施五年"百千万工程"计划，即每年从全国高等学校引进一百个博士毕业生、一千个硕士毕业生、一万个本科毕业生，不断充实到片区各条战线，各个行业，逐步改善人才结构，形成合理的人才梯队。三是结合本地自然人文资源禀赋特点实施"文化移民工程"，设立国家"连片特困地区大学生资助项目"，对到外地上大学回片区服务至少五年的大学生，给予免除全部学费的优惠；实施"创业贫困地区计划"，鼓励高校毕业生到片区创业兴业，为片区发展凝聚人才。四是积极鼓励大学生参加特困地区挂职实习锻炼，增加连片特困地区"选调生"、"大学生村官"的比例，并帮助他们解决工作、生活和后续发展相关问题，使他们能进得来，安得心，留得下。

2. 夯实基础教育，做好连片特困地区人才储备工作

一是要完善片区教育基础设施建设，改善办学条件，提高片区基础教育工资标准，以吸引和留住教师。二是要严格执行国家法律法规，切实落实中央支持农村教师政策，确保每个适龄孩子都"一个不能少"地顺利完成义务教育，阻隔代际贫困，同时也要抓好内涵式发展的高中教育，通过设立"连片特困地区教育扶贫基金"、社会资助等形式，确保每个贫困家庭的孩子能够有尊严、体面地读完高中直至大学，杜绝因经济贫困而读不起书的现象发生，从战略的高度为连片特困地区可持续发展储备人才。

3. 做强职业技能教育，助贫困人口掌握一技之长

一是依托县、区委党校、职业学校等培训机构，充分利用广播电视和远程教育等现代手段，整合师资力量，系统地向贫困人口传授专业技能知识。支持用人单位建立稳定的劳务培训基地，发展订单式培训。二是坚持因地制宜、按需施教原则，采取贫困人群"点菜"、专家"主厨"等模式，开设现代农业技术、无公

---

① 王志章，刘子立. 连片特困地区知识扶贫路径研究——以武陵山片区为例[J]. 西部学刊，2014(01)：30—31.

害蔬菜栽培、畜牧兽医、生态种养殖等实用课程,突出培训针对性和实用性。三是采取灵活多样的方式,组织农村党员、基层农技人员、农村致富能手,举办农民实用技术培训班;还可以从涉农部门挑选精通业务、实践操作能力强的精干技术力量,组成培训小分队开设流动课堂,深入田间地头,现场讲授、现场答疑。四是充分发挥农家书屋作用,开设农家书屋课堂;根据农事季节和生产需要,采取办宣传栏的形式,开展农业科技知识宣传。五是开展全民科技素质提升活动,以党员、村干部、乡土人才、农村致富能手和科技特派员为主要培训对象,着力培养一支科技带头人队伍。六是组织农村能人到外地龙头企业、产业基地考察学习。通过资金、技术入股、有偿服务等激励措施,鼓励科技特派员与乡土人才、农户结成利益共同体,手把手传艺、一对一帮带。七是发挥片区科技示范带头人"二传手"作用,加大实用技术和科技知识普及推广力度,带动更多的人脱贫致富。

五、引导贫困群体主体积极参与扶贫项目

调查表明,近年来一些扶贫项目在一些片区"叫好不叫座"。国务院扶贫办开展实施的扶贫开发三大重点项目之一的"雨露计划"在一些地区也遭遇寒潮,主要原因在于受培训者认为,接受一个月、一年的培训不如直接外出务工挣钱来得快。因此,一是积极宣传,让贫困人口懂得,要想脱贫致富必须破除短浅的观念,积极接受相关培训,学习先进实用技术和生产销售管理知识,提升自我创富能力。二是通过讲座、宣传等形式让片区贫困群体深入了解国家相关扶贫政策,确立自己在扶贫项目中的主体地位,切实维护自己的权利,确保自己的知情权、决策权和监督权,增强维权意识。三是鼓励贫困地区广大群众积极参与本村或乡镇组织的文化文艺活动,积极传播扶贫政策,学习扶贫知识,激活自身活力,变被动接受帮助为主动积极参与扶贫,依靠知识力量赢得发展权利,摆脱贫困。

六、借助网络平台消除农村知识贫困

综上,农民对利用知识网络平台进行远程学习的认知不足,其自身的科技文化水平和信息素养也不高,无法有效利用网络平台获取和交流知识。当前,充分发挥互联网的优势,对消除贫困至关重要。但要想利用网络平台消除农村

知识贫困就必须首先彻底解决农村计算机使用与互联网接入条件、农村居民的基本信息素养、知识网络平台上内容的丰富实用性以及促使农村居民使用知识网络平台的动机和兴趣等四大问题。

1. 重启新一轮电脑下乡计划,增加农村居民的计算机拥有量

首先,要根据第一轮家电下乡的统计情况,明确新一轮电脑下乡的重点补贴对象和标准。电脑直补对象主要是具有农业户口但又尚未购置电脑的农村居民家庭。其次,彻底取消下乡电脑的最高限价,代之以最高的补贴标准。虽然国家在家电下乡产品中新增了电脑,但下乡电脑的价格大多限定在 3500 元以内,补贴的标准为产品最终销售价格的 13%。在新一轮的电脑下乡计划中,国家不必对电脑进行最高限价,而是要确立最高的补贴标准与补贴的具体计算方式。例如,通过对不同价格区间的电脑实行有梯度差别的补贴标准,既可以发挥价格的重要导向作用,又可以满足高层次农村消费者的需求,有利于实现"农民得实惠,企业得市场,政府得民心"的预期目标。最后,适当提高对中西部地区扶贫重点县的电脑补贴标准,让更多的中西部地区农民真正得到实惠,使其拥有电脑这一基本的现代化工具。

2. 多渠道筹集互联网基础设施建设资金,积极推动互联网在农村的普及

一是运用"BOT"(Build-Operate-Transfer,建设—经营—转让)模式,鼓励国内外大型电信企业或投资集团到农村兴建互联网基础设施;二是发行专门的中长期建设国债,将互联网基础设施建设纳入国家重点建设的大型项目;三是借鉴国外发达国家的成功经验,设立国家信息网络普遍服务基金,即由国家财政、三大电信运营商以及社会企业等共同筹资;四是充分发挥经济杠杆的作用,通过给予税收优惠和其他政策支持,激励企业投入到农村互联网基础设施的建设之中,撬动农村地区这一巨大的潜在市场。另外,国家应切实降低农村的上网资费,鼓励电信运营商根据农村空心化的实际和农民工流动的特点推出超值优惠套餐,保证农民用得起计算机网络。对于偏远的不具备上网条件的农村地区,则可考虑直接根据农村村落布局建立"公共绿色网吧"低价供农民上网,或定期开放农村中小学的计算机网络教室免费供农民上网。

3. 借助农村中小学和电大等组织的计算机网络,对农民开展计算机技能培训

国家应加强对农民的计算机操作技能培训,借助各县级广播电视大学所拥

有的教师、计算机软硬件和互联网基础设施等对农民开展计算机操作技能培训。但对于居住地距离县广播电视大学较远的农民来说,进城接受培训耗时耗力,而且成本较高,不利于调动农民接受培训的积极性。要按照就近原则,依托农村中小学开展针对农民的计算机操作技能培训。政府可以派遣中小学教师承担农民计算机技能培训工作,在农闲时节或者农忙季的晚上组织农民学习计算机操作技能和互联网应用技术。对于不具备计算机操作技能的教师,按"优先培训,重点培养,给予酬劳"的方式,在全面提升中小学教师的计算机技能水平后再开展针对农民的计算机技能培训。另外,还可以委派当地的大学生村官或从电大等机构调派教师,甚至是从高校或社会上招募专职志愿者到乡(镇)、村开展巡回培训。在培训的评估环节,政府可以安排农民接受计算机操作技能测试,对于达到考核标准的农民一律发放合格证书,并辅之以一定的激励措施。如,通过规定农民凭合格证书可以在购置电脑时享受更多的补贴,从而激起农民参加计算机培训的积极性,保证培训的效果。这就需要国家在启动新一轮电脑下乡计划时配套地将此项因素纳入梯度补贴标准的计算模型中。

4. 加大农村教育投入与改革力度,全面提升农民的科技文化素养

首先,国家应进一步加强农村扫盲运动,"消灭"农村青壮年文盲,加快提高全体农民的读写能力,使全国文盲率由 4.08% 降为 0。与此同时,国家应降低农村成人学历教育特别是农村成人高等教育的门槛,使更多农民有机会接受高层次教育,提高自身的文化素质。其次,要加大对农村基础教育、职业教育和成人教育的投入,加大对中西部偏远农村的政策倾斜和财政转移支付力度,加强农村师资队伍建设,全面提升农村教育的质量。这是避免产生新文盲的重大战略举措,也是建设人力资源强国、实现中华民族腾飞的必要条件。最后,要有意识地加强农村妇女终身教育与培训,提高妇女的文化水平和综合素质。

5. 发挥后喻文化时代的文化反哺作用,进一步增强农民的信息技能

首先要充分发挥孩子、学生在信息技能教育中的重要作用。可以通过农村学生特别是农村高中生和大学生自身在网上查询资料、下载电影、点播课程、联系亲友以及购买衣物等经历,使父母深刻认识到互联网的便捷性和重要性,进而培养父母亲的信息意识。其次,农村学生可以通过当面示范和现场指导的形式帮助父母更好地学习和理解网络基础知识、计算机操作技能以及使用技巧,帮助父母掌握获取和交流知识的方法,提高父母的信息技能。最后,农村学生

可以作为父母的技术咨询师,对父母在使用计算机网络过程中的疑惑和困难给予有效的帮助和指导,使父母更快更好地掌握计算机相关知识和技能。这样不仅可以丰富农村父母的闲暇生活,还能促进农村父母利用计算机和互联网学习知识,开阔视野,解决生产、生活中的问题。

6. 着力提高知识的实用性和直观性,全方位激发农民的学习动力

首先,打造农村知识网络平台必须坚持贯彻以人为本的思想,以农民的实际需求为出发点,以实用性和适用性为突破口,以知识呈现的直观性和趣味性为引爆点,以农民"爱不爱学、学不学得进、能不能掌握"为基本原则,创设良好的学习环境与积极的学习体验,全方位激发农民求知的动力,扭转农村知识贫困的窘境。其次,要以农民的需求分析为出发点、以解决问题为中心,打造具有针对性、实用性的知识网络平台,以便激发农民的学习动力,提高农民对网络平台的使用率,使知识资源的价值得到充分实现。再次,在打造农村知识网络平台时,除考虑知识内容的实用性和更新及时外,还必须关注农民的知识基础、接受能力和理解水平,要最大限度地保证知识呈现的直观性与趣味性。最后,要积极使用各种各样的图片和动画等非文本信息,千方百计地提高农民学习的兴趣。实践经验表明,一幅好图片胜过千言万语,好的动画能传达出文字难以表现的含义,好的案例能为人们提供模仿的经典样板。假如再配上名师连珠的妙语和丰富的表情,做到寓教于乐,农民的学习积极性无疑会得到全面激发。

第三节　生态扶贫模式

搬迁移民是消除连片特困地区偏远山区贫困居民的治本之策。近几年来,各片区在高山生态搬迁移民方面取得了许多好的经验。从现实情况来看,还存在一些问题,主要表现在:搬迁指标刚性化,"诱导搬迁"、"搬迁未满"现象存在,搬迁补助资金划拨时间滞后,资金缺口较大,影响工作进度;部分搬迁新区位置偏远,基础设施建设成本高;产业"碎片化"现象普遍,规模化程度低,就业与收入来源渠道狭窄;搬迁户家庭多为老人和小孩留守,文化程度偏低,缺乏生产性就业技能;公共服务体系不健全,农村社会保障覆盖范围窄;搬迁后原住宅用地闲置荒废,土地资源集约利用度不高;生态环保意识淡薄,环境不良行为多发。因此,开展高山生态扶贫搬迁工作,必须基于现实情况,从制度建设、城镇

发展、生态产业培育、农民技能培训、社会保障建设、搬迁后宅基地复垦、生态保护建设方面齐头并进,抓好七个坚持,使高山生态扶贫搬迁能够惠及更多赤贫人群。当前要着重做好散居在高寒边远地区、自然条件恶劣、基础设施差、社会公共服务可达性差、自然灾害频发点和存在安全隐患区域、生态保护重点区域等几大类高山偏远地区贫困户应搬尽搬工作。这是实现包容性目的的重要途径。

一、破解资金难题

高山生态移民搬迁需要庞大的资金,目前仅靠政府财力是不够的,必须打好组合拳。因此,以触发资源聚合效应破解搬迁安置的"第一桶金"难题,能够确保高山移民愿搬出、搬得出、无顾虑。首先,整合财政资金。统筹上级政府各种专项补助资金和本级财政专项资金,根据搬迁对象的实际情况实施有区别的补贴政策,政策补助向贫困户倾斜。其次,整合农业综合开发、国土资源整治等项目资金。按照"渠道不乱、用途不变、各尽其力、各记其功"的原则,整合各地发改、扶贫、城建、民政、残联、农委、国土等部门的移民搬迁、危房改造、国土整治、救灾救济等资金,重点扶持高山移民建房。捆绑涉农部门基础设施和产业项目,优先照顾高山生态移民安置点实施,集中力量解决高山生态扶贫搬迁中的突出问题和紧迫问题,重点支持高山生态扶贫搬迁安置点的水、路、电、气、通信、环境等基础设施和教育、卫生、文化等公共服务功能建设。[①] 最大限度地发挥项目资金的聚合效应。最后,整合社会帮扶资金。将高山生态移民与扶贫攻坚有机整合,组织各部门利用节约经费和干部职工捐款,积极扶持高山移民群众搬迁,有效破解资金短缺难题。

二、创新安置渠道

实践证明,高山生态移民搬迁必须坚持"集中安置为主,分散安置为辅"的原则,一切从实际出发,不搞一刀切。一是集中梯度安置。对愿意继续从事农业生产的,充分利用现有场镇、原撤并乡镇、村民活动中心以及公路沿线的基础设施,统一规划设计具有特色的新农村农房风貌,动员老百姓"拆旧建新"缓解

---

① 刘嗣方,刘祎. 武隆积极探索高山生态扶贫搬迁新途径[J]. 新重庆,2013(05):26—27.

土地指标难题。二是转户进城安置。鼓励进城务工以及有稳定收入来源的高山生态扶贫搬迁对象举家转户进城安置或投亲靠友安置,充分享受低保、职业教育与就业培训、子女入学、中职就学免费等相关待遇,特别是通过公租房、廉租房建设以及购房补助,帮助群众实现融入城镇的梦想。三是特殊群众保障安置。[1] 通过新建养老院和改扩建乡镇敬老院,对居住在高山边远贫困地区危旧房中的孤寡老人和"五保户"全部实行集中供养。

三、实行多个同步

移民生计和增收致富是检验高山生态移民搬迁是否成功的关键因素。因此,做好几个同步是做好生态移民搬迁的关键。

1. 坚持高山生态扶贫搬迁与制度保障建设同步

一是要废除刚性搬迁指标约束,综合考虑资源禀赋和群众意愿等因素,实施多元化的搬迁政策。对于进城务工以及有稳定收入来源的高山生态扶贫搬迁对象,可以通过给予公租房、廉租房建设以及购房补助,鼓励其举家转户进城安置。对于居住条件恶劣,亟须搬迁,但缺乏劳动能力又没有固定生活来源的群体,如孤寡老人,可将其安置到养老院、敬老院,实行集中供养。对有意愿而无力搬迁的特别困难的群众,可整合农村基础设施建设资金、涉农补贴资金、农业发展项目资金、生态建设资金与扶贫、救济、危房改造资金等各类涉农资金,适当提高搬迁补助标准,帮助解决搬迁资金问题。二是建立高山生态扶贫搬迁监管机制,对生态扶贫搬迁项目进行严格的检查验收,对于验收合格的,要求财政局在固定工作日内拨付资金,提升资金使用时效性、规范性、有效性,提高扶贫搬迁实施效果。三是发动社会力量,积极鼓励有实力的龙头企业通过产业扶贫的形式注入资金,参与扶贫搬迁。整合发改、交通、扶贫、水利等部门的项目资金捆绑使用,发挥最大效益,弥补短缺资金。

2. 坚持高山生态扶贫搬迁与小城镇建设同步

结合新型城镇化建设的客观需要,按照高山生态扶贫搬迁、小城镇建设与基础设施建设三位一体的思路,加快资源整合,完善配套公共设施,对搬迁人口进行合理安置,为贫困人口脱贫提供可持续的发展空间。

---

[1] 刘嗣方,刘祎. 武隆积极探索高山生态扶贫搬迁新途径[J]. 新重庆,2013(05):26—27.

一是综合考虑区位条件、生产耕作、产业布局、基础设施等因素,以片区县城郊区、产业园区、旅游景区周边及农村集镇作为重点安置点,按照功能完善、风格一致的原则,统一规划、统一设计,打造具有民族风情的特色小城镇。二是集中资源,优先发展交通基础设施,硬化扶贫搬迁地内部道路,打通与国道及各省道等外部交通主骨干网络的节点,提升通勤便捷程度。三是建设集中供水点、污水处理厂、垃圾处理厂、公交站点、管道煤气,加快铺设自来水管网和用电线路,修建农家书屋、文化活动室和文化广场等配套设施,高起点、高标准建设搬迁安置点的生产生活设施,提高服务功能,为更多贫困人群安心落户小城镇创业兴业创造良好条件。

3. 坚持高山生态扶贫搬迁与生态产业发展同步

因地制宜,做好生态产业发展前期规划,指导各乡镇依托属地资源发展特色效益农业、农特产品深加工业与乡村旅游业,促进农民增收,真正实现"搬得出,稳得住,逐步能致富"的目标。

一是要打破行政区划限制,整合碎片化的土地资源,规模化种植特色效益农业,促进农业集约化生产,提高山地农业现代化水平;引进主导产业,发展相关的龙头企业,建立农产品深加工基地,延伸产业链,提高附加值,推动产业发展,增加农民收入。二是通过土地交易制度、补偿机制等创新,引进劳动密集型企业落户中心小城镇,并在经营管理、人才培训方面给予政策倾斜和税收减免优惠,支持企业做大做强,带动更多的搬迁人口实现就业。三是根据各乡镇特色,整合生态资源、民族文化资源,扎实推进基础设施建设,积极策划农业观光旅游项目,整治环境卫生,打造"星级享受、平民化消费"的农家乐,开发高山避暑度假项目,鼓励农户参与旅游开发,成为旅游经营主体,扩大农民就业渠道。

4. 坚持高山生态扶贫搬迁与农民技能培训同步

采取灵活多样的形式,加强对移民科学文化知识与实用技能的培训,不断提高搬迁贫困人群的劳动技能和综合素质,增强自我发展能力,尽快摆脱贫困。

一是发挥共青团、妇联、科协等群团组织作用,通过"文化、科技、卫生三下乡"活动,对扶贫搬迁户进行生产生活、科技兴农、计划生育等方面的培训,加强引导,帮助他们移风易俗、转变观念,从根本上解决搬迁群众的素质问题。二是加大对民俗产品从业者的培训力度,组织传统手工艺老艺人开展传帮带活动,推进传统手工技艺与现代时尚元素相结合,在表现手法、制作工艺、产品包装等方面推陈出新,挖掘文化内涵,提高民族民间手工艺品制作水平,提升产品的审美功能,形成规模效益,打造具有浓郁地域特色的民间旅游工艺品牌。三是通过实施进一步的优惠政策,改善农村生产生活条件,提高产业生产效益,拓宽就业渠道,吸引在外务工能人回乡创业,加大生态农业、生态工业、旅游市场营销、旅游产品开发等技能培训的力度,建立起有文化、懂技术、会经营、善管理的产业发展人才队伍。

5. 坚持高山生态扶贫搬迁与社会保障体系建设同步

片区地方政府要积极探索普惠性扶贫资金、高山生态移民救助资金与劳动社会保障金的深度融合渠道,根据扶贫搬迁者的经济实力、缴纳情况等进行社会保障工作的分类管理。

一是对于已经在农村缴纳社会保障的扶贫搬迁者,政府要积极出台政策,实行折抵制或补缴制,打通城乡各项保险制度转换路径,实现农村与城市社会保障的衔接并轨,保证扶贫搬迁户真正享受到与其身份一致的保障权益。二是对于没有能力缴纳社会保障体系的五保老人、赤贫人口,各乡镇要在摸底调查的基础上,对其进行建档立卡,建立政府补助机制,确保他们充分享受到社会保障。

6. 坚持高山生态扶贫搬迁与解决原宅基地复垦同步

贫困农户搬迁后,往往还保留原宅基地以及耕地的所有权,这不仅限制了农村宅基地的利用率,也造成土地资源的浪费。

一是成立由国土房管局、公安局、法院、民政等多部门联合的调查组,建立土地监察和执法体系,对农村废弃宅基地进行调查摸底登记,通过与搬迁户签订宅基地退出协议,完善宅基地退出机制,切实抓好旧宅基地复垦工作。二是根据中央有关文件精神出台农村建设用地拆迁安置补偿和集体用地置换等实施办法,对于拆旧建新贫困群众和已在城镇购置商品房或愿意进入城镇规划区定居并自愿退出旧宅基地的农村群众[1],给予一次性货币补偿和奖励,并落实好社会养老保险政策,解决后顾之忧。三是要将废弃宅基地复垦与建设用地指标增减挂钩结合起来,参与土地地票交易,盘活农村资产,确保农民通过自愿转让

---

[1] 申家杰,吕燕,袁志雄. 农村宅基地管理制度生态化及路径选择[J]. 商场现代化,2010(18):173—175.

获得财产性收益,确保废弃宅基地得到有效复垦。①

7. 坚持高山生态扶贫搬迁要与生态保护建设同步

要按照生态保护发展区的功能定位,将高山生态扶贫搬迁与生态保护建设相结合,促进经济与社会的协调发展。

一是加强对原居住地的生态治理。适当提取生态保护资金,提高对居住在自然保护区、风景名胜区、文物保护区、生态保护区以及重要水源保护区范围内居民扶贫搬迁补贴标准,引导搬迁。二是在群众搬出特殊生态区域后,加强对当地的生态治理工作,通过开展荒地封山育林造林、坡耕地退耕还林还草、库区周围造林绿化、石漠化与水土流失治理等,实施生态修复,提高植被覆盖率,促进迁出区自然环境的恢复。三是强化对迁入地的生态保护,在搬迁小城镇、集镇点及时建设污水处理厂、垃圾处理厂,严格控制污染物排放,防止生态环境的人为破坏。修建梯田,因地制宜大力发展水土保持型生态农业,减少水土流失。推广先进工艺生产技术,减少对生态环境的破坏。

第四节　NGO参与模式

NGO,是英文"Non-Governmental Organization"一词的缩写,目前对于NGO还没有普遍认可的定义,我国官方通常称之为"民间组织"。19世纪80年代以来,在全球社团革命的背景下,NGO在全世界都得到迅速的发展。20世纪90年代后,中国的NGO也得到了空前的发展。② 据统计,2012年NGO总数已达499268个,比2011年增长了8.1%。其中社会团体271131个,民办非企业单位225108个,基金会3029个。③ NGO作为公民社会的重要力量,在扶贫开发方面具有灵活性、民间性、志愿性的优势条件,参与扶贫开发能够与政府实现优势互补。

在过去的扶贫实践中,我国在发挥包括国际社会在内的NGO作用方面做了大量的工作:一是实施扶贫项目,解决贫困人口面临的生存问题,提供最基

---

① 向保林,陈晓燕,李亮. 农村废弃宅基地复垦研究——以重庆九龙坡区白市驿镇宅基地复垦为例[J]. 安徽农业科学,2011(14):8449—8451.

② 黄波. 非政府组织与乡村政权的合作、冲突与协调[J]. 东方论坛,2004(01):11.

③ 中华人民共和国国家统计局. 中国统计年鉴——2013[Z]. 北京:中国统计出版,2013.

本的生产生活条件,NGO 开展了以饮水、搬迁造地、住房改造为核心的三大反贫困项目。以中国扶贫基金会为例,其分别对西北干旱地区开展了饮水项目,资助贫困农户建造家用小型贮水设施,收集雨水,解决缺水问题;对西南喀斯特地区,通过工程方式解决缺土问题,并资助资金,让农户自己建造农田,解决吃饭问题;对位于四川大凉山彝族贫困山区开展住房改造项目,改变了当地长期人畜混居的状态。① 二是提供直接援助,通过强制性的投入方式打破贫困所形成的恶性循环,从量和质两个层面改善贫困人口生活状态。② 例如,受"5·12"汶川地震影响,甘肃六盘山贫困片区成为重灾区,对此中华慈善总会采取了直接援助的方式,帮助该区恢复生产生活,重建校园,尽快复课。三是开展能力建设,特别是加强对贫困儿童的教育,对摆脱贫困代际传递的恶性循环尤为重要。如中国青少年发展基金自成立以来总计募集资金 53 亿多人民币,共帮助了 338 万名农村家庭经济困难学生重返校园,建设了 15444 所希望小学、14000 间希望工程图书室,配备了 2500 套希望工程体育园地、200 套希望电影放映设备,培训了 52000 余名农村小学教师。③ 由此可见,NGO 在参与扶贫、帮助摆脱贫困方面具有不可替代的作用,应该加以发挥。

一、加强法律法规和制度建设

法律法规的完善,是 NGO 健康发展的必要条件。一是进一步健全和完善法律法规,明确 NGO 的主要作用、社会地位、基本职能和组织形式,切实维护NGO 的自主、自治以及其他一切合法权益。二是进一步简化扶贫开发 NGO 设立程序,实行注册备案制。三是通过减免税政策促进 NGO 健康发展,将各类参与扶贫开发的 NGO 列为免税对象,解决由于 NGO 票据制度的不配套而引起的国家现存税收优惠法规难以操作的问题。对符合 NGO 宗旨相关的经营活动实行税收优惠政策,鼓励社会捐赠及 NGO 技术入股,完善捐赠税收优惠政策及产业技术等相关政策。建立财政资助计划或 NGO 基金,以资助、贴息贷款等方式

---

① 王名. NGO 及其在扶贫开发中的作用[J]. 清华大学学报(哲学社会科学版),2011,1(16):75—94.

② 顾建光. 非政府组织的兴起及其作用[J]. 上海交通大学学报(哲学社会科学版),2003(06):26—30.

③ 李国安,郭庆玲. 民间组织参与扶贫的意义、障碍与实践路径[J]. 人民论坛,2014(17):33—35.

扶持弱势机构,加大重点项目支持力度,支持 NGO 能力建设及人才建设。要完善 NGO 评价机制,对在扶贫工作中作出重要贡献的 NGO 要给予奖励。

二、营造良好的社会舆论监督氛围

社会舆论是影响国家生活、社会思潮和群众情绪的重要因素。有效引导社会舆论,是开展慈善扶贫的重要手段。政府要营造一种良好的氛围和环境,这是 NGO 组织发展和扶贫事业发展必不可少的社会基础。由于当前社会进入急剧转型时期,出现了道德滑坡、诚信意识淡薄的情况,客观上影响了代表博爱、慈善和公益观念的 NGO 组织的发展。这就需要政府强化慈善方面的舆论宣传,特别是加大对正面典型事件的宣传力度,通过典型引路,示范带动,促进慈善理念的普及,营造出一种有利于 NGO 发展壮大的舆论环境。另外,NGO 要加强内部管理,定期向社会公布运行情况,尤其是财务收支情况,确保扶贫开发的每一笔款项的收入和支出可查,树立良好的社会形象。

三、减少 NGO 对官方的依赖

NGO 作为政府与公众之间的一座桥梁,不仅有助于解决"政府失灵"问题,还能为社会提供针对性很强的公共物品,促进社会资源的整合。然而,目前 NGO 所具有的官方、半官方背景,使其在组织结构和财政上都依赖于政府,制约了其功能的有效发挥。为了使 NGO 更好地参与扶贫开发,就必须破除官方背景,促使 NGO 转型成为规范专业、公开透明的组织。加快 NGO 机构改革步伐,恢复 NGO 的相对独立的民间组织身份,确保 NGO 的灵活、高效、低成本运作。

四、不断增强 NGO 专业人员的整体实力

由于 NGO 参与扶贫的时间不长,发挥的作用尚有限。NGO 要参与政府的扶贫开发活动,就必须要努力增强自身的实力。一是要解决人才资源短缺的问题。一方面要吸收高素质的志愿者,根据社会的现实需求,设计好的项目,吸引高素质的志愿人员参与;另一方面要加强对志愿者的培训,提升参与扶贫人员

的职业化和专业化,使他们能够将自己的专长、技术等转化为帮助脱贫的生产力。[①] 二是要积极鼓励国内 NGO 与国外 NGO 开展技术交流,学习他国 NGO 组织参与国际扶贫的先进经验,为我所用。三是 NGO 要加强与政府和社会各领域的信息交流,提高交流技巧,增强信任和合作,扩大社会影响力,提升社会的认同度,更好地向社会募集更多的扶贫资金。

本章作为上一章的延续,提出了构建包容性增长扶贫开发的另外几种模式。一是包容性旅游扶贫模式。包容性旅游扶贫必须以创新为"引擎",做好国家包容性旅游扶贫的顶层设计,实施地方旅游资源的包容性开发,旅游企业必须践行好社会责任,维护贫困人口基本权益,社会舆论监督确保包容性旅游系统良好运行,构建起包容性旅游扶贫支持网络系统。二是知识扶贫模式。要推动片区的脱贫致富和整体发展,既需要充分运用文化的力量和知识的手段实施知识扶贫工程,以实现"率先脱贫、率先致富"目标,也需要国家、基层政府以及贫困地区人民群众的紧密配合,将顶层设计和具体措施有机结合。要做好宏观政策顶层设计,发挥知识扶贫主渠道作用;组建专门协调监督机构,提升基层干部管理人员素质;携手构建知识扶贫的新模式;完善制度机制,实现片区教育公平;引导贫困群体主体积极参与扶贫项目;借助网络平台消除农村知识贫困。三是高山生态扶贫搬迁模式。生态扶贫搬迁要破解资金难题;坚持"集中安置为主,分散安置为辅"的原则,一切从实际出发,不搞一刀切;要把产业发展、基础设施建设、农民素质的提升放在同等重要的位置。四是 NGO 参与模式。要加强法律法规和制度建设,为 NGO 组织参与扶贫扫清障碍;要营造良好的社会舆论监督氛围,吸引更多的 NGO 组织参与包容性扶贫;要减少 NGO 对官方的依赖;不断增强 NGO 专业人员的整体实力。

---

① 李国安,郭庆玲. 民间组织参与扶贫的意义、障碍与实践路径[J]. 人民论坛,2014(17):33—35

主要参考文献

一、英文参考文献

1. C. P. Hill. British Economic and Social History:1700—1982[M]. London:Edward Arnold,1985.

2. Harold Perkin. The Origins of Modern English Society[M]. London:Routledge,2002.

3. Anthony Hall. From Fome Zero to Bolsa Familia:Social Policies and Poverty Alleviation under Lula[J]. Journal of Latin American Studies,2006,Cambridge University Press.

4. Berenice Daniels. Developing Inclusive Policy and Practice in Diverse Contexts:A South Africa Experience[J]. School Psychology International,2010,31(06).

5. D. Chambers, W. Ying, Y. Hong. The Impact of Past Growth on Poverty in Chinese Provinces [J]. Journal of Asian Economics,2008,(19).

6. Ferreira Vanessa Alves,Magalh? es Rosana. Obesity and Poverty:the Apparent Paradox. A Study among Women from the Rocinha Slum,Rio de Janeiro,Brazil. [J]. Cadernos de Saude Publica,2006.

7. Guy Burton. An End to Poverty in Brazil? An Assessment of the Lula and Rousseff Governments´Poverty Reduction and Elimination Strategies[J]. Journal of Policy Practice,2013.

8. Ifzal and Hyun Hwa Son. Measuring Inclusive Growth [J]. Asian Development Review,Vol. 24,No. 1,2007.

9. Mani Shankar Aiyar and Nupur Tiwari. Inclusive Growth through Inclusive Governance in India's North East [J]. Commonwealth Journal of Local Governance,Issue 2,January 2009.

10. Bhekizizwe Ntuthuko Mbuli. Poverty Reduction Strategies in South Africa[D]. University of South Afria,2008.

11. M. Christian. Rogerson:Urban Tourism and Small Tourism Enterprise Development in Johannesburg:The case of township tourism . Geo-Journal,2006(03).

12. Nicola Phillips, Leonardo Sakamoto. Global Production Networks, Chronic Poverty and 'Slave Labour' in Brazil[J]. Studies in Comparative International Development,2012.

13. Paul Collins, Pan Suk Kim. Fighting Poverty And Protecting The Urban Environment：The Refuse Collectors of Rio De Janeiro[J]. Brazil. Public Admin. Dev. ,2012.

14. Rahul Anand, Saurabh Mishra and Shanaka J. Peiris(2013). Inclusive Growth Measurement and Determinants[J]. IMF Working Paper, 2013 International Monetary Fund.

15. Rana Kapoor. Tourism：Add Inclusive India to Incredible India [J]. The Economic Times, 2011(08).

16. Rute Imanishi Rodrigues, Setsu Kanto. Slum Upgrading in Brazil During the1990s：An E-valuation Using Census[J]. Presented at the World Bank Fourth Urban Research Symposium, Washington D. C. ,May14th,2007.

17. Shlomo Yitzhaki . Do We Need a Separate Poverty Measurement? [J]. European Journal of Political Economy,2002(18).

18. Sourav Mukhopadhyay. Inclusive Education for Learners With Disabilities in Botswana Primary Schools[J]. Sage Open,June,2012(06).

19. Stephan Klasen. Measuring and Monitoring Inclusive Growth：Multiple Definitions,Open Questions and Some Constructive Proposals[J]. ADB Sustainable Development Working Paper Series,No. 12,June 2010.

20. Barend Jacobus, Monika Esser, Sarah Godwin eds. Poverty and Human Immunodeficiency Virus in Children,A View from Western Cape,South Africa [J]. New York Academy of Science, 2008(01).

21. Jagdish Bhagwati. Growth, Poverty and Reforms [J]. Economic and Political Weekly, March 10,2009.

22. Bruce C. Glavovic, Saskia Boonzaier. Confronting Coastal Poverty：Building Sustainable Coastal Livelihoods in South Africa [J]. Ocean Coastal Management,2007,50(01).

23. R. Burgess N. Stern. Social Security in Developing Countries：What,Why,Who and How? [J]. In Social ,1991.

24. Cally Arding, Till Barnighausen, Anne Case, Alicia Menendes. The Economic Consequences of AIDS Mortality in South Africa[J]. Journal of Development Economics,2014,111(01).

25. Carol Anne Spree, Salim Vally. Education Rights, Education Policies and Inequality in South Africa[J]. International Journal of Education Development,2006,26(03).

26. Charlie M. Shackleton, Sheona E. Shackleton, Eric Buiten eds. The Importance of Dry Woodlands and Forests in Rural Livelihoods and Poverty Alleviation in South Africa[J]. Forest Policy and Economics,2007,9(05).

27. S. M. Dev. (1996). Social Security for Indian Workers: Performance and Issues. Indian Journal of Labour Dreze. Jean and Amartya Sen. 2012, India: Economic Development and Social Opportunity[J]. Oxford University Press, Oxford and New Delhi.

28. Frederick J. Zimmerman. Barriers to Participation the Poor in South Africa's Land Redistribution [J]. World Development, 2000, 28(08).

29. Hazel M. Kwaramba, Jon C. Lovett, Lynette Louw et al. Emotional Confidence Levels and Success of Tourism Development for Poverty Reduction: The South Africa Kwam eMakana Homestay Project [J]. Tourism Management, 2012, 33(06).

30. Hugh Cunningham. The Employment and Unemployment of Children in England. 1680—1851[J]. Past and Present, 1990(02).

31. Lucie Cluver, Mark Orkin. Cumulative Risk and AIDS-orphanhood: Interactions of Stigma, Bullying and Poverty on Child Mental Health in South Africa[J]. Social Science&Medicine, 2009, 69(08).

32. Luke Chicoine. AIDS Mortality and Its Effect on the Labor Market : Evidence from South Africa[J]. Journal of Development Economics, 2012, 98(02).

33. Mark Hunter. Beyond the Male-migrant : South Africa's Long History of Health Geography and the Contemporary AIDS Pandemic[J]. Health &Place, 2010, 16(01) .

34. Merle Sowman, Jackie Sunde, Serge Raemaekers et al. Fishing for Equality: Policy for Poverty Alleviation for South Africa's Small-scale Fisheries[J]. Marine Policy, 2014, 46(01).

35. Michael Aliber. Chronic Poverty in South Africa: Incidence, Causes and Policies[J]. World Development, 2003, 31(03).

36. Michael R. Carter, Julian May. Poverty, Livelihood and Class in Rural South Africa[J]. World Development, 1999(01).

37. Monica Ferreira. The Differential Impact of Social-pension Income on Household Poverty Alleviation in three South African Ethnic Groups[J]. Ageing and Society, 2006, 26(03).

38. IFAD. "Achieving the Millenium Development Goals by Enabling the Rural Poor to Overcome their Poverty". Mar. 22, 2002. http://www. ifad. org/gbdocs/gc/26/e/panel. pdf.

39. Ifzal Ali and Juzhong Zhuang. Inclusive Growth toward A Prosperous Asia: Policy Implications[D]. ERD Working Paper No. 97, 2007.

40. Mariana Fix, Pedro Arantes, Giselle Tanaka. Urban Slum Reports: The Case of Sao Paulo, 2003.

41. Peder Hjorth. Knowledge Development and Management for Urban Poverty Alleviation[J].

Habitat International,2003,27(03).

42. Asian Development Bank. Fighting Poverty in Asia and the Pacific：The Poverty Reduction Strategy of the Asian Development Bank . Manila,Philippines. 1999.

43. EEC：The Institution of An Official Poverty Line and Economics Policy. Welfare State Program Paper Series,1993.

44. Helpdesk Research Report. Literature Review on Inclusive Growth. GSDRC Governance and Social Development Resource Center,2010,23(04).

二、中文参考文献

1. ［美］哈瑞尔·罗杰斯著，刘杰译. 美国的贫困与反贫困［M］. 北京：中国社会科学出版社,2012.

2.［印］威奈·莱、［美］威廉·L．西蒙著,宣晓凤、汤凤云译. 思考印度［M］. 上海:上海大学出版社,2010.

3.《马克思恩格斯全集》第3卷［M］. 北京：人民出版社,1972.

4.《马克思恩格斯全集》第46卷（下）［M］. 北京：人民出版社,1972.

5.《毛泽东选集》第4卷［M］. 北京：人民出版社,2003.

6. 安春英. 非洲的贫困与反贫困问题研究［M］. 北京：中国社会科学出版社,2010.

7. 保罗·萨缪尔森,威廉·诺德豪斯. 经济学［M］. 北京:北京经济学院出版社,1996.

8. 韩建民等. 西部农村贫困与反贫困路径选择［M］. 北京：中国农业出版社,2012.

9. 康晓光. 中国贫困与反贫困理论［M］. 南宁：广西人民出版社,1995.

10. 联合国人居署编著,于静、斯淙曜、程鸿译:《贫民窟的挑战:全球人类居住报告2003》［M］. 北京：中国建筑工业出版社,2006.

11. 刘子富. 热土,中国扶贫攻坚战场［M］. 北京：新华出版社,2012.

12. 世界银行. 2000 /2001年世界发展报告［M］. 北京：中国财政经济出版社,2001.

13. 帅传敏. 中国农村扶贫开发模式与效率研究［M］. 北京：人民出版社,2010.

14. 西奥多·舒尔茨. 人力资本投资［M］. 北京:商务印书馆,1984.

15. 游俊,冷志明等主编. 中国连片特困区发展报告（2012）——武陵山片区多维减贫与自我发展能力构建［M］. 北京：社会科学出版社,2013.

16. 约翰·范·奥夫特瓦尔德著,王永龙译. 芝加哥学派［M］. 北京：中国社会科学出版社,2010.

17. 赵曦. 中国西部农村反贫困模式研究［M］. 北京：商务印书馆,2009.

18. 庄巨忠编. 亚洲的贫困、收入差距与包容性增长——度量、政策问题与国别研究［M］. 北京：中国财政经济出版社,2012.

19. 阿班·毛力提汗. 中国共产党反贫困理论与实践[J]. 毛泽东邓小平理论研究,2006(11).

20. 阿班·毛力提汗. 中国共产党三代领导人的反贫困战略思想[J]. 新疆社会经济,2000(06).

21. 本刊编辑部. 中共中央政治局召开会议研究农村扶贫开发工作[J]. 党史文苑,2011(10).

22. 本刊编辑部. 中国的农村扶贫开发[J]. 农村·农业·农民(B版),2005(08).

23. 本刊编写组. 新思想 新观点 新论断 新要求——习近平总书记系列重要讲话综述[J]. 职业技术,2014(Z1).

24. 本刊记者. 滇桂黔石漠化片区区域发展与扶贫攻坚规划启动实施[J]. 国土绿化,2012(07).

25. 蔡都阳. 中国农村贫困性质的变化与扶贫战略调整[J]. 中国农村观察,2005(05).

26. 蔡昉,都阳. 经济转型过程中的劳动力流动——长期性、效应和政策[J]. 学术研究,2004(06).

27. 蔡荣鑫. "益贫式增长":越南的实践与经验[J]. 东南亚纵横,2009(01).

28. 蔡月祥. 中国农村居民家庭消费性支出的应用研究——基于因子分析[J]. 华东经济管理,2014(02).

29. 曹洪民. 中国农村扶贫模式研究的进展与框架[J]. 西北人口,2002(04).

30. 常艳祺. "包容性增长"理念的本质及实现路径研究[J]. 学理论,2012(11).

31. 陈锋正. 中国、巴西:城市反贫困的比较及其启示[J]. 经济与管理,2009(06).

32. 陈光. 用胡锦涛同志区域协调发展思想指导中西部地区科学发展[J]. 东岳论丛,2012(01).

33. 陈光春,甘朝阳,马小龙. 中国对外贸易"包容性增长"探讨[J]. 商业时代,2013(17).

34. 陈南岳. 我国农村生态贫困研究[J]. 中国人口资源与环境,2003(04).

35. 陈琦. 连片特困地区农村贫困的多维测量及政策意涵——以武陵山片区为例[J]. 四川师范大学学报(社会科学版),2012(03).

36. 陈永堂. 切实加快贫困地区全面建成小康社会步伐[J]. 理论与当代,2014(03).

37. 邓丰昌. 南非的社会保障与减贫[J]. 老区建设,2014(11).

38. 邓光奇. 加快武陵山集中连片特困地区发展的政策建议[J]. 民族论坛,2012(17).

39. 丁焕峰. 国内旅游扶贫研究述评[J]. 旅游学刊,2004(03).

40. 丁建定. 英国新济贫法的出现及反新济贫法运动[J]. 东岳论丛,2011,32(05).

41.杜凤莲,孙婧芳.贫困影响因素与贫困敏感性的实证分析——基于1991—2009年的面板数据[J].经济科学,2011(03).

42.杜悦.巴西治理贫民窟的基本做法[J].拉丁美洲研究,2008(01).

43.杜志雄,肖卫东,詹琳.包容性增长理论的脉络、要义与政策内涵[J].中国农村经济,2010(11).

44.段小丽,王玉春.印度农村金融体系的发展及借鉴西部金融[J].2010(04).

45.冯宗智.农业产业化拿什么扶贫?[J].科技智囊,2005(07).

46.甫玉龙,刘杰.美国贫困问题研究专家哈瑞尔·罗杰斯访谈录[J].世界历史,2010(03).

47.谷树忠,张新华,钟赛香.中国欠发达资源富集区的界定、特征与功能定位[J].资源科学,2011(01).

48.顾建光.非政府组织的兴起及其作用[J].上海交通大学学报(哲学社会科学版),2003(06).

49.郭存海.巴西和墨西哥的"有条件现金转移"计划评析[J].拉丁美洲研究,2010(04).

50.郭家宏.19世纪上半期英国的贫富差距问题及其化解策略[J].学海,2007(06).

51.韩春.关注贫困女性,破解贫困代际传递陷阱[J].前沿,2011,290(12).

52.韩俊,崔传义,赵阳.巴西城市化过程中贫民窟问题的启示[J].中国改革,2006(06).

53.何添锦.我国区域经济发展格局与政策演变的回顾及启示[J].经济论坛,2010(05).

54.侯广章,杨伟锋.守住民生底线—创造美好生活——学习贯彻习近平同志关于保障和改善民生的重要论述[J].品牌(下半月),2014(Z1).

55.胡苏云,滕文.印度医疗制度及其对中国的启示[J].社会科学,2007(11).

56.胡勇.集中连片特困地区发展现状与贫困的根源探究——以武陵山区为例[J].湖南农业科学,2013(19).

57.黄诚,杨振益.武陵山片区法治政府建设的路径分析[J].法制博览,2015(01).

58.黄君洁.评价包容性增长指标体系的构建[J].上海行政学院学报,2013(05).

59.黄贤全.美国政府对南部落后地区的扶植与开发[J].世界历史,2001(05).

60.姜明伦,于敏.中国包容性增长指数构建研究[J].江淮论坛,2012(02).

61.蒋辉,蒋和平,彭成圆.集中连片特困地区特色农业适度规模经营实现路径研究——以武陵山片区椪柑生产经营为例[J].贵州社会科学,2014(07).

62. 蒋占峰,李红林.农村文化建设视野中农民幸福感重建探究[J].长白学刊,2011(01).

63. 景晓芬."社会排斥"理论研究综述[J].甘肃理论学刊,2004(02).

64. 匡远配.中国民间组织参与扶贫开发:现状以及发展方向[J].贵州社会科学,2010(06).

65. 邝先元.扎实推进全国革命老区扶贫攻坚示范区建设——深入学习贯彻习近平总书记关于扶贫开发的重要讲话精神[J].老区建设,2014(17).

66. 李成实.武陵山片区文化产业发展研究[J].科技和产业,2013(04).

67. 李国安,郭庆玲.民间组织参与扶贫的意义、障碍与实践路径[J].人民论坛,2014(17).

68. 李纪才.从凯恩斯理论的贫困解读资本主义的命运作者[J].中国党政干部论坛,2009(07).

69. 李梦竹,王志章.连片特困地区政府扶贫行为的现状与对策研究[J].湖北民族学院学报(哲学社会科学版),2014(02).

70. 刘志来,王川.铜仁市生态茶产业发展与思考[J].中国农业信息,2013(06).

71. 刘志文.21世纪扶贫战略新思考[J].农业经济问题,2005(08).

72. 鲁丽梅.论武陵山区域扶贫开发策略[J].民族论坛,2012(07).

73. 陆利香.包容性增长视域下的中国—东盟区域经济一体化[J].学术论坛,2012(08).

74. 吕方.发展的想象力:迈向连片特困地区贫困治理的理论创新[J].中共四川省委省级机关党校学报,2012(03).

75. 马加力.印度的崛起态势[J].现代国际关系,2006(06).

76. 钱凯."包容性增长"的观点综述[J].经济研究参考,2011(24).

77. 钱文荣.不同城市化形态下的农地保护实践与启示[J].世界农业,2003(10).

78. 秦清芝.影响农村扶贫工作社会效益模式探究[J].东岳论丛,2013(10).

79. 秦荣炎.连片特困地区经济开发区建设存在的问题及对策——基于武陵山片区A市的实证分析[J].中小企业管理与科技,2014(26).

80. 秦永红,张伟.印度社会保障制度改革及其对我国的启示[J].南亚研究季刊,2011(02).

81. 邱岚岚,刘尔思.云南省产业扶贫资金运行模式及风险防范研究[J].中国商界(下半月),2010(04).

82. 汝绪华.包容性增长:内涵、结构及功能[J].学术界,2011,152(01).

83. 石进. 国家知识扶贫政策[J]. 农家之友,2012(03).

84. 舒银燕. 石漠化连片特困地区农业产业扶贫模式可持续性评价指标体系的构建研究[J]. 广东农业科学,2014(16).

85. 谈世中,彭磊. 实现千年发展目标需要全球共同努力[J]. 求是,2005(23).

86. 谭崇台. 论快速增长与"丰裕中贫困"[J]. 经济学动态,2002(11).

87. 田文霞. 知识管理背景下社会科学成果评价体系的构建原则[J]. 大连大学学报,2004(05).

88. 童星,林闽钢. 我国农村贫困标准线研究[J]. 中国社会科学,1994(05).

89. 童玉芬,王海霞. 中国西部少数民族地区人口的贫困原因及其政策启示[J]. 人口与经济,2006(01).

90. 童中贤,曾群华,马骏. 我国连片特困地区增长极培育的战略分析——以武陵山地区为例[J]. 中国软科学,2012(04).

91. 汪三贵. 在发展中战胜贫困——对中国 30 年大规模减贫经验的总结与评价[J]. 管理世界,2008(11).

92. 汪霞,汪磊. 贵州连片特困地区贫困特征及扶贫开发对策分析[J]. 贵州社会科学,2013(12).

93. 王爱军. 女性贫困、代际传递与和谐增长[J]. 财经科学,2009(06).

94. 王超,王志章. 少数民族连片特困乡村包容性旅游发展模式的探索——来自贵州六盘水山区布依族补雨村的经验数据[J]. 西南民族大学学报(人文社会科学版),2013(07).

95. 石进. 国家知识扶贫政策[J]. 农家之友,2012(03).

96. 王军. 贫与富——访问印度感悟[J]. 经济研究参考,2005(36).

97. 王俊文. 国外反贫困经验对我国当代反贫困的若干启示——以发展中国家巴西为例[J]. 农业考古,2009(03).

98. 王俊文. 国外反贫困经验对我国反贫困的当代启示——以西方发达国家美国为例[J]. 社会科学家,2008(03).

99. 王梅,周顺波. 国际比较:农民成为市民的制度安排[J]. 开放导报,2012(01).

100. 王名. NGO 及其在扶贫开发中的作用[J]. 清华大学学报(哲学社会科学版),2011,1(16).

101. 王小林,Sabing Alkire. 中国多维贫困测量:估计和政策含义[J]. 中国农村经济,2009(12).

102. 王晓红. 放开搞活县镇两级体制 激发县域经济发展活力[J]. 南方论刊,2014(01).

103. 王秀芬. 可持续发展由来与涵义研讨之述评[J]. 内蒙古社会科学(汉文版),2000 (04).

104. 王业兴. 林肯的《葛底斯堡演说》及其民生意义[J]. 广州社会主义学院学报,2011 (02).

105. 王志章,刘子立. 连片特困地区知识扶贫路径研究——以武陵山片区为例[J]. 西部学刊,2014(01).

106. 王志章,王晓蒙. 包容性增长的印度模式及其对中国的启示[J]. 城市观察,2011 (05).

107. 徐月宾,刘凤芹,张秀兰. 中国农村反贫困政策的反思——从社会救助向社会保护转变[J]. 中国社会科学,2007(03).

108. 许驰,张亚娟. 基于DEA的网络出版流程效率评价研究[J]. 华东经济管理,2008 (08).

109. 郇建立. 扶贫政策与农村贫困[J]. 北京科技大学学报,2003,19(01).

110. 章春化,刘新平. 中国贫困与反贫困研究综述[J]. 开发研究,1997(05).

111. 章康华. 南非社会转型期的减贫战略与我国现阶段扶贫开发之比较[J]. 老区建设,2014(09).

112. 章康华. 认真把握"科学扶贫、精准扶贫、内源扶贫"的精神实质,扎实推进扶贫开发工作[J]. 老区建设,2014(11).

113. 赵昌文,郭晓鸣. 贫困地区扶贫模式:比较与选择[J]. 中国农村观察,2000(06).

114. 赵玺玉,赵玉娟. 关于遏制农村贫困人口"反弹"问题的研究[J]. 理论探讨,2005 (04).

115. 赵延东,罗家德. 如何测量社会资本:一个经验研究综述[J]. 国外社会科学,2005 (02).

116. 赵颖新,肖雁. 资源富集型贫困县构建工业反哺农业长效机制研究——基于云南省兰坪县调研[J]. 经济研究导刊,2013(03).

117. 钟伟,冯学钢,孙晓东. 我国省际旅游业包容性增长的指标体系及聚类分析[J]. 经济与管理,2013(01).

118. 周宝砚,杨宁. 试论巴西开发落后地区的政府干预举措[J]. 北方经济,2007(13).

119. 周建军. 从"华盛顿共识"到"包容性增长":理解经济意识形态的新动向[J]. 马克思主义研究,2012(02).

120. 周丕东,崔嵬等. 贵州乌蒙山区农村扶贫开发对策研究[J]. 贵州民族研究,2012 (02).

121. 周歆红. 关注旅游扶贫的核心问题[J]. 旅游学刊,2002,17(01).

122. 周志伟. 巴西城市化问题及城市治理[J]. 中国金融,2010(04).

123. 朱相宇,宋希博. 包容性增长:践行科学发展观的新思维[J]. 理论月刊,2013(05).

124. 宗洁. 联合国提高妇女地位的宗旨和机制(上)[J]. 中国妇运,2011(11).

125. 宗洁. 联合国提高妇女地位的宗旨和机制(下)[J]. 中国妇运,2011(12).

126. 邹薇,方迎风. 关于中国贫困的动态多维度研究[J]. 中国人口科学,2011(6).

127. 曹明宏. 可持续发展背景下的农业补贴问题研究[D]. 湖北:华中农业大学,2001.

128. 成卓. 中国农村贫困人口发展问题研究[D]. 四川:西南财经大学,2009

129. 杜学胜. 煤矿企业安全文化系统化建设研究[D]. 江苏:中国矿业大学,2010

130. 范永忠. 中国农村扶贫资金效率研究[D]. 湖南农业大学,2013.

131. 付英. 兰州市扶贫开发绩效评价及实证分析[D]. 甘肃农业大学,2012.

132. 傅再育. 中国上市公司盈利能力模型分析[D]. 四川大学,2005.

133. 高鹏. 浅析我国农村贫困地区开发式扶贫模式[D]. 四川:西南财经大学,2010.

134. 解垩. 贫困度量问题研究[D]. 湖南:湘潭大学,2006

135. 刘琳娜. 科学发展中的包容性增长研究[D]. 华中师范大学,2013.

136. 刘旗. 武隆县农村地区居民收入研究[D]. 重庆:重庆大学,2007

137. 龙怡帆. 武陵山连片特困地区小城镇发展模式研究[D]. 重庆:西南大学,2014.

138. 罗云. 连片特困地区中小城镇知识扶贫模式研究[D]. 重庆:西南大学,2014.

139. 王红兵. 我国城乡最低生活保障制度统筹发展研究[D]. 湖北:华中科技大学,2012.

140. 吴华. 中等收入阶段中国减贫发展战略与政策选择[D]. 北京:财政部财政科学研究所,2012.

141. 武春光. 知识能力与区域经济差异研究[D]. 辽宁:大连理工大学,2009.

142. 游佩媛. 旅游扶贫模式研究[D]. 北京:北京第二外国语学院,2006.

143. 于茜西. 巴西卢拉政府的反贫困政策研究[D]. 北京:对外经贸大学,2011.

144. 于远亮. 中国政府扶贫政策的演进和优化[D]. 南京:南京师范大学,2006.

145. 袁竹. 完善中国特色社会主义收入分配机制研究[D]. 吉林:东北师范大学,2013.

146. 张静. 改革开放以来中国扶贫政策发展研究[D]. 上海:华东政法大学,2013.

147. 张聚华. 区域经济非均衡状态下的可持续发展研究[D]. 天津:天津大学,2003.

148. 张曦. 连片特困地区参与式扶贫绩效评价作[D]. 湖南:湘潭大学,2013.

149. 张小静. 武陵山片区开发区发展的动力机制及其调控对策研究——以武陵山湖南片区为例[D]. 湖南：湖南师范大学,2014.

150. 赵永平. 经济增长中的农村贫困问题研究[D]. 甘肃：甘肃农业大学,2006.

151. 周瑞超. 综合性扶贫效果评价指标体系与模型研究[D]. 广西：广西大学,2003.

152. 陈鹤高,刘东凯,田帆. 胡锦涛:应努力倡导包容性增长[N]. 新华每日电讯,2010 – 11 –14.

153. 杜家毫. 加强分类指导 实施精准扶贫[N]. 人民日报,2013 – 12 – 03.

154. 杜少军,吴长伟,徐祗军. 解决温饱仍是首要任务 加大投入才能确保脱贫——云南省怒江州扶贫情况调研[N]. 中国经贸导刊,2013(28).

155. 范仲阳. 以人为本推动全面协调可持续发展[N]. 光明日报,2013 – 07 – 15.

156. 古韵. 山西式扶贫值得借鉴[N]. 发展导报,2014 – 04 – 25.

157. 顾仲阳. 精准扶贫 提质增效——2014 年我国扶贫开发工作综述[N]. 人民日报,2015 – 01 – 30.

158. 韩俊,崔传义,赵阳. 巴西城市化过程中贫民窟问题及对我国的启示[N]. 中国经济时报,2005 – 06 – 27.

159. 贺斌. 扶贫标准升一半—贫困人口降七成[N]. 中国财经报,2011 – 11 – 19

160. 胡锦涛. 以科学发展观统领经济社会发展全局[N]. 人民日报,2005 – 02 – 12.

161. 湖北省统计局. 湖北统计年鉴（2013）光盘版[EB10L]. http://www. stats—hb. gov. cn/upload/tjnj/2013/.

162. 湖南统计信息网. 湖南统计年鉴（2013）光盘版[EB10L]. http://hntj. gov. cn/sjfb/tjnj/13tjnj/indexch. htm.

163. 刘彤. 巴西去年农产品出口总额创纪录[EB/OL]. http://finance. people. com. cn/GB/70846/16847968. html,2014 – 11 – 12.

164. 刘永富. 打赢全面建成小康社会的扶贫攻坚战[N]. 人民日报,2014 – 04 – 09.

165. 世界银行. 1990 年世界发展报告[R]. 北京:中国财政经济出版社,1990.

166. 王思铁. 连片特困地区的概念及其特征[EB/OL]. http://blog. sina. com. cn/s/blog_599a3d490100 xx3d. html,2014 – 9 – 16.

167. 魏后凯,邬晓霞. 中国的贫困问题与国家反贫困政策（上）[N]. 中国经济时报,2007 – 05 – 31.

168. 许业富. 我国扶贫开发工作战略定位研究[EB/OL]. http://www. hbfp. gov. cn/ldgd/jtldgd/3636. htm,2014 – 08 – 18.

169. 赵勇. 把扶贫开发作为战略性任务来抓——学习贯彻习近平同志关于扶贫开发的

重要论述[N]. 人民日报,2013 - 11 - 25.

　　170. 重庆统计信息网. 重庆统计年鉴(2013)光盘版[EB/OL]. http://www. cqtj. gov. cn/
tjnj/2013/indexch. htm

三、常用的网站

http://www. xinhuanet. com/

http://www. people. com. cn/

http://www. stats. gov. cn/

http://www. cpad. gov. cn/

http://www. stats. gov. cn/

http://www. hbfp. gov. cn/

http://www. gzfp. gov. cn/Web85/

http://cqfp. gov. cn/index. htm

http://www. ynfp. cn/

http://www. qstheory. cn/hqwg/2012/201222/201211/t20121123_195911. htm

http://www. chinanews. com/gn/2014/05—05/6133424. shtml

http://www. jl. gov. cn/gsms/fpkf/201309/t20130916_1526242. html

http://www. gov. cn/gzdt/2013—12/16/content_2548560. htm.

http://www. farmers. org. cn/Article/ShowArticle. asp? ArticleID = 345824

http://www. zjwy. gov. cn/art/2013/12/20/art_65_40371. htm

http://wxy. hbu. cn/cxzy/115/201403/wen1408. html

http://www. assa. org. za/aids/content. asp? id = 100000044

http://www. china. huanqiu. com/News/mofcom/2014—02/4866266. html

http: //www. adbi. org/conf/2426. inequality. imperative. growth. asia/pdf

http://www. indiacn. com/news/shehui/17153. html

http://www. tdb. org. cn/news/680599

http://www. census. gov/hhes/www/poverty/data/historical/people. html

http://www. issa. int/content/download/74961/1400076/file/2—SPH_07. pdf

http://www. eurunion. org/eu/images/stories/eufactsh—eur2020—8—10. pdf

附　录

问卷编号_____

访问时间：_____ 访问地点：_____

调查员：_____ 录入员：_____ 审核员：_____

《连片特困地区包容性增长的扶贫开发模式研究》
调查问卷①②

尊敬的先生/女士：

　　您好！我们是国家社会科学重点项目"连片特困地区包容性增长的扶贫开发模式研究"课题的调查员。我们正在进行一项社会调查,目的为了摸清楚武陵山区、六盘山区、滇西边境山区的经济与社会发展的基本情况。经过严格的科学抽样,选中您作为调查对象参与我们的问卷调查。问卷回答没有对错之分,您只要根据自己的想法和实际情况作答即可。对于您的回答,我们将按照《中华人民共和国统计法》的规定,严格保密,并且只用于统计分析,请您不要有任何顾虑。

　　请您在选项上打"√",或在横线上填写相关信息。题目若无特殊说明,均为单选题。衷心感谢您的支持和协助！

课题组

---

　　①　特别说明：在课题研究中,主持人所带研究生罗云、龙怡帆参与了项目前期研究工作,在完成硕士论文时,他们使用了本课题的调查问卷。

　　②　龙怡帆. 武陵山连片特困地区小城镇发展模式研究[D]. 重庆：西南大学,2014.

第一部分　个人基本情况

1. 您的性别	①男　　　　②女
2. 您的年龄	①18 岁以下　　②18—40 岁　　③40—60 岁　　④60 岁及以上
3. 您居住区域	①城市　　　　②城镇　　　　　③农村
4. 您受教育程度	①文盲半文盲　②小学　③初中　④高中或中专 ⑤本科或大专　⑥硕士(含 MBA、MPA、工程硕士)及其以上
5. 您居住的区域	①武陵山区　　　　②六盘山区　　　　③滇西边境
6. 您的政治面貌	①共产党员　②民主党派　③团员　④群众　⑤宗教信仰　注明
7. 您的婚姻状况	①已婚　②单身(从未结婚)　③离婚　④寡居　⑤同居　⑥分居
8. 您的职业类别	①务农　②专业养殖　③城里务工　④技术工　⑤行政办事员 ⑥商业服务人员　⑦无职业　⑧在读学生　⑨其他

第二部分　经济与生活状况

1. 您家的人口数	您家有_____人,其中劳动力_____人(注：劳动力人口指 16—65 岁,不包括在校学生和 65 岁以上劳动力);65 岁以上老人_____人; 未成年子女：男孩_____人,女孩_____人。
2. 您家庭的人均年收入	①2300 元以下　　　　②2300—3499 元　　　　③3500—4599 元 ④4600—5699 元　　　⑤5700 元及以上
3. 您家里的银行存款数额	①无　　②几百元以上　　　③几千元以上　　　④几万元以上 ⑤几十万元以上
4. 您家庭的收入主要来源于(多选)	①农业种植收入　②出租或转包土地收入　③副业或外出务工收入 ④农业养殖收入　⑤子女或亲戚援助⑥其他收入_____
5. 您平均每天开销范围	①16 元以下　　②16—47 元　　③48—64 元　　④64—80 元 ⑤80 元以上　　　　　　　　(注：包含食物和家庭生活用品)
6. 请给您家去年全年的总支出类别排序	①日常生活支出　②购买生产资料支出③医疗支出④教育支出 ⑤人情送礼支出⑥住房支出⑦交通通讯支出　⑧文化休闲娱乐支出 ⑨其他支出　　排序结果　　　　　　　　(以多到少的顺序)
7. 您现在居住的房屋类型	①自建房　②商品房③ 简易房或棚户房　④租住房　⑤集体宿舍　⑥借住亲戚、朋友的住房　　⑦其他_____
8. 您家的房屋结构	①钢筋混凝土②砖瓦③木、竹、草④土坯⑤石砌⑥其他_____

9. 您现在的住房有哪些生活设施	①自来水　　　②天然气/沼气　　③室内厕所　　④通电 ⑤淋浴设备　　⑥电话　　　⑦网络　　　⑧其他＿＿＿
10. 您做饭的水源	①江河湖溪泉水 ②井水 ③自来水　④雨水 ⑤池塘水 ⑥其他
11. 您做饭的燃料	①柴草 ②煤炭 ③液化气、天然气 ④太阳能 ⑤沼气 ⑥电 ⑦其他
12. 您家有哪些电器(多选)	①电视机　②冰箱　③热水器　④洗衣机　⑤微波炉　⑥电磁炉　⑦电饭锅　⑧空调　　⑨电脑　⑩收音机　⑪其他＿＿＿
13. 您这里的交通	①通公路 ②通乡村公路　③通省道　④通国道　⑤其他＿＿＿

第三部分　文化、教育与医疗等状况

1. 您主要的文化娱乐生活(多选)	①看电视 ②看电影 ③看戏(文艺演出)④打牌、打麻将 ⑤听广播 ⑥上网　⑦歌舞厅　⑧读书看报　⑨下棋　⑩跳健身舞　⑪其他＿＿＿
2. 您这里文化发展的问题有(多选)	①文化基础设施数量少,质量低　　②文化建设专业人才缺乏 ③政策落实不到位　　④经费投入不足　⑤其他＿＿＿＿＿
3. 您这里成年人一般受教育程度	①不识字　②小学　　③初中　　④高中　　⑤大学及其以上
4. 您这里一般都支持孩子完成学业至	①小学　　②初中　　③高中　　④大学　　⑤研究生及以上
5. 您这里中小学校基础设施有(多选)	①教室　②书本　③图书馆　④阅览室　⑤电脑室　⑥运动场 ⑦ 其他＿＿＿＿＿＿＿＿＿＿＿＿＿＿＿＿＿
5. 您目前参加的保险有(多选)	①无(跳至6)　②农村合作医疗　③商业保险　④失业保险 ⑤养老保险　　⑥生育保险　　⑦ 其他＿＿＿＿＿＿＿
6. 您没参加医疗保险的原因(多选)	①没人给办　②参保费用高　③报销比例低　④报销范围窄 ⑤还没开展　⑥不需要　⑦其他＿＿＿＿＿＿
7. 您这里公共卫生服务项目包括(多选)	①城乡居民健康档案管理　②健康教育　③0—6岁儿童预防接种 ④孕产妇保健服务　⑤老年人健康指导　⑥全民免费体检 ⑦慢性病防治(如高血压、糖尿病、重性精神疾病等)定期检查
8. 您这里的医疗卫生机构有	①只有乡村医生　②只有私人小诊所　　③乡村医疗卫生室/所 ④乡镇卫生院　⑤县级医疗卫生机构　⑥其他＿＿＿＿＿
9. 村干部任职方式	①公开竞选 ②上级任命 ③轮流担任 ④家族垄断 ⑤其他＿＿＿
10. 您这里普遍的养老方式	①儿子承担　②女儿承担　　③敬老院/养老院　　④福利院 ⑤依靠国家政策　⑥自己终老　⑦亲戚承担　⑧其他＿＿＿

11. 政府对本地环境保护的措施有	①生活垃圾、污水等的处理　②防治工业生产排放的废水废气废渣 ③植树造林　④防治噪音　⑤其他_____

您对您现有居住地以下方面工作的认知度 （请在您要选择的选项上打√）	完全同意	较同意	一般	较不同意	完全不同意
1. 您对辖区内自办的文化活动满意	5	4	3	2	1
2. 基础文化设施（如书店、图书馆等）已能满足大家需要	5	4	3	2	1
3. 您认为这里的社会风气和社会治安很好	5	4	3	2	1
4. 您这里的孩子都能受到学前教育（上幼儿园、学前班）	5	4	3	2	1
5. 您这里的学校教师资源都很充足	5	4	3	2	1
6. 您这里女孩能和男孩一样平等享受教育资源	5	4	3	2	1
7. 您对这里的教育质量整体是满意的	5	4	3	2	1
8. 您对目前政府在义务教育方面的工作是满意的	5	4	3	2	1
9. 您比同龄人的身体健康状况更好	5	4	3	2	1
10. 五岁以下的孩子普遍体重偏轻，缺乏营养	5	4	3	2	1
11. 政府会强制给1岁以下孩子注射常见疾病疫苗	5	4	3	2	1
12. 您这里生病后能很方便、很及时地就医	5	4	3	2	1
13. 您对这里医务人员的整体素质（医术、医德等）很满意	5	4	3	2	1
14. 您对政府在医疗卫生服务方面的工作是满意的	5	4	3	2	1
15. 您对村委会开展的工作和办事程序都比较清楚	5	4	3	2	1
16. 您经常参与村里一些重大事情的讨论	5	4	3	2	1
17. 您可以对村委会的工作提出质疑	5	4	3	2	1
18. 您可以监督村委会对集体资产的管理、使用情况	5	4	3	2	1

第四部分　扶贫政策与政府

1. 您是否得到过贫困救助	①有　②没有（跳问3）
2. 救助的主要来源（多选）	①亲朋好友　②邻居　③集体　④政府贫困补助　⑤政府提供的低保 ⑥社会组织捐赠　⑦其他_____
3. 您认为导致本地贫困的最主要原因有（多选）	①自然条件差　②文化程度低　③劳动技能低　④懒惰成性 ⑤领导干部素质　⑥交通通讯不畅　⑦家庭人口多 ⑧政策因素　⑨其他_____

4. 您认为政府帮助本地脱贫的最好方式（多选）	①改善基础设施　　②提供小额优惠贷款　③派驻蹲点干部 ④组织技术下乡活动　⑤建立产业基地　⑥教育优惠政策 ⑦改善医疗卫生条件　　⑧其他＿＿＿＿＿＿＿＿＿＿＿＿＿＿＿
5. 政府扶贫款发放的方式	①现到现付　②整合划拨　③整合集体共用　④其他＿＿＿＿＿

您在多大程度上同意下列说法 （请在您要选择的选项上打√）	完全同意	较同意	一般	较不同意	完全不同意
1. 您这里有部分人脱贫后仍然在享受扶贫政策	5	4	3	2	1
2. 您这里有非政府组织、企业或社会人士参加扶贫工作	5	4	3	2	1
3. 您很了解我国现有的扶贫开发政策	5	4	3	2	1
4. 您认为本地区在确定低保或扶贫对象工作上是公平的	5	4	3	2	1
5. 您认为政府的扶贫资金能准确、及时落到贫困户手中	5	4	3	2	1
6. 您很乐意参加政府安排的各类扶贫活动	5	4	3	2	1
7. 您对目前政府的扶贫工作是满意的	5	4	3	2	1
8. 您对我国政府改变农村贫困面貌很有信心	5	4	3	2	1
9. 您认为政府廉洁奉公，在惩治腐败工作方面做得很好	5	4	3	2	1
10. 您认为政府依法办事，在执法过程中很公平	5	4	3	2	1
11. 您认为政府发展本地经济，增加群众收入的工作做得很好	5	4	3	2	1
12 您认为政府扩大就业，增加就业机会的工作做得很好	5	4	3	2	1
13. 您这里男性和女性的就业机会平等	5	4	3	2	1

后　记

2008 年我在特聘两年后正式调入西南大学。"连片特困地区包容性增长的扶贫开发模式研究"（国家社科基金重大项目）是我调入后主持的第二个国家社科基金课题。课题从 2012 年 5 月 20 日立项到结题和出版仅仅用了 3 年时间。看着摆在面前的这份二十多万字的研究报告，我感慨万千，仿佛又回到了三年前，那一幕幕犹如昨天。

2012 年的暑假，我带着十多个研究生顶着烈日，冒着酷暑，深入到贵州省的六盘水、安顺、铜仁，湖南的娄底、怀化，湖北的咸丰，重庆的黔江、石柱、酉阳、秀山等区县，深入农村、乡镇、矿山、机关、学校等进行抽样、访谈，召开各类小型座谈会，人数多达千人以上，真实了解被试地区的贫困状况。次年的 7 月，在前期统计分析的基础上，我和课题组几位成员又深入到滇西边境山区的保山、腾冲等地开展调研，进一步掌握不同类型连片特困地区的贫困情况。几次调研所见百姓的贫困程度、生存状态，让我们惊叹！尤其是那些长期处在校园书斋的弟子们感触颇多，"没想到我国还有这么多贫困的地方"。大家深感做好本研究的责任重大。

三年来，课题组成员认真梳理国内外最新文献，剖析不同类型国家反贫困的经验教训，回顾总结我国扶贫开发的现状，通过经验归纳和实证研究，分析了连片特困地区存在的主要问题和原因，并提出对策建议，在广泛借鉴亚洲开发银行"包容性增长测度工具"的基础上，构建起"连片特困地区包容性增长的扶贫开发测度工具"。研究中，除了完成研究报告外，课题组还结合调查研究的数据撰写了 50 多篇学术论文，向地方政府提交咨询建议 6 份，其中 2 份得到省部级领导批示。

在调研的过程中，课题组得到了当地党和政府、各界朋友的关心和大力支持，使我们的调研工作十分顺利，比较全面地掌握了几个连片特困地区的第一手资料,为做好本课题研究奠定了很好的基础。在此,我要特别感谢国务院扶贫办副主任洪天云博士、六盘水市副市长付昭祥同志、六盘水市扶贫开发局的调研员黄流赋同志、贵州省扶贫办罗有铭处长、贵州省铜仁卷烟厂龙小贵同志、湖南省怀化市通道县委书记杨先容同志、娄底市人大李光辉同志、生命保险湖南公司娄底分公司副总经理黄连同志、重庆市黔江区舟白办事处曾礼华同志、云南省保山市公安局刘德军同志等。没有他们的大力支持和帮助,我们大量的调研工作是难以在短时间内完成的。

在研究过程中,贵州财经大学的副教授王超博士,硕士研究生贺翠翠、李梦竹、王俊侠、张洁、蔡龙年、严方超、罗云、焦婷婷以及南京大学的吴赛尔同学等参加了调研、文献整理和统计分析工作;王超博士、肖泽平博士以及李梦竹、贺翠翠、刘子立、罗云、龙怡帆、林扬武、孙晗霖、易红、刘天元、何静以及云南大学的余锦汉等硕士研究生参与项目研究并撰写了部分初稿;硕士研究生贾煜、唐秀梅、吉佐阿牛、杨雨蓉、丛丹丹、杨洪彬以及武汉大学硕士研究生蔡紫维等同学参与了初稿校对工作;共青团重庆市委"金点子"活动组的王平等基层干部参加了部分调研并撰写了部分对策建议。在此对他们付出的辛勤劳动表示深深的感谢。同时,在研究过程中,课题组参阅和引用了大量学者的文献,除标注外,或有遗漏的地方,在此一并向各位学者表示歉意和诚挚的谢意。

当前,我国正在实施"四个全面"和"精准扶贫,精准脱贫"国家战略布局。打好新时期的脱贫攻坚战,对全面建成小康社会、实现中华民族伟大复兴的中国梦具有重要的意义。习近平总书记指出:"消除贫困,改善民生,实现共同富裕,是社会主义的本质要求","贫困不是社会主义,如果贫困地区长期贫困,面貌长期得不到改变,群众生活长期得不到明显提高,那就没有体现我国社会主义制度的优越性,那也不是社会主义","小康不小康,关键看老乡"。要解决贫困问题,就必须从理论和实践两个维度回答当前和未来一些重大关切问题,为党和国家以及地方党委、政府提供科学的、管用的决策依据和破题的"实招"。尽管本课题研究即将结束,但学者的使命远远没有完成,我们将以党的十八大、十八届三中、四中、五中全会和习近平总书记系列重要讲话精神为指针,站在历史的高度,紧扣扶贫发展的新进展、出现的新问题,以前瞻性、整体性的思考,继续开展扶贫开发研究,为扶贫攻坚战贡献更多学者智慧。

我还要特别感谢人民出版社的车金凤编辑。回想起来,我们已经合作六七年,每次出版新著,她都给予细心的帮助,提出许多好的建议,为本著的出版她也付出了许多。我期望与人民出版社有更多的合作。

我们也深知,由于受到一些客观条件的限制,本书也存在一些不足,如对不同类型连片特困地区贫困形态的挖掘不够,故对策建议针对性有待加强。同时,由于本人学力不逮,加之连片特困地区范围广,贫困形态各异,包容性增长理论进入学界时间不久,观点纷呈,探索无限,十分复杂,尽管用力不小,谬误和不足仍较多,敬请各位专家同仁不吝指正,本人不胜感激。

王志章
2015 年 11 月 12 日